특수교육 현장 교사를 위한

개별화교육의 계획과 실행 2판

김형일 저

DEVELOPING AND IMPLEMENTING OF INDIVIDUALIZED EDUCATION PROGRAMS

학지사

이 연구는 2019년도 나사렛대학교 교내연구비 지원으로 이루어졌음
(This Research was supported by the Korea Nazarene University Research Grants 2019).

2판 머리말

『특수교육 현장 교사를 위한 개별화교육의 계획과 실행』 1판으로 대학에서 예비교사들을 대상으로 직접 강의하면서 전체적으로 내용을 추가하거나 부분적으로 수정해야 할 필요성을 느꼈는데, 2판을 통해 그 부분을 정리하게 되었다.

2판에서는 기존의 틀을 그대로 두고, 제13장 중도·중복장애학생의 언어와 의사소통 지도, 제14장 기능적 의사소통 지도와 개별화교육계획, 제15장 개별화·개별화전환교육을 위한 기관 및 인사들 간의 협력을 새롭게 추가하였다. 학교 현장에서 중도·중복장애학생을 지도하는 데 있어 어려운 부분이 이들에 대한 의사소통 지도이고, 의사소통은 문제행동과 밀접한 연관성을 가지고 있다고도 볼 수 있다.

1판에서는 개별화교육계획의 주요 실행 대상이 중도·중복장애학생들이고 이들에 대한 기능적 접근, 사회성을 주로 제시하였다. 2판에서는 추가적으로 중도·중복장애학생의 의사소통 지도를 위한 기본적인 이해와 이를 통한 개별화교육계획을 제13, 14장에서 다루었다. 제15장에서는 개별화교육계획과 개별화전환교육을 실행하는 데 있어 관련 인사들의 역할과 기관들의 협력의 중요성에 대해 소개하였다. 그리고 각 장에서 나타나는 오탈자에 대한 수정과 다소 설명이 모호하거나 어렵게 표현된 부분들을 가능하면 이해하기 쉽게 설명하기 위해 일부 내용을 부분적으로 수정하였다.

나름 최선을 다해 보완한다고 하였지만 2판 역시 부족함을 느끼는 것이 사실이다. 부족하지만 다시 한번 이 책을 강의교재나 교육계획 자료로 활용해 주신 분들과 소중한 의견을 주신 분들께 진심으로 감사드린다.

2025년 8월

저자 김형일

1판 머리말

특수교육에서 개별화교육계획(Individualized Educational Program: IEP)이 법적 요구조건으로 설정되어 공식적인 문서로 취급되면서, 개별화교육계획은 부모, 교사 및 행정가가 특정 학생에게 어떤 교육적 서비스와 관련 서비스가 시행되는지를 파악할 수 있게 하는 관리도구(management tool)로서의 기능과 서비스 제공의 효율성 및 자원의 효과적인 사용을 평가하는 데 도움을 줄 수 있는 점검도구(monitoring tool)로서의 기능을 하게 되었다. 무엇보다 중요한 것은 교수의 개별성, 개별 학생에 대한 진보 정도의 점검, 프로그램의 효과를 강조하는 교수적 기능이다. 이러한 기능은 개별화교육계획의 작성과 운영이 장애학생 교육에 있어 그만큼 절실하고 중요하다는 것을 의미한다.

그러나 이러한 중요성에 비해 현실적으로 특수교육 현장에서의 실천에는 많은 어려움이 있다. 그 이유로는 여러 가지가 복합적으로 작용하겠지만, 개별화교육의 실행에 따르는 현실적인 적용과 장애학생을 지도하는 복잡성 및 어려움을 개별화교육계획이라는 도구에 담아내는 데 한계가 있기 때문이라고 볼 수 있다.

이 책에서는 개별화교육을 계획하고 실행하는 방법적인 측면을 강조하였고, 학교 현장에서 개별화교육을 실시할 때 도움을 줄 수 있는 구체적인 작성 방법과 예시 자료를 추가하여 작성과 관리에 도움을 주려고 노력하였다. 특히 특수교사로 종사할 예비교사들에게 개별화교육을 강의하면서, 이들이 개별화교육계획을 이해하고 작성하는 데 많이 힘들어하는 부분을 파악하여 이를 보다 쉽게 이해하고 실행할 수 있도록 하였다.

이 책의 제1장에서는 개별화교육의 이론적 기초를, 제2장에서는 개별화교육의 법적 근거와 정의 및 기능을 제시하였다. 제3장에서는 개별화교육지원팀의 조직을 소개하면서 각 구성원이 해야 할 구체적인 역할을 제시하였다. 제4, 5, 6장에서는 구체적으로 개별화교육을 계획하고 실행하는 방법을 제시하였다. 장애학생의 특성 및 현재 수행 수준 파악, 장 · 단기 목표 설정 방법, 이에 따른 구체적인 지도내용 선정과 교육방법에 대하여 예시 자료를 병행하여 제시하였다. 그리고 제7, 8장에서는 목표에 대한 평가 방법과 개별화교육계획 전체 프로그램에 대한 평가 방안을 소개하였다. 제9장에서는 개별화교육계획과 연관된 개별화전환교육계획(Individual Transition Plan: ITP)의 작성 방법과 관련성을 설명하였다. 제10, 11, 12장에서는 실제 현장에서 많이 적용하고 있는 삽입 중심 교수, 사회적 기술 프로그램, 중도·중복장애학생을 위한 기능적 교육과정에 개별화교육계획을 적용하여 제시하였다. 그리고 제13장에서는 저자가 학술지에 발표한 국내 개별화교육의 실행 양상과 향후 과제를 소개하며 현재의 운영 실태와 개선 방향을 제시하였다.

부족하지만 이 책이 특수학교, 특수학급, 통합학급의 교사뿐만 아니라 장애학생을 직접 지도하고 있는 일반교사들에게 필요한 정보를 제공하길 기대한다. 그리고 대학이나 대학원 또는 연구기관에서 연구하시는 분들에게도 참고 자료가 되길 희망한다.

끝으로 늘 출판되지 않은 원고의 내용으로 수업을 받으면서 자료 수정과 불편함을 감수해 준 나사렛대학교 중등특수교육과 졸업생과 재학생들에게 감사드린다. 이 책의 사례 자료를 위해 IEP 수업 자료를 기꺼이 허락해 준 새꿈학교 정영숙 교장선생님, 이재욱 선생님, 전정희 선생님, 허창효 선생님과 딸 김규진 선생님께도 고마움을 전한다. 특히 30년 전에 특수교육을 함께 시작하여 같은 길을 걸어오면서, 본인보다는 남편 뒷바라지에 시간을 더 많이 보내고 올해 특수교사로 정년퇴임하는 아내 허창효 선생님께 다시 한 번 감사한 마음을 전한다. 원고가 나오기까지 오랜 시간 기다려 주신 학지사 김진환 사장님과 편집에 많은 수고를 해 주신 이영민 선생님을 포함한 모든 직원께도 감사의 말씀을 드린다.

2020. 8. 20.
저자 김형일

차례

2판 머리말 _ 3

1판 머리말 _ 5

제1장 개별화교육의 이론적 기초 • 11

1. 개별화교육의 기본이념 _ 12
2. 개별화교육프로그램의 역사 _ 15
3. 개별화교육의 발전과정 _ 22

제2장 개별화교육의 법적 배경 • 41

1. 개별화교육의 정의 및 기능 _ 41
2. 개별화교육의 관련 법규 _ 46
3. 「장애인 등에 대한 특수교육법」에 따른 개별화교육계획의 수립 및 운영 _ 49
4. 개별화교육계획의 수립 및 운영의 절차 _ 51

제3장 개별화교육지원팀의 조직과 역할 • 55

1. 개별화교육지원팀의 조직 및 구성원의 기능 _ 55
2. 개별화교육지원팀의 역할 및 주요 활동 _ 57
3. ○○중학교 개별화교육지원팀의 구성 _ 64

제4장 개별화교육계획의 장애학생 현재 수행 수준의 결정 • 69

1. 현재 수행 수준을 결정하기 위한 조건 _ 69
2. 현재 수행 수준 진술 방법 _ 71

제5장 개별화교육계획의 장 · 단기 목표 설정 • 79

1. 장기 목표 설정 _ 80
2. 단기 목표 설정 _ 83
3. 장 · 단기 목표의 진술 방법 _ 84

제6장 개별화교육계획의 교육내용 · 교육방법 · 관련 서비스 • 95

1. 교육내용, 교육방법 편성 및 운영 절차 _ 95
2. 교육내용 _ 97
3. 교육방법 _ 102
4. 관련 서비스의 결정 및 기타 교육 활동 _ 105

제7장 개별화교육계획의 목표 및 프로그램 평가 • 109

1. 장 · 단기 목표의 평가 요건 _ 109
2. 장 · 단기 목표의 평가 방법 _ 110
3. 장 · 단기 목표의 평가 결과 기록 양식 _ 112
4. 장 · 단기 목표의 평가 결과에 따른 개별화교육계획의 수정 _ 125

제8장 개별화교육계획 및 실행에 대한 평가 • 127

1. 개별화교육계획 운영에 대한 평가 목적 _ 127
2. 개별화교육계획 운영에 대한 평가 시 주요 고려사항 _ 129
3. 개별화교육계획의 평가를 위한 주요 활동내용 _ 131

제9장 개별화전환교육 • 137

1. 전환교육 모형 _ 137
2. 전환평가 _ 139
3. 전환계획 _ 140
4. 전환교육의 결과 _ 145
5. 개별화전환교육계획 양식 _ 148

제10장 삽입 중심 교수를 통한 개별화교육계획 • 153

1. 삽입 중심 교수의 의미 _ 153
2. 활동 중심 삽입교수를 통한 개별화교육계획 _ 163

제11장 사회적 기술 프로그램을 통한 개별화교육계획 • 171

1. 사회적 능력 및 기술 이해하기 _ 171
2. 사회적 기술 지도를 위한 모델링 학습 _ 174
3. 사회적 기술 프로그램의 구성 _ 178

제12장 중도 · 중복장애학생을 위한 기능적 교육과정과 개별화교육계획 • 189

1. 중도 · 중복장애학생의 교육과정 _ 190
2. 중도 · 중복장애학생 교육과정 편성 및 운영의 기본원칙 _ 191
3. 중도 · 중복장애학생 교육과정 편성 및 운영의 실제 _ 193
4. 기능적 교육과정과 개별화교육계획 _ 202

제13장 중도 · 중복장애학생의 언어와 의사소통 지도 • 215

1. 언어교과 _ 215
2. 의사소통기능 _ 217
3. 일반적인 의사소통기능 _ 219

4. 중도 · 중복장애학생의 의사소통기능 _ 222
5. 의사소통 표현 양식 _ 225
6. 개별화교육계획을 위한 현행 표현 양식과 기능 평가 _ 227

제14장 기능적 의사소통 지도와 개별화교육계획 • 233

1. 기능적 의사소통 지도 _ 233
2. 일과에서의 의사소통 지도를 위한 제안 _ 235
3. 의사소통 지도를 위한 개별화교육계획 _ 237

제15장 개별화 · 개별화전환교육을 위한 기관 및 인사들 간의 협력 • 245

1. 학교 _ 245
2. 직장 _ 249
3. 관련 서비스 및 가족 _ 251

제16장 개별화교육계획의 실행 양상과 전망 • 255

1. 개별화교육지원팀 및 관련 조항의 문제와 과제 _ 255
2. 교육과정과 개별화교육계획 _ 258
3. NEIS 체제 도입과 과제 _ 261
4. 개별화교육계획과 교사 수행 _ 265
5. 개별화교육계획과 가족참여 과제 _ 266
6. 개별화교육계획과 전문가 및 연구자의 역할 _ 268
7. 요약 _ 269

부록: 개별화교육계획 운영 사례 _ 271

참고문헌 _ 335

찾아보기 _ 348

제1장

개별화교육의 이론적 기초

장애아동의 제한된 능력을 최대한 신장 · 개발하여 삶의 질을 제고하기 위해서는 그들의 개인적인 요구와 필요에 따른 교육을 제공할 필요가 있다. 이러한 장애아동의 독특한 교육적 요구에 부응한 교육을 제공하기 위하여 미국 「장애아동교육법(Education for All Handicapped Act: EAHA)」(1975)에서는 '개별화교육 프로그램(Individualized Education Program: IEP)'을 이 법의 6대 원리 중의 하나로 채택하고 있다.

이 IEP가 미국 「장애아동교육법(EAHA)」에 명문화된 이후 특수교육에서는 장애아동에 대한 '적절한 교육(appropriate education)'의 보장이 크게 부각되고 있다. 이 장에서는 개별화교육의 기본이념과 장애아동의 적절한 교육을 보장하기 위한 핵심적인 교육경영 도구인 IEP의 정의, 기원 및 기능을 중심으로 다루고자 한다.

1. 개별화교육의 기본이념

근대적 공교육 제도는 시민혁명의 과정에서 출현한 제도로서 교육 기회의 평등을 실현하기 위한 제도였다. 결과적으로 국가가 학교제도를 통하여 교육 기회를 창출함으로써 종래의 신분이나 성별, 인종 및 지역 등의 조건에 따라 교육을 받을 수 없었던 계층의 사람도 교육을 받을 수 있게 되었다. 그야말로 평등교육이 시작된 것이다.

여기서 평등교육의 제도적 조건을 설명하는 논리는 매우 복잡하다. Aristotele에 의하면, 평등이라는 개념에는 '평균적 정의'와 '배분적 정의'라는 양 개념이 내포되어 있다. '평균적 정의'란 모든 사람을 산술 평균적으로 동일하게 취급하는 것이고, '배분적 정의'란 각자의 능력에 따른 합리적 차별을 인정하여 '각자에게 그의 것'을 비례적으로 배분하는 것을 말한다.

평등의 내용 가운데 하나인 교육 기회의 균등이라는 개념에도 이러한 양면적인 의미가 내포되어 있다. 학생의 능력차를 고려하지 않고 각 학령의 학생을 전체적으로 한 울타리로 묶어 동일한 내용의 교육과정을 제공하는 것은 교육 기회를 평균적으로 균등하게 제공하는 것이다. 이에 비해, 학생 간의 개인차와 능력차를 고려하여 그의 능력에 상응하도록 서로 다른 내용의 교육과정을 제공하는 것은 교육 기회를 배분적으로 균등하게 제공하는 것이다(허혜경, 1996).

이돈희(1996)는 평등의 개념을 '동일성의 원리'와 '적합성의 원리'로 설명하고 있다. '동일성의 원리'에 의하면, 극단적으로 말해서 모든 국민이 같은 교육을 받을 때 평등교육이 실천되는 셈이며, 획일주의가 바로 평등주의를 만족시키는 전형적인 기준이 된다. 그러나 '적합성의 원리'에 의하면, 구체적인 개체들이 실제로 같은 교육을 받고 있느냐가 중요한 것이 아니라 오히려 능력과 필요와 취향에 있어서 각기 다른 개체에게 적절한 교육을 받게 하는 것이 중요하다. 그 '다름' 때문에 그만큼 다른 교육을 받아야 적절성이 충족될 수가 있다.

그는 또한 평등의 개념이 '동일성의 원리'로 이해되면 극단적인 경우 교육의 제도, 내용과 방법은 모두 획일주의에 빠지고 만다고 하였다. 이러한 획일적 기준이 작용하면 그 기준에서 유리한 사람은 우수한 사람으로 분류되어 제대로 교육적 혜택을 입을 수 있으나 거기에 적응하지 못하는 사람의 경우에는 제도를 관리하는, 즉 공급자의 잘못이 아니라 부적응자의 속성 탓으로 돌리게 된다.

김정권(1996)도 우리나라 「헌법」 제31조 제1항에서 규정하고 있는 법 앞에서의 평등권 실현을 다음과 같이 설명하고 있다. 즉, 이 조항에서 규정하고 있는 '능력에 따라 균등하게 교육받을 권리'란 대한민국 국민이면 누구나 교육받을 권리를 갖는 것을 말한다. 여기서 주목해야 할 것은 '능력에 따라 균등하게'라는 표현이다. 만일 이 대목이 없다면 모든 아동이 취학하는 것만으로 교육권이 확보되는 결론이 나온다. 그러나 학교에 다니는 것만으로 교육권이 실현되는 것은 아니다. 학교에 다니는 모든 학생이 그들의 소질을 최대로 개발할 수 있는 '학습권'이 보장될 때 그것이 가능하다. 결국 모든 학생이 각기 갖고 있는 독특한 교육적 욕구를 충족시켜 줄 수 있는 적절한 교육을 실시하여 각 학생의 능력을 최대로 개발했을 때 학생의 진정한 교육권이 보장된다. 다시 말하면, 진정한 교육권이란 '취학권'과 '학습권'이 완전히 이루어져야만 가능하다고 할 수 있다.

그리고 그는 '능력에 따라 균등하게'를 '능력에 따라'와 '균등'으로 나누어서 구체적으로 다음과 같이 설명하고 있다. 즉, '능력에 따라'는 학생의 개인차에 따른 교육적 배려로서, 이는 교육을 인간의 존엄성 차원에서 추구한다는 기본명제 위에서 명시한 것이라고 주장한다. 그리고 '균등'은 '동등한 평등(equal as same)'이 아니라 '적합한 평등(equal as fitting)'으로 해석해야 한다고 주장한다. 여기서 적합한 평등이란 사람이 천차만별의 능력을 갖고 있기 때문에 그 다양한 능력의 최대 가능성을 찾아 보다 높은 삶의 가치 수준에 도달하는 데 도움이 되도록 다양한 교육방법과 인생설계를 강구하는 것이라고 주장한다.

황도수(1996)는 일반적으로 균등이라 하면 기회의 균등을 의미하지, 결과의 평등을 의미하지 않는다고 주장한다. 그들은 만약 결과의 평등이 고려되지 않는다면 출발점에서의 차이를 고려하지 못하게 되고, 능력에 따라 다양한 교육과정 및 교육방법을 선택할 수 있는 자유를 제한함으로써 자유민주주의의 또 다른 이념 축인 자유와 양립하기 어렵다고 주장한다.

한편, 미국의 교육학자인 Green(1982)에 의하면 미국의 역사에서 학교 교육체제는 '평등의 원리(the equal principle)'와 '최적의 원리(the best principle)' 사이를 반복적으로 왕래했다고 한다. 그러나 최근 모든 학생에게 동일한 교육내용을 제공해야 한다는 평등의 원리는 시간이 흐름에 따라 개인차의 문제가 심각하게 드러나는 결과를 초래하였고, 그로 인해 최적의 원리가 힘을 얻게 되었다. 즉, 개인차에 적합한 교육내용을 제시해야 한다는 최적의 원리가 평등의 원리보다 호소력을 지니고 있다는 것이다.

Strickland와 Turnbull(1993)도 학생의 능력에 부응한 적절한 교육이란 개별 학생의 능력에 토대한 학습목표를 설정하되, 학습자의 학습률이나 학습속도에 맞추어 그 목표에 계속적으로 접근하도록 하는 것이라고 말하였다.

이처럼 학습자에게 실질적인 교육 기회를 제공한다는 것은 각자의 잠재적 수월성이 발현될 수 있도록 경험의 장을 제공하는 것이다. 그러한 경험의 장, 교육의 기회는 이돈희(1996)가 주장하는 '적합성의 원리', Aristotele가 주장하는 '배분적 평등', 그리고 김정권(1996)이 주장하는 '적합한 평등'에 의해서 배분될 때 가장 공정하며 그만큼 교육 기회도 정의롭게 관리된다. 이러한 적합성의 원리나 배분적 평등, 그리고 적합한 평등에 의한 평등교육은 공급자 중심의 교육체제에 의해서가 아니라 학습자의 능력 수준, 요구 수준, 개인적 특성 등에 가장 합당한 교육처치인 수요자 중심의 교육체제에서 실현될 수 있다.

또한 인간의 존엄성을 추구하는 가치는 학생의 개인차를 인정하고 중시하는 것이다. 개인차가 있는 모든 학생이 차별 없이 동등하게 인간적 가치와 존엄성을 인정받는다면, 장애학생의 발달을 위한 '독특한 요구(unique needs)' 역시 발달권 보장이라는 차원에서 개별적 요구에 따라 확보해 가야 한다는 것 또한 당연한 권리이다.

김병하(1998)도 교육받을 기회 배분의 정의뿐만 아니라, 교육과정 운영 면에서도 모든 학생을 위한 교육과정에 장애학생도 가능한 한 포함되어야 한다고 주장하고, 이러한 교육과정상에 있어 기회 배분의 정의를 교육적으로 의미 있는 것으로 실천하기 위해 모든 장애학생의 학습권 보장을 위한 대안적 조처를 섬세하면서도 철저하게 강구해야 한다고 말하였다.

이러한 측면에서 개별 장애학생에게 '적절한' 공교육권을 보장하기 위한 교육경영도구로 IEP의 개발과 운영을 법제화한 것은, 비록 현장 교사들에게 많은 업무 부담을 주고 실천과정에서의 역기능적인 면도 없지 않지만, 여전히 그것이 의도하는 철학은 정당히 평가되어야 한다.

결국 이러한 권리보장은 개별 학생에게 적합한 개별화교육이 실시되어야 함을 시사한다. 즉, 이제 개별화교육은 적절한 교육을 보장하기 위한 하나의 당위로서 인식되고 확립되어야 하는 것을 의미한다.

이러한 취지에서 미국은 장애학생에게 '적절한 교육'을 보장하기 위해 1975년에 「장애아동교육법(EAHA)」에 IEP의 작성과 운영을 명문화하였다. 미국의 경우 0세부터 21세에 이르기까지 장애학생이 필요로 하는 교통 · 보호 · 치료 · 봉사 · 지원 · 환경 등을 비롯하여 교육적 기회가 그 학생에게 가장 적절한 형태로 강구 · 계획 · 제공 · 평가 · 개선하고 있다. 또한 이를 위해 적절한 조직, 즉 인적 구성과 지원 대책을 강구하고 적절한 교육 계획과 그 계획이 적절하게 실천될 수 있는 절차와 방법을 동원하고 있다. 그 가운데서도 특히 IEP는 중요한 비중을 차지하고 있다. 요컨대, 제도적 · 법적 · 교육적 · 행정적 · 재정적으로 그 학생에게 가장 '적절한' 보호 · 치료 · 교육 · 직업 등의 기회와 방식이 제공되고, 그 과정 및 결과가 엄격하게 검토 · 보장되도록 하고 있다.

우리나라를 비롯하여 영국, 일본 등에서도 최근에 들어 장애학생에 대한 적절한 교육을 보장하기 위해 법률로써 IEP의 작성과 운영을 명문화하고 있어 이제 선택이 아닌 의무사항이 되고 있다.

이처럼 모든 나라가 장애학생에게 단순히 취학 기회를 부여한다는 차원을 넘어 진정 그들이 원하고 바라는 최적한 교육을 제공하기 위해 노력하고 있다. 우리도 이제 장애학생의 취학 문제뿐만 아니라, 그들에게 어떻게 하면 양질의 교육을 제공할 것인가에 대해 심각히 고민해 보아야 할 때이다. 그것이 바로 그들의 능력과 적성에 적합한 개별화교육을 실천하는 길이다.

2. 개별화교육프로그램의 역사

장애학생에 대한 적절한 교육을 보장하기 위한 노력은 지난 세기 동안 계속적으로 이루어져 왔으며, 현대에 이르러서도 가장 큰 관심의 대상이 되고 있다. 이 절에서는 장애학생의 적절한 교육을 보장하기 위한 교육경영도구인 IEP의 역사에 대해 살펴보고자 한다. 이러한 IEP의 역사를 탐색하기 위해서는 우선 IEP가 가장 먼저 법제화 · 시행되고 있는 미국의 장애학생에 대한 교육의 역사적 배경과 관련 소송 및 입법에 대해 살펴볼 필요가 있다.

1) 개별화교육의 배경

1975년 11월 29일 미국 의회는 장애아동을 위한 가장 포괄적인 법률인 일명 P. L. (Public Law) 94-142라고 하는 「장애아동교육법(EAHA)」을 제정하였다. 이 P. L. 94-142는 장애학생에 대한 권리를 보장하고 주(州)와 지방교육청으로 하여금 특별한 요구를 지닌 학생을 교육하도록 위임하고 있는 미 연방법이다.

P. L. 94-142의 가장 핵심적인 사항 중의 하나는 IEP이다. 그런데 이 IEP에 대한 관심은 이보다 훨씬 일찍이 표면화되었다. 이 IEP에 관해 가장 초기에 기술된 것 중의 하나가 Jean Itard의 '아베롱(Aveyron)의 야생소년'에 관한 연구이다. 즉, 1700년대 후반이라는 이른 시기에서조차 IEP라는 개념은 특수교육 분야에서 생소한 것이 아니었다. Itard, Edouard Séguin, 그리고 Anne Sullivan과 같은 선구자들은 초기 실험과 교육프로그램에서 특별한 요구를 가진 아동을 위한 IEP에 대해 다루었다.

1799년 Itard는 고전적 사례인 '아베롱의 야생소년'에서 프랑스의 아베롱 숲 속에서 사냥꾼들에 의해 발견된 한 소년에게 교육을 시도한 것에 대해 기술하고 있다. 그는 인간의 정신은 백지(白紙)이며, 그 위에 조직적으로 각인이 이루어진다는 John Locke의 '백지설(白紙說)'에 기초하여 개별화된 프로그램을 개발하고 야생소년 Victor에게 읽고 쓰는 방법을 가르쳤다. Victor의 성취는 Itard의 기대에 미치지는 못했지만 그럼에도 불구하고 그의 제자였던 Séguin이 정신지체아동의 교육을 시작하는 데 커다란 영향을 미쳤다.

의학, 철학 그리고 생리학적인 원리들을 바탕으로 한 Séguin의 교육사상은 다음과 같다.

- 개별 아동을 관찰하는 것이 우선되어야 하며, 이것이 아동교육의 기반이다.
- 교육은 대상아동 전체를 다루어야 하며, 가르치는 내용 또한 전체적(총괄적)으로 유지되어야 한다.
- 활동은 학습의 기초이며 수단이다. 활동에는 감각학습이 포함된다.
- 아동은 실물을 통해 가장 잘, 경제적으로 학습하며, 비교하는 기회에 비례하여 기억한다.
- 아무리 장애가 심한 아동이라고 할지라도 학습의 기반인 약간의 이해력을 지니고 있다.

한편, 혁신적인 미국의 교육프로그램은 장애아동의 특별한 요구에 부응한 교육의 개별화에 초점을 둔 '기숙제 특수학교(residential special school)' 설립의 기반으로서의 역할을 하였다. Valentin Haüy는 시각장애아동을 위한 학교를 최초로 시작하였고, Thomas Gallaudet는 청각장애아동을 위한 학교를 최초로 시작하였다. 나아가 또 다른 초기의 선구자인 Sullivan은 아동의 특별한 요구에 따라 개별화된 교육을 해야 함을 믿었다. 시각장애아동을 위한 교사인 Sullivan은 그녀의 제자인 Helen Keller의 개인적 요구를 관찰하고 다룸으로써 그녀의 주변에 있는 것들을 이해하고 이들과 의사소통하도록 가르쳤다(이유훈, 김형일, 2002에서 재인용).

장애아동교육의 초기인 1820년에서 1870년 사이에 미국의 각 주(州)는 법령을 통해 사실상 매우 분리적인 기숙제 특수학교들을 설립하였다. 유럽의 시설을 모델로 한 이 학교에서는 시각장애, 청각장애 및 정신지체아동에게 서비스를 제공하였다. 초기 기숙제 시설에서는 관리하기에 적당한 적은 수의 장애아동을 수용하였으며, 이들은 개개인의 특별한 요구를 바탕으로 치료, 교육 및 보호되었다.

그러나 시간이 경과하면서 시설의 수용자가 급격히 증가함에 따라 이들 개개인의 특별한 요구는 더 이상 다룰 수 없게 되었다. 그래서 장애아동에 대한 치료는 일괄적으로 제공되는 집단 처치에 초점을 두었으며, 개개인의 요구는 다루지 못하였다. 대부분의 장애아동은 시설의 영구 거주자가 되었으며, 지역사회로 복귀할 수 있으리라는 희망을 거의 갖지 못했다.

그 후 사회적 · 교육적 · 정치적인 영향력은 기숙제 시설 밖의 아동뿐만 아니라 시설 내의 특별한 요구를 지닌 아동을 위해 '특수학급(special classes)'을 설치해야 한다는 필요성에도 영향을 미쳤다. 그래서 많은 주(州)에서는 장애아동을 위한 특수학급을 설치하였으며, 이리하여 장애아동은 특수학급이나 시설에서 교육을 받게 되었다. 기숙제 시설과 단과대학 그리고 종합대학에서는 1800년대 초기 동안 특수교육프로그램을 담당할 교사들을 훈련하기 시작하였으며, 이리하여 장애아동에게 개별화된 교육을 제공하였다.

한편, 학부모단체의 요구와 주장은 장애아동을 위한 교육프로그램이 빠른 속도로 확장되는 데 커다란 영향력을 미쳤다. 미국에서는 지방의 학부모단체가 이미 1930년대에 결성되기 시작하였고, 전국적 규모의 조직은 1940년대에 잇따라 설립되었다. 뇌성마비아동의 부모들은 전국적인 뇌성마비협회를 조직하고, 연구와 처치 프로그램을 위해 노력하였다. 정신지체아동의 부모들도 1950년에 전국정신지체아협회를 설립하였다. 전국정신지체아협회의 지방조직은 장애아동에 대한 잘못된 인식을 교정하기 위해 부지런히 노력하였으며, 개별 장애아동의 특별한 요구에 관하여 지역사회를 설득하고 교육하기 위해 노력하였다(이유훈, 김형일, 2002에서 재인용).

이러한 장애아동 부모의 노력은 1960년대에 진일보되었는데, 이는 John F. Kennedy 대통령과 Hubert Humphrey 부통령의 개인적인 관심 때문이었다. 대통령 주재의 정신지체위원회가 Kennedy 행정부 아래 설립되었는데, 이는 장애아동에 대한 공적인 관심을 한층 불러일으켰다.

공식적인 IEP의 개념이 미국에서 개발된 것은 1970년이 되어서였다. 장애아동협의회(The Council for Exceptional Children)는 장애아동을 위한 특별한 교육프로그램 개발을 촉진시킬 책임이 있는 주요 단체 중의 하나였다.

이러한 부모단체는 장애아동에 대한 일반 대중의 태도와 공교육의 변화에 많은 영향을 미쳤으며, 1975년 「장애아동교육법(EAHA)」인 P. L. 94-142를 확립하는 데 크게 기여하였다. 이 법은 장애아동을 위해 적절한 교육프로그램을 작성하는 것이 미국 교육의 책임이라는 것을 사회적으로 보증하였다.

2) 소송과 입법

1960년대와 1970년대의 소송과 입법은 종전에 장애인에게 부여되지 않았던 권리에 대한 태도의 변화에 중대한 영향을 미쳤으며, 장애인의 요구에 대한 인식을 증가시켰다. 부모와 전문가는 미국 헌법 14개 수정조항에 진술된 권리를 장애인에게서 박탈한 국가의 교육체제에 대해 이의를 제기하였는데, 이 헌법에는 법에 따라 모든 시민의 동등한 보호를 보장하도록 규정하고 있다.

1954년 Brown 대 Topka 교육위원회의 판결에서 대법원은 '분리 평등정책(흑인과 백인을 분리하지만 교육 · 교통수단 · 직업 등에는 차별하지 않는 정책)'은 존재하지 않는다고 선언하였다. 인종차별은 14개 수정조항이 보장하는 「평등보호법」의 위반이며, 그리고 분리된 시설은 본래부터 불평등한 것으로 생각하였다.

Brown 판결에서 법원은 다음과 같이 진술하고 있는데, 이 판결은 후에 장애인의 권리 부여를 위한 법률 제정에 크게 기여하였다.

> 요즈음 만약 교육의 기회가 주어지지 않는다면 어떤 아동도 마땅히 성공적인 삶을 살아가리라고 예상할 수 없다. 그러한 기회는 주(州)에서 제공해야 할 의무가 있으며, 하나의 권리로서 모두에게 동등하게 유효한 것이 되어야 한다(Brown 대 Topeka 교육위원회 판례, 1954: 493: 이유훈, 1998에서 재인용).

1960년대 시민권리운동은 장애인들의 교육받을 기회를 보장하기 위한 방법의 변혁에 관한 것이었다. Fiscus와 Mandell(1983)은 당시 장애인을 위한 사회의 변화를 다음과 같이 약술하고 있다.

- 특수교육 서비스를 개발하기 위한 지방학교에 대한 재정적 지원의 증가
- 공평한 평가, 명칭 붙이기, 배치과정에 대한 의문 제기
- 부모단체의 요구와 정치적 인식에서의 계속되는 성장
- 장애아동의 권리에 대한 사법과 입법체제의 합의

장애아동 부모는 자녀에게도 교육에 대한 권리가 부여될 것과 장애 상태에 상관없이 적절한 교육이 제공될 것을 요구하였다. 그 당시 많은 주(州)가 중증 장애인에게 교육 서비스를 제공하지 않았다. 주(州)의 법률이 적절한 교육프로그램의 작성을 명령하지 않았기 때문에 많은 장애아동은 부적절한 교육 서비스를 받았다(Fiscus & Mandell, 1983). 그래서 장애아동교육에 직접적인 영향을 미친, ① PARC 판례, ② Mills 판례, ③ Larry P. 판례, ④ Diana 판례 등 네 가지 소송이 제기되었다.

이 판례들에 대해 논의하면 다음과 같다. P. L. 94-142의 탄생에 가장 큰 영향을 미친 것은 1971년의 펜실베이니아 정신지체아협회(Pennsylvania Association for Retarded Children: PARC) 대 펜실베이니아주 소송의 판례이다. 이 PARC 판례는 장애아동에 대해 적절한 공교육을 받을 권리, 그리고 정당한 법 절차를 제공받을 권리를 확립하였다.

PARC 소송이 있기 이전 펜실베이니아주를 포함한 많은 주(州)에서는 장애아동을 공립학교에 취학시킴으로써 이익을 얻지 못하거나 훈련 및 교육이 불가능하다고 여겨지는 경우 의무교육에서 배제하여 왔다(Fiscus & Mandell, 1983). 이처럼 의무교육에서 배제됨으로써 학교에서 제공하는 서비스도 제공받을 수 없었다. 그래서 장애아동은 합당한 절차에서 제외되었으며, 부모에게 정확한 통지도 제공되지 않은 채 정신지체아동 프로그램에 배정되었다.

당시 법원은 PARC 대 펜실베이니아주의 소송(1971, F. Supp. 1260)에 대해 판결을 내리지 않았는데, 이는 1972년 PARC와 펜실베이니아주가 합의를 보았기 때문이다. 이 합의안에 따르면 주와 지방행정구는 다음과 같은 일을 해야 하였다.

- 모든 장애아동을 확인하여야 한다.
- 장애아동을 교육하는 데 드는 모든 비용을 책임져야 한다.
- 장애아동을 정기적으로 재평가하여 합당한 배치를 하도록 결정한다.
- 가장 적절한 배치를 결정해야 한다.

PARC 합의안은 펜실베이니아주에 거주하는 6~21세 사이의 정신지체아동이 적절한 의무교육을 받을 권리를 확립하였다. 장애아동에게는 마찬가지로 합당한 법 절차를 밟을 권리가 부여되었다. 어떤 장애아동이든지 특수교육프로그램에 배치되기 전에 독립적인 평가를 받을 권리에 대한 통지, 청문회 그리고 정보가 부모에게 주어져야 한다.

P. L. 94-142의 제정에 두 번째 선구적인 역할을 한 것은 Mills 대 컬럼비아 지역 교육위원회(Board of Education of the District of Columbia)의 판례이다. Mills의 판례는 컬럼비아 지역에서 공교육으로부터 배제된 모든 장애아동의 부모로부터 제기된 소송이었다(Mills v. Board of Education of the District of Columbia, 1978, F. Supp. 866, Subsequent Order, 1980).

정신지체아동에 대한 합당한 법 절차만을 확립한 PARC 판례와는 달리 Mills의 소송은 정신지체, 과잉행동아동, 정서장애, 교정할 수 없는 지체장애아동을 포함하고 있다(Mills v. Board of Education, 1978, Subsequent Order, 1980; Fiscus & Mandell, 1983).

법원은 모든 장애아동에게 장애 정도에 상관없이 적절한 공교육을 제공하라고 컬럼비아 지역 교육위원회에 요구하였다. 아동들은 청문회 없이 학교에서 3일 이상의 '정학(停學)'을 당하지 않도록 되었으며, 학교는 정학 기간 동안 가정 중심의 교육을 제공해야 했다. 합당한 절차의 청문회는 마찬가지로 부모와 아동의 권리로 확인되었다(Mills v. Board of Education, 1978, Subsequent Order, 1980).

P. L. 94-142의 세 번째 전조가 된 것은 흑인아동의 지능을 측정하기 위해 사용된 평가도구가 문화적인 배경이 고려되지 않았다고 주장한 Larry 대 Riles의 판례이다. Larry의 판결에서 법원은 지능 측정에 있어서 문화적으로 타당한 평가가 시행되지 않았다고 확인된 흑인아동들에게 공평한 평가를 하도록 명령하였다(Larry v. Riles, No. C-712270, 1979: 이유훈, 1998에서 재인용).

스페인어를 사용하는 아동에 대한 공평한 평가를 실시하도록 한 Diana 판례는 Larry의 판례와 유사하다. Diana 대 교육위원회의 판례에서 9명의 스페인어를 사용하는 라틴아메리카 아동이 영어로 평가를 받았으며, 중류계급의 백인아동과 비교하여 정신지체아동으로 판명되었다. 법원은 이 아동들이 정신지체아동이 아니며, 단지 문화적 차이 때문에 잘못 분류된 것이라고 판정하였다.

Larry의 판례와 동시에 Diana의 부모들은 스탠포드-비네 지능검사와 아동용 웩슬러 지능검사를 근거로 그들의 자녀를 정신지체아동 학급에 배치한 사실에 대해 노스캐롤라이나주에 이의를 제기하였다. 이 네 가지 판례는 P. L. 94-142에 위임된 권리의 토대를 마련하는 데 기여하였다.

1970년대에 더 많은 법률이 P. L. 94-142에 앞서 통과되었는데, 중증장애인을 위한 프로그램을 규정하고 있는 「장애인재활법」인 P. L. 93-112와 1974년 「장애아동교육법」의 수정조항으로, 이는 중증장애인들에게 적절한 공교육을 받을 도덕적 · 법적 권리를 확인한 연방법이 규정된 것이다. 1975년 「장애아동교육법(EAHA)」인 P. L. 94-142는 모든 장애인에게 적절한 공교육을 보장하는 다음의 여섯 가지 주요 원리를 다루고 있다.

① 완전취학으로 공교육프로그램과 의뢰한 서비스에서 장애아동이 배제되는 것을 지양
② IEP의 필수적인 작성
③ 최소제한환경의 원리
④ 부모의 참여
⑤ 공평한 평가를 받을 권리
⑥ 합당한 절차에 대한 권리(Fiscus & Mandell, 1983)

첫째, '완전취학(zero reject)'의 원리는 아동의 학습불능 또는 기금의 부족과 같은 것을 구실로 장애아동을 공교육프로그램과 서비스에서 제외시킬 수 없다는 것을 의미한다.

둘째, 'IEP의 필수적인 작성'은 특수교육과 관련 서비스를 필요로 하는 장애아동에게 적절한 서비스가 무엇인지 확인한 것을 개략적으로 명문화한 문서가 반드시 준비되어야 함을 진술한 것이다.

셋째, '최소제한환경(least restrictive environment)'이란 대상아동을 그의 특별한 장애와 요구를 바탕으로 최소로 제한한 환경에서 교육이 이루어져야 함을 규정한 것이다. 이것은 마찬가지로 개개 아동이 일반교육프로그램에 참여가 가능한 범위를 다룬 것이다.

넷째, '부모의 참여(parent participation)'는 IEP에 대한 학부모의 권리와 책임을 강조하는 것으로서, 부모가 자녀의 교육에 대한 교육기록과 정보를 제공받고 자녀의 교육정책 구안에 직접 참여하는 것을 의미한다.

다섯째, '공평한 평가(nondiscriminatory testing)'를 받을 권리는 평가도구가 인종적으로나 문화적으로 차별되어서는 안 되며, 사용된 평가도구와 절차가 아동의 모국어로 구성되어야 하며, 그리고 적절한 교육프로그램이 무엇인지를 평가하는 데 한 가지 이상의 평가도구가 적용되어야 함을 보장한 것이다.

여섯째, '합당한 절차(due process)'에 대한 권리는 부모와 자녀에게 절차상의 보호를

위한 수단을 보장하는 것이다. 여기에는 통지서, 판결에 항소할 권리, 독립적인 교육평가를 받을 기회, 모든 관련 기록을 이용할 권리가 포함되어 있다(Fiscus & Mandel, 1983; P. L. 94-142, 1975, 20 U. S. C. s1401-1402).

1997년 미 의회는 이처럼 장애아동들에게 적절한 공교육을 보장하는 여섯 가지 기본 원리를 유지하면서 「장애아동교육법(Individuals with Disabilities Education Act: IDEA)」을 수정하였다. 그 이유는 '부모의 역할 강화' '일반교육 교육과정과 개혁으로의 접근을 보장'하고, '불필요한 문서작업 요구를 줄이고 교수 · 학습의 강조' '특수교육 증진 비용이 감소하고 있는 기관과 장애 관련 서비스 지원' '부적절한 판별과 분류를 지양하기 위하여 인종' '민족 그리고 언어적 다양성의 고려' '학교가 안전하게 학습할 수 있도록 보장' '선의의 토론적 해결방식을 통하여 부모나 교육자들이 자신들의 서로 다른 의견을 개진하도록 보장'하기 위함이다. 개정된 「장애아동교육법(IDEA)」에서는 다음의 다섯 가지를 포함하고 있다(Bateman & Linden, 1998).

- 평가와 판별
- IEP와 관련 서비스
- 배치
- 재정
- 절차적 보장

3. 개별화교육의 발전과정

1) 규범적 단계

1970년대 후반과 1980년대 초기 동안에는 법률에서 요구하는 조건의 진술, IEP의 정의, IEP 구성 요소에 대한 설명, IEP 과정의 문서화, IEP의 작성과 시행에 관한 훈련이나 교육에 초점을 맞추었다. 또한 IEP 시행에 필요한 기준과 조건이 정의되기도 하였다. 그러나 이 단계 초기에 출간된 많은 문헌은 비판적이기보다는 오히려 설명적이고 기술적이었다.

이 시기의 저술 활동은 P. L. 94-142의 규정과 IEP의 요구조건을 설명하고, 그것이 특수교육교사, 일반교사 및 각급 학교에 주는 시사점에 초점을 둔 여러 문헌이 출간되기 시작하였는데(Fiscus & Mandell, 1983; Hayes & Higgins, 1978; Rees, 1986; Snell, 1983), 그 내용은 주로 IEP의 회의, IEP의 작성, 장기 교육목적 및 단기 교육목표의 확인, 이 교육목표에 기초한 교수 프로그램의 개발과 아동의 성취 결과의 평가에 관한 사항들이었다(Fiscus & Mandell, 1983; Snell, 1983; Torres, 1977; Turnbull, 1983; Turnbull et al., 1982).

이 시기에 대두된 또 다른 쟁점은 교육자와 관련 서비스 종사자 및 부모 간의 협력적인 팀 작업이었다. 즉, 팀이 역동적이고 실행 가능한 IEP를 개발하기 위해 협력적으로 기능할 필요가 있다고 보았던 것이다. 이러한 쟁점과 관련해서는 팀의 협력, 팀의 유형, 팀의 기능과 IEP의 과정, 협상기술의 개발에 관한 몇 권의 저작이 출판되었다(Crisler, 1979; Pfeiffer, 1982). 특히 IEP 과정에 부모가 동등하게 참여해야 한다는 것은 1970년대에 새로이 대두된 개념이었는데, 이때 부모 및 전문가에 대한 부모의 역할 교육, 부모의 회의 참여 독려 및 참여 방안의 강구, 자녀의 교육적 성취를 극대화하기 위한 부모의 협력 등이 상당한 관심의 대상이 되었다(Turnbull, 1983; Turnbull & Turnbull, 1986).

한편, 이 규범적 단계 초기에 수행된 연구물들을 살펴보면, 이 기간 동안에는 'IEP의 절차상 정확성(IEP procedural correctness)'에 관심의 초점이 모였다. 즉, IEP가 P. L. 94-142에서 규정하고 있는 특정한 절차대로 이행되고 있는지였다(Smith & Simpson, 1989). 그러한 연구의 하나로서 1979년에는 IEP 문서에 관한 인식의 문제가 보고되었다.

Kaye와 Aserlind(1979)는 IEP에 대한 인식을 조사하기 위해 여러 교육자와 부모를 대상으로 면담 조사한 결과, 대부분의 사람이 IEP를 팀이 의사결정하고 조직하고 의사소통하는 역동적인 과정으로 보기보다는 '정적이고 고정적이며, 그리고 잠재적으로는 위협적인 산물'로 보거나 혹은 '문서화된 서류'로만 본다는 것을 알았다. 즉, IEP 문서가 프로그램의 개요, 장·단기 교수목표를 제공하는 많은 기능을 가지고 있음에도 불구하고, 현실적으로 이러한 요구는 충족되지 못했던 것이다. 그리고 IEP 개발을 위한 회의가 지속적으로 이루어지지도 않았고, 또한 부모의 참여와 아동의 평가 및 IEP 점검과정이 가끔 일상적으로 이루어지지 못했던 것이다. 이에 대해 Kaye와 Aserlind(1979)는 하나의 과정으로서 IEP는 1970년대 후반에 여전히 '생성의 과정(in a state of becoming)'에 있었다고 결론을 내렸다.

또한 이 규범적 단계 동안 Morrisey와 Safer(1977)는 IEP 기능에 대한 팀 구성원의 지각을 조사하였는데, 이들의 지각이 IEP의 작성 및 시행에 영향을 미친다는 것을 알았다. 즉, IEP의 목적에 관한 팀 구성원의 지각이 IEP의 효율성뿐만 아니라 구성원들의 투입에도 영향을 미치는 것으로 나타났다. 예컨대, 아동을 가르치는 구성원들은 IEP의 '교수적 목적(instructional purpose)'에 더 많은 관심을 기울이면서 아동의 수행능력 수준 및 교육목표의 진술을 강조한 반면, IEP를 점검도구로 생각하는 행정가들은 '책무성(accountability)' 차원에서 아동에게 제공될 서비스를 문서화하는 데 더 많은 초점을 두었다.

1980년대 초기에 접어들면서 IEP 과정에 대한 많은 비판이 일기 시작하였는데, 그것은 IEP와 관련된 문제와 함께 법 규정에 따른 '문서상의 이행(paper compliance)'을 둘러싼 논쟁이었다. Morgan(1981)이 처음으로 IEP의 질 문제를 제기하였는데, 이는 1990년대 문헌의 주요한 특징이 되기도 하였다. Morgan은 IEP의 질을 결정하는 요인 세 가지를 제시하였다. 이 요인으로는, ① 아동의 현재 수행능력 수준을 측정하기 위해 사용되는 사정도구와 절차, ② 단기 교수목표의 구체성, ③ 매일매일의 교수 프로그램을 계획할 때 IEP가 사용되는 정도 등이 있다. Morgan은 IEP 발달 초기 단계에 있어 IEP 질의 궁극적인 준거는 IEP의 사용 여부라고 단언하였다.

이처럼 IEP의 시행에 대한 결과가 점차 밝혀짐에 따라 많은 비판적 쟁점이 제기되었는데, 그것은 IEP 과정에 부모 및 아동의 참여가 부족하다는 점(Nadler & Shore, 1980; Turnbull & Turnbull, 1986)과 IEP 과정에 참여하는 구성원에 대한 부적절한 훈련(Hayes & Higgins, 1978; Morrisey & Safer, 1977; Nadler & Shore, 1980), 그리고 부적절한 자원과 행정적 지원 및 점검(Nadler & Shore, 1980), IEP의 개발과 시행에 있어 일반교사의 참여 부족(Nadler & Shore, 1980), 팀의 의사결정 · 협의 · 갈등해결의 어려움, 그리고 팀 의사결정의 타당성 등이다(Smith, 1990b).

또한 이 시기에는 개별 아동을 위한 IEP의 개발에 소요되는 시간의 양을 조사한 연구도 시도되었다. Price와 Goodman(1980)이 측정한 바에 의하면, 각 아동의 IEP 개발에 소요되는 시간은 평균 6.5시간이었다. 교사는 학교 근무시간 이외에 많은 시간을 투자하는 것으로 나타나 IEP의 준비가 교수적인 일과에 상당한 영향을 미치는 것으로 나타났다. 이러한 이유로 교사들은 IEP 과정에 대한 비용-효과분석(cost-benefit analyses) 및 간소화를 요구하였다. 그리하여 이 초기 단계에 '목표 달성척도(goal attainment scaling)'를 사용하여 IEP 목표 달성에 대한 진보를 점검하고 측정하려고 시도하였다.

결론적으로, 이 규범적 단계 동안에는 IEP가 법적 요구조건에 부합되고 협력적인 회의의 특징을 지닌 '역동적 과정(dynamic process)'이라는 이상에도 불구하고 현실적으로는 IEP 문서에 대한 '강제성(compliance)'과 '정적(static)'인 IEP 문서의 개발, '팀 의사결정상'의 문제점이 노출되었다. 그러나 서비스를 제공하는 구성원들이 점차 IEP 과정의 절차상 요구조건에 익숙해지자 연구의 관심은 IEP 과정의 다양한 구성 요소에 대한 비판으로 옮겨 가기 시작하였다.

2) 분석적 단계

1980년대에는 교사와 부모가 IEP 과정에 얼마나 참여하는지에 대해 관심이 쏠렸으며, 나아가 '팀 접근법(team approach)'과 IEP 과정과 관련된 문제점이 조사되기 시작하였다. 이러한 문제점에는 팀 구성원이 각자의 역할과 책임을 제대로 인식하지 못하고 있다는 것(Smith, 1990b)과 IEP를 완성하는 데 소요되는 시간이 너무 많이 걸린다는 것이며, 일부 연구에서는 IEP의 내용 및 질과 관련된 문제가 제기되기 시작하였다(Billingsley, 1984; Downing, 1988; Schenck, 1980; Smith, 1990b; Weisenfeld, 1987).

그리고 이 시기에는 IEP의 질과 과정을 평가하기 위해 질문지나 관찰척도 및 평가척도가 사용되기도 하였다(Bailey, Helsel-De Wert, Theile, & Ware, 1983; Gilliam & Coleman, 1981; Goldstein, Strickland, Turnbull, & Curry, 1980; Hunt, Goetz, & Anderson, 1986; Turnbull & Huges, 1987; Ysseldyke, Algozzine, & Allen, 1982).

이 분석적 단계 동안 관심의 대상이 되었던 문제들을 중심으로 살펴보면 다음과 같다.

(1) IEP 과정에의 부모참여

특정 아동을 위한 의사결정과정에 전문가 및 부모가 동등하게 참여한다는 전제는 IEP 과정의 중요사항이다. 이들은 모두 IEP의 개발에 있어 도움이 되는 귀중한 구성원이지만, 잠재적으로는 서로 다른 인식과 정보를 가지고 있다고 할 수 있다.

Turnbul(1983)에 의하면, IEP 회의는 부모가 자녀의 교육을 위해 원하는 것을 발언할 수 있고, 또 교육과 관련된 정보를 제공하며, 나아가 아동의 교육적 의사결정에 참여할 수 있는 기회를 제공해 주기 때문에 매우 중요하다고 지적하였다. 따라서 이 분석적 단계에서는 부모와 교사의 역할이 상당한 관심의 대상이 되었다.

IEP 과정에 부모를 참여시킨 것은 부모와 전문가의 힘의 관계를 조금 더 대등한 수준으로 맞추기 위해서였다. 그러나 많은 연구는 부모들이 IEP 과정에 지속적이고도 의미 있게 참여하지 못한다는 것을 밝히고 있다.

Scanlon, Arick와 Phelps(1981), Yoshida 등(1978)의 연구에 의하면, 팀 구성원들은 때때로 부모를 능동적인 참여자로 보기보다는 수동적인 참관자로 보았고, Goldstein 등

(1980)은 부모가 단지 IEP 회의에서 정보를 수용할 뿐이라고 하였다. 이들은 능동적인 부모의 역할이 IEP 회의를 향상시킬 것이라고 제안하면서, 전문가들에게 부모를 능동적인 의사결정자로 참여시킬 수 있는 방법을 훈련시키고, 또한 부모에게 IEP 과정과 관련된 절차 및 책임을 훈련시킬 필요가 있다고 주장하였다.

Skinner(1991)는 IEP가 시행된 지 10년이 지났지만 대부분의 부모는 여전히 IEP 회의에 능동적으로 참여하지 않고 전문가들의 이야기를 듣는 데 대부분의 시간을 소비한다고 하였다. 그는 진정한 협력적인 회의가 이루어지지 못한 IEP 회의의 실상에 대해 염려하면서, 부모참여의 장애요인으로서, ① IEP를 정적인 문서로 인식하는 부모의 경향, ② IEP 과정에 대한 부모의 지식 부족, ③ 부모를 자문하는 전문가의 제한된 기술, ④ IEP 회의에 대한 부모의 위축감 등을 들고 있다.

Turnbull과 Turnbull(1986)도 역시 부모참여를 저해하는 요인으로서, ① 교통편의나 아동을 돌보아야 하는 현실적인 문제, ② 언어 및 문화적 차이와 전문용어 등으로 인한 의사소통의 장애, ③ 학교체제에 대한 부모의 이해 부족, ④ 자녀교육에 대한 지식의 결여 등을 들고 있다.

그러나 이 분석적 단계 동안에 부모참여의 장애요인과 이의 개선을 위한 권고가 있었음에도 불구하고, 그 조치효과에 관한 연구는 거의 수행되지 않았다.

(2) IEP 과정에 대한 교사의 지각과 참여

IEP 과정에 대한 교사의 지각 역시 이 시기에 조사되었다(Dudley-Marling, 1985; Gerardi, Grohe, Benedict & Coolidge, 1984; Pugach, 1982; White & Calhoun, 1987).

Gerardi 등(1984)에 의하면, 교사들은 IEP 과정의 기본적인 교육원리에는 동의하나, 실제 교수 활동이 아닌 '문서 작성(form completion)'에 너무 많은 시간을 빼앗기는 것에 대해서는 비판적이었다. 그리고 교사들은 IEP 작성이 그들의 개인적인 일이라기보다는 팀의 공동작업이라고 생각하고 있었다.

Price와 Goodman(1980)에 의하면, 일부 교사는 아동의 현재 수행능력의 수준을 사정하고 교육목적을 구체적으로 기술하는 능력이 부족하며, 교수계획의 길잡이로서 IEP의 사용 방법을 모른다고 주장하였다. 이 결과는 미국의 4개 주(州)의 학습도움실 교사(resource teacher) 102명, 특수교육교사 57명 및 일반교사 56명을 대상으로 IEP 과정에 대한 교사들의 지각을 조사한 Tymitz(1980)의 연구 결과와도 일치한다.

Tymitz(1980)는 IEP 영역을 사정하는 평정척도와 IEP의 교육목적 및 교육목표의 개발을 조사하기 위해 무작위로 선정된 응답자와 면담을 하였다. 그 결과, 모든 교사는 단기 교수목표를 기술하는 데 어려움이 있다고 보고하였다. 그 밖의 어려움으로, ① 단기 교수목표와 장기 교육목적 관련 짓기, ② 아동의 수행능력 수준 명시하기, ③ 1년 동안 성취할 수 있는 교육목적의 범위 설정하기, ④ 아동의 능력 수준에 적합한 교수목표 설정하기, ⑤ 학급 활동과 교수목표 간의 일치 등의 문제를 들고 있다. Tymitz는 일반교사들이 세 집단 가운데서 장기 교육목적 및 단기 교수목표를 진술하는 데 가장 많은 어려움을 겪고 있음을 발견하였다. 그리고 일반교사들은 장기 목적 진술 및 이들 단기 목표에 기초한 교수계획의 수립에 있어 직전 및 현직연수가 부족하다고 지적하였다.

Morgan과 Rhode(1983)는 IEP 및 IEP 규정에 대해 275명의 특수교육교사를 대상으로 'IEP 태도 질문지(IEP attitude questionnaire)'를 이용하여 그들의 태도를 평가하였다. 이 질문지는 IEP 과정과 관련된 27개의 리커트형이다. 이 특수교육교사들은 IEP 문서와 학급의 일상적인 활동 간의 관계를 분명하게 인식하지 못하였다. 즉, 교사들은 IEP 개발을 교수적 과제라기보다는 행정적인 과제로 지각하고 있었으며, 또한 IEP 없이도 효과적으로 아동을 가르칠 수 있다고 응답하였다. 이러한 태도는 '교수계획, 시행 및 평가를 촉진하는 지침'으로서의 IEP 기능을 명확하게 인식하지 못했기 때문에 발생한 것이다. 또한 이 연구에 참여한 교사들은 IEP를 작성하는 데 소요되는 시간, IEP 개발 및 시행에 있어 행정가, 직원 및 보조교사로부터의 지원이 부족하다는 점에 대해 불만을 나타내었다.

Dudley-Marling(1985)은 정서 및 학습장애아동을 가르치는 250명의 교사를 대상으로 IEP 사용에 관해 조사하였다. 그 결과, 교사들은 매일매일의 교수를 계획하는 데 IEP를 사용하지 않았으며, 자주 참조하지도 않은 것으로 나타났다. 그는 IEP가 진실로 매일매일의 서비스 제공을 안내하지 못한다면 그것은 아동의 교육에 아무런 도움을 주지 못할 것이라고 결론을 내렸다. 이런 결론에도 불구하고, 그의 연구는 실제 관찰을 통해 IEP와 매일매일의 교수 간의 관계를 조사하지 않았다는 한계가 있다.

White와 Calhoun(1987)은 11명의 학습도움실 교사를 대상으로 IEP 과정에서의 역할과 책임에 관해 면담하였다. 이 특수교육교사 대부분은 IEP 문서를 개발하는 데 책임이 있다고 동의하였다. 그들은 또한 IEP 문서의 개발이 실제로 IEP 회의 이전에 거의 완성된다고 하였다. 이는 팀의 의사결정, 책임의 공유 및 협력이라는 이상과는 분명히 대치되는 것이다. 그러나 이 연구는 11명의 특수교육교사만을 대상으로 하였다는 점에서 한계가 있다.

한편, 특별한 요구를 가진 많은 아동이 일반교육 장면에 통합되고 있으나 일반교사들이 항상 IEP 과정에 적극적으로 참여한 것은 아니었다(Goldstein et al., 1980; Pugach, 1982). 한 관련 연구(Pugach, 1982)에서 33명의 일반교사는 그들이 가르치는 데 주요한 책임을 맡고 있는 아동의 IEP 개발에 체계적으로 참여하지 않았다고 보고하였다. 사실상 이 일반교사들은 그가 맡고 있는 아동의 교수계획이나 교수점검을 위해 IEP를 거의 사용하지 않았다.

이 연구에서 제기된 몇 가지 쟁점은 고려할 만한 가치가 있다. 만일 일반교사가 IEP 과정에 배제된다면 이들은 아마 IEP 문서에 대한 주인의식이 없어질 것이며, 따라서 IEP 문서를 참조할 가능성도 없어질 것이다. 그렇게 되면 장애아동이 일반학급에 통합되어 있을 때, 장기 교육목적 및 단기 교수목표가 그 아동에 대해 진술되지 않을 수도 있으며, 결과적으로 IEP가 전체 교수 프로그램에 적용되지 않을 수도 있다. 현재 특별한 요구를 가진 아동의 통합이 강조되고 있기 때문에(Ashman & Elkins, 1994), IEP 과정이 성공적이기 위해서는 일반교사의 참여가 매우 중요하다(Price & Goodman, 1980; Tymitz, 1980).

(3) 팀의 의사결정

'교육적 팀(educational teams)'의 한 가지 기능은 사정 자료(assessment data)를 종합적인 계획으로 조직하는 것이며, 이런 종합적인 계획은 서비스의 전달을 촉진시키는 것이다(Orelove & Sobsey, 1991; Smith, 1990b). 1980년대 초에 접어들면서 이러한 팀 접근법의 효율성에 대한 의문이 제기되었다. 즉, 전문지식의 근거를 경험적인 증거보다는 논리적인 가정에 기초하고 있다는 것이다(Crisler, 1979; Kehle & Guidubaldi, 1980).

Kehle와 Guidubaldi(1980)는 정신지체아동 및 학습·행동장애아동의 사회적 통합을 위한 아동 배치에 있어 팀의 배치결정과 IEP의 효율성을 조사하였다. 그 결과, 학교 심리학자 한 사람에 의해 이루어진 일방적인 배치와 비형식적인 프로그램 절차가 팀의 의사결정과 형식화된 IEP보다 사회적응에 있어 더 효과적인 것으로 보았다.

그리하여 Kehle와 Guidubaldi는 팀 접근법을 전반적으로 받아들이기 이전에 팀의 의사결정과정에 대한 조금 더 자세한 연구가 필요하다고 주장하였다. Pfeiffer(1982) 역시 '조직적이지 못한 의사결정과정과 학문 간의 협력 부족' 등 전문가 집단 간의 팀 기능상에 많은 문제점이 있다는 것을 확인하였다.

이로부터 10년 뒤 중복장애아동의 교육적 배치와 관련하여 팀의 기능에 대한 관심이 다시 부각되었다(Campbell, 1987; McAfee, 1987; Orelove & Sobsey, 1991; Rainforth et al., 1992). 강조점은 갈등원인에 관한 기술(Crisler, 1979; Pfeiffer, 1982)에서 훈련 프로그램의

개발(Crisler, 1979; McAfee, 1987), 팀의 의사결정에 있어서 치료적 관점과 교육적 관점의 통합 방법에 대한 상세한 기술(Orelove & Sobsey, 1991; Rainforth et al., 1992)로 바뀌었다. 이때 팀의 구조를 설명하기 위해 '통합 프로그램 계획팀(integrated programming teams)' (Campbell, 1987)과 '협력적 팀워크(collaborative teamwork)'(Rainforth et al., 1992)이라는 새로운 용어가 생겨나기도 하였다.

이러한 팀 접근법은 장애아동에게 통합적인 교육과 관련 서비스를 제공하기 위해 사용되었다. 이때 IEP는 여러 전문가가 공동으로 개발하며 서비스 계획 및 제공에 있어서도 통합적으로 접근한다. 그리하여 합의된 의사결정뿐만 아니라 '협력적 사정(collaborative assessment)'과 문제해결을 요구하는 것이다.

Rainforth 등(1992)은 이러한 협력적 사정과의 문제해결과 관련하여 다음의 사항, ① IEP 우선순위의 선정, ② 서비스 전달 정도에 관한 권고, ③ 책무성 보장, ④ 협력적인 교수계획의 개발, ⑤ IEP 교육목표에 대한 아동의 성취 수준을 사정하는 데 도움을 주는 특정한 전략을 제시하였다.

IEP 우선순위 선정에 있어 Rainforth 등(1992)은 Orelove와 Sobsey(1991)의 연구에 기초하여 중도장애아동을 위한 교육적 우선순위를 선정하기 위한 준거를 다음과 같이 약술하였다. 중도장애아동은, ① 광범위한 요구를 가지고 있고, ② 교육에 참여하는 시간 및 능력이 제한되어 있기 때문에, IEP 우선순위에 관한 합의는 아동의 성취를 극대화하는 데 매우 중요하다. 서비스 권고, 즉 어떤 관련 서비스가 필요한지, 얼마나 자주 그리고 얼마나 오랫동안 필요한지를 결정하는 것 역시 팀의 주요한 문제이다. 교육프로그램에 있어서도 교육목적 및 교육목표를 성취하는 데 물리치료, 작업치료 및 언어치료 등 관련 서비스가 필요하다면 아동들은 이러한 서비스를 받아야 한다(Rainforth et al., 1992). 그러므로 팀은 서비스의 범위와 강도를 결정하여야 한다.

이러한 통합적 접근법은 서비스의 중복 예방에 도움을 줄 수 있고, 또한 특정한 교육목표를 성취하는 데 요구되는 모든 팀 구성원의 책무성을 보장한다. 그러나 이 분석적 단계에서는 팀 접근법의 효율성에 대한 구체적인 연구가 거의 이루어지지 않았고 한정된 일부 연구만이 수행되었을 뿐이다.

(4) IEP 회의

IEP 회의는 의사결정과정과 관련된 구성원의 중요성과 지위, 그들의 역할, 의사결정과정에 있어 다른 구성원들에게 어떤 영향을 미치는가를 결정하게 된다.

Gilliam과 Coleman(1981)은 회의 구성원 간에 나타난 어떤 위계를 발견하였다. 즉, 특수교육교사와 심리학자가 부모들보다 더 높은 지위를 가지고 있다는 것이다. 그리고 교장과 일반교사들은 IEP 회의 이전에는 영향력 있는 사람으로 지각된 반면, IEP 회의 이후에는 반드시 영향력 있는 사람으로 간주되지는 않았다. 이는 전문지식을 가진 구성원이 더 영향력이 있다는 것을 의미한다.

Goldstein 등(1980)이 IEP 회의를 분석한 결과, 부모와 일반교사들은 IEP 회의에서 학습도움학급 교사의 절반 수준도 못되는 지식과 정보를 제공해 주는 것으로 밝혀졌으며, Ysseldyke, Algozzine와 Allen(1982) 등의 연구에서도 일반교사는 IEP 회의에 참여하지도 않거나 혹은 피상적으로 참여하는 것으로 나타났다. 즉, 부모와 일반교사들은 정보제공자라기보다는 수령자로 인식되었다.

Turnbull과 Hughes(1987)가 녹음 테이프를 이용하여 IEP 회의를 분석할 결과, 아동들의 성취 수준(36%)이 IEP 회의의 가장 주된 논제였으며, 그다음이 회의의 절차(12%)라는 것을 알았다. 그리고 부모의 책임은 겨우 1%에 지나지 않았다는 것이다. 이 결과는 IEP 회의에 부모가 효과적으로 참여하도록 하기 위해서는 부모훈련이 필수적이라는 것을 말해 준다.

일부 연구자는 IEP 회의에 있어 부모의 참여 정도를 알아보기 위해 질문지를 사용하였다. 가끔 계획을 수립하는 팀 구성원은 IEP 과정에서 부모를 능동적인 참여자라기보다는 수동적인 관찰자로 생각하였으며(Yoshida et al., 1978), 부모 자신도 수동적인 역할을 맡는 것을 더 선호하는 것으로 나타났다(Scanlon et al., 1981).

Yoshida 등(1978)은 계획을 수립하는 데 있어 '팀의 참여도'가 구성원들의 만족 수준과 관련되어 있다는 것을 발견하였다. 부모와 일반교사와 같은 팀 구성원들은 참여에 있어 그들 자신이 수동적인 역할을 맡고 있다고 생각하였다. 이들의 연구는 IEP 회의를 직접 관찰한 것이 아니라 '자기평정(self-ratings)'에 기초하였기 때문에 연구결론은 제한적이라고 할 수 있다. 이러한 결과는 비디오 녹화관찰이나 녹음관찰을 이용한 이후의 여러 연구가 뒷받침해 주고 있다(Goldstein et al., 1980; Turnbull & Huges, 1987; Ysseldyke et al., 1982).

요약컨대, 거의 20년 동안 IEP 시행이 이루어져 왔지만 IEP 회의는 여전히 많은 면에서 기대치에 부합되지 못하였다. 특히 구성원의 동등한 참여가 부족한 경우가 가끔 있었고, 팀 구성원 간에 지위의 위계가 생겨나기도 하였다. 그리고 최선의 참여를 위한 훈련이나 준비도 부족하였고, 더구나 회의 절차 그 자체에 대한 문제가 자주 대두되기도 하였다. 그리하여 IEP 회의의 효용성은 이 분석적 단계에서는 아직도 실증되지 못하였다.

그러나 IEP 회의의 주된 핵심은 역시 문서의 개발에 있었기 때문에 IEP 문서의 내용과 적절성은 1980년대에 연구의 또 다른 핵심이 되었다. 이 분석적 단계 동안에는 IEP 과정의 대부분의 단계에 내포되어 있는 문제들, 특히 문서화된 IEP 서류의 부적절성에 대한 문제가 강조되기 시작하였다.

(5) IEP 내용의 분석

IEP 문서는 아동에 대한 사정의 결과와 팀의 의사결정이 반영되어야 하고(Orelove & Sobsey, 1991; Smith, 1990b; Turnbull & Turnbull, 1986), 나아가 IEP에는 장기 교육목적, 단기 교수목표, 제공될 관련 서비스, 참여한 구성원 및 공식적인 검토날짜 등이 구체적으로 기술되어야 한다(Fiscus & Mandell, 1983; Smith, 1990b).

그런데 Schenck(1980)가 학습장애, 정서장애 및 정신지체아동으로 확인된 243명의 IEP와 진단 평가를 비교·분석한 결과, 장기 목적과 단기 목표는 평가의 결과와 거리가 먼 것으로 밝혀졌다.

Fiedler와 Knight(1986)도 이와 유사한 결과를 보고하였다. 즉, 이들은 평가 활동에서 수집된 진단정보와 행동장애아동의 IEP에 규정되어 있는 중재 간에 일치가 이루어지지 않는다는 것을 발견하였다. 정서장애아동 186명을 대상으로 한 Schenck(1980)의 심층연구에서도 이들의 IEP에 가끔 필수적인 정보가 빠져 있다는 것을 발견하였다. 더구나 이 IEP의 62%는 아동의 현재 수행능력 수준을 밝히지 않았고, 72%는 일반교육에 참가한 시간의 양도 언급하지 않았다. 그리고 80%는 특수교육 서비스를 받는 시간의 양도 진술되지 않았다. Schenck(1980)는 이런 누락을 방지하기 위해서는 적절한 직전 및 현직 연수가 필요하다고 주장하였다.

이러한 연구 결과는 다른 행동장애 및 학습장애아동 집단에게서도 나타났다. Smith와 Simpson(1989) 및 Smith(1990a)는 행동장애와 학습장애를 가진 아동들을 대상으로 한 IEP 가운데 상당 부분에 필수적인 요소가 빠져 있다고 지적하였다. 예컨대, 모든 연령 집단과 서비스 전달 모형에서 현재 수행능력 수준과 연간 교육목적의 진술이 일치하지 않았다는 것이다. 이는 이들의 교육목표가 너무 높아 아동들이 성취할 수 없거나 아동들의 요구와 관련이 없다는 것을 의미한다. 즉, 교육목표의 성취와 학급 활동은 서로 관련이 없었으며, 교사들은 종종 교육목표가 성취되었는데도 교육목표를 기록하지 않았다. 이 연구 결과는 IEP의 계획 수립, 시행 및 점검이 적절하지 못하다는 것을 보여 주고 있다.

Billingsley(1984)는 중도 및 최중도 정신지체아동을 대상으로 하여 작성된 499개의 IEP 교육목표를 조사하였다. 이들 IEP에 제시되어 있는 교육목표의 2/3가 아동의 일상생활과 관련이 있는 기능적 행동, 즉 가정과 지역사회에서 요구되거나 앞으로 요구될 기술을 목표로 하고 있었다(Billingsley, 1984). 그러나 이들 IEP는 교수 결과로서 일반화된 수행능력을 제시하지 않았다.

Weisenfeld(1987)도 41명의 다운증후군 아동의 IEP를 분석하였다. 그 결과, 교육목표의 65%가 측정 가능한 용어로 진술되어 있지 않고, 설사 진술되어 있다 하더라도 적절히 실행될 수 없었다고 주장하였다. 중도·중복장애아동의 IEP에 기재되어 있는 443개의 교육목표를 분석한 Downing(1988)의 연구 결과도 Weisenfeld(1987)의 연구 결과와 일치하였다. 두 연구 결과 모두 교육목표가 기능적이지 못하고, 연령에 적합하지 않음을 보여 준다.

Hunt 등(1986)도 중도장애아동의 IEP '질(quality)'을 평가하기 위해 연령에의 적합성(age-appropriateness), 기능성(functionality), 일반화(generalization)라는 범주가 포함된 하나의 IEP 평가서식을 개발하였다. 그들은 이 평가서식을 이용하여 중도장애아동의 IEP 질적인 면을 평가한 결과, 교사훈련과 전문성이 지속적으로 제공될 때 통합된 아동들의 목표가 분리된 교육환경에 있는 아동들의 목표보다 질적으로 우수하다고 했다. 그러나 이 연구도 IEP의 실제 시행보다는 문서화된 IEP의 질적인 면을 분석한 것에 지나지 않았다.

요약컨대, 분석적 단계 동안에는 IEP의 문제점에 대한 많은 연구가 시도되었다. IEP에 대한 교사의 지각과 교사의 참여, 부모의 참여, IEP 회의 절차, 문서화된 IEP의 내용과 질 등이 그것이었다. 그리고 부모훈련, 일반교사와의 협력, IEP 작성을 위한 교사훈련의 필요성 등이 제안되기도 하였다. 그러나 IEP 회의과정에서 팀 구성원이 협력해야 하고, 문서화된 IEP의 내용이 법적 요구조건에 부응해야 한다는 이상은 제대로 성취되지 못했다. 이 단계에서 표출된 주요 문제는 역시 IEP의 문서와 학급의 실제 활동과의 관계였으나, 이 단계에서의 IEP 질은 문서화된 서류를 평가하는 데 지나지 않았으며, 평소 학급 활동이 문서대로 시행되고 있는지에 대한 연구는 거의 이루어지지 못하였다.

3) 기술적 대처 단계

세 번째 단계인 기술적 대처 단계(Smith, 1990b)는 IEP 문서의 작성 방법과 시간 및 비용을 줄이기 위한 방안이 모색되고 있을 즈음인 1980년 중반부터 후반 사이에 나타났다. 이 시기에는 IEP 과정의 관리와 문서화를 돕기 위해 컴퓨터 프로그램이 개발되었다. 예컨대, '다차원적 아동 사정 프로그램(multidimensional assessment of children program)'(Glutting, 1987)은 아동의 특수성을 다차원적으로 분류하고, 그에 따른 세분화된 IEP를 제공하였다.

이때 IEP 과정을 합리화하기 위해 컴퓨터를 사용하는 방법, 컴퓨터 공학의 사용을 극대화하는 방법, 비밀을 보장하기 위한 방법 등을 다룬 논문들도 발표되었다. 그 외에도 아동의 행동에 기초한 IEP 제작 방법을 기술하고, 현재의 교육과정을 반영하도록 만들어졌다. 이 프로그램은 또한 행동목표를 기술하는 데 도움이 되도록 과제와 기능목록을 하나로 통합시켰다. 그리고 저장된 기능목록과 프로그램이 아동의 진보를 검토하는 데 도움이 되도록 만들어졌다(Enell & Barrick, 1983; Minick & School, 1982).

Minick와 School(1982)은 '관리와 사정 프로그램(management and assessment program)'과 같은 컴퓨터에 기초한 프로그램의 장점으로서, ① 교사들은 프로그램을 더 효율적이고 능숙하게 작성하게 되었고, ② 아동 개개인의 신상에 대해 관리자가 더 많은 지식을 갖게 되었으며, ③ 부모의 지식과 만족감이 증가되었다는 것을 들고 있다. 이 시기에는 IEP 작성을 위한 소프트웨어뿐만 아니라 아동의 진보 정도를 도표로 나타낼 수 있는 프로그램도 개발되었다.

Enell(1983), Enell과 Barrick(1983)는 행정가와 교장, 특수교육교사, 부모를 상대로 질문지 조사와 인터뷰를 실시하여 컴퓨터 보조 IEP와 전통적인 IEP와의 효율성과 유용성, 그리고 비용 차이를 분석하였다. 그 결과, 다음과 같은 몇 가지 쟁점에 초점이 맞추어졌다. 첫째, IEP의 작성 비용은 회의에 참가한 전문가 수에 따라 좌우된다. 컴퓨터 시스템을 사용한 팀은 IEP 회의 그 자체보다 아동의 사정에 더 많은 시간을 소비하는 것으로 나타났다. 둘째, 컴퓨터를 사용하여 IEP를 작성한 교사들은 실제 IEP 회의를 준비하고 실행하는 데 있어 7~28분의 시간을 절약할 수 있었다. 셋째, 컴퓨터 보조 IEP를 사용한 교육청은 아동 배치에 있어 인사 비용의 25%까지 절약하였다. 넷째, 부모와 교사, 행정가, 교장은 IEP 문서가 아동의 교육을 계획하고 앞으로의 IEP 회의를 조직하는 데 유용하다고 생각했다. 그리고 컴퓨터 지원을 받은 IEP 팀의 교사들은 하루의 교육계획을 세우는 데 더 유용하다고 했고, 행정가들은 이 IEP가 손으로 작성된 것보다 장기 목적이 단기 목표와 더 잘 작성되어 읽기가 쉽다고 했다. 다섯째, 컴퓨터의 지원을 받은 교사와 관리자들은 IEP 문서에 대해 더 긍정적인 태도를 보였으며, 부모와 교장들도 컴퓨터로 작성된 IEP에 대해 호의적으로 반응했다.

그러나 Smith(1990b)는 IEP를 완성하는 데 소요되는 시간과 비용을 줄이는 문제를 가지고 IEP의 질 문제를 논하는 것은 적절치 못하다고 지적하고 있다. 그는 시간, 노력, 비용이라는 현실적인 문제만을 가지고 IEP의 본질을 논해서는 안 된다고 주장하고 있다. 따라서 앞으로 연구되어야 할 쟁점은 손으로 직접 작성된 IEP와 컴퓨터로 작성된 IEP 간에 교육목적의 질에 현저한 차이가 있는지와 컴퓨터로 작성된 IEP의 교육목표를 사용하는 교사들이 실제 학급에서 교육목표를 더 잘 실행하는지의 여부이다.

4) 질적 시행 단계

IEP의 기본 전제는 '장애아동의 교수계획 수립과 시행, 그리고 평가를 안내'하는 것이고, 교수와 관련 서비스를 제공하기 위한 청사진이다(Smith, 1990a). 그러므로 IEP의 시행에 대한 질적인 평가가 요구된다.

1990년대에 들어와서는 IEP의 질에 대한 평가에 초점을 둔 질적 시행 단계가 나타났다. 이 단계에서는 IEP 문서의 질에 대한 평가와 개선, 이러한 계획이 의도된 대로 실제로 어느 정도 시행되는지가 주된 주제였다. 즉, 1990년대 동안 이루어진 연구는 주로 개별화재활계획(Individual Habilitation Plan: IHP), 개별화프로그램계획(Individual Program Plan: IPP), 개별화서비스계획(Individual Service Plan: ISP)과 같은 관련 문서의 질뿐만 아니라 IEP 문서의 질에 관한 것들이었는데, 그것은 IEP의 질을 비롯한 기술적인 적절성을 개선하기 위한 절차와 서비스 전달 모형, 그리고 교육 장면이나 지역사회 장면에서의 IEP와 IHP의 시행에 대한 조사였다. 즉, 수월성(excellence), 질(quality), 최선의 교수실천(best instructional practices)이 쟁점적인 주제가 된 것이다.

(1) IEP 문서의 질

이 시기의 상당수 연구는 IEP의 질이 특정 목표 준거에 어느 정도 부합되는지를 측정하는 데에 관심의 초점을 두었다(Dunne & O'Regan, 1991; DePaepe, Reichle, Doss, Light-Shriner, & Cameron, 1994; Honer, Thompson, & Storey, 1990; Hunt et al., 1986; Lynch & Beare, 1990; Shaddock & Bramston, 1991; Sigafoos, Kigner, Holt, Doss, & Mustonen, 1991; Sigafoos et al., 1993).

이 중 일부 연구는 발달장애성인을 위한 ISP, IPP 혹은 IHP와 관련된 것들이었는데, 이들 문서의 질을 평가하는 원리는 아동의 IEP와 마찬가지였다. IEP의 질을 평가하는 데 도움을 주기 위해 몇몇 체크리스트가 개발되었다. 이 체크리스트는 IEP 문서에 포함해야 할 일반적인 기준으로, ① '실제자연적 환경(natural environments)'에서 훈련되는 기능적이며 '연령에 적절한 기술(age-appropriate skills)'을 반영하는 교육목적이나 교육목표, ② 측정 가능하고 관찰 가능한 행동을 포함한 기술적으로 적절한 교육목표, ③ 성취조건과 준거가 진술되어 있으며 각각의 교육목적에 대한 시간계획을 제공하는 교육목표, ④ 반복 가능한 교수 방법의 구체적인 진술에 기초를 두고 있다(Sigafoos et al., 1991). 이러한 준거는 IEP 문서가 요구하는 필수적인 조건이다.

Hunt 등(1986)은 처음으로 IEP 평정도구를 개발하려고 하였다. 최근의 많은 연구에서 다루는 평정척도는 이 초기 연구에 그 기초를 두고 있다(DePaepe et al., 1994; Honer et al., 1990; Lynch & Beare, 1990; Sigafoos et al., 1991). 〈표 1-1〉은 IEP 문서와 IHP 평가에서 많이 사용되었던 질 평정척도를 요약한 것이다.

Hunt 등(1986)은 통합교육 장면과 분리교육 장면에 있는 아동들의 IEP 목표의 질을 조사하였다. 그들이 개발한 'IEP 분석 양식(IEP analysis form)'은 최선의 실천을 나타내는 지침, 즉 내용 및 과제의 연령과의 적절성, 기술의 기능성, 활동특성, 비장애인들과의 상호작용, 상황 및 내용의 일반화, 실제적 상황에서의 사용을 언급하였다. 또한 각 목표에 대한 교육과정 영역을 언급하였다. 그들은 통합교육 장면에 있는 아동들의 IEP의 목표가 분리교육 장면에 있는 아동들의 목표보다 '최선의 실천(best practices)'을 나타내는 지침을 더 많이 포함하고 있다고 결론을 내렸다. 그들은 교사의 전문성이 인정될 때 통합교육 장면의 배치가 더 나은 질의 IEP를 보여 주고 있다. 그리고 IEP 문서와 학급에서 매일 이루어지는 시행 간의 관계특성을 좀더 조사할 것을 요구하였다.

Lynch와 Beare(1990)는 일반 초등학교 및 중학교에 통합된 경도정신지체 및 행동장애 아동의 IEP에 관해 연구하였다. IEP 문서와 실제 수업 간의 관계를 확인하기 위해 IEP 분석 양식과 '교실관찰 양식(classroom observation form)'을 사용하였다. 그들은 IEP가 일반적으로 기능성, 일반화 가능성 및 연령과의 적절성을 포함하고 있는 반면, 아동들은 가끔 이 지침에 부합되는 활동에 참여하지 않는다는 것을 발견하였다. 그리고 평가 자료, 성공적인 수행 준거 및 평가가 결핍되어 있었다. 사실상 IEP 내용과 실제 수업 간에는 거의 관계가 없었고, 그들은 또한 직업, 여가 및 지역사회 통합과 같은 영역이 배제되고 '학업적 기술(academic skills)'이 보다 강조된다는 것을 발견하였다.

Shaddock과 Bramston(1991)은 뉴사우스웨일스주에 거주하고 있는 성인 50명을 대상으로 개별화서비스계획(ISP)을 분석하였다. 그들은 이 ISP에서 성인 장애인 본인 및 후원

표 1-1 IEP/IHP 교육목표 평가를 위한 질 지침

질 지침	Billingsley (1984)	Hunt et al. (1986)	Downing (1988)	Honer et al. (1990)	Lynch & Beare (1990)	Sigafoos et al. (1991)	Sigafoos et al. (1993)	DePaepe et al. (1994)
1. 연령과의 적합성		○	○		○	○	○	○
2. 기능성	○	○	○	○	○	○	○	○
3. 실제적 상황		○			○	○		○
4. 관찰 가능성				○		○	○	○
5. 조건, 현재 통제 조건 ①						#		○
6. 실제적 조건								○
7. 준거			○	○	○	○	○	○
8. 시간계획						○		○
9. 과제분석						○		○
10. 절차, 중재자의 행동 ②			#			#	#	○
11. 학습자의 행동					○			○
12. 촉진 절차								○
13. 후속자극(강화)								○
14. 촉진철회 절차								○
15. 상황(장면)						○		○
16. 평가 자료				○		○	○	○
17. 일반화		○			○			
18. 부모참여					○			
19. 직원의 책임				○			○	

※#: 일반적인 질 지침만 제시되어 있음. ① 현재 통제조건: 현재 행동이 유발될 것이라고 기대되는 상황이 명시되어 있음.
② 절차 및 중재자의 행동: 절차에는 목적을 가르치는 방법이 진술되어 있으며, 중재자의 행동은 중재자에게 요구되는 행동을 의미함.

출처: DePaepe, Reichle, Doss, Light-Shriner, & Cameron (1994).

자의 참여 부족, 장기 목적의 부족, 단기 목표와 장기 목적 간의 관련 결여가 많은 영역에서 자주 나타났으며, 목표의 진술을 종종 관찰이나 특정할 수 없음을 발견하였다. 그들은 이러한 것들이 ISP의 시행을 방해하는 주된 문제라고 주장하고 있다.

(2) 서비스 전달 모형과 학교 배치

서비스 전달 모형과 학교 배치에 대한 연구가 질적 시행 단계에서부터 주목을 받기 시작하였다. 일부 연구에서 IEP 목표 달성에 영향을 미치는 교육방법과 서비스 전달의 효과를 다루게 되었다.

Hunt 등(1986)은 '완전통합교육 모형(full inclusion model)'과 '특수학급 모형(special class model)'에 배치된 32명의 아동에 대해 IEP를 평가하고, 이 아동들을 교실 관찰하였다. IEP 문서는 IEP의 질과 교육과정 내용에 기초를 두고 분석하였다. 또한 아동의 활동참여 수준, 집단(예컨대, 아동이 집단에 있는지 혼자 있는지), 활동 유형을 분석하기 위해 교실의 참여관찰 방법을 사용하였다. 아동의 활동참여에 대해 교사들과 면담하였으며, 아동의 흥미 및 과제에 대한 열의는 척도를 사용하여 '정의적 태도'를 평가하였다. 그리고 '사회적 상호작용 교육 평가(Educational Assessment of Social Interaction: EASI)'를 사용하여 사회적 상호작용의 유형과 특징을 평가하였다.

그 결과, 완전통합 프로그램과 특수학급 프로그램 간에는 프로그램의 질과 아동의 결과에 있어 많은 차이가 있는 것으로 나타났다. 일반학급에 완전통합된 중도장애아동의 IEP 질은 전체적으로 의미 있게 나타났다. 나아가 아동들이 일반학급에 통합되어 있는 경우, 그들은 장애 수준에 관계없이 또래아동과의 참여를 포함하여 더 높은 IEP 목표를 나타내었다. 중도장애를 가진 완전통합된 아동들은 보다 학업적 활동이나 협력적인 기술, 그리고 중요한 수업 활동에 참여하였는데, 이는 경도장애아동들에 대해서도 비슷한 경향이 나타났다. 중도장애아동들은 완전통합 프로그램에 더 능동적이고 의미 있게 참여하였다. 정의적 태도검사에서는 완전통합 프로그램과 특수학급 프로그램 간에는 유의미한 차이가 없었다. 통합 장면에 있는 경도장애 및 중도장애아동 집단은 동료 아동들과 더 많은 상호작용을 하였으며, 경도장애아동들의 상호작용은 더 사회적이었다. 이는 아동들 간의 호혜적인 상호작용 역시 일반학급에 통합되었을 때 더 명백하다는 것을 증명하고 있다. 이 연구는 IEP 과정의 역동성에 대한 이해를 증진시키기 위해 IEP 문서의 분석과 학급의 관찰을 결합하였다는 데 그 유용성을 가지고 있다.

(3) IEP의 시행

Lynch와 Beare(1990)는 IEP 시행에 대한 연구를 실시하였다. 그들은 IEP의 문서 분석과 학급관찰을 결합한 접근방식을 사용하였다. 그들의 연구 결과에 의하면, 아동들은 종종 연령과의 적절성(age-appropriateness), 기능성(functionality) 및 일반화 가능성

(generalisability)이라는 질 지침에 해당하는 학급 활동에 참여하지 않은 것으로 나타났다. 그리하여 그들은 IEP의 내용과 실제 수업 간의 관계가 빈약하다고 결론을 내렸다.

Sigafoos 등(1993)은 측정 가능성, 준거, 방법, 직원, 관련성 및 평가 자료라는 여섯 가지 질 지침으로 구성된 평정척도를 사용하여 호주 브리즈번 소재의 중복장애아동을 교육하는 2개 학교에 대해 40개 IEP의 질과 내용을 분석하였다. 이 지침은 Honer 등(1990) 및 Hunt 등(1986)에 의해 개발된 척도에 기초를 두고 있다.

또한 Sigafoos 등(1993)은 2주 간격으로 3회에 걸쳐 150~180분 동안 비디오 녹화를 통해 학급을 관찰하는 방법을 결합하였다. 아동이 과제에 집중하고, 관련 활동에 참여하는 시간의 백분율을 평가하기 위해 비디오 녹화 자료를 분석하였다. 이 아동들의 IEP는 언어, 신변처리, 운동능력 등과 같은 교육과정 영역을 반영하고 있었다. 대부분의 IEP 목표가 관련성이 있고 측정 가능한 것으로 평가되었다. 그러나 극히 소수 목표에만 실제 시행의 책임을 맡고 있는 인사를 언급하였고, 또한 목표에 대한 진보 정도의 점검이 이루어지지 않았으며, 목표 달성도를 확인하기 위한 평가 준거와 평가 자료를 포함하지 않았다.

이는 IEP 문서의 기술적 적절성을 다룬 Dunne과 O'Regan(1991), Honer 등(1990), Shaddock과 Bramston(1991)의 연구 결과와도 일치하였다. 학급관찰에서 아동들의 관련성 있는 활동(가정, 지역사회, 여가 혹은 학교 장면에서 요구되는 기능적이고 연령에 적절한 활동과 자료를 포함하는 활동)은 그 시간의 16% 이하로 일어났는데, 이는 Lynch와 Beare(1990)의 연구 결과와도 일치하였다.

Sigafoos 등(1993)은 IEP 문서가 항상 학급 활동을 반영하고, 반드시 매일매일의 수업을 안내하는 것은 아니라고 지적하였다. 그러나 이들의 연구는 단지 2개 학급만을 관찰하였기 때문에 제한점이 있다고 할 수 있다. 더구나 관찰이 비교적 간단하였으며, IEP와 관련된 활동보다는 관련성 있는 활동에 초점을 두었다. 여기서 관련성 있는 활동은 가사, 지역사회, 여가/스포츠 혹은 학교 장면에서 요구되고 사용되는 기능적이고 연령에 적절한 활동/자료들이다. 이러한 활동들은 IEP 목표와 관련되는 활동보다 일반적인 것에 지나지 않았다.

그래서 Sigafoos 등(1993)은 앞으로 각 아동이 관련성 있는 활동에 참여하는 시간의 백분율보다는 오히려 IEP 관련 활동에 참여하는 시간의 백분율에 초점을 두는 것이 더 적절하다고 제안하였다. 또한 앞으로의 연구에서는 IEP 관련 활동이 문서와 어느 정도 일치하는지를 조사할 것을 제안하였다.

그 외에도 연구자들은 IEP의 연령과의 적절성, 기능성, 실제적 상황, 촉진 절차 및 정적 후속자극이 시행과 어느 정도 일치하는가를 확인하기 위해 그룹홈을 관찰하였다. 즉, 상세하게 관찰 기록함으로써 관찰자가 관찰된 사건이나 행동이 문서의 계획과 일치하는지를 평가하였다. 또한 실제적 상황, 중재자 반응, 통제 조건, 실제적 조건, 정적 후속자극, 준거 및 촉진 절차 등을 관련 변인으로 연구하였다.

요약컨대, 문서화된 IEP 서류가 항상 학급에서 개별 아동에 대한 교육목적과 교육목표의 시행을 통제하고 직접적으로 관리할 것이라는 근본적인 가정에도 불구하고, 이것이 항상 사실인지에 대해서는 의문스럽다. 또한 문서화된 IEP 목표를 잘 개발하는 것이 필수적이기는 하나, 그것 자체가 지시된 교육 절차를 체계적이고 정확하게 수행할 것을 보장하는 것은 아니다. 그러므로 교육 관계자들은 IEP의 질적인 시행을 위해서 자신들이 작성한 IEP 문서를 실제 적용의 견지에서 분석하는 것이 필요하다.

5) 요약

1975년에 IEP가 처음 시작된 이후 많은 관심과 논쟁의 대상이 되어 왔다. 일부 연구자들은 IEP의 기능과 유용성에 대해 강한 의문을 제기하기도 하였고, IEP의 발달과 과정을 향상시키려는 충고도 끊이지 않았다. 지금까지 검토한 IEP의 발전과정상에 제기되었던 문제점들은 크게 IEP 내용상의 문제와 IEP의 수행과정상에 나타난 문제로, 요약하면 다음과 같다.

첫째, IEP 내용상의 문제점으로는 IEP에 보다 중요한 정보가 가끔 빠져 있다는 것이다. IEP에는 법이 요구하는 교육목적, 교육목표, 일반학급에서 교육받는 시간, 평가절차, 아동의 장애 수준, 아동의 현재 수행능력 수준, 부모의 동의와 서명, 배치결정의 정당성, 프로그램의 시작 시기와 기간, IEP 수행에 대한 책임자 등이 종종 누락된 경우가 많았다. 그리고 문서상에 진술되어 있는 교육목적과 교육목표가 연령에 적합하지 않았을 뿐만 아니라 아동의 진단 · 평가 결과와도 관련이 없는 경우가 종종 있다고 지적되었다. 또한 아동의 성취에 대한 기록이 없는 경우가 있고, 대다수의 IEP가 적절히 검토되지도 않았고 요구된 기간 내에 수정되지도 않았다는 것이다.

둘째, IEP 내용상 문제에 더하여 IEP 전개와 수행과정이 법에서 규정하고 있는 절차에 어긋나기도 하였다. 한 연구문헌에서는 IEP 과정상의 문제점을 다음과 같이 다섯 가지로 요약하였다. IEP는, ① 무의미한 서류작업이며, ② 교사의 시간을 너무 많이 빼앗고, ③ 엄격하고 통제된 교육과정을 가져왔으며, ④ 다른 구성원들의 참여가 부족하고, ⑤ 부모의 참여가 거의 이루어지지 않았다고 지적하고 있다. 결국, IEP 과정상의 문제점은 부모의 의미 있는 역할이 이루어지지 못하며, IEP 작성자에 대한 전문가의 지원이 부족하고, 그 작성에 너무나 많은 시간이 소요되며, 오직 괴로움을 당하는 것은 교사 한 사람뿐이라는 것이다.

이러한 문제점에도 불구하고 IEP는, ① 교사와 가족 간의 관계를 향상시켜 주고, ② 가족의 특수교육에 대한 이해를 향상시키며, ③ 아동의 진보에 관한 정보를 제공해 주고, ④ 교사들이 교육목적과 교육목표를 설정하고 시간계획을 수립함으로써 1년 동안에 자신이 가르칠 단계를 알 수 있고, 아동에게 관심을 집중시킬 수 있다는 장점이 있다. 그래서 대부분의 특수교육교사는 IEP가 장기에 걸친 프로그램을 개발하는 데 유효하며, 법적인 요구사항이 아니더라도 자신들은 IEP를 계속 작성할 것이라고 말한다.

이러한 IEP의 발전동향에서 시기별로 추구하였던 이상과 현실적으로 직면하였던 문제점들을 요약하여 제시하면 〈표 1-2〉와 같다.

표 1-2 IEP 발전 시기별 추구하였던 이상과 현실

단계	이상(바람직한 결과)	현실(직면한 문제)
규범적 단계 (1975~ 1980년대 초)	• P. L. 94-142 요구조건 충족 • 역동적 과정 • 협력적 토의	• 문서상의 순응 • 정적인 문서 • 팀 의사결정상의 문제
분석적 단계 (1980년대)	• 일반교사 및 특수교육교사의 참여 • 부모의 참여 • 협력적인 IEP 회의 • 법적 규정에 따른 IEP 내용	• 제한된 일반교사의 참여 • 제한된 부모의 참여 • 협의에 대한 훈련 부족 • 회의 절차상의 문제 • IEP 내용의 미흡
기술적 대처 단계 (1980년대 후반)	• 기술적 효율성을 높이 위한 혁신적인 소프트웨어	• 기술적인 적절성의 문제
IEP 질적 시행 단계 (1990년대)	• 질 높은 문서의 준거 개발 • IEP 문서의 질 향상 • 질 높은 시행	• 질적 문서를 확인하기 위한 준거 개발 미흡 • 연수나 훈련을 통해 향상된 문서의 질 문제 • 제한된 IEP 시행

제2장

개별화교육의 법적 배경

이 장에서는 먼저 개별화교육이 법적인 근거를 갖게 된 배경을 살펴본다. 우리나라의 「장애인 등에 대한 특수교육법」에서도 개별화교육 계획 및 작성에 대한 사항을 관련 법 조항에 명시하고 있어 학교 현장에서 장애학생에 대한 교육을 할 때, 법 규정에 따라 개별화교육을 계획하고 실행하여야 한다. 따라서 이 장에서는 개별화교육에 대한 정의와 작성을 위한 법적 규정을 살펴보고자 한다.

1. 개별화교육의 정의 및 기능

1) 개별화교육계획의 정의

교수의 개별화는 교육자들에 의해 오랫동안 주장되어 왔으며(Odel & Galtelli, 1980), 1975년에 통과된 「장애아동교육법(EAHA)」인 P. L. 94-142에서는 이러한 특수교육의 기본적인 철학을 형식화하고 아동들의 특별한 요구를 만족시키기 위해 개별화교육계획을 채택하게 되었다.

이 IEP라는 용어는 이제 '과정(process)'과 '문서(document)' 모두를 지칭하는 말로 널리 사용되고 있다. 이 법률에서는 특수교육 및 관련 서비스(related services)와 관련된 교육과정에 대해 IEP를 요구하였다. 그러나 IEP는 교과 영역에만 국한되는 것은 아니며, 사회적응, 직업교육, 체육 및 적응행동과 같은 영역과도 관련되고(Fiscus & Mandell, 1983), 나아가 IEP에는 아동이 필요로 하는 작업치료, 물리치료, 심리치료, 사회사업 및 언어치료와 같은 관련 서비스가 요구되기도 한다.

이러한 '개별화교육프로그램'에 대해 Abeson과 Weintraub(1977)는 다음 세 가지 핵심단어로 약술하였다. 즉, '개별화(individualized)'는 한 아동의 교육적 요구를 의미하며, '교육(education)'은 특수교육 및 관련 서비스를 의미하고, '프로그램(program)'은 아동에게 실제로 무엇을 제공할 것인가에 대한 진술을 의미한다고 설명하였다. 그리고 Butt와 Scott(1994)도 IEP를 "목표의 재설정이 용이하도록 주기적으로 검토되고 평가되는 개별교육과정을 상세화한 일련의 계획"으로 요약하였다.

이러한 IEP는 분리된 특수학교부터 통합교육과정(inclusive curriculum)을 제공하는 완전통합 장면에 이르기까지 어떤 유형의 교육적 상황에서도 이루어질 수 있다(Butt & Scott, 1994). 그리고 이 IEP 과정에는 부모뿐만 아니라 특수교육교사와 일반교사, 치료사와 같은 관련 서비스 종사자들의 협력과 팀의 의사결정을 필요로 한다.

P. L. 94-142에 진술되어 있는 IEP 규정은 두 가지 주요한 요소를 가지고 있다. 즉, IEP 회의에서 결정된 사항을 자세히 기록한 IEP '문서'라는 것과 IEP 모임이나 회의, 문서개발 및 시행을 포함하는 IEP '과정'이라는 것이다. IEP 모임에서는 부모뿐만 아니라 교육자, 치료사, 기타 전문가들이 아동에게 가르쳐야 할 우선적인 교육적 요구를 결정하고, 이러한 우선순위를 기록할 문서를 개발하며, 이 우선순위에 따라 어떻게 교육할 것인가를 결정한다(Fiscus & Mandell, 1983; Rees, 1986; Turnbull et al., 1982).

따라서 IEP는 한 특정 아동에게 제공될 서비스에 관한 모든 구성원의 동의를 의미하므로, IEP에서는 모든 관련 인사 간의 협력이 요구된다(Butt & Scott, 1994). 부모와 전문가의 협력은 IEP 과정의 많은 단계에서 요구된다. 즉, 정보 수집, 의사결정, 확인 및 사정, 배치 및 프로그램 계획, 프로그램 시행, 프로그램의 점검 및 평가 단계와 같은 과정에서 협력이 요구되는 것이다(Fiscus & Mandell, 1983).

P. L. 94-142에서 규정하고 있는 것처럼 IEP에는 많은 필수 요소가 포함된다. IEP를 요구하는 법률이 존재하지 않는 호주와 영국과 같은 나라에서도 IEP에 다음과 같은 요소들이 포함되어야 한다는 데 동의하였다(Rodger, 1995). ① 아동의 현재 교육적 수행능

력 수준, ② 단기 교수목표를 포함한 연간 교육목적의 진술, ③ 아동에게 제공할 특정 특수교육이나 관련 서비스, ④ 아동이 일반교육프로그램에 참여할 수 있는 정도의 진술, ⑤ 서비스의 시작일자 및 지속 기간의 계획, ⑥ 단기 교수목표가 성취되고 있는지를 확인하기 위한 객관적인 준거 및 평가 절차, ⑦ 적어도 1년에 한 번 정도 실시하는 진보에 대한 공식적 평가 등이다(Abeson & Weintraub, 1977; Fiscus & Mandell, 1983; Hayes & Higgins, 1978).

한편, 「장애인 등에 대한 특수교육법」에서는 개별화교육계획에 대한 정의를 다음과 같이 규정하였다(국립특수교육원, 2008).

- 개별화교육은 특수교육대상자 개인의 능력을 개발하기 위하여 실시하는 교육을 의미한다.
- 개별화교육은 특수교육대상자 개개인의 장애 유형 및 장애특성에 적합한 교육목표 · 교육방법 · 교육내용 · 특수교육 관련 서비스 등이 포함된 계획을 수립하여 실시하는 교육을 의미한다.
- 개별화교육은 특수교육대상자의 교육적 요구에 적합한 교육과정 및 특수교육 관련 서비스가 포함된 IEP를 통하여 진행되는 교육을 의미한다.

2) IEP의 목적과 기능

IEP의 목적과 기능에 대해 여러 학자가 주장하고 있는 내용을 살펴보면 다음과 같다.

Fiscus와 Mandell(1983)은 네 가지 관점에서 IEP의 기능을 설명하였다. 첫째, 아동의 관점에서 볼 때 IEP는 개별적이며 논리적이고 공평하다. IEP는 그 아동의 요구를 인정하고, 이러한 요구를 어떻게 만족시킬 것인지를 승인한다. 둘째, 부모의 관점에서 볼 때 IEP는 계획 수립에 있어 부모의 발언권을 보장하며 일시적인 서비스와 부모에 대한 비용 부담의 보호장치로서의 기능을 한다. 셋째, 교사의 관점에서 볼 때 IEP는 이용 가능한 자료를 안내하여 주며, 지원인사와의 연계를 제공한다. 그리고 IEP는 매일의 수업계획에 대한 기초가 된다. 넷째, 사회의 관점에서 볼 때 IEP는 법을 이행하는 것이 되며, 자원의 적절하고 효과적인 사용을 보장할 수 있다.

미국 교육부는 IEP의 목적과 기능으로서, ① 부모와 학교 관계자 간의 의사소통 수단, ② 부모와 학교 간의 의견 차이를 해결하기 위한 기회 제공, ③ 자료에 대한 합의문서,

④ 특수교육과 관련 서비스의 제공을 보증하는 관리의 수단, ⑤ 정부 공무원들이 서류의 준수 여부를 점검하는 문서, ⑥ 계획된 결과의 성취를 향해 아동의 진보 정도를 확인하는 평가장치(evaluation device)를 들었다(Federal Register, 1981: 이유훈, 1998에서 재인용).

Polloway와 Patton(1993)은 IEP가 이처럼 다양한 목적을 만족시킬지라도 다음 세 가지 목적이 가장 지배적임을 지적하였다. 첫째, IEP는 교수의 방향을 제시할 수 있다. 잘 작성된 교육목적은 개별적이거나 일부 관련된 과제들을 통합하는 교수로 접근하도록 교정해 준다. 둘째, IEP는 평가의 기초로서 기능할 수 있는데, 이때 연간목적은 아동의 진보와 교사의 유효성과 효율성을 판단하는 척도가 된다. 셋째, IEP는 팀 구성원 간에 의사소통을 증진시킬 수 있다.

지금까지 살펴본 IEP의 목적과 기능을 정리하여 보면 IEP는 기본적으로 크게 두 가지 기능을 가지고 있다고 할 수 있다. 하나는 '관리적 기능(administrative function)'이다. 첫째, IEP는 부모, 교사 및 행정가가 특정 아동에게 어떤 교육적 서비스와 관련 서비스가 시행되고 있는지를 파악하는 관리도구(management tool)로서 기능한다(Hayes & Higgins, 1978; Morgan, 1981). 특히 IEP는 아동에 대한 적절한 교육이 학교에서 실제로 이루어지고 있는지를 정부 또는 지방자치단체가 점검하기 위해 사용될 수 있다(Morgan, 1981). 둘째, 서비스 제공의 효율성 및 자원의 효과적인 사용을 평가하는 데 도움을 줄 수 있는 점검도구(monitoring tool)로 기능한다(Butt & Scott, 1994). 이 두 가지 목적은 기본적으로 교육프로그램을 보다 책임 있게 시행하도록 하는 IEP의 행정적 기능을 언급하였다.

다른 하나는 '교수적 기능(instructional function)'이다. 첫째, IEP는 계획된 목표와 아동의 진보가 어느 정도 일치하고 있는지를 확인하기 위한 평가장치로 기능한다(Morgan, 1981). 둘째, IEP 회의는 부모와 교직원 간에 의사소통의 수단으로 기능하며, 의사결정을 할 때 이들에게 동등한 참여 기회를 부여한다. 이 두 가지 목적은 교수의 개별성, 개별 아동에 대한 진보 정도의 점검, 프로그램의 효과를 강조하는 교수적 기능이라 할 수 있다(Morgan, 1981).

이러한 IEP 기능에 있어 Morrisey와 Safer(1977)는 사람들이 각자의 역할에 따라 IEP 목적에 대해 다양한 의견을 가질 수 있다고 하였다. 예컨대, 학급을 담당하는 교사는 교수적 기능에 대해 더 많은 관심을 기울일 것이며, 학교장들은 행정적 측면에 더 많은 관심을 가질 것이다. 그러나 Morgan(1981)은 IEP의 행정적 및 교수적 기능 모두가 특수교육에서 중요하다고 주장하였다.

국립특수교육원(2008)의 『개별화교육 계획수립 · 운영자료』에서는 개별화교육계획에 대한 의미를 다음과 같이 제시하였다. “개별화교육계획은 「장애인 등에 대한 특수교육법」에 의거하여 특수교육대상자 개개인이 지닌 교육적 요구에 적합한 교육을 제공하기 위하여 작성하는 법적 문서이다. 또한 개별화교육계획은 교육 현장에서 특수교육대상자의 교육의 질을 보장하는 문서이기도 하다.”

개별화교육계획이 담고 있는 총체적인 의미를 파악하기 위하여 우선적으로 이 용어를 구성하고 있는 단어의 의미를 살펴보면 다음과 같다.

첫째, ‘개별화’라는 것은 특수교육대상자의 개별성을 의미하는 것으로 특수교육대상자의 개별적인 특성을 고려하여야 함을 강조하였다.

둘째, ‘교육’이라는 것은 크게 교육과정과 특수교육 관련 서비스를 의미한다. 여기에서의 교육과정은 특수교육대상자의 교육적 요구에 적합한 교육과정이며 교육목표, 교육내용, 교육방법, 평가 계획을 포함한다. 특수교육 관련 서비스는 특수교육대상자의 교육을 효율적으로 실시하기 위하여 필요한 다양한 인적 · 물적 지원을 말하며 상담 지원, 가족 지원, 치료 지원, 보조인력 지원, 보조공학기 지원, 학습보조기기 지원, 통학 지원, 정보접근 지원 등을 포함한다.

셋째, ‘계획’이라는 것은 개별화교육지원팀이 협력하여 앞으로 수행하여야 하는 특수교육대상자의 교육적 요구에 적합한 교육과정 및 특수교육 관련 서비스에 대하여 설계한다는 의미를 함축하고 있다.

이를 요약하면, 개별화교육계획이란 개별화교육지원팀이 협력하여 특수교육대상자의 교육적 요구에 적합한 교육과정 및 특수교육 관련 서비스에 대하여 기록한 법적인 문서이며 교육설계도라 할 수 있다.

앞서 언급한 개별화교육계획의 의미에 따른 개별화교육계획의 기능은 다음과 같다.

- 특수교육대상자를 위하여 특별히 고안된 교육(교육과정 및 특수교육 관련 서비스)을 보장하는 도구이다.
- 특수교육대상자의 교육 방향을 제시하는 도구이다.
- 특수교육대상자의 교육성취를 점검하고 평가하는 도구이다.
- 특수교육대상자 및 보호자의 권리를 옹호하는 도구이다.
- 개별화교육지원팀의 개별화교육계획의 실행에 대한 책무성을 강화하는 도구이다.
- 개별화교육지원팀의 협력적 체계 구축 및 의사소통을 돕는 도구이다.

이렇게 볼 때, IEP의 기능과 목적은 교육에 관여하는 사람의 입장에 따라 달리 볼 수 있으나, 그 근본적인 목적은 장애아동에게 적절한 교육을 보장하기 위한 교수적 기능에 있다고 할 수 있다. 그리고 IEP를 작성하고 수행하는 일이 부담스럽거나 무의미한 일이기보다는 개별 아동의 적절한 교육을 보장하기 위한 촉매제의 역할을 하기 때문에 교사들은 IEP를 서류작업으로 여기는 고정관념에서 벗어나, 교육적 요구를 충족시키기 위해 특별히 설계된 프로그램이라고 인식할 필요가 있다(이유훈, 김형일, 2002에서 재인용).

어쨌든 IEP는 장애아동에게 적절한 교육 기회를 제공한다는 인류평등주의 원칙에 근거한 것이다. 이러한 IEP의 기능은 행정가에게는 관리의 준거를, 교사에게는 공식화된 계획을, 부모에게는 발언권을, 아동에게는 적절한 교육을 제공하려는 의도에서 만들어졌다고 할 수 있다. 그렇기 때문에 장애아동교육에 있어 IEP의 중요성을 간과할 수는 없다.

2. 개별화교육의 관련 법규

대부분의 민주국가에서는 교육에 관한 중요사항을 반드시 법률로 정하도록 하는 교육법정주의를 채택하고 있는데, 이는 국민주권을 기저로 하는 민주국가 행정에 있어서 법치주의적 행정의 일면을 구현하기 위함이다. 그리하여 교육법과 교육관련 모든 법률은 교육의 근간이 되는 사항을 규정함과 동시에 대통령령 이하의 모든 관계 법령에서 그 시행상 필요한 세부적인 사항을 규정하고 있다.

미국의 경우 IEP에 대한 관련 근거는 「장애아동교육법」인 「EAHA」 및 「IDEA」에서 찾을 수 있다. 이 법은 특별한 요구를 가진 아동 및 청소년이 특수교육 및 관련 서비스를 포함한 무상의 적절한 공교육을 받는 것을 보장하기 위해 IEP의 개발을 의무화하였다. 또한 이 법에서는 비밀유지와 공평한 평가에 관한 수많은 절차상의 보호조항을 규정하고 있다(Hayes & Higgins, 1978). 나아가 「IDEA」는 장애아동과 장애 청소년 및 부모의 권리를 보장하고, 장애아동에 대한 서비스 제공과 서비스 평가에 있어 주 정부와 지방정부를 지원할 뿐만 아니라 프로그램의 효과를 보장하도록 하고 있다(American Speech-Language Hearing Association, 1994).

이 법에서는 IEP가 아동의 개별 요구에 기초하여야 하고, 아동에게 제공될 목표와 서비스를 포함한 교육프로그램을 기술하도록 규정하였다. 또한 IEP에는 16세 이상의 아동을 대상(1997년 개정된 「IDEA」에서는 전환교육대상을 14세로 하향 조정하였음)으로 직업훈련, 중등학교 이후의 교육, 독립적인 지역사회의 생활에 적응할 수 있도록 준비시키기 위해 어떤 '전환 서비스(transition service)'를 이용할 수 있는지 첨부하도록 하였다(American Speech-Language Hearing Association, 1994).

또한 아동의 교육적 결정을 내려야 하는 전문가와 부모의 교육적 결정과 책무성에 대한 공평성을 보장하기 위한 합당한 절차를 밟아야 하며, 부모가 아동의 교육기록과 정보를 받을 수 있는 것과 교육정책 입안에 참여하는 것을 기본정신으로 한 것들이다.

한편, 개별화교육의 개념을 포함하고 있는 1981년의 「영국교육법(British Education Act)」에서는 아동의 기능화에 기초를 두고 특별한 요구를 가진 아동의 장·단기 목표를 개발하도록 규정하고 있으며, 이 교육목표는 개별적이어야 한다고 되어 있다(Butt & Scott, 1994). 이 법에서는 IEP라는 용어를 사용하고 있지 않지만, 그 기저에 깔려 있는 철학은 역시 개별화교육이다.

호주에서도 특별한 요구를 가진 아동의 교육을 위해 교육 관련 규정에 IEP 과정을 포함시키고 있다. 하지만 호주의 교사들과 교육당국은 미국의 P. L. 94-142와 같은 법적 및 강제적 규정에 직면해 있지는 않다(Ashman & Elkins, 1994). 호주에서 IEP를 규정한 법률이 없다는 것은 긍정적인 면과 부정적인 면을 내포한다고 볼 수 있다. 즉, 특별한 요구를 가진 아동의 법적 지위에 대한 다양한 해석이 있을 뿐만 아니라 특수교육 서비스의 질이 주마다, 심지어는 주 내의 지역에 따라 상당한 차이가 있다는 것이다.

반면, Ashman과 Elkins(1994)는 호주에는 교육적 서비스를 통제하는 법이 없기 때문에 미국보다 전문가에게 더 많은 자율성을 부여하고 더 많은 유효성을 얻으며, 정책 및 자원배분 문제에 있어서도 교사 및 교원단체에 대해 더 실질적인 투입이 이루어지고 있다고 주장하였다.

호주에서는 어떤 법에서도 IEP의 사용을 특별히 규정하고 있지 않다. 그러나 그 개념은 특수교육에서 폭넓게 사용되고 있다(Ashman & Elkins, 1994; Bennett et al., 1991). '퀸즈아일랜드주 교육부 정책 16.6(State Education Department Policy 16.6)'에는 대안적 프로그램(alternative programs)을 필요로 하는 아동을 위해 IEP 개발을 명백히 요구하는 지침을 제시하였다(Queensland Department of Education, 1998). 또한 최근에는 상당히 높은 수준의 지원을 요구하는 아동이 특수학교에 있든 통합 장면에 있든 간에 IEP 제공을 의무화한 진단체제 과정(process of ascertainment)에 대한 정책지침이 개발되어(Queensland Department of Education, 1993) IEP 개념이 정책과 실천 모두에 반영되고 있다.

개별화교육계획의 수립·운영에 대한 법적 근거는 우리나라 「헌법」 「교육기본법」 그리고 「장애인 등에 대한 특수교육법」에서 찾을 수 있다. 「헌법」 제31조에 따르면 "모든 국민은 능력에 따라 균등하게 교육을 받을 권리가 있다."라고 명시되어 있다. 이는 개인이 가진 능력의 차이를 존중하고, 이에 따른 교육을 제공하여야 함을 의미한다. 따라서 국민 개개인의 능력을 고려하지 않고, 획일적인 교육을 제공하는 것은 「헌법」에 위배되는 행위라고 해석할 수 있다. 「교육기본법」 제3조(학습권)에는 "모든 국민은 평생에 걸쳐 학습하고, 능력과 적성에 따라 교육받을 권리를 가진다." 그리고 동법 제12조(학습자) 제2항에는 "교육내용 · 교육방법 · 교재 및 교육시설은 학습자의 인격을 존중하고 개성을 중시하여 학습자의 능력이 최대한으로 발휘될 수 있도록 마련되어야 한다."라고 명시되어 있다. 이는 모든 국민에게 개개인의 능력과 적성에 따라 교육을 제공하여야 하며, 더 나아가 학습자의 능력을 최대한 개발하기 위하여 이들에게 적합한 교육내용, 교육방법, 교재 및 교육시설을 마련하여야 함을 의미한다. 즉, 학습자 개인의 교육적 요구에 적합한 교육이 이루어졌을 때 진정한 교육권과 학습권이 보장될 수 있다.

우리나라 「장애인 등에 대한 특수교육법」 제2조(정의) 제7호에서 "개별화교육이란 각급 학교의 장이 특수교육대상자 개인의 능력을 개발하기 위하여 장애 유형 및 장애특성에 적합한 교육목표 · 교육방법 · 교육내용 · 특수교육 관련 서비스 등이 포함된 계획을 수립하여 실시하는 교육을 말한다."라고 규정하고 있다. 이와 관련한 법에서는 다음과 같이 규정하고 있다.

> 제22조(개별화교육) ① 각급 학교의 장은 특수교육대상자의 교육적 요구에 적합한 교육을 제공하기 위하여 보호자, 특수교육교원, 일반교육교원, 진로 및 직업교육 담당 교원, 특수교육 관련 서비스 담당 인력 등으로 개별화교육지원팀을 구성한다. ② 개별화교육지원팀은 매 학기마다 특수교육대상자에 대한 개별화교육계획을 작성하여야 한다. ③ 특수교육대상자가 다른 학교로 전학할 경우나 또는 상급학교로 진학할 경우, 전출학교는 전입학교에 개별화교육계획을 14일 이내에 송부하여야 한다. ④ 특수교육교원은 제1항부터 제3항까지의 규정에 따른 업무를 수행하기 위하여 각 업무를 지원하고 조정한다. ⑤ 제1항에 따른 개별화교육지원팀의 구성, 제2항에 따른 개별화교육계획의 수립 · 실시 등에 관하여 필요한 사항은 교육부령으로 정한다〈개정 2008. 2. 29.〉.

이를 구체화하기 위하여 「장애인 등에 대한 특수교육법 시행규칙」 제4조(개별화교육지원팀의 구성)에서, ① 각급 학교의 장은 법 제22조 제1항에 따라 매 학년의 시작일부터 2주 이내에 각각의 특수교육대상자에 대한 개별화교육지원팀을 구성하여야 한다. ② 개별화교육지원팀은 매 학기의 시작일부터 30일 이내에 개별화교육계획을 작성하여야 한다. ③ 개별화교육계획에는 특수교육대상자의 인적사항과 특별한 교육지원이 필요한 영역의 현재 학습 수행 수준, 교육목표, 교육내용, 교육방법, 평가 계획 및 제공할 특수교육 관련 서비스의 내용과 방법 등이 포함되어야 한다. ④ 각급 학교의 장은 매 학기마다 개별화교육계획에 따른 각각의 특수교육대상자의 학업성취도 평가를 실시하고, 그 결과를 특수교육대상자 또는 그 보호자에게 통보하여야 한다는 의무적 강제 규정을 두고 있다. 그리고 개별화교육과 관련된 내용으로 「장애인 등에 대한 특수교육법」 제4조(차별의 금지) 제2항에서 "국가, 지방자치단체, 각급 학교의 장 또는 대학의 장은 특수교육대상자 및 보호자가 개별화교육지원팀의 참여 등 보호자 참여에서의 차별을 하여서는 아니 된다."라고 하였고, 「장애인 등에 대한 특수교육법 시행령」 제11조(특수교육대상자의 학교배치 등) 제3항에서 "각급 학교의 장은 특수교육대상자에 대한 교육지원의 내용을 추가·변경 또는 종료하거나 특수교육대상자를 재배치할 필요가 있으면 법 제22조 제1항에 따른 개별화교육지원팀의 검토를 거쳐 교육감에게 그 특수교육대상자의 진단·평가 및 재배치를 요구할 수 있다."라고 규정하였다.

우리나라 「장애인 등에 대한 특수교육법」과 관련된 내용을 볼 때 우리는 통합교육을 전제로 한 개별화교육의 실시가 아니고 특수교육대상자의 능력을 최대한 개발하여야 한다는 입장에서 규정하고 있기 때문에 미국의 「장애아동교육법(EAHA)」 규정과는 그 접근방법이 다르다고 볼 수 있다. 어쨌든 이제 개별화교육은 우리의 학교 현장에서 반드시 수립·실시해야 할 의무사항이 되고 있으므로 그에 따른 각종 대책이 강구되어야 한다.

이러한 관련 규정에 비추어 볼 때 개별화교육은 특수교육 서비스를 받는 장애아동을 위한 하나의 법적인 요구조건으로서, 장애가 있고 특수교육적 서비스가 필요하다고 진단·평가된 아동을 위해서 개별적으로 마련되어야 하는 공식적인 교육계획서라 할 수 있다. 즉, 개별화교육은 학습자 개개인의 학습능력에 맞는 최적의 학습을 제공하기 위한 하나의 절차적 보장이다.

3. 「장애인 등에 대한 특수교육법」에 따른 개별화교육계획의 수립 및 운영

• 개별화교육지원팀의 구성

- 각급 학교의 장은 개별화교육을 실시하기 위하여 개별화교육지원팀을 구성하여야 한다.
- 개별화교육지원팀은 학교장, 보호자, 특수교육교원, 일반교육교원, 진로 및 직업교육 담당 교원, 특수교육 관련 서비스 담당 인력 등을 포함한다.
- 각급 학교의 장은 매 학년의 시작일로부터 2주 이내에 각각의 특수교육대상자에 대한 개별화교육지원팀을 구성하여야 한다.

• 개별화교육계획의 작성 시기
- 개별화교육지원팀은 매 학기의 시작일로부터 30일 이내에 개별화교육계획을 작성하여야 한다.

• 개별화교육계획의 구성 요소
- 개별화교육계획에는 특수교육대상자의 인적사항을 포함해야 한다.
- 특수교육대상자의 특별한 교육지원이 필요한 영역의 현재 학습 수행 수준, 교육목표, 교육내용, 교육방법 및 평가 계획을 포함해야 한다.
- 특수교육대상자의 특수교육 관련 서비스의 내용과 방법 등을 포함해야 한다.

• 개별화교육계획에 따른 평가 및 결과 통보
- 각급 학교의 장은 매 학기마다 개별화교육계획에 따른 특수교육대상자의 학업성취도를 평가하여야 한다.
- 각급 학교의 장은 매 학기마다 학업성취도 평가 결과를 특수교육대상자 또는 그 보호자에게 통보하여야 한다.

• 특수교육대상자의 전출 및 전입
- 특수교육대상자가 타 학교로 전학을 가거나, 상급학교로 진학하는 경우에 전출학교는 전입학교로 개별화교육계획을 14일 이내에 송부하여야 한다.

• 특수교육교원의 역할
- 특수교육교원은 개별화교육계획 수립 · 운영에 대한 전반적인 업무를 수행하기 위하여 지원하고 조정하여야 한다.

4. 개별화교육계획의 수립 및 운영의 절차

「장애인 등에 대한 특수교육법」 제3장(특수교육대상자의 선정 및 학교 배치 등)의 제14조(장애의 조기발견 등), 제16조(특수교육대상자의 선정 절차 및 교육지원 내용의 결정), 제17조(특수교육대상자의 배치 및 교육), 제22조(개별화교육)와 이에 대한 동법 시행령 및 시행규칙에 명시된 개별화교육계획의 수립 · 운영에 대한 전반적인 절차를 살펴보면 [그림 2-1]과 같다(국립특수교육원, 2008)

① 의뢰

- 장애를 가지고 있거나 가졌다고 의심되는 영유아 및 학생을 발견한 경우, 보호자 또는 각급 학교의 장이 교육장 또는 교육감에게 진단 · 평가 의뢰서를 작성하여 진단 · 평가를 의뢰하여야 한다.
- 각급 학교의 장이 진단 · 평가를 의뢰한 경우, 보호자의 사전동의를 반드시 받아야 한다.

② 진단 · 평가

- 진단 · 평가를 의뢰받은 교육장 또는 교육감은 즉시 진단 · 평가 의뢰서를 특수교육지원센터에 회부하여야 한다.
- 특수교육지원센터는 30일 이내에 진단 · 평가를 실시하고, 그 결과(특수교육대상자로의 선정 여부 및 필요한 교육지원에 대한 최종 의견)를 교육감 또는 교육감에게 보고하여야 한다.

③ 선정

- 교육장 또는 교육감은 특수교육지원센터로부터 최종 의견을 통지받은 때부터 2주일 이내에 특수교육대상자로서의 선정 여부 및 제공할 교육지원 내용(특수교육, 진로 및 직업교육, 특수교육 관련 서비스 등)을 결정하여 부모 등 보호자에게 서면으로 통지하여야 한다.
- 법에서 명시한 10개 장애 영역과 기타 대통령령으로 정하는 장애 중 하나에 해당하는 자를 선정한다. 법에서 명시한 10개 장애 영역은 시각장애, 청각장애, 정신지체,

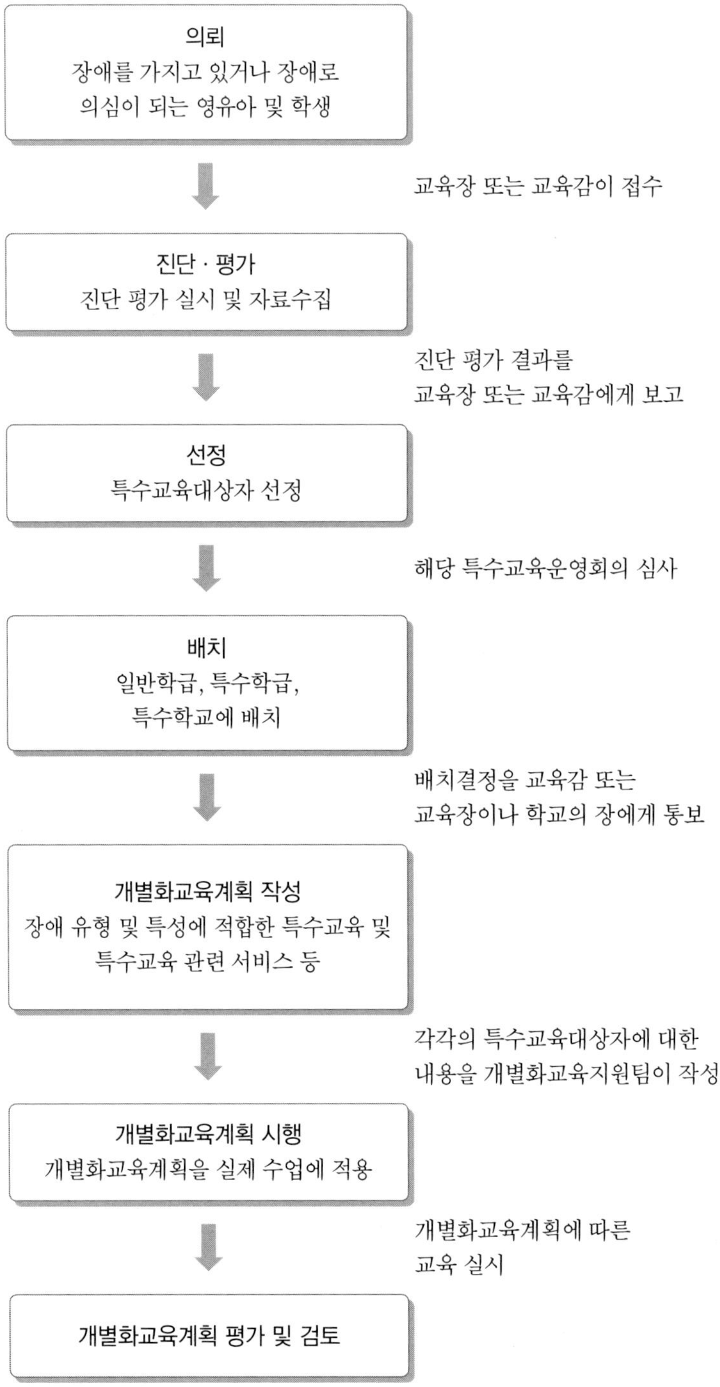

그림 2-1 개별화교육계획의 수립 · 운영에 대한 전반적인 절차

지체장애, 정서 · 행동장애, 자폐성장애, 의사소통장애, 학습장애, 건강장애, 발달지체이다.

④ 배치

- 교육장 또는 교육감은 특수교육대상자로 선정된 자를 해당 특수교육운영위원회의 심사를 거쳐 일반학교의 일반학급, 일반학교의 특수학급, 또는 특수학교에 배치하여야 한다(해당 특수교육운영위원회는 배치결정을 30일 이내에 통보).
- 특수교육대상자를 배치할 때는 특수교육대상자의 장애 정도 · 능력 · 보호자의 의견을 종합적으로 판단하여 거주지에서 가장 가까운 곳에 배치하여야 한다.
- 특수교육대상자를 다른 시 · 도에 소재하는 각급 학교 등에 배치하고자 할 경우에는 해당 시 · 도 교육감(국립학교의 경우에는 해당 학교장을 말한다)과 협의하여야 한다(배치결정에 이의가 있는 보호자는 90일 이내에 행정심판 제기).

⑤ 개별화교육계획 작성

- 각급 학교의 장은 매 학년의 시작일로부터 2주 이내에 각각의 특수교육대상자에 대한 개별화교육지원팀(보호자, 일반교육교원, 특수교육교원, 진로 및 직업교육담당 교원, 특수교육 관련 서비스 담당 인력 등)을 구성하여야 한다.
- 개별화교육지원팀은 매 학기마다 학기 시작일로부터 30일 이내에 특수교육대상자에 대한 개별화교육계획을 작성하여야 한다.
- 개별화교육계획에는 특수교육대상자의 인적사항과 특별한 교육지원이 필요한 영역의 현재 학습 수행 수준, 교육목표, 교육내용, 교육방법, 평가 계획 및 제공할 특수교육 관련 서비스의 내용과 방법을 포함시켜야 한다.

⑥ 개별화교육계획 시행

- 개별화교육지원팀이 작성한 개별화교육계획을 시행한다.
- 개별화교육계획 수립 시 작성한 교육목표에 도달할 수 있도록 다양한 교육방법을 상의하여 지도한다.

⑦ 개별화교육계획 평가 및 검토

- 각급 학교의 장은 매 학기마다 개별화교육계획에 따른 각각의 특수교육대상자의 학

업성취도 평가를 실시하고, 그 결과를 특수교육대상자 또는 그 보호자에게 통보하여야 한다.

제3장

개별화교육지원팀의 조직과 역할

개별화교육계획을 실시하기 위해 가장 먼저 해야 하는 것은 개별화교육지원팀의 구성이다. 「장애인 등에 대한 특수교육법」에서는 개별화교육계획을 실시하기 위해 학교장은 학기 시작 2주 이내에 개별화교육지원팀을 구성하고, 이 지원팀에서는 학기가 시작되고 30일까지 개별화교육계획을 작성하도록 규정하고 있다. 따라서 이 장에서는 개별화교육지원팀의 구성과 역할 그리고 개별화교육지원팀을 운영하기 위한 절차 및 회의 등을 제시하고자 한다.

1. 개별화교육지원팀의 조직 및 구성원의 기능

개별화교육지원팀의 조직에 대한 법적인 근거로는 「장애인 등에 대한 특수교육법」 제22조(개별화교육) 제1항에 각급 학교의 장은 특수교육대상자의 교육적 요구에 적합한 교육을 제공하기 위하여 보호자, 특수교육교원, 일반교육교원, 진로 및 직업교육 담당교원, 특수교육 관련 서비스 담당 인력 등으로 개별화교육지원팀을 구성하도록 규정하고 있다. 그리고 동법 시행규칙 제4조 제1항에 의하면 구성 시기에 대하여 각급 학교의 장은 매 학년의 시작일로부터 2주 이내에 각각의 특수교육대상자에 대한 개별화교육지원팀을 구성하도록 하고 있다.

따라서 각급 학교에서는 해당 학교에 재학하고 있는 특수교육대상자의 교육적 지원을 위해 법에서 정하고 있는 구성원을 포함하거나 특수교육대상자의 교육적 요구에 따라 그 구성원을 더 추가해 포함시킬 수 있다. 실제로 각 학교에서는 다양한 형태의 위원회를 적절히 활용하거나 해당 학교의 실정에 맞게 지원팀을 구성하여 운영할 수 있다.

우리나라의 경우 특수교육대상자의 배치는 미국과 달리 학교에서 이루어지는 것이 아니라 시·도 교육청 단위의 교육감이나 교육장이 선정 및 배치하고 있어 장애학생의 특수교육의 적격성 여부를 결정하기 위한 진단 및 평가과정은 지원팀에서 할 필요가 없다. 따라서 특수교육대상자의 교육적 지원을 위한 개별화교육계획에 대한 진단 및 평가, 목표, 내용, 방법, 관련 서비스 등에 대한 지도 조언이나 수행과정에 요구되는 협력 방안 등이 논의될 수 있다.

특수교육대상자에 대한 교육적 요구에 대한 결정은 관련된 여러 전문가가 팀을 이루어 실시하는 것이 바람직하다. 이때 팀의 구성원은 해당 학생의 특성에 따라 달라질 수 있다. 우리나라의 경우, 「장애인 등에 대한 특수교육법」에서 제시하는 구성원 외에 심리학자, 치료사, 보호자(부모나 후견인), 해당 학생, 양호교사, 보조인력 등이 학교장의 결정에 따라 포함될 수 있다. 이들로부터 해당 학생을 위해 객관적인 평가에서 얻을 수 있는 자료 이외의 학생의 장단점 및 특성을 얻을 수 있고 운영과정에서 업무적인 협력을 다양하게 받을 수 있다.

한편, 팀 접근에 대한 문제점을 요약해 보면, 대체로 충분한 토의시간의 부족, 행정적 지원의 부족, 책임한계에 대한 명확한 지침의 부재, 틀에 박힌 역할, 팀 구성원 간의 의사소통 불일치, 인적 구성원의 불균형, 충분한 정보교환 부족 등이다(김병하, 1998에서 재인용). 또한 대부분의 특수학교나 특수학급에서는 학기가 시작되고 2주 이내에 개별화교육지원팀을 구성하여 실시하지만, 특수교사의 업무 과중으로 인하여 구성에 따른 여러 가지 관련 업무의 중요성의 무시되거나 제대로 구성이 되지 않는 것이 현실이다. 그리고 법정 구성요건에 따라 구성이 되었다고 하더라도 구성원들의 관심이나 참여가 매우 저조하다. 뿐만 아니라 구성된 팀원의 개별화교육지원팀에 대한 소속감이나 전문성도 문제가 되고 있다(권기홍, 이숙희, 2012; 김동학, 박희찬, 2009; 차미주, 2007). 따라서 개별화교육계획 작성 시기와 관련 회의를 법정 기간으로 단정해 두지 말고 융통성을 가지고 교사들이 다양한 진단 및 평가를 할 수 있는 충분한 시간적 여유를 줄 필요가 있다. 이와 관련하여 의미 있고 생산적인 개별화교육계획 회의가 되기 위해서는 시기별로 표준화된 회의 내용과 절차에 대한 안내나 자료가 제시될 필요가 있다.

특히 부모들의 참여를 통한 질적인 개선을 위해서는 학교장의 개별화교육계획 전체 진행 일정에서의 적극적인 의지와 부모교육, 학부모의 여건을 고려한 회의 일정 수립 및 운영이 중요하다. 그리고 학부모가 적극적으로 개별화교육계획에 참여할 수 있도록 하는 회의 대체 수단(전화, 서면, 이메일 등) 등도 함께 제시되면 회의 운영에 있어 효율성을 높일 수 있다(Herr & Bateman, 2006).

결국 지원팀 설치의 근본 취지는 특정 학생에게 가장 효과적인 교육을 할 수 있는 계획을 교사 한 사람이 결정하지 않고 위원들이 상호조정할 수 있는 기회를 가진다는 점에 있다. 또한 조정과 협의가 반드시 공식회의로서만 이루어져야 하는 것은 아니고 위원들 사이에서 비공식적으로 수시로 논의될 필요가 있다. 그리고 지원팀은 특정 학생에 대한 개별화교육계획의 구성과 실시에 대한 책임을 끝까지 져야 한다. 또한 회의의 횟수는 법령이나 규정에 명시되어 있지 않기 때문에 융통성을 가질 필요가 있다(이유훈, 김형일, 2002).

2. 개별화교육지원팀의 역할 및 주요 활동

1) 개별화교육지원팀의 역할

우리나라의 경우 개별화교육지원팀의 기능과 역할에 대해 관련 법규에 명확하게 제시되어 있지 않으며, 다만 그 구성과 운영에 대해서는 해당 학교의 학칙으로 정하도록 되어 있다. 따라서 개별화교육지원팀의 기능과 역할은 학교 실정에 따라 다소 상이하겠지만, 그 기본 취지는 학생 개개인의 능력과 특성에 알맞은 가장 적절한 교육계획을 수립하는 데 있어 서로의 전문지식이나 정보를 제공하는 것이라고 볼 수 있다. 따라서 개별화교육지원팀의 각 위원은 각자의 역할에 따라 많은 정보를 수집하고 제공하여야 한다. 특히 학생을 누구보다도 잘 알고 있는 부모로부터의 정보 수집이 매우 중요하다고 볼 수 있다(이유훈, 김형일, 2002).

이러한 정보를 수집하기 위해서는 각 위원이 역할을 분담하여 아동의 과거 성취 수준, 학습 습관, 강점과 약점 등 학생의 교육적 특성을 평가하고, 신체적 기능과 지능 및 적응

표 3-1 **전문 영역 간 팀 조직의 모델**

팀 구성원	책임		
	측정	프로그램	평가
교사	발달목표	• 목표의 우선순위 결정 • 목표와 관련된 경험 마련	• 목표와 관련한 학습 평가
학교 심리학자	지능, 사회화의 목표	• 목표의 우선순위 결정 • 행동목표의 개발을 위한 협력	• 목표와 관련한 아동의 진전, 학습상황 관찰
언어치료사	언어 평가, 청능학적 평가	• 언어경험을 제공할 부모와 교사에 대한 자문	• 수직적인 언어행동 점검 및 진전도 확인
보건전문가	심장, 폐, 시력검사, 주기적 예방접종	• 신체발달의 점검 및 건강 상담	• 신체적 발달 평가

행동 등을 포함한 인지기능 및 가정과 학교의 환경을 파악할 필요가 있다. 그리고 아동의 교육적 요구에 기초하여 개별화교육을 위한 모형 개발과 구성, 적절한 교육적 배치를 제안하고, 계획된 프로그램의 수행과 평가를 연구하는 역할을 하여야 한다.

김병하(1998)는 취학 전 장애아동을 위한 전문 영역 간 팀 접근의 목표로서, ① 장애아동을 측정 · 판별하여, ② 개별화교육계획을 개발하고, ③ 개별화교육계획을 평가하는 것이라고 하였다(〈표 3-1〉 참조).

한편, Nadler와 Shore(1980)는 개별화교육계획 개발과 적용과정에서 제기되는 문제점 가운데 개별화교육계획팀 구성원들의 전문가적 기능이 불완전하여 소기의 성과를 거두기 어렵다고 지적하고, 이를 위한 조직적인 현직연수 교육이 요구된다고 주장하였다. 그리고 이들은 개별화교육계획 개발과정에서 종전에 특수교육 행정가나 심리 전문가가 중심이 되어 왔던 것에 대해 비판하고, 앞으로는 개별화교육계획을 적용하는 실천적인 책임자인 교사의 역할이 대폭 강화되어야 한다고 주장하였다.

특히 우리나라의 경우 학교심리학자가 배치되어 있지 않기 때문에 이러한 역할을 대신하는 교사들은 검사도구의 사용이나 해석에 대한 전문지식이 반드시 요구된다. 그리고 학교나 학급 담당교사의 역할과 책임한계를 벗어난 서비스에 대해서는 교육행정가와 기타 보조요원, 그리고 부모가 참여할 수 있도록 조치하여야 하고, 이러한 위원회의 기능이 제대로 발휘되기 위해서는 운영위원회 경비지원이나 연수와 같은 행정적 · 재정적인 뒷받침이 반드시 이루어져야 한다.

표 3-2 개별화교육지원팀의 기능과 활동

책임기관	기능	활동
개별화교육 지원팀	의뢰부터 개별화교육계획 검토까지 협력 관계 구축	• 기구의 계획 작성 • 위원의 임명 • 법, 시행령, 시행규칙의 준수 보장 • 위원회 활동의 문제 조정
	의뢰사항 검토	• 의뢰내용 검토 • 활용할 수 있는 모든 정보의 검토 • 위원회의 의문사항 검토 • 추가 사정의 필요성 결정 • 팀의 평가 의뢰
	통지, 동의 확보	• 부모의 권리와 제안된 활용 통지 • 추가 사정에 대한 부모의 동의 확보
다학문적 평가팀	평가 정보 수집	• 평가 책임자 배정 • 평가 일정 수립 및 완료 • 평가 요약서 수합 • 평가 요약서의 적합성 및 완전성 검토 • 평가 시의 편향성 여부 기록
개별화교육 지원팀 및 다학문적 평가팀	평가 정보의 공동 활용	• 위원회 개최 및 보호자 참석 통지 • 이용할 수 있는 정보 및 평가 결과 점검 • 확보한 모든 정보를 구두보고 • 프로그램 작성과 관련된 요구의 분류 및 문서화 • 개별화교육계획 개발 위원 임명 • 부모에게 평가 및 개별화교육계획 개발위원회의 결과 통지
개별화교육 개발팀	개별화교육계획 개발	• 현재의 교육 활동 수준 확인 • 연간 목표의 우선순위 결정 및 목표 선정 • 평가 절차 명시 • 단기 목표 설정 및 기록 • 배치, 관련 서비스 및 일반교육 참여범위 결정 • 개별화교육계획 개발위원회 위원들의 승인(부모 포함)

〈계속〉

개별화교육 실행자	개별화교육 실시 개별화교육 점검	• 개별화교육계획에 제시된 목표 지도 • 제한적 환경을 최소화한 환경에서 서비스 제공 • 아동의 진보 상태를 수시로 평가 • 개별화교육을 실시하는 모든 영역을 확인 • 적절한 방향의 선정 및 적용 • 자료 검토 • 아동의 강점을 조장 · 촉진시키고 문제를 소화할 수 있는 지도계획
개별화교육 평가팀	개별화교육 계획의 검토	• 개별화교육계획에 따라 아동의 진보 평가 • 아동의 진보를 방해하는 요소 지적 • 자료에 근거하여 개별화교육계획의 수정 • 자료에 근거하여 개별화교육계획위원회의 모든 위원의 승인을 받음

교육부 산하 한국교육학술정보원에서 발행한(교육부, 2015a), '특수교육지원을 위한 NEIS 개별화교육계획 운영 사용자 설명서'에서 제시한 개별화교육지원팀의 위원이 될 수 있는 각 인사의 역할에 대하여 소개한 내용은 〈표 3-3〉과 같다.

표 3-3 개별화교육지원팀의 개별 위원 역할

위원	역할
학교장	• 학기 시작 2주 이내에 개별화교육지원팀 구성 • 각 특수교육대상자에 대한 개별화교육계획이 매 학기 시작일로부터 30일 이내에 작성되고, 개별화교육지원팀 구성원이 서명한 내용에 대한 전반적인 책임 • 개별화교육계획 수립을 위한 행 · 재정적 지원(장소 제공, 회의 시간 확보, 회의에 소요되는 경비 등) • 개별화교육계획의 실행 및 평가에 대한 관리 • 개별화교육지원팀 구성원 간의 협력 촉진

〈계속〉

특수학급 담당교사	• 개별화교육지원팀에 필요하다고 판단되는 구성원 확보 지원 • 특수학급 운영계획에 대한 정보 제공 • 교과목에 대한 전반적인 정보 제공 • 특수교육대상자의 강점, 요구, 흥미 등에 대한 정보 제공 • 개별화교육계획 수립을 위한 업무 지원 • '특별한 교육지원이 필요한 영역의 현재 학습 수행 수준'을 파악하기 위한 평가 실시 • 일반교육 교원에게 적합한 교수적 지원에 대한 정보 제공 • 교육지원이 요구되는 담당 교과의 교육목표, 교육방법, 교육내용, 평가 계획 작성 및 실행 • 특수교육대상자의 보호자, 다른 교사 및 전문가와 지속적인 의사소통 유지 및 협력
일반학교 원적학급 담임교사	• 학급 운영계획에 대한 정보 제공 • 교과목에 대한 전반적인 정보 제공 • 특수교육대상자의 강점, 요구, 흥미 등에 대한 정보 제공 • 특수학급 담당교사 또는 해당 지역의 특수교육지원센터 전문인력의 지원을 받아 '특별한 교육지원이 필요한 영역의 현재 학습 수행 수준'을 파악하기 위한 평가 실시 • 특수학급 담당교사 또는 해당 지역의 특수교육지원센터 전문인력의 지원을 받아 교육지원이 요구되는 담당 교과의 교육목표, 교육내용, 교육방법, 평가 계획 작성 및 실행 • 특수교육대상자의 보호자, 다른 교사 및 전문가와 지속적인 의사소통 유지 및 협력
일반학교 교과담당교사 (진로 및 직업교육 담당 교원 포함)의 역할	• 교과목에 대한 전반적인 정보 제공 • 특수교육대상자의 강점, 요구, 흥미 등에 대한 정보 제공 • 특수학급 담당교사 또는 해당 지역의 특수교육지원센터 전문인력의 지원을 받아 '특별한 교육지원이 필요한 영역의 현재 학습 수행 수준'을 파악하기 위한 평가 실시 • 특수학급 담당교사 또는 해당 지역의 특수교육지원센터 전문인력의 지원을 받아 교육지원이 요구되는 담당 교과의 교육목표, 교육내용, 교육방법, 평가 계획 작성 및 실행 • 다른 교사 및 전문가와 지속적인 의사소통 유지 및 협력

〈계속〉

특수교육 관련 서비스 담당 인력의 역할	• 특수교육대상자의 교육을 위해 필요한 각종 특수교육 관련 서비스 내용 결정 • 특수교육 관련 서비스의 제공 일정 및 횟수 결정 • 교과 수업과 관련 서비스의 연계성을 갖추기 위한 자문 제공 • 개별화교육지원팀과의 지속적인 의사소통 유지 및 협력
보호자	• 개별화교육계획을 위한 회의 참석 • 특수교육대상자의 개별화교육계획 수립을 위한 다양한 정보 제공 • 자신 또는 자녀에게 제공될 특별한 교육적 지원에 대한 전반적인 의사 표현 • 학교와 가정의 지속적인 의사소통 유지 및 협력
특수교육대상자 본인	• 교육목표 설정에 대한 본인의 의사 표현 • 본인이 선호하는 학습 양식에 대한 정보 제공 • 자신에게 제공되는 교수적 지원에 대한 이해
특수교육 보조인력	• 개별화교육지원팀의 요청 시 회의에 참석하여 필요한 정보 제공 • 특수교육대상자의 담당교사와 지속적인 의사소통 유지 및 협력

출처: 교육부(2015a).

2) 개별화교육지원팀의 주요 활동

국립특수교육원(2008) 개별화교육 보완자료에서는 개별화교육지원팀에서 실시하는 회의를 다음과 같이 제시하고 있다.

① 회의 준비

개별화교육지원팀의 의장은 학교장이며, 회의는 회의를 주관하는 교사가 준비한다. 회의를 주관하는 교사는 회의 일정 조정, 회의 장소 섭외, 연락을 담당한다. 보호자를 포함한 개별화교육지원팀의 구성원이 참석할 수 있는 시간과 장소를 정한다. 그리고 보호자를 포함한 모든 구성원에게 회의의 목적, 시간, 장소, 참석자를 알려 준다.

–학교장: 회의에 필요한 재정적 · 행정적 지원(장소 결정, 회의시간 확보, 회의에 소요되는 경비 등)
–특수교육교원: 전년도 개별화교육계획, 새로운 개별화교육계획 양식 준비, 특수교육대상자에 대한 진단 평가 결과 및 교육지원 내용 등

–일반교육교원: 학년 교육과정, 학급 운영계획 등
–보호자: 아동과 관련된 필요한 정보(가정 및 지역사회 환경에서의 수행 수준, 강점, 재능, 흥미, 보호자가 바라는 교육목표 우선순위 등)
–전년도 담임교사: 교과별 평가 결과, 특수교육대상자의 사회성 및 정서 발달, 특수교육대상자가 잘 반응하는 강화에 대한 정보, 행동 지원에 대한 정보 등
–관련 서비스 담당 인력: 관련 서비스 영역 평가 결과, 전년도 관련 서비스 지원 정보, 특수교육대상자에 대한 특수교육 관련 서비스 내용과 방법 등

② 회의 시작

회의를 주관하는 교사는 회의를 개최할 때 다음의 사항을 반드시 확인하도록 한다.

–회의의 목적
–참석자 소개
–참석자들의 역할 확인
–개별화교육계획 기록자
–회의 시간 및 장소
–회의 순서

③ 회의 진행

개별화교육지원팀은 특수교육대상자의 교육적 요구에 대한 정보를 모으고, 수집한 정보를 개별화교육계획에 기술한다. 회의에서는 참석한 모든 사람이 이해할 수 있도록 전문용어 사용을 피한다. 마지막으로 기타 고려할 사항에 대한 논의를 한다.

–특수교육대상자의 전년도 개별화교육계획 평가 결과 보고
–특수교육대상자의 강점, 재능, 흥미, 교육적 요구 등 파악
–개별화교육계획을 작성하여야 하는 교과 선정
–교과에 대한 현재 학습 수행 수준 파악
–교육적 요구의 우선순위 결정

- 교육목표, 교육내용, 교육방법, 평가 계획 등 결정
- 특수교육 관련 서비스 내용과 방법 결정
- 기타 개별화교육계획과 관련된 사항 논의
- 개별화교육계획 작성

④ **폐회**

폐회 시 회의를 주관하는 교사는 다음의 사항을 확인하도록 한다.

- 회의에서 제시된 모든 사항에 대한 요약 보고
- 개별화교육계획에 서명
- 개별화교육지원팀에게 개별화교육계획 복사본 제공

3. ○○중학교 개별화교육지원팀의 구성

1. 개별화교육지원팀 구성의 법적 근거

1) 개별화교육지원팀의 구성

- 각급 학교의 장은 특수교육대상자의 교육적 요구에 적합한 교육을 제공하기 위하여 매 학년의 시작일로부터 2주 이내에 각각의 특수교육대상자에 대한 개별화교육지원팀을 구성하여야 한다.
- 개별화교육지원팀은 학교장, 보호자, 특수교육교원, 일반교육교원, 진로 및 직업교육 담당 교원, 특수교육 관련 서비스 담당 인력 등을 포함한다.

2) 개별화교육계획의 작성 시기

- 개별화교육지원팀은 매 학기의 시작일로부터 30일 이내에 개별화교육계획을 작성하여야 한다.

3) 개별화교육계획의 구성 요소

- 개별화교육계획에는 특수교육대상자의 인적사항을 포함해야 한다.
- 특수교육대상자의 특별한 교육지원이 필요한 영역의 현재 학습 수행 수준, 교육목표, 교육내용, 교육방법 및 평가 계획을 포함해야 한다.
- 특수교육대상자의 특수교육 관련 서비스의 내용과 방법 등을 포함해야 한다.
- 특수교육대상자의 효율적인 교육을 위한 '기타' 필요한 사항을 포함한다.

4) 개별화교육계획에 따른 평가 및 결과 통보

- 각급 학교의 장은 매 학기마다 개별화교육계획에 따른 특수교육대상자의 학업성취도 평가를 실시하여야 한다.
- 각급 학교의 장은 매 학기마다 학업성취도 평가 결과를 특수교육대상자 또는 그 보호자에게 통보하여야 한다.

5) 특수교육대상자의 전출 및 전입

- 특수교육대상자가 타 학교로 전학을 가거나, 상급학교로 진학하는 경우에 전출학교는 전입학교로 개별화교육계획을 14일 이내에 송부하여야 한다.

6) 특수교육교원의 역할

- 특수교육교원은 개별화교육계획 수립 · 운영에 대한 전반적인 업무를 수행하기 위하여 지원하고 조정하여야 한다.

2. ○○중학교 개별화교육지원팀의 구성과 역할

1) 개별화교육지원팀 구성

개별화교육지원팀의 구성은 특수교육대상자의 교육적 요구에 따라 달라질 수 있다. 법에 명시되어 있는 구성원은 학교장이 보호자, 특수교육교원, 일반교육교원, 진로 및 직업교육 담당 교원, 특수교육 관련 서비스 담당 인력 등을 포함한다. 개별화교육지원팀의 구성원은 아니지만, 개별화교육지원팀이 요청할 경우 특수교육대상자 본인, 특수교육 보조인력 등 기타 지원 인력이 참여하여 정보 제공 등의 도움을 줄 수 있다.

특수교육대상자가 일반학급에 배치(완전통합)되었더라도, 특수교육대상자의 교육적 요구에 적합한 개별화교육계획을 수립하여야 한다. 다만, 특수학급의 설치 유무에 따라 개별화교육지원팀을 구성하는 절차에 차이가 있을 수 있다.

(1) 20○○학년도 개별화교육지원팀

역할	직위	성명	확인	
			1학기	2학기
위원장	교장	○○○		
부위원장	교감	○○○		
위원	학생	○○○		
위원	학부모	○○○		
위원	특수학급교사	○○○		
위원	일반학급교사	○○○		
위원	보건교사	○○○		
위원	진로 및 직업 담당 교원	○○○		

(2) 대상 학생

학교명	학생명	학년	반	담임교사
○○여자중학교	○○○	중학교 1학년	3반	○○○

(3) 보호자 의견

수학 잘하게 해 주세요. 우리 아이가 선생님들과 함께 조금이라도 경험하고 배울 수 있는 시간이 되었으면 좋겠습니다.
개별화교육계획에 찬성합니다. 보호자 ○○○ (인)

2) 개별화교육지원팀 구성원의 역할

- 개별화교육계획 수립을 위한 회의 참석, 협의 및 의사 결정
- 개별화교육계획의 작성, 실행 및 평가
- 개별화교육계획의 검토 및 수정(필요 시)

개별화교육지원팀의 모든 구성원은 개별화교육계획의 개발, 실행 및 평가과정에서 중요한 역할과 책무성을 가진다. 역할과 책무성은 개별 학생의 상황에 따라 다양할 수 있다. 개별 학생에게 요구되는 모든 조건을 만족시키는 개별화교육계획을 수립한다는 것은 매우 어려울 수 있다. 그러나 학교장은 특수교육대상자 개인의 능력을 개발하기 적합한 구성원을 확보하여 개별화교육지원팀을 구성하는 데 최선을 다해야 한다. 또한 모든 구성원은 개별화교육계획 개발과정에서 최대한의 교육 효과가 발휘되도록 최선을 다해 협력하여야 한다. 개별화교육계획의 개발, 실행 및 평가에 있어 개별화교육지원팀 구성원들의 역할과 책무성은 다음과 같다.

직위	맡은 일	비고
교장	• 학기 시작 2주 이내에 개별화교육지원팀 구성 • 각 특수교육대상자에 대한 개별화교육계획이 매 학기 시작일로부터 30일 이내에 작성되고, 개별화교육지원팀 구성원이 서명한 내용에 대한 전반적인 책임 • 개별화교육계획 수립을 위한 행·재정적 지원 • 개별화교육계획의 실행 및 평가에 대한 관리	• 개별화교육계획을 위한 행정적·재정적 지원으로 회의 장소 제공, 회의시간 확보, 회의에 소요되는 경비 등을 지원한다.
학부모	• 특수교육대상자의 개별화교육계획 수립을 위한 다양한 정보 제공 • 자신 또는 자녀에게 제공될 특별한 교육적 지원에 대한 전반적인 의사 표현 • 학교와 가정의 지속적인 의사소통 유지 및 협력	• 학교에서 받은 알림장에 가정의 요구를 작성하여 학교로 알린다.
특수 학급 교사	• 학급 운영계획에 대한 정보 제공 • 교과목에 대한 전반적인 정보 제공 • 특수교육대상자의 강점, 요구, 흥미 등에 대한 정보 제공 • 특수학급 담당교사 또는 해당 지역의 특수교육지원센터 전문인력의 지원을 받아 '특별한 교육지원이 필요한 영역의 현재 학습 수행 수준'을 파악하기 위한 평가 실시 • 특수학급 담당교사 또는 해당 지역의 특수교육지원센터 전문인력의 지원을 받아 교육지원이 요구되는 담당 교과의 교육목표, 교육내용, 교육방법, 평가 계획 작성 및 실행 • 특수교육대상자의 보호자, 다른 교사 및 전문가와 지속적인 의사소통 유지 및 협력	• 일주일에 한 번 통합학급에서 학생의 행동에 대한 관찰내용을 특수교육교원에게 전달한다. • 한 학기에 세 명 이상 장애학생 도우미를 선정한다.

일반 학급 교사	• 학급 운영계획에 대한 정보 제공 • 교과목에 대한 전반적인 정보 제공 • 특수교육대상자의 강점, 요구, 흥미 등에 대한 정보 제공 • 개별화교육지원팀 구성 및 개별화교육계획 수립을 위한 업무 지원 • '특별한 교육지원이 필요한 영역의 현재 학습 수행 수준'을 파악하기 위한 평가 실시 • 교육지원이 요구되는 담당 교과의 교육목표, 교육내용, 교육방법, 평가 계획 작성 및 실행 • 특수교육대상자의 보호자, 다른 교사 및 전문가와 지속적인 의사소통 유지 및 협력 • 회의 안건을 상정하고 팀원들에게 개별화교육지원에 대한 정보를 제공 • 회의 구성과 진행 • 팀원 간의 친밀감이 형성되어 협력을 촉진할 수 있도록 교량 역할 • 매 학기마다 개별화교육계획에 따른 학생의 학업성취도 평가를 실시하고, 그 결과를 학생 또는 보호자에게 통보	• 학부모와 소통하기 위해 일주일에 한 번 알림장을 가정으로 보내고, 가정의 요구를 수용한다. • 학교에서 특별한 일이 생겼을 경우 학부모에게 즉시 알리고 상의한다. • 학기에 한 번 학부모 상담을 특수학급 교실에서 진행한다. • 2주에 한 번씩 팀원들을 만나 학생에 대한 정보를 제공받고, 질문에 대한 답을 하며, 그러한 사항들을 기록하여 개별화교육지원팀원들이 열람할 수 있도록 공유한다.
보건 교사	• 정기적으로 학생의 건강을 확인하고 정보를 제공 • 건강검진을 받도록 지도	• 매월 첫째 주 수요일에 학생의 건강을 보건실에서 확인한다. • 학생이 보건실에 방문했을 때의 학생의 건강 정보를 특수학급 교사에게 전달한다. • 학기별로 한 번 학생이 건강검진을 받도록 지도한다(3월 · 9월).
진로 및 직업 담당 교원	• 아동을 위한 진로적성 프로그램에 대한 정보를 공유 • 아동이 가진 강점을 활용할 수 있는 직업군을 안내	• 일주일에 한 번 직업교육시간을 갖는다. • 한 달에 한 번 특수교육교원과 학부모에게 정보를 제공한다.

제4장

개별화교육계획의 장애학생 현재 수행 수준의 결정

개별화교육계획을 구체적으로 실행하기 위해서 우선 결정해야 하는 것은 학생의 평가 정보를 어떻게 현재의 교육적 수행 수준으로 결정하느냐는 것이다. 「장애인 등에 대한 특수교육법」에서도 이를 개별화교육계획의 구성의 주요 요소로 다루어야 함을 요구하였다. 장애학생의 현재의 수행 수준은 학생 개인에 따라 교과에 대한 것뿐만 아니라 기능적 영역 등에서 다양한 형태로 나타날 수 있다. 그리고 이 수준들은 교사가 어떤 방법으로 학생을 지도할지를 결정하는 요소가 된다. 이 장에서는 학생의 현재 수준을 결정하는 데 있어 평가 정보의 중요성과 현행 수준을 결정하는 영역 및 방법에 대해 살펴보고자 한다.

1. 현재 수행 수준을 결정하기 위한 조건

1) 적절한 평가

장애학생의 현재 수행 수준을 정확하게 파악하는 것은 교육목표를 설정하는 첫 단계이며, 파악된 현행 수준은 이후의 진보를 비교할 수 있는 기초선의 역할을 한다(이소현, 박은혜, 2001).

이러한 수행 수준의 파악은 주로 교육과정 검목표에 기초한 평가를 통해 각 교과 또는 영역에 대한 정확한 학업성취 수준을 파악할 수 있다. 그리고 형식적·비형식적인 사정, 행동특성의 기술 그리고 체크리스트나 연속적인 기술목록 등을 통하여 교육적 지원이 요구되는 우선 영역, 예컨대 개별 장애학생에 대하여 국어, 수학, 그리고 그 밖의 학문적 기술, 의사소통기술, 직업적 능력과 요구, 행동 패턴, 자조기술, 그리고 운동근육기술 영역들을 파악하도록 한다. 이러한 파악된 학생의 현재 교육적 성취 수준에 대한 진술은 학생의 강·약점 모두가 기술되어야 하고, 내용 면에서 포괄적이어야 한다. 즉, 신체적·의학적·감각운동적 기능뿐만 아니라 각 교과 영역의 수행 수준에 대해서도 진술되어야 한다.

일반적으로 현재 수행 수준에 대한 문장의 진술은 그 대상 학생이 할 수 있는 것(can do)들을 중심으로 긍정적으로 기술해야 한다. 예를 들어, '대상 학생은 시간표 내용의 절반을 알지 못한다.'보다는 '대상 학생은 시간표 내용의 50%를 확인할 수 있다.'가 보다 긍정적인 표현이라고 할 수 있다.

참고로 Strickland와 Turnbull(1993)이 제시한 현행 수준의 작성 요령 및 기준을 보면 다음과 같다.

- 개별화교육계획의 다른 요소나 영역들과 적절한 직접적인 관계가 있어야 한다.
- 장애학생의 결점뿐만 아니라, 강점을 보는 긍정적 관점에서 서술한다.
- 명확하고 간결하게 서술한다.
- 개별화교육계획을 작성하는 시점에서의 현재 능력의 기록이어야 한다.

2) 교수를 제공하기 위한 영역 설정

구체적인 교수 영역을 결정하는 것은 개별화교육지원팀이 담당하고, 이 영역 결정은 개별화교육을 계획하기에 앞서 이루어진다. 평가 결과는 이러한 영역을 결정하는 일반적인 기초 자료가 될 수 있다. 평가 결과에 기초하여 개별화교육지원팀은 부모의 요구를 반영하여 일반적인 지원 영역을 결정해야 한다. 특히 학생의 장애특성이나 교육적인 요구를 고려할 필요가 있다.

먼저 학생의 장애특성을 고려하기 위해서 참고해야 할 요소를 보면, 첫째, 학교의 교과 성취 수준이 또래나 같은 학년 수준에 비해 어느 정도 수준에 있는지 살펴볼 필요가 있다. 특정한 영역에 문제가 있는지 아니면 전반적인 교과 영역에 문제가 있는지 고려하여야 한다. 둘째, 장애학생의 교수적 요구가 대안적인 보조공학 장치 지원으로 교수지원이 가능한지 살펴볼 필요가 있다. 시각장애학생이라면 점자 단말기인 한소네 장비, 청각장애학생이라면 오디오 장치 등으로 보완할 수 있다. 셋째, 심리적 · 정서적인 문제를 고려할 필요가 있다. 학생이 학교생활에서 또래들과의 상호작용에 어려움이 있는지, 또는 특정한 문제행동은 없는지 살펴 지원방안을 모색하여야 한다.

그리고 지원이 필요한 교과가 어느 영역인지 고려하여야 한다. 다른 모든 영역에 비해 특정한 영역, 즉 국어 과목 중에서 읽기에 특히 어려움이 있을 수 있고, 수학 중에서 덧셈이나 뺄셈에서 어려움이 있을 수 있다. 따라서 교과의 모든 영역에 대한 지원을 고려하기보다는 어려움이 있는 특정 영역을 중심으로 개별화교육계획의 지원 방안을 계획할 필요가 있다. 학생에 따라서는 교과의 모든 영역에 어려움이 있을 경우 전반적인 영역에 대하여 개별화지원계획을 고려하여야 한다. 한편, 장애학생에 따라서 특정한 기능적 기술 영역에 어려움을 보인다면 지원 영역은 기능적 기술로 수행 수준이 평가되어야 한다.

2. 현재 수행 수준 진술 방법

현행 수준의 진술은 앞서 진술한 바와 같이 장애학생에게 필요한 영역을 설정하고 정해진 영역에 따라 진술을 결정하여야 한다. 기능적 영역이라면, 먼저 하향식(top-down) 방식으로 학생에게 우선지도할 영역을 정하고 이어서 정해진 각 영역에서 학생이나 학급의 수준에 따라 하위 영역으로 구체적으로 진술할 필요가 있다. 예를 들면, 기능적 환경분석과 같이 영역(자조기술)-하위환경(화장실 환경)-활동(대변 스스로 보기)-기술(대변보기) 순서로 학생의 수준에 맞게 영역에서 하위의 구체적 기술로 진술해 나갈 수 있다. 과제분석된 각 구체적인 기술은 여러 가지 방법으로 제시될 수 있다. 예를 들면, 표준화된 검사도구에서의 현재 수행 수준, 교육과정 중심 평가에서의 현행 수준, 혹은 준거지향 평가를 통한 현행 수준 등 다양한 평가를 통한 장애학생의 현재 수행 수준을 나타낼 수 있다. 다음 과정에서는 이러한 현행 수준 제시 방법에 대한 것을 알아보고자 한다.

첫째, 특수학교 교육과정의 특정 영역이나 과제를 중심으로 교육과정 검목표(과제분)

를 통한 장애학생의 현행 수준을 평가하는 절차와 진단된 아동의 현행 수준을 제시하는 방법을 예로 들면 다음과 같다. 다음에 제시한 〈표 4-1〉~〈표 4-3〉은 교육부, 서울시교육청(2008)의 '개정 특수학교 교육과정 보완자료(개별화교육계획) 개발연구'에서 소개한 내용을 정리한 것이다.

이 〈표 4-1〉~〈표 4-3〉에서 보이는 것처럼 장애아동의 언어, 행동, 신변자립과 관련된 교육적 요구를 개별화교육계획에 반영하는 것은 중요하다. 예시에서 보여 주는 사례의 경우 신변자립에 대한 교육적 요구가 있고 이것을 사회과 과목의 기본교육과정 I단계의 교육과정과 연계하였다. 이러한 결과로 예시의 개별화교육계획은 국어, 수학은 공통교육과정 내에서 개발되었고, 사회과는 공통교육과정과 기본교육과정이 혼합된 형태로 개발되었다(교육부, 서울시교육청, 2008).

둘째, 규준지향검사(norm-referenced test)를 통한 현행 수준 진술 방식이다. 개별화교육지원팀에서 고려하여야 하는 점은 현행 수준 진술이 장기 목적과 단기 목표를 설정하기 위한 기초가 되어야 한다는 것이고, 이 목적과 목표를 달성해 가는 과정에서 도달시켜야 할 준거(단계)를 어떻게 정하는가이다. 그리고 이러한 준거들을 어떤 기준에 의해서

표 4-1 현재 학습 수행 수준(국어: 읽기, 쓰기)

국어(공통교육과정): 읽기, 쓰기
• 16개의 사진을 보고 2어절의 문장으로 3번 이상 틀리지 않고 쓸 수 있다. • 각 글자가 갖는 음가를 알지는 못하나 문장을 외워서 쓸 수 있다.

표 4-2 현재 학습 수행 수준(수학: 수와 연산)

수학(공통교육과정): 수와 연산
• 일의 자리를 합하여 10이 되는 받아 올림이 있는 덧셈과 십의 자리 1을 낱개 10으로 받아 내리는 뺄셈을 각각 10문제 중 8문제를 풀 수 있다.

표 4-3 현재 학습 수행 수준(사회)

사회(공통교육과정+기본교육과정)
• 그림을 보고 장소, 상황을 2어절로 말할 수 있다. • 두 개의 다른 지역을 보여 주는 그림이나 사진을 보고 다른 점을 세 가지 이내로 말할 수 있다. • 독립적으로 식사를 한 경험이 없으며, 가정에서 매 식사 시에 조부 또는 조모가 숟가락에 밥과 반찬을 놓아 입에 넣어 주면 먹는다.

설정할 것인지 고려하여야 한다. Strickland와 Turnbull(1993)은 이와 관련하여 다음 내용을 고려할 것을 제안하였다.

- 일반학생, 즉 또래의 다른 학생들과 비교하여 장애학생의 특정 영역에 대한 수준
- 장애학생의 특정한 기술과 약점에 대한 진술
- 특정 교과에서의 학생의 현재 수행기술

규준지향검사의 활용은 교사나 부모의 입장에서 학생이 어느 정도 또래 집단이나 학년에 비해 차이가 나는지 혹은 영역이 어느 수준에 있는지 비교할 수 있는 좋은 정보가 될 수 있다. 또한 장애학생이 또래 학년에 비해 강점과 약점이 무엇인지를 상대 비교하기 위한 정보를 확인할 수 있는 장점도 있다. 학력검사나 표준화된 검사는 전국 단위로 평가가 이루어지기 때문에 상대적인 평균점수, 백분위 등에 대한 객관적인 자료를 통해 같은 학교의 학년뿐만 아니라 전국의 다른 학교의 동학년들과의 비교가 가능하다. 개별화교육지원팀에서 이러한 정보에 대한 요구를 참고할 것인지 결정할 수 있지만, 단점이라고 하면 모든 규준지향검사가 학생의 특성을 구체적으로 파악하는 데 한계가 있다는 점이다. 이는 표준화 과정에서 일반학생들의 보편적 특성에 맞추어 평가 문항이 개발되기 때문에 장애특성과 장애 정도에 따른 능력을 반영하는 데 제한이 있을 수 있다. 그러나 장애학생의 현행 수준을 파악하는 교사나 평가를 담당하는 인사는 규준지향검사의 표준화된 척도를 활용하는 데 제한이 있지만 장애학생을 대상으로 검사를 실시하면서 장애학생이 보이는 구체적인 반응이나 문제를 해결하는 패턴 등을 세심하게 기록해 둔다면 향후 개별화교육계획을 작성하고 지도계획을 구체화하는 데 있어 특정 영역에 대한 소중한 정보를 확보할 수 있다.

셋째, 장애학생이 수행하거나 할 수 없는 특정한 기술에 대하여 준거지향검사(criterion-referenced test)로 현재 수행 수준을 진술할 수 있다.

개별화교육지원팀은 장애학생이 수행하는 읽기, 쓰기, 말하기, 듣기 등과 같이 특정 영역에서의 구체적인 기술에 대한 정보를 파악할 필요가 있다. 이는 장애학생의 개인차에 대한 사항으로 다른 영역 활동 혹은 동일한 영역에서 또래 학년에 비해 비슷하거나 잘 수행할 수 있지만, 특정한 영역에서 또래 학년에 비해 수행에 어려움을 가질 수 있다. 예를 들면, 국어의 읽기, 듣기에서는 또래와 비슷한 수준을 보이지만 말하기 기술에서 상대적인 어려움을 보일 수 있다. 이러한 경우 개별화교육지원팀이나 특수교사는 준거지

향검사를 통해 현재 수행 수준을 제시할 수 있다. 준거지향검사는 주로 비형식적인 검사로, 교사가 직접 제작한 검사를 통해 구체적인 기술에 대한 현행 수준을 제시할 수 있다. 다음 〈표 4-4〉 〈표 4-5〉는 영역별 현행 수준을 파악하기 위한 교사의 관찰 체크리스트의 예시이다. 이를 통해 교사는 장애학생의 영역별 현재 수행 수준을 서술적으로 기술할 수 있다. 준거지향검사를 통한 현행 수준 파악은 개별화교육계획의 장기 목적과 단기 목표를 설정하기 위한 정보로 활용되기 위해 학교에서 수업을 한 교과 내용이나 영역을 중심으로 검사를 할 필요가 있다(Strickland & Turnbull, 1993).

표 4-4 비표준화된 체크리스트

관찰일시	20○○. 10. 6.	관찰장소	○○○학교
관찰대상	김○○	관찰자	

영역	내용	평가(점수)			
		0	1	2	3
사회적 상호작용 및 의사소통	1. 사회적으로 허용되는 행동과 그렇지 않는 행동을 구분한다.		V		
	2. 필요할 때 적절한 요구나 감사의 말을 한다.			V	
	3. 다른 사람의 얼굴을 보고 기분을 파악한다.			V	
	4. 다른 사람의 억양을 듣고 기분을 파악한다.		V		
	5. 다른 사람의 이름이나 호칭을 부른다.			V	
	6. 간단한 질문에 단어로 대답한다.			V	
	7. 간단한 질문에 문장으로 대답한다.	V			
	8. 다른 사람이 이해할 수 있도록 의사를 표현한다.			V	
	9. 간단한 지시사항을 듣고 따른다.			V	
	10. 이름을 부른 사람 쪽으로 고개를 돌린다.				V
	11. 문장을 읽고 이해한 것을 말한다.	V			
	12. 육하원칙에서 세 개 이상의 요소를 이용하여 말한다.	V			
	13. 다른 사람이 미소를 지을 때 같이 미소를 지어 준다.				V
	14. 다른 사람이 자기에게로 다가오면 하던 일을 멈추고 돌아본다.			V	
	15. 길에서 선생님, 친구 등 아는 사람을 만나면 인사를 한다.			V	

〈계속〉

시간 및 수 개념	1. 정확한 시간을 언급한다.	V			
	2. 수업시간과 휴식시간을 구분할 수 있다.				V
	3. 달력에서 현재 날짜를 바르게 찾을 수 있다.	V			
	4. 날짜를 순서대로 말할 수 있다(20○○년 ○○월 ○일).	V			
	5. 시계를 보고 시간을 읽을 수 있다.	V			
	6. 시계를 보고 남은 시간을 알 수 있다.	V			
	7. 1~100까지 숫자를 셀 수 있다.		V		
	8. 한 자릿수 더하기 두 자릿수를 계산한다.		V		
	9. 서수와 기수를 구분한다.			V	
주의력 및 정서	1. 의자에 앉아 5분 이상 집중할 수 있다.			V	
	2. 의자에 10분 이상 앉아 있을 수 있다.				V
	3. 다른 사람이 문장을 끝맺을 때까지 눈을 맞추며 말을 듣는다.			V	
	4. 감정 기복이 적다.			V	
	5. 좋아하는 일을 할 때 몰입한다.				V
	6. 새로운 사건에 대한 호기심이 있다(사람이나 사물 등).			V	
	7. 시각적 단서를 제시했을 때 집중력이 높아진다.				V
자조기술	1. 대중교통을 다른 사람의 도움 없이 스스로 이용한다.	V			
	2. 휴대전화를 사용하여 다른 사람에게 전화를 건다.		V		
	3. 스스로 용변처리를 한다.				V
	4. 이동 시 자신의 짐을 챙긴다.			V	
	5. 운동화 끈을 스스로 묶는다.		V		
	6. 자신의 용모를 단정하게 한다.			V	
	7. 신호를 지켜 횡단보도를 건넌다.				V
비고	• 위 체크리스트는 95%의 관찰자 간 신뢰도를 가짐				

평가 준거	
0	수행을 나타내지 않는다.
1	3번 중 1번 수행한다.
2	3번 중 2번 수행한다.
3	3번 중 3번 모두 수행한다.

표 4-5 학생 현재 수행 수준 체크리스트

1. 진단 · 평가(비형식적 도구–체크리스트) 및 결과

( ) 영역 체크리스트 시행 결과			
내용	기초선		
	상	중	하

* 〈평가척도〉 상: 매우 그렇다(할 수 있다), 중: 보통이다, 하: 매우 그렇지 않다

2. 체크리스트 결과 분석

*대인관계 영역:

*자조기술 영역:

*정서 영역:

*의사소통 영역:

넷째, 교육과정 중심 평가로 현행 수준을 진술하는 방식이다. 개별화교육지원팀은 장애학생이 학교교육과정상에서 학생의 현재 수행 수준을 파악하기 위해서는 교육과정 중심 평가를 통한 진술을 하게 되는데, 이는 실제 학생의 학교에서의 특정 교과에서의 성취를 근거로 정보를 얻을 수 있는 장점이 있다. 평가 방식은 특정한 교과의 내용에서 문제를 만들어 평가하는 시험을 통해 파악할 수도 있고, 아니면 교사가 관찰을 통해 나타난 결과를 분석해 제시할 수 있다. Strickland와 Turnbull(1993)은 교육과정 중심 평가를 통한 개별화교육계획의 현행 수준을 〈표4-6〉과 같이 제시하였다.

〈표 4-6〉에 대하여 Strickland와 Turnbull(1993)은 세 가지를 강조하였다. 첫째, 규준

표 4-6 교육과정 중심 평가를 통한 개별화교육계획 현행 수준 예시

개별화교육계획

학생명: 김○○	학교: ○○○학교
나이:	학년:

현행 수준:

1. 읽기이해기술 평가: 같이 시험을 본 다른 4학년 학생들에 비해 김○○는 다음과 같은 수준에 있다. 백분위 점수: 어휘 15%, 이해력 25%, 쓰기 25%. KINISE-SAB 검사 결과에서 상대적으로 고르게 나왔다. 높은 점수를 보인 것은 사회적 적응행동의 책임감, 규칙과 법 그리고 자기존중이며, 실제적 적응행동에서는 집안 정리, 진료받기, 화장실 이용이다. 화장실 이용 같은 경우 일반학생과 비교해도 같은 점수가 나올 정도로 뛰어나다. 최고 점수인 20점에서 평균 점수인 10점 이상이 나온 것이 있다. 다시 말해, 24개 영역 중 11개인 것을 보아 좋은 점수가 나온 것을 알 수 있다. 하지만 비장애학생의 점수로 0점, 그리고 지적장애학생의 점수로 4점인 자기지시, 자기보호, 식사 준비, 교통수단 이용, 금전 관리 그리고 통신수단 이용 영역은 따로 지도가 필요할 것으로 보인다.

2. 김○○는 잡지나 서적에 있는 그림 보기를 좋아하지만, 친구들과 같이 글씨를 읽는 것은 좋아하지 않는다. 김○○는 주어진 과제에 짧은 주의를 할 수 있으나 과제를 마칠 정도의 3, 4분 주의를 하는 데 어려움이 있다. 그리고 김○○는 교사나 또래를 따라 과제를 완성할 수 있지만 도움을 주지 않으면 스스로 과제를 완성하지 못한다.

3. 비형식적 읽기검사 결과
   1) 비형식 읽기 체크리스트에서 지시하는 단어를 찾을 수 있다.
   2) 비형식 읽기 체크리스크에서 자음과 모음을 찾아 구분할 수 있다.
   3) 비형식 읽기 체크리스트에서 그림에 상응하는 단어를 찾을 수 있다.
   4) 이 검사에서 세 단어로 이루어진 문장을 읽고 의미를 이해하지 못한다.
   5) 이 검사에서 모르는 단어가 포함된 문장에서 맥락의 주요 의미를 이해하지 못한다.
   6) 김○○가 읽은 문단에 대해 의미를 해석하고 평가하는 질문에 대답하지 못한다.

연간 목표:

1.

2.

학기별 목적:

1.

2.

3

지향검사를 통해서 김○○의 다른 또래 학년 학생들과의 비교점수를 제시하여 전체 학생 집단과의 검사 결과에서 김○○의 특정 영역에서의 상대적인 수행 결과를 비교·확인할 수 있다. 둘째, 비형식 체크리스트를 통해 김○○에 대한 관찰을 통한 검사 결과를 제시하여 개별화교육계획을 하는 데 참고할 수 있는 정보를 제공하였다. 셋째, 학급 수준의 읽기 관찰 평가에서 김○○가 아직 읽기에서 어려움을 보이는 부분을 제시하여 향후 장·단기 목표를 정하고 평가과정에서 적절한 평가 준거를 개발하는 데 필요한 정보를 제시하였다.

제5장

개별화교육계획의 장 · 단기 목표 설정

학생의 현행 수준을 파악하고 나면 이와 관련된 영역별 수준과 실제 학생의 장애 정도를 고려하여 지도목표를 설정할 필요가 있다. 장기(연간) 목표와 단기 목표는 학생의 교수계획을 위해 매우 신중하게 결정되어야 한다. 왜냐하면 장기(연간) · 단기 목표는 개별화교육계획을 관리하는 입장에서 보면 수행한 목표를 확인하는 행정적 자료가 될 수 있고, 학생을 지도하는 교사의 입장에서도 교육에 대한 책무성이 관련되기 때문이다. 그리고 부모 입장에서는 자녀의 교육적 성취에 대한 결과를 확인하는 근거가 될 수 있기 때문이다. 따라서 개별화교육지원팀은, 특히 담당 특수교사는 개별화교육계획 중에서도 장 · 단기 목표의 설정을 매우 신중하게 계획할 필요가 있다. 또한 지나치게 무리한 목표를 설정하거나 의미 없는 결과를 도출할 가능성이 없도록 해야 한다. 이 장에서는 학생에 대한 목표 설정 방법 및 유의해야 할 사항에 대해 살펴보고자 한다.

1. 장기 목표 설정

장기 목표 설정에 대하여 「장애인 등에 대한 특수교육법」 제22조 제2항에서는 매 학기마다 작성하도록 규정하고 있다. 학기를 마치거나 1년이 지난 뒤의 성취 결과를 예측하기란 쉽지 않을 수 있다. 국가 수준 교육과정을 적용하고 있는 우리나라의 경우 우선 학교교육과정에서 제시하는 교과 영역별로 제시하여야만 교육과정 운영에 효율적으로 대처하고 포괄적이고 체계적으로 진술할 수 있다. 그러나 학생의 장애 정도가 심하여 교과 영역별로 구분하여 목표를 정하기 어려운 경우에는 인지 영역, 정서 영역, 운동 영역 등 기능적 영역으로 목표를 설정할 수도 있다. 우선 장기 목표를 설정하기에 앞서 다음과 같은 우선순위를 고려하는 것이 바람직하다(이유훈, 김형일, 정동영, 정희섭, 2018).

- 학생이 주변 환경에서 사용할 수 있는가?
- 기능적이며 실제로 유용한가?
- 학생이 자주 사용할 것인가?
- 학생이 해당 기능을 학습하는 데 흥미를 가질 수 있는가?
- 해당 기능을 성공적으로 교수할 수 있는가?
- 보다 복잡한 기능의 학습에 필요한가?
- 해당 기능을 학습하면 자립성이 향상될 수 있는가?
- 해당 기능을 습득하면 제한성이 보다 적은 학습환경으로 이동할 수 있는가?
- 학생 자신 또는 타인에게 위험한 행동이므로 수정할 필요가 있는가?

1) 장기 목표 설정을 위한 고려사항

앞서 제시한 것과 같은 우선순위를 고려하여 구체적으로 연간 목표를 설정하기 위해서는 특정한 학생이 연간(장기) 수행할 교육적 가능 정도를 일련의 진행과정상으로 계열화하거나 영역으로 정해 결정할 수 있다. 이를 위해 먼저 학생의 과거 성취 결과, 현재 수행 수준, 선호도, 기능성, 우선지도 영역, 목표 수행 가능 시간 등을 확인할 필요가 있다(Strickland & Turnbull, 1993).

- **과거 성취 결과 확인**: 학생의 과거 성취 결과는 학습의 진행 형태, 어려운 점 등을 확인하는 것이다. 이전 교육적 지도과정에서 관련된 성취 기록, 사전 성취정도, 학생 행동 유형, 공식적 혹은 비공식적인 평가과정에서 나타난 기록물, 전 담임 및 교과 담당 교사의 조언이나 정보, 가정문제, 질병이나 약물복용, 이전 생활기록부나 각 교과나 영역별 학습성취 결과(NEIS상에 나타난 기록 등), 학생의 장점과 약점 등을 확인할 수 있다.
- **현재 수행 수준**: 제4장에 언급한 것처럼 학생의 현재 수행 수준은 학생에 대한 교육적 장점과 약점 그리고 지원을 위한 현재 상황을 나타내는 것이다. 따라서 장기 목표를 설정하기 위해서는 개별화교육지원팀이 현재 수행 수준을 기준으로 진전 상황을 예상할 필요가 있다. 각 교과목, 기능적 영역에 대한 현행 수준은 학생의 성취 목표를 위한 중요한 출발점이 된다.
- **선호도**: 장애학생이 가지고 있는 각 교과목이나 기능적 영역에서의 흥미나 관심은 교육계획을 세우는 데 있어 중요한 요인이 될 수 있다. 이러한 선호도를 잘 활용한다고 하면 성취 동기를 높일 수 있고, 장기 목표에 성공적으로 도달할 수 있는 이유가 된다. 장애학생들이 관심을 가지고 있는 영역에 대한 학습은 집중도와 관심을 높일 수 있는 근거가 될 수 있다.
- **기능성**: 장기 목표 선정에 있어 기능적인 것은 실제 학생이 배운 내용을 실생활이나, 장차 학교를 졸업했을 때 일상생활이나 지역사회 혹은 직장에서 활용하고 적용할 수 있는지에 중점을 두어야 한다. 기능적 영역에 대한 장기 목표 선정은 지역사회에서의 적응과 일반화에 크게 기여할 수 있다.
- **우선지도 영역**: 각 교과나 기능적 영역에서 무엇을 우선적인 지도 영역으로 설정할 것인가? 1년 동안 수행할 장기 목표를 설정하는 데 있어 여러 개의 영역을 정할 것인지, 아니면 가능한 영역을 중심으로 한 가지만 정할 것인지 결정할 필요가 있다. 그리고 가정과 연계한 영역을 우선할 것인지 아니면 학교에서 우선적으로 중요시하는 영역을 설정할 것인지도 고려해야 한다. 학교와 가정 모두에서 중요한 지도 영역이라고 하면 장기 목표 설정에서 양쪽을 모두 고려한 결정을 할 수 있다. 또한 학생이 장기 목표를 성취할 가능성이 있는 내용이나 영역을 우선지도 영역으로 다룰 수 있다. 일상생활에서 자주 접하고 활용할 기회가 많은 것을 다른 영역보다 우선하여 결정할 수 있다.
- **목표 수행 가능 시간**: 개별화교육지원팀에서 장기 목표를 설정할 때 고려해야 할 사

항 중에서 특히 신경써야 할 것은 해당 목표가 주어진 기간이나 시간 동안 충분히 완료할 수 있는지이다. 교사들의 의욕이나 학생에 대한 지나친 기대로 인해 종종 현장 교사가 목표를 과도하게 설정하는 경우가 있다. 장기 목표를 결정하기 이전에 수행 가능한 시간과 교수의 배당 정도를 동시에 고려할 필요가 있다. 학년 초나 학기 초에 학교나 학급에서 교사들이 담당할 각 교과와 영역을 중심으로 연간 교육계획을 설정할 때 단원에 따른 제재 선정 및 시수 배정을 적절히 고려해야 한다.

2) 장기 목표 설정 방법

일반적으로 장기 목표는 교육계획 및 프로그램 개발의 장기적인 방향을 제시해 주는 것으로서, 교육목표를 설정할 때 고려해야 할 사항으로 다음과 같은 점을 유의할 필요가 있다.

첫째, 장기 목표는 학생의 현재 수준을 근거로 학생에게 필요한 주요 지도내용을 선정하는 과정이다. 따라서 현재 수준에서 어느 정도 학습이나 행동이 획득되어 있는지, 그 숙달 정도가 어느 정도인지, 스스로 독립적으로 할 수 있는지 아니면 많은 도움이 필요한지, 약간의 도움으로 숙달될 수 있는지 등을 고려하여 우선지도 영역으로 뽑아 장기 목표와 연결할 수 있다.

둘째, 각 교과나 영역을 가능한 한 모두 포함시켜 다양한 학습경험을 하도록 하여야 한다. 즉, 기능적 영역 중심으로 학생에게 필요한 주요 지도 영역이 정해지도록 해야 한다. 예를 들어, 용변처리가 안 된다고 해서 1년 동안의 장기 목표 중에서 화장실 지도가 교육의 전반적인 내용을 차지하는 것은 바람직하지 않다. 이 학생에게 필요한 이동능력이나, 운동능력, 의사소통 등 기능적인 다른 영역에서 장기적으로 다루어야 할 내용도 고려할 필요가 있다.

셋째, 상황에 따라서는 주제 중심이거나 통합교과 등으로 설정할 수 있다. 장기 목표를 포괄적으로 방향성을 제시하고 여러 기능적 영역이나 교과를 관련시켜 학생의 독립성이나 지역사회 적응을 지향하는 목표를 정할 수 있다. 예를 들어, 우체국 이용하기 영역에서 '스스로 우체국에 가서 할머니께 크리스마스 카드를 보낼 수 있다.'라는 목표를 정했다고 하면, 우체국에 가서, 비용 지불하기, 직원이나 안내원에게 인사하기, 카드에 주소 쓰기 등 여러 기능적 영역이나 교과를 하나의 주제에서 다룰 수 있다. 장기 목표를 정할 때 1년 단위나 학기별 기간 동안 다룰 수 있는 다양한 주제를 학생에게 필요한 내용으로 정할 수 있다.

넷째, 학생의 수준을 과대평가하거나 과소평가하여 장기 목표를 설정하지 말아야 한다. 종종 교사들은 학생의 능력을 과대평가하여 목표를 크게 정했다가 막상 수업에서 정해진 기간 내에 진전을 보지 못하고 난감해하는 경우가 많다. 반대로 학생의 능력을 과소평가하면 너무 쉽고 일찍 성취 결과를 경험한다. 심지어는 장기 목표를 정해 열심히 지도하였지만 학생이 이미 잘 알고 있는 내용을 지도하게 되는 경우도 있다. 이러한 실패를 줄이기 위해서는 현행 수준을 파악할 때 학생의 수준과 특성을 잘 파악하고 이미 수집한 평가 자료 역시 신중하게 검토하여 목표를 정할 필요가 있다.

다섯째, 교사의 경험이나 관련된 인사들의 지원 환경도 고려해야 한다. 해당 학생에 대한 행동특성이나 문제행동 등에 충분한 지도경험이 없는 상황에서 교사의 자신감이 우선된다면 여러 가지 난감한 상황에 부딪칠 수 있다. 또한 학생을 지원하는 지도 환경, 즉 동료 교사, 보조원이나 학교의 여건, 부모의 지원 여부 등 관련된 상황도 고려할 필요가 있다.

결국, 장기 목표 설정에서 유의해야 할 것은 교사의 전문적인 판단, 경험, 학생에 대한 정보, 관련 인사들의 지원 여건 등을 고려하여 학생의 교육적 향상을 도모하는 것이다.

2. 단기 목표 설정

장기 목표가 설정되면 그 목표를 달성하기 위하여 여러 단계의 목표나 과제들로 학습활동을 구성할 수 있다. 교수적 계획에서의 목표와 마찬가지로 개별화교육계획의 목표는 학생이 주어진 기간이나 특정한 영역을 수행할 것으로 기대되는 학습내용을 기술하는 것이다. 주된 차이점이라면 상세한 분석내용이라고 할 수 있다. 즉, 개별화교육계획의 목표가 장기 목표와 연계된 진행 및 진전과정을 단계적으로 분석한 것이라고 하면, 교수목표는 학기별, 월별, 주별, 일자별로 구체적인 성취 결과를 제시한 것이라고 할 수 있다(Strickland & Turnbull, 1993). 개별화교육계획에서 단기 목표 설정은 현재 수행 수준을 기준으로 장기 목표에 대한 일련의 단계적이거나 계열적 · 비계열적, 혹은 영역 중심으로 목표를 제시하는 것이다. 결국 단기 목표는 장기 목표를 성취하기 위한 일련의 과정을 체계적으로 나열한 것이라고 할 수 있다. 따라서 이러한 체계적 나열을 통한 목표 설정은 측정 가능한 구체적인 절차로 제시된다. 이러한 과정을 과제분석(task analysis) 혹은 검목표라고 한다. 이유훈 등(2018)은 과제분석을 목표를 성취하는 데 필요한 지식, 기능, 태도 등을 위계적으로 분석해서 학습자가 수행해야 하는 과제를 최소단위로 쪼개는 작업이라고 하였다.

3. 장 · 단기 목표의 진술 방법

목표의 진술은 특정한 학습자를 위해 상술되어야 하고, 객관적으로 측정 가능한(objective measurability) 방식으로 진술하여야 한다. 그것은 행동(behavior)이 나타날 조건상황(condition)이 설정되어야 하며, 또한 여기에는 성공적인 수행 기준(criteria)이 포함되어야 한다. 이를 행동목표(behavior objective)라고 한다. 예를 들어, 직업적인 기술과 관련이 있는 목표로 '도구를 사용하는 방법을 안다.' 등과 같이 모호하게 진술해서는 안 되며, 이보다 구체적으로 진술되어야 한다. 즉, 앞서 장기 교수목표에 적용된 네 가지 준거가 단기 교수목표에 더욱 적절하게 적용되어야 한다. 단기 교수목표는 학생이 성취해야 하는 종착점 행동을 구체적으로 진술한 것이다(이유훈 외, 2018). 이러한 진술 방법을 구체적인 예를 들어 제시하면 다음과 같다(교육부, 서울시교육청, 2008).

1) 수업의 결과로 학생들이 보여 줄 행동

- 교육목표를 관찰 가능하고 측정 가능하게 기술하기 위해서는 행동(행위) 동사, 즉 학습자가 행할 관찰 가능한 행동을 설명하는 동사로 기술한다.
- '사고하기'와 '감상하기' 같은 정신적 과정은 교육의 핵심적인 내용이지만 이를 그대로 기술하지 않고 그러한 정신적 과정을 통해 나타날 수 있는 '무엇'인가를 용어로 정의하여 결과물로 표현한다.
- **적절한 예**: '설명하다' '열거하다' '오르다' '기술하다' 등은 적절한 행위 동사
- **부적절한 예**: '알다' '이해하다' '감상하다' 등의 동사를 포함하는 목표는 학생의 수행을 정확하게 표현하지 못하는 부적절한 동사
- 활용 예
  - –학교생활과 관련된 이야기를 듣고 이해할 수 있다. (×)
  - –학교생활과 관련된 이야기를 듣고, 이야기의 내용 중 세 가지를 기억하여 문장으

로 각각 말하고 쓸 수 있다. (○)

2) 행동의 수행 조건

- 교육목표는 특정 행동이 어떤 조건하에서 나타나야 하는지를 담고 있어야 한다.
- **적절한 예**: 학생이 원을 그려야 한다면, 컴퍼스를 사용할 수 있는지 혹은 손으로 그려야 할지를 명시해야 하며, 수학 문제를 풀 때 계산기를 사용할 수 있는지 혹은 암산이나 풀이용 연습장을 이용하여 계산해야 하는지를 명시한다.

3) 받아들여질 만큼의 행동 수행 수준

- 교육목표는 특정 행동이 획득되었다고 받아들이는 판단의 준거 또는 표준을 포함한다.
- 행동의 특성에 따라 백분율, 비율, 빈도, 지속시간 등 다양한 준거를 달리 적용한다.
- **적절한 예**: 학생의 읽기 유창성에 관한 목표로서 '주어진 교재를 1분 안에 90%의 정확성으로 소리 내어 읽을 수 있다.'의 경우 제시된 어휘의 수가 제한되어 있기 때문에 '90%의 정확성'은 타당한 준거가 될 수 있다.
- **부적절한 예**: '혼자서 숟가락을 이용하여 90%의 정확도로 밥을 먹을 수 있다.'와 같은 목표에서는 '90% 수준'은 무엇을 어떻게 수행해야 하는 것인지가 분명하지 않은 부적절한 준거가 될 수 있다.

※ 행동목표 진술

예 1): 열까지 세라고 지시하면 (조건) / 100% 정확하게 외워서 (성공적인 수행 기준) / 셀 수 있다. (관찰 가능한 행동)

예 2): 마른 수건과 그릇이 제공되면, (조건) 종호는 과제분석에 나와 있는 순서에 따라서 100%의 정확도를 가지고 (수행 기준) / 그릇을 닦을 수 있다. (관찰 가능한 행동)

4) 목표 진술 방법

교육목표를 진술할 때는 학습내용의 특성에 따라, ① 계열적 목표, ② 비계열적 목표, ③ 혼합목표로 나눌 수 있다. 구체적인 내용은 다음과 같다.

(1) 계열적(사다리형) 목표

계열적 목표는 사다리를 오르내리는 방식으로 현재 수행 수준과 각각의 교육목표를 진술한다. [그림 5-1]과 같이 가장 아래 가로대가 현재 수행 수준으로 설정될 경우, 가장 위 가로대가 장기 교육목표가 되며, 이 두 가로대 사이의 여러 가로대가 세부 교육목표(혹은 수준점, benchmark)가 된다. 계열적 분석에는 과제 전향분석(forward analysis)과 과

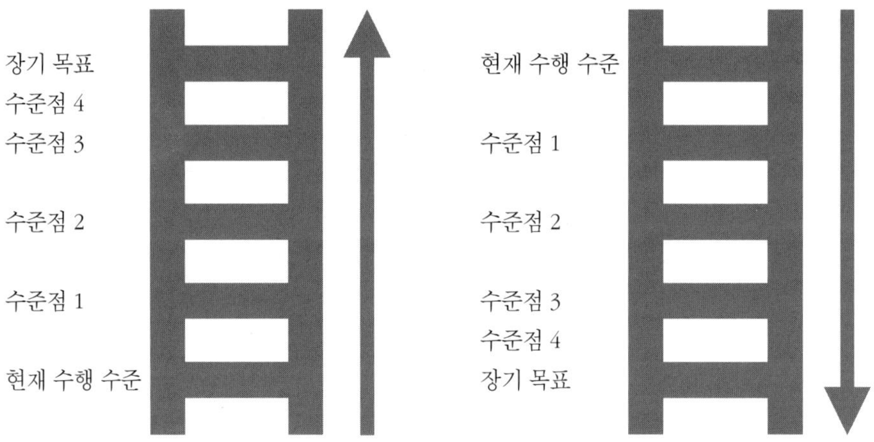

(과제 전향분석법: 상향식 분석) (과제 역분석: 하향식 분석)

그림 5-1 계열적 목표 진술 체제의 도식

출처: Bateman & Herr (2003); 교육부, 서울시교육청(2008)에서 수정하여 재인용.

표 5-1 과제 전향분석법(상향식 과제분석법)

장기 교수목표: 티셔츠에 오른팔을 넣고 내릴 수 있다.	
↑	④ 티셔츠에 오른팔을 넣고 내릴 수 있다. ③ 티셔츠에 왼팔을 넣을 수 있다. ② 티셔츠에 머리를 넣을 수 있다. ① 티셔츠를 두 손으로 잡을 수 있다.
현재 수행능력 수준: 티셔츠를 두 손으로 잡을 수 있다.	

제 역분석(reverse analysis)이 있다.

첫째, 과제 전향분석은 현재 수행 수준에서 출발하여 점진적 혹은 단계적으로 장기 목표에 도달하는 것이다. 예를 들어, 〈표 5-1〉에서처럼 현재 수행 수준 ① '티셔츠를 두 손으로 잡을 수 있다.'를 지도하고, ② '티셔츠에 머리를 넣을 수 있다.'를 지도해 나가면 된다. 이러한 과정을 순차적으로 거쳐 장기 목표인 '티셔츠에 오른팔을 넣고 내릴 수 있다.'에 도달하게 한다.

둘째, 과제 역분석은 학생의 현행 수준을 고려하여 장기 목표에서부터 거꾸로 단계별 지도를 해 나가는 방식이다. 예를 들어, 〈표 5-2〉에서 첫 지도 순서는 '티셔츠에 오른팔을 넣고 내릴 수 있다.' → '티셔츠에 왼팔을 넣을 수 있다.' → '티셔츠에 머리를 넣을 수 있다.' → '티셔츠를 두 손으로 잡을 수 있다.'이다. 즉, 처음 지도하는 단계는 티셔츠를 다 입혀 둔 상태에서 티셔츠에 오른팔만 빼어 둔 다음, ①에서 '티셔츠에 오른팔을 넣고 내릴 수 있다.'를 목표로 지도한다. 이것이 완성되면 ②에서는 티셔츠를 다 입은 상태에서 ①의 오른팔을 빼어 둔 것과 ②의 왼팔을 빼어 둔 상태에서 ② 왼팔을 완성하는 지도를 한다. 결과적으로 ②에서는 왼팔 끼우기가 주 목표이지만 ①에서 했던 오른팔 끼우기도 동시에 하게 된다. 이런 과정으로 가면 ④에서는 모든 과정을 수행해야만 티셔츠 입기가 완성된다. 이러한 과제 역분석은 ①에서 보는 것처럼 오른팔 하나만 완성되면 티셔츠 입기가 완성되기 때문에 과제 완성에 대한 성취감을 더 효율적으로 제공할 수 있다는 장점이 있다.

표 5-2 과제 역분석법(하향식 과제분석법)

현재 수행능력 수준: 티셔츠에 오른팔을 넣고 내릴 수 있다.	
↓	① 티셔츠에 오른팔을 넣고 내릴 수 있다. ② 티셔츠에 왼팔을 넣을 수 있다. ③ 티셔츠에 머리를 넣을 수 있다. ④ 티셔츠를 두 손으로 잡을 수 있다.
장기 교수목표: 티셔츠를 두 손으로 잡을 수 있다.	

(2) 비계열적(파이형) 목표

비계열적 목표([그림 5-2])는 계열적 목표와 다르게 각 하위과제나 학습과제를 순서대로 완성하지 않는다. 상황에 따라서는 각 파이나 하위과제를 동시에 진행할 수 있으며,

그림 5-2 비계열적 목표 진술 체제의 도식

출처: Bateman & Herr (2003); 교육부, 서울시교육청(2008)에서 수정하여 재인용.

과제를 순서대로 진행하지 않거나 전혀 순서에 상관없이 진행될 수도 있다. 각 하위과제는 분리되어 각각 따로 진행되거나 다른 방식으로 진행된다.

〈비계열적 목표 예시〉

- 현행 수행 수준: 영수는 친구들이 자기에게 인사를 걸어올 때, 대꾸도 하지 않고 다른 곳을 바라보며 2~3m 도망가 버린다.

- 장기 목표: 영수는 친구가 자기에게 말을 걸어오면 도망가지 않고 인사말을 건네는 친구와 이야기하기 위해 눈을 쳐다볼 수 있다. 그리고 그 친구를 향해 "안녕! 내 이름은 영수야." 하고 인사할 수 있다.

- 하위과제(목표):
  - 영수는 인사말을 걸어오는 친구에게 말을 하기 위해 도망가지 않고 머무를 수 있다.
  - 영수는 인사말을 걸어오는 친구에게 인사하기 위해 서로 눈을 맞출 수 있다.
  - 영수의 친구가 "안녕! 내 이름은 수빈이야." 하고 인사하면, 영수는 그 친구를 바라보고 "안녕! 내 이름은 영수야." 하고 인사말로 대답할 수 있다.

(3) 혼합목표

혼합목표는 〈표 5−3〉과 같이 계열적 목표 진술 체제와 비계열적 목표 진술 체제를 동시에 적용하여 목표를 진술하는 것이다. 학습 위계상 동시에 적용될 수 있는 수평적 학습내용이 존재하거나 혼합 분석법을 통한 학습내용 분석이 이루어진 과제에 적용할 수 있다(교육부, 서울시교육청, 2008).

표 5−3 수학과 혼합 교육목표 진술의 예

수학: 수와 연산	
현재 학습 수행 수준	일의 자리를 합하여 10이 되면 받아 올림이 있는 덧셈과 십의 자리 1을 낱개 10으로 받아 내리는 뺄셈 각각 10문제 중 8문제를 풀 수 있다.

구분	교육목표
연간 목표	문장제 문제를 읽고, 세 자리 수 범위에서 받아 올림과 받아 내림이 있는 덧셈과 뺄셈의 혼합계산식을 세워 답을 구할 수 있다. ☞교육과정 관련 내용: 2−나 (가) 수와 연산 [4] 세 자리 수의 덧셈과 뺄셈 ① 세 자리 수의 덧셈과 뺄셈을 능숙하게 할 수 있다. ② 덧셈과 뺄셈을 실생활 문제에 활용할 수 있다.
1학기 목표	• 자리 수 범위에서 받아 올림과 받아 내림이 있는 세 수의 덧 · 뺄셈 혼합계산 문제를 풀 수 있다. • 그림이 함께 제시된 문장제 문제를 도움을 받아 읽고 식을 세워 답을 구할 수 있다.
2학기 목표	• 세 자리 수 범위에서 받아 올림과 받아 내림이 두 번 있는 덧셈과 뺄셈문제를 각각 풀 수 있다. • 문장제 문제를 도움을 받아 읽고, 식을 세워 답을 구할 수 있다.

「장애아동교육법(IDEA)」에서는 지금까지 살펴본 계열적(사다리형) 목표와 비계열적(파이형) 목표의 의미상 차이점이 있다고 설명하고 있다. 단기 목표는 분명히 서로 구별되는 내용(하위과제)을 연간 목표(장기 목표) 안에서 수행해야 할 기술(skills)로 진술하였다. 반면, 교수목표는 학생이 연중(1년간)에 도달할 것으로 기대되는 성취과정의 정도를 시기별로 구분하여 구체화한 진술이라고 할 수 있다. 따라서 비계열적(파이형) 목표에서 이야기하는 하위과제는 단기 목표들이고, 계열(사다리형)의 각 수행 수준은 특정한 기간 동안 수행할 것으로 기대하는 교수목표(benchmark)라고 할 수 있다. 그러나 실제적으로

이들 간에 분명한 차이점이 있는 것은 아니다.

5) 목표 진술의 오류를 줄이기 위한 고려사항

Notari-Syverson과 Shuster(1995: 조윤경, 장지윤, 유연주, 2013에서 재인용)는 장 · 단기 목표의 평가 준거로 다음 〈표 5-4〉와 같이 기능성(functionality), 일반성(generality), 교수환경(instructional context)의 통합 가능성, 관찰 및 측정 가능성(measurability), 장 · 단기 목표 간의 발달적 위계 관계(hierarchical relationship)를 제시하였다. 즉, 개별 장애학생들의 교육은 통합환경에서 수행되는 정도를 가늠하는 방법으로, 교수목표에 대한 지표로 활용할 수 있다.

조윤경, 장지윤과 유연주(2013)는 앞의 준거와 관련하여 장 · 단기 목표 작성 시 주요 오류를 보일 수 있는 예시와 지침을 〈표 5-5〉와 같이 기술하였다.

표 5-4 개별화교육계획 교수목표 준거 평가표

분석지표	분석 준거
기능성	1. 통합환경에 독립적으로 참여하는 장애학생의 능력을 증신하는 기술인가? 2. 통합환경에서 또래나 사물과 적합한 상호작용을 증진하는 기술인가?
일반성	3. 다양한 사람, 활동, 자료 그리고 상황에서 가르칠 수 있고 일반화될 수 있는 기술인가?
교수환경의 통합 가능성	4. 비장애 또래들이 다양한 일상 활동과 일과 중에 수행하는 기술인가? 5. 장애학생의 일상 활동과 일과에서 자연스럽게 발생하는 선행사건과 논리적으로 수반되는 후속 결과가 있는 기술인가? 6. 다양한 활동과 상황에서 쉽게 유발될 수 있는 기술인가?
관찰 및 측정 가능성	7. 셀 수 있도록 보이거나 들리는 기술인가? 8. 기술의 산출물이 기록될 수 있는가?
장 · 단기 목표 간의 발달적 위계 관계	9. 단기 목표는 장기 목표의 성취에 중요한 하위 발달기술인가?

출처: Notari-Syverson & Shuster (1995); 조윤경, 장지윤, 유연주(2013)에서 수정하여 발췌함.

표 5-5 장 · 단기 목표 작성 시 주요 오류 및 유의점

• 장 · 단기 목표의 위계성

장기 목표	단기 목표
1. 자신의 물건을 정해진 위치에 정리할 수 있다.	1–1. 등 · 하교 시 언어적 촉진으로 자신의 신발을 신발장에 정리하고 꺼낼 수 있다. 1–2. 등 · 하교 시 스스로 자신의 신발을 신발장에 정리하고 꺼낼 수 있다. 1–3. 등 · 하교 시 언어적 촉진으로 자신의 수첩을 바구니 안에 넣을 수 있다. 1–4. 등 · 하교 시 스스로 자신의 수첩을 바구니 안에 넣을 수 있다.
⇒ 단기 목표 1–1과 1–2(1–3/1–4)는 합쳐져도 되고, 1–2, 1–4가 하나의 장기 목표가 될 수 있음	
2. 양치질을 바르게 하며 칫솔과 양치컵을 정리할 수 있다.	2–1. 교사의 도움을 받아 칫솔질을 10회 이상 따라 할 수 있다. 2–2. 양칫물을 삼키지 않고 뱉어 낼 수 있다. 2–3. 칫솔과 양치컵을 스스로 정리할 수 있다.
⇒ 장기 목표에 두 가지 목표를 함께 기술하였고, 단기 목표에 장기 목표가 들어감	
3. 누구, 무엇, 어디의 질문에 대답할 수 있다.	3–1. '누구'라는 질문에 대답할 수 있다. 3–2. '무엇'이라는 질문에 대답할 수 있다. 3–3. '어디'라는 질문에 대답할 수 있다.
⇒ 단기 목표에 단순히 장기 목표의 내용을 쪼개서 놓았음	

• 장 · 단기 목표의 연계성

장기 목표	단기 목표
1. 점심시간에 편식하지 않고 먹을 수 있다.	1–1. 교사의 도움을 받아 딱딱한 음식을 먹을 수 있다. 1–2. 교사의 도움 없이 식사도구를 이용하여 음식을 먹을 수 있다.
⇒ 장기 목표는 편식과 관련된 내용인데, 단기 목표는 음식의 종류와 식사도구 사용에 대한 내용으로 서로 연계되지 않음	
2. 글자를 읽고 쓸 수 있다.	2–1. 글자를 읽고 교사의 언어적 도움(점선 따라 쓰기)으로 쓸 수 있다. 2–2. 스스로 글자를 읽고 쓸 수 있다.
3. 자신의 신발장 자리를 찾아 바르게 신고 벗을 수 있다.	3–1. 언어촉진[(신발장 앞에 서서) "신발 벗어서 ○○자리에 정리하자."]로 자신의 신발장 자리를 찾아 신발을 벗어 정리를 할 수 있다. 3–2. 언어촉진(신발 찾아와, 앉아서 신자)으로 스스로 자기 신발을 꺼내어 앉아서 찍찍이를 조일 수 있다. 3–3. 자발적으로 신발장 자리를 찾아 신발을 신고 정리할 수 있다.
⇒ 장기 목표가 단기 목표 마지막 단계와 동일함	

• 장기 목표에 대한 단기 목표의 지나친 세분화

장기 목표	단기 목표
1. 양치질을 바르게 할 수 있다(화장실 사용).	1-1. 교사의 신체적 촉진으로 적당량의 치약을 칫솔에 짤 수 있다. 1-2. 교사의 신체적 촉진으로 어금니를 닦을 수 있다. 1-3. 교사의 행동을 모방하여 스스로 어금니를 닦을 수 있다. 1-4. 교사의 언어적 촉진으로 컵에 2/3만큼 물을 받고 수도를 잠글 수 있다. 1-5. 교사의 언어적 촉진으로 양치질을 마친 후 입속을 헹구어 낼 수 있다. 1-6. 교사의 신체적 지원으로 사용한 칫솔을 물에 씻을 수 있다.
⇒ 단기 목표가 너무 많아 학급에서 지도 시 달성하기 어려울 수 있음	

• 장 · 단기 목표의 관계성

장기 목표	단기 목표
1. 두 가지 활동이 연속적으로 연결된 대근육 기술을 실행할 수 있다.	1-1. 두 가지 활동이 연속적으로 연결된 대근육 기술을 모방할 수 있다(그룹 활동).
2. 대집단 활동 시 바르게 앉아 집중할 수 있다.	2-1. 교사의 신체적 도움을 받아 10분 이상 집중할 수 있다. 2-2. 교사의 언어적 도움을 받아 10분 이상 집중할 수 있다. 2-3. 스스로 바르게 앉아 교사의 이야기를 집중하여 들을 수 있다.
⇒ 단기 목표는 장기 목표를 지도하기 위한 중간 단계를 측정 가능한 문장으로 서술하여야 함	
3. 소변과 대변을 다르게 표현할 수 있다.	3-1. 대변이 마려울 때 '응가'라고 말할 수 있다.
⇒ 단기 목표가 하나만 잡혔으며 장기 목표와의 차이가 교수촉진 방법밖에는 없음	

• 목표 서술동사

장기 목표	단기 목표
1. 입에 손을 넣지 않음을 인지할 수 있다.	1-1. 교사의 언어적 촉진으로 손을 입에 넣지 않고 인지할 수 있다. 1-2. 매일 적어도 1회 이상 손을 입에 넣지 않고 인지할 수 있다.
2. 상대방의 말을 경청할 수 있다.	2-1. 말하는 사람을 바라볼 수 있다. 2-2. 질문에 적절한 대답을 한다.

〈계속〉

⇒ 단기 목표의 '인지할 수 있다.' '적절한'은 측정 가능한 동사가 아님	
3. 이야기를 듣고 관련된 질문에 대답할 수 있다.	3-1. 이야기를 듣고 관련된 질문에 교사의 도움으로 대답할 수 있다. 3-2. 이야기에 대한 질문에 맞게 대답할 수 있다.
4. 친구와 함께 놀이할 수 있다.	4-1. 친구의 이름을 부르며 놀이할 수 있다. 4-2. 친구와 놀잇감을 공유할 수 있다.
5. 소근육을 조절하여 지퍼를 내리거나 올리기가 가능하다.	5-1. 겉옷의 지퍼를 끼워 주고, 끼워진 고리 밑부분을 쥐어 주면 학생이 지퍼를 올릴 수 있다(당길 때 교사의 신체적 지원). 5-2. 겉옷의 지퍼를 끼워 주고, 끼운 고리 밑부분을 학생의 왼손으로 잡을 수 있도록 한다(학생의 왼손을 교사가 잡아 준다). 5-3. 고리 밑부분을 잡고 있는 왼손을 밑으로 당기고 오른손을 사용해 고리를 당길 수 있다(양손을 모두 사용하여 지퍼를 닫을 수 있도록 신체적 지원).
⇒ 목표가 구체적이지 않음 ⇒ 학생 중심의 목표 진술이 아님 '~하도록 한다.'를 '~할 수 있다.'로 진술해야 함	

• 평가 기준

장기 목표	단기 목표
1. 모델링을 통하여 대·소변에 대한 의사를 표현할 수 있다.	1-1. 화장실에 가야 할 시간이 되었을 때, "화장실 갈까?"라고 물어보면, 모델링을 통하여서 신체의 부위를 가리킬 수 있다. 1-2. 화장실을 가야 할 시간이 되었을 때, "화장실 갈까?"라고 물어보면, 모델링을 통해서 10회 중 4회 이상 신체의 부위를 가리킬 수 있다. 1-3. 화장실을 가야 할 시간이 되었을 때, "화장실 갈까?"라고 물어보면, 모델링을 통해서 10회 중 8회 이상 신체의 부위를 가리킬 수 있다.
2. 지퍼가 달린 윗옷을 입을 수 있다.	2-1. 교사의 신체적 지원으로 겉옷의 지퍼를 2/3 채울 수 있다(주 5회 이상, 80% 수행). 2-2. 교사의 단서 제공으로 겉옷의 지퍼를 2/3 채울 수 있다(주 4회 이상, 80% 수행). 2-3. 스스로 겉옷의 지퍼를 2/3 채울 수 있다(주 4회 이상, 80% 수행).
3. 대집단 활동시간에 자리에 앉아서 활동에 참여할 수 있다.	3-1. 교사의 신체적 지원을 받아서 옆자리에 함께 착석하여 1분 동안 참여할 수 있다. 3-2. 교사의 신체적 지원을 받아서 옆자리에 함께 착석하여 3분 동안 참여할 수 있다. 3-3. 교사의 신체적 지원을 받아서 옆자리에 함께 착석하여 5분 동안 참여할 수 있다.

〈계속〉

4. 교사개입 없이 10분 이상 또래와 함께 놀이 할 수 있다.	4-1. 선택 영역에서 교사, 또래와 함께 놀이를 시작하여 10분 이상 놀이할 수 있다. 4-2. 선택 영역에서 교사개입 없이 5분 이상 또래와 놀이할 수 있다. 4-3. 선택 영역에서 교사개입 없이 10 이상 또래와 함께 놀이할 수 있다.
⇒ 단기 목표의 단계를 성취 기준만 바꾸었으며 장기 목표와 기능적 연계성이 없음(기술의 정도를 수량적으로만 바꾸어 기술)	

• 학생의 학년 및 발달 수준의 적합성과 우선적 지도점(중요성)

장기 목표	단기 목표
1. 취업을 위한 관련 정보를 말할 수 있다.	1-1. 교사의 첫 음절 언어적 힌트로 취업처를 이야기할 수 있다. 1-2. 취업할 곳의 할 일에 대하여 말할 수 있다.
⇒ 학년 수준 및 연령에 적합하지 않음(중학교 수준에서 고등학교 수준으로 진술)	

• 학생의 지도 영역에 부적절한 선정

장기 목표	단기 목표
1. 상황에 적합한 행동을 할 수 있다(사회성 영역).	1-1. 학생이 목이 마르면 "물"이라고 표현할 수 있다(의사소통 영역).
2. 교사의 질문에 반응을 보일 수 있다(의사소통 영역).	2-1. 자신의 이름을 알고 교사가 학생의 이름을 부르면 교사의 얼굴을 보고 "네."라는 소리와 함께 다가올 수 있다(사회성 영역 또는 인지 영역).
⇒ 장기 목표와 단기 목표의 영역이 부적절함	

출처: 조윤경, 장지윤, 유연주(2013)에서 발췌하여 수정함.

제6장

개별화교육계획의 교육내용 · 교육방법 · 관련 서비스

장애학생을 위한 장 · 단기 목표가 결정되면 그 목표에 도달할 수 있도록 하기 위한 개별화교육의 실행계획을 마련하여야 한다. 개별화교육계획의 실행을 위해서는 각 영역이나 교과에 대한 내용 선정, 선정된 내용에 대한 교육방법 및 수업 절차, 평가 계획, 그리고 이와 연관된 관련 서비스의 활용, 기타 교육적 활동에 대한 계획 등이 마련되어야 한다. 평가 계획은 다음 제7장에서 다루기로 하고 이 장에서는 이와 관련하여 학생의 개별화교육계획의 실행(운영)에 관한 교육내용, 교육방법, 그리고 관련 서비스 등에 대한 사항들을 살펴보고자 한다.

1. 교육내용, 교육방법 편성 및 운영 절차

개별화교육계획에서 목표가 설정되면 이와 관련하여 어떻게 교육할 것인가에 대한 계획을 세우게 된다. 장애학생을 위한 교육내용, 교육방법은 교육과정 편성에서 실제 학생을 지도하는 실행, 즉 운영에 해당된다고 볼 수 있다. 장애학생의 개별화교육을 위한 교육과정 편성에서 학생의 배치 환경에 따라 접근 모형을 다양하게 구성할 수 있지만, 여기서는 이유훈 등(2018)이 제시한 통합학급에서의 교육과정 편성 및 운영 절차를 소개하여 교육내용 및 교육방법에 대한 설명을 하고자 한다. 이유훈 등(2018)은 교육과정 편성 · 운영 절차를 [그림 6-1]과 같이 편성 단계, 운영 단계, 평가 단계로 구분하여 일반교육에 대한 장애학생의 교육적 접근을 제시하였다.

첫째, 편성 단계에서는 일반교육 영역에서 통합학급교사가 국가 수준 및 지역 수준 교육과정을 토대로 만들어진 해당 학교교육과정을 중심으로 일반학생들을 위한 통합학급의 한 학기(또는 연간) 교과 지도계획을 작성한다. 그리고 특수교육 영역에서는 특수교사가 장애학생이 배치된 후, 학생의 현재 수준 및 능력 등 학습자의 특성을 분석하기 위한 각종 공식 · 비공식적인 검사 등을 통하여 적절한 진단 · 평가를 실시하고, 그것에 기초하여 학생 개인별로 개별화교육계획을 작성한다.

그리고 통합학급교사와 특수교사가 장애학생의 개별화교육계획에 기초하여 우선 통합학급 교육과정(공통교육과정) 가운데 참가가 가능한 교과(통합수업 교과)를 협의하여 결정한다. 이 통합수업 교과가 선정되면 학습자의 능력 및 특성, 교과의 특성에 따라 수업지원의 형태를 결정한다. 즉, 통합학급에서 도우미 교사나 또래 지원을 받는 경우, 통합학급에서 특수교사와의 협력교수를 통한 지원을 받는 경우, 특수교사의 개별 지도가 필요한 경우로 나눈다.

통합수업을 할 교과와 수업지원 형태가 모두 결정되면, 통합수업 교과의 경우 통합수업 교과 지도계획을 통합학급교사와 특수교사가 함께 작성한다. 일단 통합학급 교사가 한 학기(또는 연간) 교과 지도계획을 짜면 특수교사는 그에 맞추어 장애학생의 수업참여를 촉진하기 위해 교수목표 및 내용, 교수환경 등 구체적인 교수적 수정(instructional modification)을 통하여 수정된 통합수업 교과 지도계획을 완성한다.

둘째, 운영 단계에서는 먼저 앞서 완성된 통합수업 교과 지도계획이 일반학교 상황에서 잘 운영될 수 있도록 시간표를 작성하고 조정하는 일로 시작한다. 시간표 작성의 기본적인 조건은 특수학급의 운영 형태, 교류교육의 정도, 특수학급에서의 지도시간 등이므로 이에 대한 충분한 분석과 자료수집이 필요하다. 시간표 작성과 조정이 끝나면 그에 따른 주간 교육 활동 계획과 교수 · 학습과정안을 작성하여 실행한다. 주간 교육 활동 계획을 작성할 때는 학급의 전체적인 내용을 종합하여 작성하는 형태와 능력별이나 개인별로 나누어 작성하는 형태가 있을 수 있다.

셋째, 교수 · 학습의 결과를 평가하는 단계에서는 학생이 수업에 얼마나 잘 참여하였는지 또는 향상된 정도를 평가한다. 현장에서는 매 시간의 활동 결과를 누가 기록하는 방

그림 6-1 통합교육 교육과정 편성 및 운영 절차

출처: 이유훈, 김형일, 정동영, 정희섭(2018).

법과 아울러 학기 말이나 학년 말을 위한 통지표 양식이 필요하다. 특히 일반학교에 통합된 학생이라면 학생의 누가 기록을 그 학교의 통지표 양식에 맞추어 기술하는 것이 좋다.

평가 시 장애학생은 개인차가 크기 때문에 획일적인 평가 방법이 아닌 다양한 방법으로 지속적인 평가를 하는 것이 중요하다. 그리고 장애학생의 평가를 통해 그 학생에게 적용된 교수목표, 교수내용, 교수 · 학습 방법 및 교수자료 등이 적절했는지를 알아보고 만일 부적절한 부분이 있다거나 보충할 내용이 있는 경우, 이를 다음번 통합수업 교과 지도계획, 개별화교육계획 및 교수 · 학습지도안 작성 시 반영하도록 한다.

2. 교육내용

교육내용(지도내용)은 현재 수행 수준을 근거로 장 · 단기 목표에 도달할 수 있는 교육내용을 세부적으로 기술하는 것이다. 교과 영역의 교육내용은 학생의 수준과 수업의 특성에 따라 기능적 교육과정(functional curriculum)이거나 국가 수준의 기본교육과정, 공통교육과정 중심으로 구성될 수 있다. 이를 위해 해당 학생의 연령과 학년 등을 같이 고려하여야 한다. 그러나 학생의 장애 정도에 따라 대안적 교육내용을 선정하여야 할 경우 반드시 또래 학년의 교육과정을 따를 필요 없이 개별 학생을 중심으로 수준과 특성에 적합한 지도내용으로 구성할 수 있다. 교육내용을 선정할 때는 교육목표, 교과목 간의 연관성, 교수 방법, 생활연령 등을 고려하여야 한다.

1) 교과 중심의 교육내용

특수학급은 〈표 6-1〉과 〈표 6-2〉 같이 해당 장애학생의 원적학급 교육내용을 고려하여 수정된 교육내용을 선정할 수 있다. 그리고 〈표 6-3〉과 같이 특수학급이나 특수학교에서 교육과정을 분석하여 학급 단원의 주요 목표 및 학습내용을 선정할 수 있다. 교

표 6-1 국어 교육과정 재구성의 내용 및 활동

시기		통합 교과 단원	단기 교육목표		수행 평가 (5점 척도)				
월	주		일반교육목표	수정된 목표	5	4	3	2	1
3	1~17	적응 기간	–	학생 및 학부모 상담					
	20~24	문학의 수용 (1)	섬세한 읽기를 바탕으로 작품을 다양한 맥락에서 이해하고 감상하며 평가한다.	짧은 동화를 소리 내어 정확한 발음으로 읽는다.					
	27~31	문학의 수용 (2)	작품은 내용과 형식이 긴밀하게 연관되어 이루어짐을 이해하고 감상하며 창작한다.	동화의 내용 중 기억에 남는 단어를 적는다.					
4	3~7	문학의 생산 (1)	다양한 시각과 방법을 통해 작품을 재구성하거나 창작한다.	기억에 남는 단어를 가지고 동화를 말로 설명한다.					
	10~14	문학의 생산 (2)	작품을 비판적 · 창의적으로 수용하고 이를 발표하여 서로 평가한다.	동화의 내용을 읽고 느낀 점을 발표한다.					
	17~21	문학과 인접 분야 · 매체	문학이 예술, 문학, 사회 등 인접 분야와 맺고 있는 관계를 이해한다.	적었던 단어들을 이용해서 느낀 점을 글로 표현한다.					
	24~28	–	–						

9	1	독서와 언어	언어와 사고, 언어와 사회, 언어와 문화의 관계를 탐구하고 이해한다.	상황에 따라 적합한 단어를 찾아낼 수 있다.					
	4~8		언어가 갖는 특성인 기호성, 규칙성, 창조성, 사회성, 역사성을 탐구하고 이해한다.	긴 문장의 빈칸에 적절한 단어를 채워 넣을 수 있다.					
	11~15	국어의 구조와 국어생활	음성과 음운의 세계를 탐구하여 국어의 음운 체계를 이해할 수 있다.	띄어쓰기에 사용하는 문장부호를 알고 사용할 수 있다.					
	18~22		음운의 개념과 체계를 바탕으로 음운변동 현상을 이해할 수 있다.	연음에 따른 읽는 법과 쓰는 법을 안다.					
	25~29	–	–	–					

표 6-2 수학 교육과정 재구성의 내용 및 활동

단원명	차시	공통교육과정 주요 지도내용 및 활동	수정된 주요 학습내용 및 활동	
			가 수준 학생	나 수준 학생
덧셈과 뺄셈	1	받아 올림과 받아 내림이 없는 계산 형식을 이해하고 익숙하게 계산할 수 있다.	동전의 개수를 세고, 그 금액을 말할 수 있다.	한 가지 물건(100원 미만)을 살 때 그 값에 알맞게 동전을 지불할 수 있다.
	2	받아 내림이 없는 (몇백 몇십)−(몇백 몇십)의 계산 형식을 이해하고 익숙하게 계산할 수 있다.	두 가지 물건[받아 올림이 없는 (몇백 몇십)+(몇백 몇십)]을 살 때 그 값에 알맞게 동전을 지불할 수 있다.	두 가지 물건[받아 올림이 없는 (몇십)+(몇)]을 살 때 그 값에 알맞게 동전을 지불할 수 있다.
	3	받아 내림이 없는 (몇십 몇)−(몇)의 뺄셈을 능숙하게 계산할 수 있다.	세로 셈을 이용하여 받아 내림이 없는 계산을 할 수 있다.	동전을 이용하여 몇십 이하를 계산할 수 있다.
	4	받아 올림과 받아 내림이 없는 세 자리 수끼리의 합과 차를 구하는 여러 가지 방법을 알고 계산할 수 있다.	동전을 사용하여 받아 내림이 없는 (몇백)−(몇백)을 계산할 수 있다.	동전을 사용하여 받아 내림이 없는 (몇십)−(몇), (몇십)+(몇)을 계산할 수 있다.
	5	전체와 부분의 관계를 알고 덧셈과 뺄셈의 관계를 알 수 있다.	세로 셈을 이용하여 받아 내림이 없는 (몇백)−(몇백)을 계산할 수 있다.	세로 셈을 이용하여 받아 내림이 없는 (몇십 몇)−(몇), (몇십 몇)−(몇십 몇)을 계산할 수 있다.
	6	단원평가		

출처: 김성애(2010)에서 수정 · 발췌함.

표 6-3 국어과(말하기, 듣기, 쓰기) 교육내용

연간 목표	기간	학기별 목표	교육내용
학교생활과 관련된 이야기를 듣고, 이야기의 내용 중 세 가지를 기억하여 문장으로 각각 말하고 쓸 수 있다.	1학기	월별 주제와 관련된 단어를 듣고, 제시한 3개의 그림 카드 중 해당하는 그림을 찾을 수 있다.	• 새 학기, 체육 활동, 위생생활, 여름방학 관련 단어 • 자음/모음 익히기
	2학기	학교생활과 관련된 이야기를 듣고, 제시된 단어를 넣어 이야기의 내용과 관련된 문장으로 만들어 말하고 쓸 수 있다.	• 여름방학, 운동회, 소풍, 체력검사, 추석, 겨울방학 관련 단어 • 내용 장면을 연상하며 듣기 • 이야기를 듣고 문장 만들기 • 흐름에서 벗어나지 않게 말하기 • 알맞은 낱말이나 문장 사용하기 • 낱말, 문장 정확하게 받아쓰기

출처: 교육부, 서울시교육청(2008)에서 발췌함.

육내용을 선정할 때는 해당 학생의 수준 및 특성을 고려하여 재구성하는 것이 중요하다.

2) 중도 · 중복장애학생을 위한 기능 중심 교육과정 내용 조직

기능 중심 교육과정 내용 조직은 주로 중도 · 중복장애학생을 대상으로 한다. 이를 위해서는 학생에 대한 진단 및 평가에 기초하여 교육과정 영역을 설정한다. 중도 · 중복장애학생은 일반교과 중심의 교육과정을 적용하기에 어려움이 있기 때문에 대안적인 기능적 교육과정을 학생에게 적합한 영역들로 설정하여야 한다. 기능적 교육과정은 학생에 대한 우선적 요구사항에 근거하여 〈표 6-4〉나 [그림 6-2]와 같이 영역 중심에서 하위환경으로 활동과 기능을 선정한다(하위환경분석: 하향식 과제분석).

표 6-4 기능 중심 교육과정 내용 조직의 예

영역	하위 내용	기능의 예
일상생활	1. 근육운동기능 2. 식생활 3. 화장실 사용 4. 의복 5. 세면	• 불 켜고 끄기, 라디오 틀기, 문 열고 닫기, 걷기 • 식사하기, 식당 이용하기, 뒷정리하기 • 화장실 찾기, 화장실 사용하기, 옷 벗고 입기, 손 씻기 및 닦기 • 모든 종류의 옷 입기(단추, 지퍼 등), 계절에 맞는 옷 입기, 단정하게 옷 입기 • 이 닦기, 세수하기, 머리 빗기, 목욕하기

가정 생활	1. 집안 정리정돈 2. 식생활 3. 빨래하기 4. 정원 손질하기	• 자기 방 청소하기, 집안 청소하기, 걸레질하기, 빗자루질하기, 정리하기 • 시장 가기, 식품 구입하기, 식단 정하기, 요리하기, 상 차리기, 설거지하기, 영양 관리 • 옷 구별하여 나누기, 물 온도 정하기, 비누 양 정하기, 손빨래하기, 세탁기 사용하기, 옷 접기, 다림질하기, 옷 정리하기 • 물 주기, 잡초 제거하기, 화초 닦아 주기, 영양분 주기
직업 생활	1. 기술 2. 사회성 3. 교통수단 이용하기 4. 시간 관리 5. 금전 관리	• 직종에 맞는 기술, 근면성, 책임감, 인내심 • 적절한 대화, 미소, 인사성, 휴식시간의 이용 • 버스노선, 버스표 구입, 갈아타기, 걷기, 찾아가기 • 출근시간과 퇴근시간, 점심시간, 휴식시간, 작업시간 • 돈의 가치, 물건 사기, 예금하기, 가계부 정리, 예산 세우기
지역 사회 생활	1. 관공서 이용하기 2. 공원 3. 동네 환경	• 은행, 우체국, 도서관, 동사무소 • 동네공원, 에버랜드, 롯데월드, 민속촌 • 슈퍼마켓, 시장, 가게, 백화점
여가 생활	1. 관람 2. 취미생활	• 스포츠 경기, 영화, 음악회 • 음악 듣기, 게임, 바느질, 공작, 그림 그리기

출처: 이유훈 외(2018)에서 발췌함.

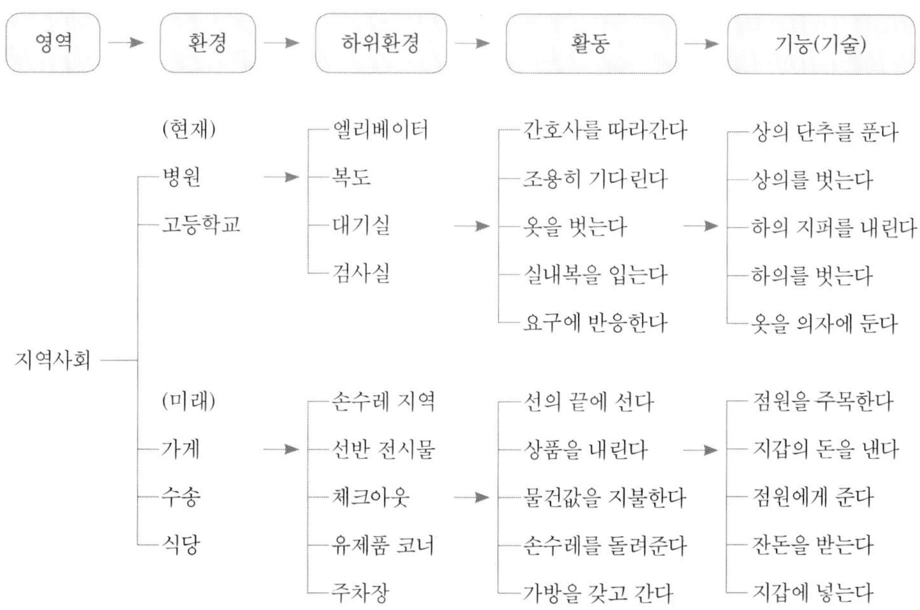

그림 6-2 중도 · 중복장애학생을 위한 생태학적(환경) 목록의 일부

출처: 이유훈 외(2018)에서 발췌함.

3. 교육방법

앞서 결정된 목표에 대해서 어느 시간(교과 및 영역)을 이용하여 어떤 지도 형태(개별, 학급별, 그룹별 등)로, 누가, 어느 정도의 기간을 지도할 것인가 등을 결정하도록 한다. 이 계획의 작성에 있어서는 다수의 지도자, 다양한 장면 및 장소를 활용하도록 배려함으로써 유연한 지도체제를 마련하도록 한다(이유훈, 김형일, 2002).

이 계획의 작성은, ① 개별 학생에 대한 지도목표를 어느 시간(교과 및 장면)을 이용하여 지도할 것인가를 결정하여 개인별 연간 지도계획을 작성한다. 그리고 ② 작성된 개인별 연간 지도계획을 통합하여 각 지도목표가 그룹별 지도가 가능한 것인가, 아니면 개별 지도가 필요한 것인가 등을 검토하여 지도 형태를 결정하도록 한다. 마지막으로 ③ 지도 담당자를 결정하고 시간표를 작성하도록 한다. 이때 일반학교 및 일반학급과의 통합교육도 고려하도록 한다.

특히 미국의 경우, 장애학생이 일반교육에 참여하는 일이 법적으로도 장려되고 실제로도 증가함에 따라 일반교육의 참여 정도를 개별화교육계획에 명시하도록 규정하고 있다. 그래서 전체 교육시간 중 차지하는 비율을 백분율로 표시하거나 하루 혹은 일주일 단위로 몇 시간씩인지를 명시하는 방법을 많이 사용하고 있다. 그러나 이러한 규정이 있다고 하여 모든 장애아동을 무조건 일반학급에 보내는 것은 아니며, 일반교육프로그램으로의 참여 정도는 개별 아동의 교육적 필요에 근거하여 결정한다(이소현, 박은혜, 2001: 이유훈, 김형일, 2002에서 재인용).

또한 교육방법은 영역별로 학생의 개별적 요구에 부응할 수 있는 교육방법을 기술한다. 교육방법의 내용은 〈표 6-5〉 〈표 6-6〉과 같이, 첫째, 학습활동과 관련된 1:1 수업, 토론식 수업, 직접교수법, 다수준 접근법, 또래교수, 협력교수와 같은 교수 방법을 포함한다. 둘째, 모델링, 촉진법, 자기점검 체크리스트, 암기전략 등과 같은 학습전략을 포함한다. 셋째, 보조공학기기, 보완대체의사소통 기구 등과 같은 학생의 개별화된 교육적 요구에 부응하는 교수매체 및 구체물 활용, 왼손 가위, 미리 만들어진 자료 등과 같은 교수 자료를 포함한다. 마지막으로, 학생의 교육적 요구를 반영한 교수집단화 방법 등을 포함한다(교육부, 서울시교육청, 2008).

1) 내용

- **교수 · 학습 방법**: 토론식 수업, 직접교수법, 또래교수, 협력교수 모델링, 촉진법, 자기점검법, 형성법, 기억전략 등
- **교수매체**(자료 포함): 시청각 자료, 구체물, 점선노트, 자 · 모음 촉각 자료, 개별학습지, 그림책 등
- **교수집단**: 전체 학급교수, 또래교수, 1:1 수업, 교사 주도적 소집단 교수, 협동학습집단, 학생주도적 소집단 등
- 기타 교육내용을 교육목표에 맞추어 가르치기 위해 사용되는 모든 방법

2) 활용 예시

표 6-5 국어과 교육방법

교육목표	교육내용	교육방법
월별 주제와 관련된 단어를 듣고, 제시한 3개의 그림카드 중 해당하는 그림을 찾을 수 있다.	• 새 학기, 체육 활동, 위생생활, 여름방학 관련 단어 • 자음/모음 익히기 • 여름방학, 운동회, 소풍, 체력검사, 추석, 겨울방학 관련 단어 • 내용 장면을 연상하며 듣기 • 이야기를 듣고 문장 만들기 • 흐름에서 벗어나지 않게 말하기 • 알맞은 낱말이나 문장 사용하기 • 낱말, 문장 정확하게 받아쓰기	• 교수 · 학습 방법: 대집단, 또래교수, 최소촉진법 • 교수 자료: –자음/모음 촉각 자료 –자음/모음 사포 자료 사용 –초벌쓰기 자음/모음 –그림동화책 제공

출처: 교육부, 서울시교육청(2008)에서 발췌함.

표 6-6 장 · 단기 목표에 따른 교육방법 및 강화계획

• 국어과 인사하기 장 · 단기 목표 및 교육방법

영역	국어과(기능적 영역 언어표현: "고맙습니다." "미안합니다."라는 인사말을 한다.)
장기 목표	상황에 맞는 적절한 인사 방법으로 인사할 수 있다.

〈계속〉

<table>
<tr><td rowspan="3">단기 목표</td><td>인사하기</td><td>등교 직후 특수학급 내에서 교사에게는 “안녕하세요?” 동급생에게는 “안녕?”이라고 먼저 말할 수 있다.</td></tr>
<tr><td>요구하기</td><td>제시된 다섯 가지 상황 중 세 가지 이상의 상황에서 상대방의 눈을 마주치며 “○○(자신이 원하는 것) 주세요.”라고 말할 수 있다.</td></tr>
<tr><td>감사 표현하기</td><td>제시된 다섯 가지 상황 중 세 가지 이상의 상황에서 상대방에게 “감사합니다.” 또는 “고맙습니다.”라고 말할 수 있다.</td></tr>
<tr><td>현재 수행 수준을 고려한 목표 설정 이유</td><td colspan="2">※ 현재 ‘인사하기’는 특정 인물에게만 언어적 단서나 촉구 없이 “안녕하세요.”를 발화할 수 있으며, ‘감사 표현하기’나 ‘요구하기’는 자발화하는 경우가 드물기 때문에 언어적 단서/촉구 없이 상황에 맞는 적절한 표현 방법으로 인사하는 것을 목표로 삼았다.</td></tr>
<tr><td rowspan="3">조작적 정의</td><td>인사하기</td><td>상대방과 처음 만났을 때 눈을 마주치며 “안녕하세요.” 또는 “안녕?” 이라고 먼저 말하는 것</td></tr>
<tr><td>요구하기</td><td>원하는 사물, 음식 등이 있는 상황에서 상대방과 눈을 마주치며 “○○ 주세요.”라고 말하는 것</td></tr>
<tr><td>감사 표현하기</td><td>상대방으로부터 원하는 사물, 음식 등을 받은 후 상대방과 눈을 마주치며 “감사합니다.” 또는 “고맙습니다.”라고 말하는 것</td></tr>
<tr><td>최소촉진 체계</td><td colspan="2">• 지원을 하지 않은 상태에서 학생으로 하여금 과제를 수행하게 하고 필요한 경우 지원을 늘려 지원하지 않은 상태에서 행동을 요구하게끔 만든다. 예를 들어, 학생이 “주세요.”라고 발화해야 하는 상황에서 먼저 학생에게 발화를 하도록 하고 오반응이나 무반응을 보이면 단계별로 지원을 하여 처음에는 “갖고 싶으면 뭐라고 말해야 하지요?”라고 말하고 그래도 오반응이나 무반응을 보이면 “주~”라는 언어적 단서를 제시한다.</td></tr>
<tr><td>반복 학습</td><td colspan="2">• 학생이 부분적으로 수행할 수 있는 영역이 있으나, 수행하지 못하는 부분을 포함한 전반적인 과정을 반복지도함으로써 전체 수행이 가능하도록 한다.</td></tr>
<tr><td>모델링</td><td colspan="2">• 학생의 관심이 어디 있는지를 관찰하고 그 물건이나 행동에 같이 참여하면서, 그에 대한 적절한 언어를 시범 보이는 것으로, 처음에 두 교사가 먼저 “주세요.”와 “감사합니다.”를 발화할 수 있는 상황을 만들어 시범을 보여 준다.</td></tr>
<tr><td>요구 모델링</td><td colspan="2">• 학생과 함께 활동을 하다가 학생에게 언어적인 반응을 구두로 요구해 본 후에 시범을 보이는 것으로, “○○가 원하는 물건이나 갖고 싶은 물건을 받았을 땐 어떻게 말해야 해요?”라고 말한 뒤 여러 차례 오반응이나 무반응을 보이면 교정적 피드백으로 “그때는 ‘감사합니다.’라고 말하는 거예요.”라고 말해 준다.</td></tr>
<tr><td>시간지연</td><td colspan="2">• 학생과 함께 활동하다가 학생의 언어적 반응을 기다려 주는 것으로, 학생이 말해야 하는 상황임을 눈치 채고 말을 하면 그에 적절하게 교정 또는 시범을 보인다.</td></tr>
</table>

〈계속〉

강화 전략	사회적 강화	1. 비구어적 방법: 엄지척 손동작하기, 하이파이브하기, 박수치기 2. 구어적 방법: 〈멋쟁이송〉노래 불러 주기 ("○○는 멋쟁이~ 멋쟁이~") "잘했어요." "대단해요." "멋져요." 등
	물질적 강화	"주세요."에 한하여 구어로 요구한 사물 또는 음식을 준다.

출처: 교육부, 서울시교육청(2008)에서 발췌함.

4. 관련 서비스의 결정 및 기타 교육 활동

1) 관련 서비스의 결정

관련 서비스에 대하여 「장애인 등에 대한 특수교육법」 제28조에는 "특수교육대상자에게 필요한 경우 '가족상담 가족 지원' '물리치료' '작업치료' 등 치료 지원" "보조인력, 장애인용 각종 교구, 각종 학습보조기, 보조공학기기 등의 설비 제공" "취학 편의를 위하여 통학차량 지원, 통학비 지원, 통학 지원인력의 배치 등 통학 지원 대책 마련" "기숙사의 설치 · 운영" "각급 학교에서 제공하는 각종 정보(교육기관에서 운영하는 인터넷 홈페이지를 포함한다)를 특수교육대상자에게 제공하는 경우, 특수교육대상자의 장애 유형에 적합한 방식으로 제공" 등 관련 서비스에 관한 규정을 포함하고 있다. 관련 서비스의 목표 및 평가 계획은 관련 서비스 담당 인력이 개발한다.

교육부(2015b)에 의하면 개별화교육계획은 관련 법에 따라 특별한 교육지원이 필요한 영역을 중심으로 작성 · 운영하도록 되어 있다. 이는 개별화교육계획이 특수교육대상자 개인을 위해 특별히 고안된 교육(교육과정 및 특수교육 관련 서비스)을 보장하기 위한 계획서이기 때문이다(이유훈 외, 2018). 따라서 장애학생에 대한 관련 서비스에 대한 계획은 〈표 6-7〉과 같이 해당 영역의 담당 인력과 협력하여 교수 · 학습 전략 및 자료 개발, 연계 및 책임 범위 결정, 지원 방법, 서비스 종류와 시간 등을 정할 필요가 있다. 또한 관련 서비스가 외부 특수교육기관이나 치료기관에 의뢰하여 실시되는 경우도 그 내용을 기술하도록 한다. 아울러 학생에 따라서는 필요한 보조공학적 도구나 지원의 종류를 명시하기도 한다(교육부, 서울시교육청, 2008; 이유훈 외, 2018)

(1) 관련 서비스 담당 인력의 역할

- 특수교육대상자의 교육을 위해 필요한 각종 특수교육 관련 서비스 내용 결정
- 특수교육 관련 서비스의 제공 일정 및 횟수 결정
- 교과 수업과 관련 서비스의 연계성을 갖추기 위한 자문 제공
- 개별화교육지원팀과의 지속적인 의사소통 유지 및 협력

(2) 관련 서비스 내용

- **항목**: 가족 지원, 치료 지원, 보조교사, 통합 지원, 학습 자료 지원, 정보접근 지원, 기숙사 등
- **관련 서비스 참여시간**: 요일별 일정
- 관련 서비스 제공자
- 관련 서비스의 목표 및 평가 계획

표 6-7 특수교육 관련 서비스 예시

특수교육 관련 서비스	시작일 및 종료일	장소	참여요일 및 시간	교육목표	평가 계획		평가 결과
					평가 준거	평가 방법	
통학 지원 (통학보조교사)			매일(등교, 하교 시)	–	–	–	
언어치료	20○○. 03.~ 20○○. 07.	특수 학급	월, 수 14:00~14:30	단어 내 각 음절을 발음하기 위해 정확한 입모양을 할 수 있다.	10개 단어 중 8개 단어를 정확한 입모양으로 발음할 수 있다.	수행 평가 및 관찰	

출처: 교육부, 서울시교육청(2008)에서 발췌함.

2) 기타 교육 활동

기타 교육내용에 포함되지 않은 사항들 중 개별화교육지원팀이 공유해야 하는 정보는 개별화교육계획에 포함되어야 한다(〈표 6-8〉). 특히 종일반 참여, 방과 후 학교, 특수학급 체험 활동, 일반학급 체험 활동 등은 특수교육대상자의 교육계획을 실행하는 데 반드시 알아 두어야 할 일정이다. 기타 정보는 개별화교육지원팀이 공유할 필요가 있는 정보만을 선별하여 기록하는 것이 중요하다. 학생에 대한 모든 정보를 개별화교육계획에 기

록할 필요는 없다(교육부, 서울시교육청, 2008).

(1) 내용

- 특수교육대상자가 현재 학교에서 받고 있는 모든 지원의 종류
- 지원의 목적 및 내용
- 일정 및 장소
- 관리 책임자

(2) 활용 예시

표 6-8 기타 교육 활동

서비스	시작일 및 종료일	책임자 및 담당교사	장소	일정(시간배정)	구체적 내용
특수학급 종일반	20○○년 3월~ 20○○년 2월 (방학 포함)	특수교사/ 종일반 교사	특수학급	매일 15:00~17:00	학습보충
특수학급 체험 활동	20○○년 3월~12월	특수교사	지역사회	창의적 재량 활동	화폐 계산, 버스 타기 학습

출처: 교육부, 서울시교육청(2008)에서 발췌함.

제7장

개별화교육계획의 목표 및 프로그램 평가

미국의 「장애아동교육법(IDEA)」에서는 적절하고 객관적인 목표 기준과 학생이 연간의 일정 시기에 따라 성취한 목표에 따라 장애학생을 평가하도록 하고 있다. 우리나라의 「장애인 등에 대한 특수교육법」에서도 이와 관련한 평가 내용 및 방법을 제시할 것을 요구한다. 또한 개별화교육계획과 그 실행에 대한 전반적인 프로그램 평가는 이를 통해 궁극적으로 교육계획의 개선을 유도한다. 즉, 교육계획의 구안과 수행 및 학생의 진보에 대한 평가를 통해 다음 학년도 개별화교육계획의 구안에 중요한 시사점을 제공할 수 있다. 이 장에서는 장애학생을 위한 교육적 목표 달성을 어떻게 평가할 것인가에 대한 평가 방안을 제시하고자 한다.

1. 장 · 단기 목표의 평가 요건

장애학생을 위해 설정된 목표와 이 목표를 평가하는 것은 수업을 주도한 교사가 교수 결과에 대한 성과를 분석할 수 있을 뿐만 아니라 이후의 교육적 지도에 대한 적절한 수정을 할 수 있는 기회가 된다. 따라서 목표 성취에 대한 구체적인 평가 계획은 매우 중요한 과정이라고 할 수 있다. 따라서 이러한 평가 계획에는 다음과 같은 요건이 포함된다(Strickland & Turnbull, 1993).

- **평가를 위한 목표 기준의 설정(평가 기준)**: 해당 과제에서 어느 정도를 성취해야만 목표를 달성하였나를 판단하는 기준을 제시하는 것으로서, 교육목표의 평가 기준을 밝혀야 한다. 평가 기준을 명확히 하는 목적은 구체적인 기준이 설정되면 평가에 대한 기본적인 지식이나 정보를 제공하고 평가자가 주관적인 평가를 하는 것을 예방할 수 있기 때문이다.
- **적절한 평가 절차의 결정(평가 방법)**: 적절한 평가 절차의 결정이란 어떤 도구와 방법으로 평가를 할 것인가에 대한 결정으로서, 교사의 질문이나 관찰 또는 교사 자작 검사, 기타 표준화된 성취도검사 등으로 결정하여야 한다. 평가 목적은 그 대상자나 평가자에 따라 적절한 절차나 기준, 도구 및 평가 결과에 대한 합의된 일관성이 없다면 평가 결과에 대한 신뢰성이 확보될 수 없다. 어떤 영역, 어떤 평가도구, 어떤 일치된 방법으로 합의된 의사결정을 할 것인가에 대한 평가 절차(방법)를 정할 필요가 있다. 따라서 목표의 특성, 평가의 시간, 학생의 특성 등을 고려하여 평가 방법을 객관화할 필요가 있다.
- **평가의 일정**: 교육목표의 평가에 있어서 교사는 매일의 수업 장면에서 계속적으로 평가를 실시해야 하며(형성평가), 가능하면 계획된 단기 목표 수행이 끝난 후, 즉 월별 평가를 계획함이 바람직하고, 종합적인 평가는 학기별로 연 2회 하는 것이 바람직하다(총괄평가). 이를 위해 지속적인 교육과정 중심의 평가, 일정한 가정 및 학교를 기반으로 한 평가 계획, 장기적인(약 1년) 평가 계획이 필요하다.

2. 장 · 단기 목표의 평가 방법

개별화교육계획에서 장 · 단기 목표의 평가는 기본적으로 교육계획의 운영과 장애학생을 위해 설정된 목표와 이 목표를 평가하는 것으로 교육적 지도에 대한 객관적인 성과를 도출하는 과정이다. 이러한 과정을 통해 학생의 진전을 확인하고 궁극적으로 교육계획 개선을 유도한다. 구체적으로 평가의 목적을 살펴보면 다음과 같다.

1) 교수 · 학습목표에 대한 평가

먼저, 설정된 학습목표의 성취 여부를 점검하기 위한 구체적인 평가 계획을 수립하는 단계로서, 다음과 같은 절차에 따라 평가 계획을 수립하도록 한다.

첫째, 평가 목적을 결정한다. 설정된 학습목표에 따라 교육과정 분석을 통하여 학습자가 달성해야 할 성취 수준과 내용을 정한다. 즉, 학생이 반드시 습득해야 할 범위와 수행해야 할 영역을 정의함과 아울러 평가 목적이 성취 수준의 확인에 있는지, 향상 정도 파악에 있는지, 혹은 태도 변화에 있는지 등을 명시한다.

둘째, 평가 시기를 결정한다. 개인차가 고려된 교수 · 학습활동을 효율적으로 진행하려면 개인차를 확인하고 특수교육대상자를 적절히 배치시키는 평가, 교수 · 학습과정에서 이루어지는 평가, 그리고 학습의 종료 시점에서 평가하는 계획이 체계적으로 수립되어야 한다.

셋째, 평가과제를 도출한다. 대부분의 학습에서 교수 · 학습과정에서 수행하는 과제와 평가과제는 거의 일치하지만, 개별 학습자별로 별도의 과제를 수행할 수도 있다. 특히 개별 과제를 수행할 경우 과제의 주제와 재료 등은 학습자가 스스로 선택하여 수행할 수도 있다.

넷째, 평가 방법 및 평정 기준을 결정한다. 일단 평가과제가 도출되면 과제별로 평가 방법 및 평가도구를 결정하고, 평가도구별 성취 수준을 알려 주는 평정 기준을 설정한다. 과제의 성격에 따라 관찰, 수행 평가, 지필검사 등의 평가 방법을 사용할 수 있으며, 평가도구로는 체크리스트, 채점기준표, 서술 평가 등을 사용할 수 있다. 또한 평가 주체에 따라 교사 평가, 동료 평가 그리고 자기 평가 등을 사용할 수 있다.

2) 평가 내용

- 평가 담당자, 평가 시기, 평가 방법, 평가 준거, 평가 결과

표 7-1 국어과 평가 계획

1학기 교육목표	교육내용	교육방법	평가 계획		평가 결과
			평가 준거	평가 방법/평가 시기/담당자	
• 학교생활과 관련된 이야기를 듣고, 이야기의 내용 중 세 가지를 기억하여 문장으로 각각 말하고 쓸 수 있다.	• 새 학기, 체육 활동, 위생생활, 여름방학 관련 단어 • 자음/모음 익히기	• 최소촉진법 • 또래교수 • 자음/모음 촉각 자료 • 자음/모음 사포 자료 사용 • 초벌쓰기 자음/모음 • 그림동화책 제공	• 5개의 다른 이야기를 듣고, 내용을 기억하여 그 중 세 가지 이야기의 내용을 문장으로 말하고 쓸 수 있는가? • 5회 중 3회 성공	관찰법 지필법/학기별 각 2회/특수교사	

출처: 교육부, 서울시교육청(2008).

3. 장 · 단기 목표의 평가 결과 기록 양식

개별화교육계획에서 장 · 단기 목표의 진행 상황을 기록하는 방법은 평가의 방법 및 도구에 따라 다양하게 고려할 수 있다. 다음에서는 일반적으로 활용되는 개별화교육계획 양식에 평가하기, 체크리스트, 활동일지를 중심으로 제시하고자 한다(Strickland & Turnbull, 1993).

1) 개별화교육계획 양식

목표에 대한 평가를 할 때 〈표 7-2〉와 같이 개별화교육계획 양식에 표시되어 있는 목표란에 해당 성취 일자를 기록하는 방법이다. 개별화교육계획 양식 수행 결과를 기록함으로써 평가 내용을 간단하면서도 체계적으로 정리할 수 있다. 또한 학기 초에 이미 정해

표 7-2 개별화교육계획 양식에 평가 결과 기록

영역	단기 목표	평가 방법	목표 완성일	완성도(%)
직업생활	여러 가지 안전 지침 익히기	관찰 평가	4월 20일	70%
	위험 표지판 읽기		5월 20일	80%
	반자동 드라이버 이용하기			
여가생활	자전거를 혼자서 안전하게 타기	관찰 평가/ 수행 평가		
	스마트폰에서 음악 찾아 듣기			
	좋아하는 종이접기 하기			
	영화관 찾아 영화 보기			
지역사회생활	대형 할인점 이용하기	수행 평가		
	물건값 계산하기			
	재활용품 분리수거하기			

진 목표에 대한 완성과정과 수행 정도(%)도 같이 볼 수 있어 지도하는 해당 기간 동안 완성도를 같이 얻을 수 있다. 개별화교육계획 양식에 기록하는 평가 방식은 정해진 기간 동안 해당 목표에 도달하지 못했다면 개별화교육계획에 대한 목표 수정 근거로 활용할 수도 있다.

2) 체크리스트

목표에 대한 평가를 할 때 〈표 7-3〉 〈표 7-4〉와 같이 교육과정의 범위나 지도할 영역의 과제를 체계적으로 과제분석하여 순차적으로 배치할 수 있다. 일련의 과제를 나열하여 학생이 이미 습득한 기술과 향후 진행할 숙련되지 못한 기술 목표를 일관성 있게 제시할 수 있다. 따라서 체크리스트는 관련 기술을 연속성의 맥락에서 목표를 제시해 주어 교사로 하여금 학생의 성취 위치를 알 수 있는 장점이 있다. 그러나 체크리스트는 교사가 일련의 목표에 대한 과제를 분석해야 하는 시간과 노력이 요구되고, 분석된 과제에서 학생이 실제 수업 장면에서 구체적으로 나타나는 상황에 대한 정보를 얻는 데 제한점이 있을 수 있다. 현장의 교사들은 이미 상업적으로 개발된 체크리스트나 표준화된 검사도구에서 필요한 부분이나 영역을 가져와 활용하는 경우도 있지만 실제 지도하는 학생들의 학년이나 연령, 혹은 수준에 맞지 않을 수도 있어, 교사가 학생의 수준이나 목표에 맞게 수정해서 사용할 필요가 있다.

표 7-3 수학 개별화교육계획 체크리스트 평가 기록

<table>
<tr><th colspan="10">1차시 평가 계획</th></tr>
<tr><td colspan="2">학생</td><td>○○○</td><td colspan="3">장소</td><td colspan="4">○○중학교</td></tr>
<tr><td colspan="2">일시</td><td>○○○○. ○. ○.</td><td colspan="3">교수자</td><td colspan="4">○○○</td></tr>
<tr><td colspan="2">차시 목표</td><td colspan="8">분침을 보고 "○분"이라고 말할 수 있다.</td></tr>
<tr><td colspan="3" rowspan="2">문항</td><td colspan="4">기초선</td><td colspan="4">교수 후</td></tr>
<tr><td>1</td><td>2</td><td>3</td><td>4</td><td>1</td><td>2</td><td>3</td><td>4</td></tr>
<tr><td>1</td><td colspan="2">시각적 자료를 보고 "○분"이라고 스스로 말할 수 있다.</td><td>✓</td><td>–</td><td>–</td><td>–</td><td>–</td><td>–</td><td>✓</td><td>–</td></tr>
<tr><td>2</td><td colspan="2">시계그림문제를 통해 "○분"이라고 표기할 수 있다.</td><td>✓</td><td>–</td><td>–</td><td>–</td><td>–</td><td>–</td><td>✓</td><td>–</td></tr>
<tr><td>3</td><td colspan="2">언어적으로 제시된 시간에 맞게 시계모형을 올바르게 돌릴 수 있다.</td><td>✓</td><td>–</td><td>–</td><td>–</td><td>–</td><td>–</td><td>–</td><td>✓</td></tr>
</table>

* 각 문항별로 제시된 3문제를 풀고 0개 맞췄을 경우 1점, 1개 맞췄을 경우 2점, 2개 맞췄을 경우 3점, 3개 맞췄을 경우 4점으로 한다.

표 7-4 국어과 개별화교육계획 수행목표 체크리스트 평가 기록

평가 준거	개인별 교육목표 도달 수준 평가
평가 방법	관찰, 누가기록, 면담, 지필검사 등을 종합하여 문장으로 기술함
평가 기준	5점–자발적 수행과 일반화 4점–단서 없이 수행 3점–언어적 도움 받아 수행 2점–언어적 단서 및 도움을 주어 수행 1점–5회 이상 언어적 촉구에도 수행하지 못하거나 겨우 수행하였으나 정확하지 않은 수행

시기		차시	통합 교과	단기 교육목표		수행 평가 (5점 척도)				
월	일			일반목표	수정된 목표	5	4	3	2	1
3	1~17		적응 기간	–	학생 및 학부모 상담					
	20~24		문학의 수용(1)	섬세한 읽기를 바탕으로 작품을 다양한 맥락에서 이해하고 감상하며 평가한다.	짧은 동화를 소리 내어 정확한 발음으로 읽는다.					
	27~31		문학의 수용(2)	작품은 내용과 형식이 긴밀하게 연관되어 이루어짐을 이해하고 감상하며 창작한다.	동화의 내용 중 기억에 남는 단어를 적는다.					
4	3~7		문학의 생산(1)	다양한 시각과 방법을 통해 작품을 재구성하거나 창작한다.	기억에 남는 단어를 가지고 동화를 말로 설명한다.					
	10~14		문학의 생산(2)	작품을 비판적 · 창의적으로 수용하고 이를 발표하여 서로 평가한다.	동화의 내용을 읽고 느낀 점을 발표한다.					
	17~21		문학과 인접 분야 · 매체	문학이 예술, 문학, 사회 등 인접 분야와 맺고 있는 관계를 이해한다.	적었던 단어들을 이용해서 느낀 점을 글로 표현한다.					
12	1		독서의 실제와 국어 자료의 탐구	대등, 병렬, 인과 등 인접 문장 간의 의미를 파악한다.	높임말과 예삿말을 구분할 수 있다.					
	4~8				하나의 문장이나 문단에서 핵심어를 파악한다.					
	11~15									
	18~22		–	–	–					
	25~29		–	–	–					

3) 그래프

그래프로 목표에 대한 평가를 할 때 〈표 7-5〉 〈표 7-6〉과 같이 학생의 수행 과정이나 정도를 시각적으로 나타낼 수 있다. 목표에 따라 진행 일자, 정도, 범위 등으로 척도화하여 수행 위치를 볼 수 있다. 또한 학생의 수행목표에 대한 조그마한 변화도 시각적으로 확인할 수 있고, 학년의 교육과정이나 범위에 어느 정도의 차이를 보이는지 나타낼 수 있다. 이러한 장점에도 불구하고, 그래프로 목표에 대한 결과를 나타내기 위해서는 교사들의 많은 시간과 노력이 요구된다. 작성해야 하는 학생이나 영역이 많을 경우 더 힘든 과제가 될 수도 있다. 이런 경우, 간편하게 활용하도록 개발된 프로그램을 적절히 응용하는 것도 도움이 될 수 있다.

표 7-5 시계 보기의 학생 수행 그래프

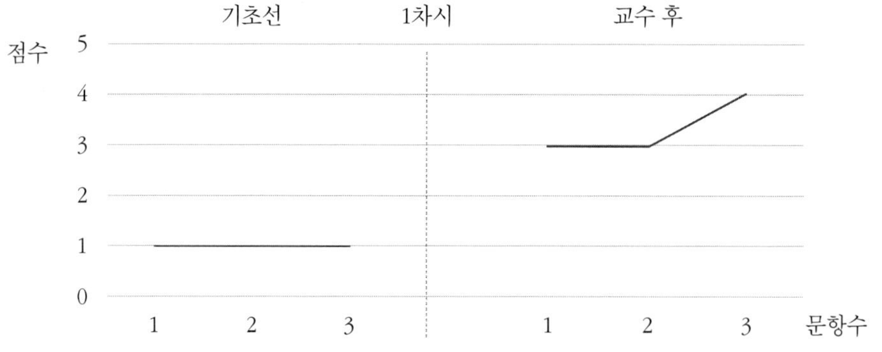

1차시 그래프 해석
• 기초선, '시각적 자료를 보고 "○분"이라고 스스로 말할 수 있다. 시계그림 문제를 통해 "○분"이라고 표기할 수 있다. 언어적으로 제시된 시간의 맞게 시계모형을 올바르게 돌릴 수 있다.'라는 문항에서 모두 오류를 보였다. • 교수 후, '시각적 자료를 보고 "○분"이라고 스스로 말할 수 있다. 시계그림 문제를 통해 "○분"이라고 표기할 수 있다.'라는 문항에서 2문제를 맞추고 '언어적으로 제시된 시간에 맞게 시계모형을 올바르게 돌릴 수 있다.'라는 문항에서 3문제를 맞추어 3, 3, 4점을 획득하였다. • 기초선보다 교수 후에 성취 수준이 향상되었음을 알 수 있다.

표 7-6 **인사, 요구, 감사하기의 기초선 및 목표점 도달 그래프**

기초선 및 목표점 도달 그래프	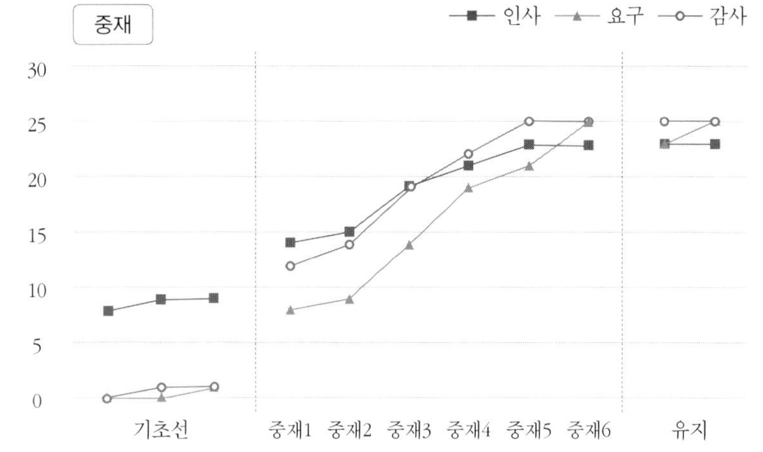
해석	세 가지 종속변인 중 기초선이 가장 높은 것은 '인사하기'이고, '요구하기'나 '감사 표현하기'는 기초선이 거의 0에 가깝다고 볼 수 있다. 이후 중재 시기에서는 "감사합니다."가 높은 점수를 보이며 이제는 다섯 가지 상황 모두에서 발화하는 것이 가능한 것으로 보였고 "주세요."는 점진적으로 높아지며 가장 큰 발전을 보였다. '인사하기'에서 먼저 동급생에게 인사하는 것이 아직은 미숙하여 점수의 총점이 다른 두 가지 종속변인에 비해 낮은 것으로 보인다. 이후 유지 단계에서 "감사합니다."가 가장 높은 유지를 보였고, "주세요." 또한 높은 점수를 보였지만 처음에 오반응을 보여 아직 "주세요."에 대한 학습이 완벽하다고 볼 수 없다. "안녕하세요."는 다른 성인들(담임 선생님, 특수교육 실무원, 실습생 A, B)에게는 먼저 인사하거나 기다려 주면 인사를 하지만 중재 때와 마찬가지로 동급생에게 먼저 인사하기까지는 아직 시간이 많이 필요해 보인다.

표 7-7 국어교과 기초선 및 목표 수행 그래프

국어교과 기초선 및 목표 수행 그래프	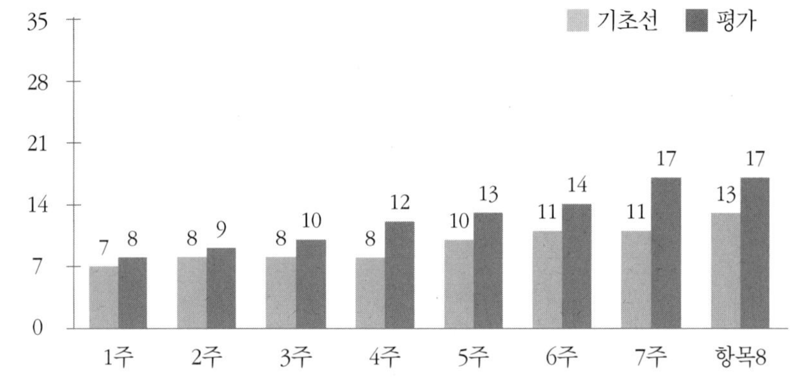
해석	서술적 평가: 세 가지 영역에서 총 7문항으로 평가를 진행하였다. 1~3주차에서는 기초선과 평가 영역에서 별다른 차이가 없을 정도로 비슷한 그래프를 보이고 있다. 그러나 꾸준한 교수의 결과로 4주차부터는 평가 그래프가 상승하기 시작했다. 물론 아직 세로축 중앙값에도 미치지 못하는 그래프이지만, 학생의 읽기능력에서 꼭 필요했던 자연스러운 발화와 여러 가지 말투와 높낮이의 사용 면에서 기존의 모습보다 훨씬 나아진 모습을 볼 수 있었다. 특히 대화 글이나 이야기 글처럼 등장인물들의 대화가 등장하는 글 읽기에서 장점을 보였고, 부분적으로 계속해서 단조로운 말투를 탈피하려는 학생 스스로의 노력을 볼 수 있었다. 또한 여러 가지 글을 읽으면서 더듬기나 끊기는 모습은 줄어들고 자신감 있는 모습으로 바뀌어 가는 모습도 볼 수 있었다.

4) 일화기록

학생의 수행목표를 〈표 7-8〉 〈표 7-9〉와 같이 일화기록(anecdotal records) 방법으로 나타낼 수 있다. 이 방법은 교사가 학생의 수행 내용을 발생시간별, 일자별, 주별, 월별 단위로 자유롭게 혹은 간단한 형식을 정해 수시로 기록한다. 일화기록은 사건이 발생한 후에 기록하게 되므로 과거형으로 서술되는데, 사건이 발생한 후 가능한 한 빠른 시간 내에 기록하는 것이 바람직하다(Gronlund & Linn, 1990: 이승희, 2006에서 재인용). 또한 일화를 기록할 때는 관찰자의 주관적 해석이 개입되어서는 안 되며 관찰자가 보고 들은 것만 객관적으로 기술하여야 한다(Cohen & Spenciner, 2003: 이승희, 2006에서 재인용).

표 7-8 A-B-C 관찰지를 통한 일화기록

학생 이름	○○○	관찰자	○○○	관찰일자	○○○○년 ○월 ○일

<table>
<tr><th colspan="2">관찰행동
(관찰장소)</th><th colspan="2">A: 선행자극(사건)</th><th>B: 행동</th><th>C: 후속 결과</th></tr>
<tr><td colspan="2" rowspan="2">단서가 주어졌을 때 "안녕하세요."를 스스로 발화할 수 있음(교실)</td><td colspan="2">등교하자마자 학생과 눈이 마주친 후 먼저 "안녕~"하고 인사를 했음</td><td>가던 길을 멈추고 혼자 생각하는 듯이 눈을 감고 서 있음</td><td>실무원님께서 "○○야~ 안녕하세요. 인사해야지!" 하는 말에 학생만의 특유의 발음으로 "안녕하세요."라고 말함</td></tr>
<tr><td colspan="2">학생이 지정좌석에 앉고 나서 담임 선생님이 가까이서 눈을 빤히 바라보았음</td><td>특유의 발음으로 "안녕하세요."라고 정확히 말함</td><td>선생님께서는 칭찬과 동시에 학생이 해야 할 일을 구어로 제시함</td></tr>
<tr><td rowspan="2">"감사합니다."를 스스로 발화할 수 있음</td><td rowspan="2">상황
&
대상</td><td>교실</td><td>담임 선생님께서 젤리를 주고 나서 "인사"라고 언어적 지시를 함</td><td>학생은 배에다 손을 올리고 "안녕하세요."라고 말함</td><td>"○○야~ 선생님이 젤리를 줬으니까 뭐라고 말해야 하지?"라고 말하며 학생의 말을 수정해 줌
※말을 수정해 줬지만, "감사합니다."를 말하지 못함</td></tr>
<tr><td>카페</td><td>다른 선생님께서 학생에게 아이스 초코를 주었을 때 "감사의 인사"라고 언어적 지시를 함</td><td>"감사의 인사"라는 반향어를 보임</td><td>선생님께서 "감사합니다."라고 먼저 말했더니 그 말에 대한 반향어를 보임</td></tr>
<tr><td colspan="2" rowspan="2">"주세요."와 같은 요구하기를 발화할 수 있음(카페)</td><td colspan="2">학생에게 과자를 주기 전 모델링 기법으로 두 선생님이 시범을 보임</td><td>시범을 보고 나서도 원하는 과자를 먹기 위해 요구하는 말하기의 발화는 보이지 않았음</td><td>구어로 "아까 선생님이 이 과자를 먹고 싶다고 할 때 뭐라고 말했지?"라고 단서를 제시함</td></tr>
<tr><td colspan="2">구어적 단서를 제시함</td><td>혼란스러운 모습을 보이다가 "감사합니다."를 발화함</td><td>다시 시범을 보여 줬을 때, 이후에 "주세요."를 발화함</td></tr>
<tr><th colspan="6">요약</th></tr>
<tr><td colspan="6">특정 인물과의 기본적인 인사는 언어적 단서 없이도 발화할 수 있고, 그 외 다른 사람과도 언어적 단서만 주어지면 언제든 인사할 수 있다. 하지만 특정 인물이 아닌 경우 먼저 발화하는 경우가 거의 없고 감사 표현이나 요구하기 표현의 경우에는 여러 번의 언어적인 단서가 주어져야 하지만 발화가 가능하기 때문에 스스로 발화할 수 있는 기회가 많이 제공될 필요가 있다.</td></tr>
</table>

표 7-9 연속기록 관찰 일화기록(단기 목표 수행과정 기록)

관찰날짜: 20○○년 ○월 ○일~○월 ○일

관찰대상 학생:

성명: ○○○ 성별: 생년월일: 관찰일 현재 연령:

관찰장소: 제과점 관찰장면: 다트게임

관찰영역: 체육 관찰자: ○○○

일자	기록
9월 4일	사전 평가 때는 ○○이 다트게임 기본자세에 대해 전혀 말하지 못하는 1점의 낮은 수행 수준을 보였지만, 수업 이후 다트게임 기본자세에 대해 두 가지 이상 말을 할 수 있는 3점의 높은 수행 수준으로 학습목표를 적절하게 달성하였다.
9월 5일	사전 평가 때는 ○○이 교사의 신체적 지원을 받아 다트를 던질 수 있는 1점의 낮은 수행 수준을 보였지만, 수업 이후 다트게임 기본자세에 대해 자신이 편한 한 가지의 다트 그립을 사용하여 다트를 던질 수 있는 2점의 수행 수준으로 학습목표를 달성하였다.
9월 6일	사전 평가 때는 ○○이 규칙에 대한 ○, × 질문 3회 중 0번 답을 맞추어 1점의 낮은 수행 수준을 보였지만, 수업 이후 규칙에 대한 ○, × 질문 3회 중에 1번 답을 맞추어 2점의 수행 수준으로 학습목표를 달성하였다.
9월 7일	사전 평가 때는 ○○이 501게임의 결과 계산을 교사의 지원을 받아 할 수 있는 1점의 낮은 수행 수준을 보였었는데, 5차시 수업 이후에도 학생이 연속된 계산을 어려워해서 사전과 같은 점수인 1점의 수행 수준을 보였다.

일화기록은 행동과 관계된 학생에 대한 정보가 나타난 것을 위주로 기록한다. 〈표 7-8〉과 같이 A-B-C 관찰지를 통한 분석은 선행사건-행동-후속 결과의 형태로 기록한다. 〈표 7-9〉와 〈표 7-10〉은 행동이 일어난 날짜나 특정 시간대별로 연속기록하여 주요 행동특성을 파악한다.

표 7-10 **연속기록 관찰 일화기록**

관찰날짜: 20○○년 ○월 ○일

관찰시간: 오후 ○시 ○분~○시 ○분

관찰대상 학생:

　　성명: 홍길동(가명)

　　성별:

　　생년월일: ○○○○년 ○월

　　관찰일: 현재

　　연령: 8년 7개월

관찰장소: ○○ 제과점

관찰장면: 제과점에서 빵을 먹는 장면

관찰영역: 자조기술 발달

관찰자: ○○○

시간	기록	주석
4시 50분	길동이가 어머니와 함께 제과점에 들어온다.	길동은 자신이 좋아하지 않는 것에 대해 "빼."라고 표현하는 습관이 있다.
4시 51분	빵 진열대 앞으로 같이 가서 어머니가 길동이에게 "먹고 싶은 빵을 골라 봐."라고 말한다. 길동이 빵을 고르지 않자 어머니가 팥빵을 가리키며 "이거 먹을래?"라고 묻는다. 길동이 고개를 끄덕이자 어머니는 생크림빵을 쟁반에 담은 후 또 소보로빵을 가리키며 길동에게 "이거는?"이라고 묻자 길동은 고개를 돌려 문밖을 쳐다본다. 어머니는 길동이 고른 2개의 빵 외에 다른 빵 몇 개를 쟁반에 담은 후 길동과 함께 테이블로 간다.	
4시 55분	테이블에 앉아서 어머니가 빵들을 한 입 크기로 자른 후 포크를 길동에게 쥐어 준다. 길동은 포크를 쥐고서 자신이 고른 빵을 먹는다. 어머나가 "길동아, 이것도 먹어."라고 말하며 곰보빵을 권하자 길동은 "싫어, 빼."라고 말한다. 어머니가 다시 한번 "이것도 한번 먹어봐."라고 하자 아까보다 더 큰 소리로 "이거 빼! 빼!"라고 말한다. 그리고 자신이 고른 빵을 먹으면서 곰보빵과 자신이 고르지 않은 빵들을 손으로 쟁반에서 밀어내며 "빼! 빼!"라는 말을 약 10초 간격으로 5번을 더 한다. 어머니가 "그만해."라고 하자 약 2분 동안 조용히 있는다. 그리고 물컵을 들고 물을 마신다.	
요약	• 길동은 포크를 사용할 수 있다. • 길동은 물컵을 들고 혼자 물을 마실 수 있다.	

출처: 이승희(2006)에서 수정하여 인용함.

5) 수행 평가

수행 평가는 교수과정에서 학생이 산출한 수행 결과를 비교하여 주요한 차이점을 기록하는 것이다. 수행 평가는 학생의 수행 결과를 〈표 7-11〉과 같이 나타낼 수 있다. 학생들이 보이는 전과 후의 수행 결과물에 대한 차이나 부모들이 과정상에서 이야기하는 내용의 변화 등을 분석하여 계량화할 수 있다. 그러나 교사들이 수집된 자료가 너무 방대하거나 결과물들이 여러 영역에 걸쳐 있으면, 그 속에서 정확한 변화를 알 수 있는 정보를 얻기 어려울 수 있다. 따라서 수행 결과물을 수집할 때, 특별히 정해진 기간(주, 월, 학기 단위)에서 자료를 수집할 수 있다. 그리고 이러한 자료를 부모의 의견이나 정보로 점검하여 보완할 수 있다.

표 7-11 수행 평가 형식을 통한 특수학급 중학생 영어 단어 익히기

<table>
<tr><td>평가 일시:
1차: 20○○. 4. 1.
3차: 20○○. 7. 1.</td><td>평가 장소: 특수학급
일과 활동: 영어시간</td><td>평가자: 특수교사 ○○○</td></tr>
<tr><th>단기 목표</th><th>1차 관찰 자료</th><th>3차 관찰 자료</th></tr>
<tr><td>영어 문장에 맞추어 단어 찾아 배열하기</td><td>
</td><td>
</td></tr>
<tr><td>주어 및 목적어 구분</td><td>1 2 3 4</td><td>1 2 3 4</td></tr>
<tr><td>단어의 문장 순서</td><td>1 2 3 4</td><td>1 2 3 4</td></tr>
<tr><td>적절한 단어 선택</td><td>1 2 3 4</td><td>1 2 3 4</td></tr>
<tr><td>문법의 정확성</td><td>1 2 3 4</td><td>1 2 3 4</td></tr>
</table>

*평가척도: 1-못함, 2-보통, 3-잘함, 4-뛰어남. 해당 수준에 ○표를 한다.

수행 평가에는 포트폴리오 평가도 포함된다. 포트폴리오 평가는 학생이 수행한 작품이나 작업의 결과를 교사가 수집하여 평가하는 방식이다. 학생이 수행한 일련의 과제 중에서 대표적인 몇 가지를 선정하여 구성된 작업집이나 작품집이 하나의 서류철이나 서류가방의 형식을 취하기 때문에 서류철 혹은 서류가방이라고도 부른다. 즉, 포트폴리오란 학생의 성취를 평가하기 위해 수집된 작업집이나 작품집이라고 할 수 있다(이승희, 2006).

이승희(2006)는 학생의 시사 프로젝트에 대한 수행 평가 방식을 〈표 7-12〉, 국어의 작문에 대한 포트폴리오 평가 방식을 〈표 7-13〉~〈표 7-15〉와 같이 제시하였다.

표 7-12 수행 평가에서 세 가지 채점 방법을 결합하여 사용한 예시(시사 프로젝트)

A. 검목표(1 또는 0을 부여하시오): 총점(5)

- 4명의 사람을 면접하였음
- 철자오류가 전혀 없음
- 최근 문헌들을 인용하였음
- 제목 및 요약 페이지가 포함되었음
- 타이프되었음

B. 평정척도(발표의 질을 가장 잘 표현하는 숫자에 ◯를 하시오): 총점(9)

1) 설득력

1	2	3
열의가 없음	다소 활기가 없음	설득력이 높음

2) 전달력

1	2	3
불명확하고 많이 더듬거림	종종 청중을 바라보지 못하고 다소 불명확함	명확하고 활력 있게 전달함

3) 청중에 대한 민감성

1	2	3
청중을 거의 보지 않거나 불명확하고 많이 더듬거림	질문에는 응답하지만 청중이 이해하지 못하는 경우를 항상 감지하지는 못함	질문을 조장하며 청중이 이해하지 못한다고 느끼면 진행을 멈추고 명료화함

C. 총채적 채점: 총점(3)

프로젝트에 대한 전반적 인상은 어떠한가?

1	2	3
보통 이하	보통	우수

D. 최종 총점(17)

출처: Kubiszyn & Borich (2003); 이승희(2006)에서 재인용.

표 7-13 포트폴리오의 선정품목을 채점하기 위한 평정척도 예시(작문)

*기록지시: 다음의 구분을 적용해 적절한 숫자에 ◯ 표시를 하여 각 항목을 평정하시오. 4-뛰어남 3-잘함 2-보통 1-못함	
4 3 2 1	1) 목적 및 주제의 필요성
4 3 2 1	2) 내용의 조직성
4 3 2 1	3) 단어선택의 적절성
4 3 2 1	4) 문장구성의 적절성
4 3 2 1	5) 철자의 정확성
4 3 2 1	6) 문법의 정확성
4 3 2 1	7) 독창성

출처: Venn (2004); 이승희(2006)에서 재인용.

표 7-14 포트폴리오의 선정품목을 채점하기 위한 평정척도 예시(작문)

4	-	작문 양식과 질이 의도된 목적에 매우 적절함 단어와 문장이 의도된 목적에 매우 적절함 철자오류가 거의 없음 문법오류가 거의 없음
3	-	작문 양식과 질이 의도된 목적에 비교적 적절함 단어와 문장이 의도된 목적에 비교적 적절함 철자오류가 약간 있음 문법오류가 약간 있음
2	-	작문 양식과 질이 의도된 목적에 다소 부적절함 단어와 문장이 의도된 목적에 다소 부적절함 철자오류가 다소 있음, 절의 의미에 영향을 줄 수도 있음 문법오류가 다소 있음, 절의 의미에 영향을 줄 수도 있음
1	-	작문 양식과 질이 의도된 목적에 매우 부적절함 단어와 문장이 의도된 목적에 매우 부적절함 철자오류가 많이 있음, 절의 의미에 영향을 줌 문법오류가 많이 있음, 절의 의미에 영향을 줌

출처: Taylor (2003); 이승희(2006)에서 재인용.

표 7-15 포트폴리오의 평가에서 사용되는 수행진전 채점지의 예시(작문)

A. 품목들이 평정척도 방법에 의해 채점된 경우: 품목의 개별채점지 참조															
준거	품목														
목적 및 주체의 명료성	1	2	3	4	5	6	7	8	9	10	11	12	13	14	15
내용의 조직성															
단어선택의 적절성															
문장구성의 적절성															
철자의 정확성															
문법의 정확성															
독창성															

B. 품목들의 총체적 채점 방법에 의해 채점된 경우: 품목의 개별채점지 참조													
품목													
1	2	3	4	5	6	7	8	9	10	12	13	14	15

C. 아동의 수행진전에 대한 채점: 위의 A와 B참조	
학생	교사
−기록지시: 자신의 수행진전의 정도와 관련하여 적절한 숫자에 ○를 하시오. 4−탁월한 진전 3−우수한 진전 2−만족스러운 진전 1−불만스러운 진전 −의견:	−기록지시: 자신의 수행진전의 정도와 관련하여 적절한 숫자에 ○를 하시오. 4−탁월한 진전 3−우수한 진전 2−만족스러운 진전 1−불만스러운 진전 −의견:

출처: 이승희(2006).

4. 장 · 단기 목표의 평가 결과에 따른 개별화교육계획의 수정

개별화교육계획에서 장 · 단기 목표를 평가하고 나서 학생에 대한 개별화교육계획에 대한 수정을 해야 할 상황이 나타날 수 있다. 기본적으로 현재 우리나라에서도 개별화교육계획에서 학생의 성취 결과에 대하여 학부모에게 통보하는 것을 법에 명시하고 있지만, 특별한 변경사항이 생겼을 때 부모에게 그 내용을 통보하여야 한다는 규정은 없다. 그러나 학기 초 학부모도 개별화교육지원팀에 참여하고 개별화교육계획에 대한 연간 계획 및 목표에 대한 논의를 한다. 그리고 학부모를 포함한 위원들이 동의를 하는 사인을 했기 때문에 학기 초에 설정한 개별화교육계획에 대한 큰 수정사항(장 · 단기 목표의 수정, 시간계획, 서비스의 양, 교수 방법)이 발생하면 그 수정에 대한 결과를 회의를 통해 전달하거나, 그것이 어렵다고 하면 수정된 내용을 이메일이나 전화로 확인할 필요가 있다(Strickland & Turnbull, 1993).

① 장 · 단기 목표

목표가 비현실적인 것으로 평가되면 학생의 요구에 맞게 적절하게 수정하여야 한다. 그리고 장기 목표도 단기 목표가 수정되면 그 내용을 살펴 수정하거나 그대로 둘 수 있다. 개별화교육지원팀에서 이와 같은 수정된 사항이 논의되어야 한다.

② 시간

목표에 대한 평가를 한 결과, 학생이 주어진 기간 동안 수행을 잘한 것으로 나타나면 목표의 내용을 수정하기보다는 처음 계획하였던 것보다 배정시간을 늘리는 것이 좋다. 즉, 처음 계획한 것보다 더 많은 분량을 가르치는 것이다. 장기 목표도 재배당된 단기 목표의 시간을 보고 결정해야 한다.

③ 제공되는 서비스의 양

학생의 개별화교육계획에서 계획한 목표에 진전이 나타나지 않으면 처음 개별화교육지원팀에서 정한 서비스의 양을 수정할 필요가 있다. 수정의 근거는 목표를 평가하고 나서, 학생이 과제를 수행하는 비율, 제공된 자료 등을 점검해 보아야 한다.

④ 교수 방법

개별화교육계획을 수정하기에 앞서 먼저 교사는 학생의 목표를 지도하는 전략을 점검해 보아야 한다. 목표에 대한 대안적인 교수전략이 적용되었는지 살펴보아야 한다. 여기서 지도 방법이 장애학생의 수준에 적절하지 않거나 대안적인 전략으로 활용되지 않았다고 하면 개별화교육지원팀에서는 더 적절한 지원 방법이 무엇인지 확인해 보아야 한다.

제8장

개별화교육계획 및 실행에 대한 평가

개별화교육의 전체 프로그램 평가는 근본적으로 개별화교육계획의 운영과 질을 점검하고 조사하는 활동이다. 이 절차에서는 개별화교육계획의 구안과 실행에 관련된 자료수집부터 실행까지 포함한다. 이를 통해 궁극적으로 개별화교육계획의 개선을 유도한다. 즉, 개별화교육계획의 평가는 학생의 진전 상태를 확인하고, 다음 개별화교육계획의 작성을 위한 필요한 제언을 제시하는 것으로 이루어진다. 학생에 대한 목표 진전의 확인은 앞서 제7장에서 다루었고 여기서는 개별화교육계획의 전체 운영과 질을 점검하는 방안과 제언을 하고자 한다.

1. 개별화교육계획 운영에 대한 평가 목적

1) 학생 성취도 평가

개별화교육계획의 최종 단계에는 학생이 설정된 교육목표를 얼마만큼 성취하였는지를 알아보는 평가 기회가 주어져야 한다. 이러한 평가를 통하여 하위 영역 간의 고르지 못한 성취 정도를 알아내어 개별화교육계획의 수정을 위한 근거를 마련하고, 다음 학기 혹은 다음 학년도의 개별화교육계획을 구안하는 데 지침으로서 이용한다. 이를 위해 다음의 세 가지 조건이 필요하다(이유훈 외, 2018).

첫째, 시간계획을 구체적으로 밝힌 개별화교육계획 양식을 사용함으로써 학생이 특정 목표를 언제까지 달성하여야 할지 정하고, 그에 대한 정확한 기록을 얻을 수 있다. 따라서 학급에서 활용할 개별화교육계획 양식은 가능하면 월별, 주별로 시간계획을 밝혀 학생의 교육을 담당하고 있는 교사가 계속적으로 학생의 지도목표와 그 성취도를 확인할 수 있어야 한다.

둘째, 개별화교육계획에는 학생이 달성한 성취도를 알아보기 위해 목표 준거나 평가 절차 등이 포함되어야 한다. 평가는 6개월 기준이 아니라 계속적인 과정이 되어야 하며, 교사는 이러한 계속적인 평가로 도출한 학생의 발달특성과 범위를 개별화교육지원팀에 계속적으로 알려 주어야 한다.

셋째, 교사와 부모들은 학생의 발달을 평가하고 문제를 분석하는 데 유용한 정보를 제공해 줄 수 있다. 특히 이들은 개별화교육계획에 포함되지 않은 영역(동료 관계, 자아개념, 학교에서의 태도, 학습 습관 등)에서의 진보에 관한 정보를 제공해 줄 수 있다.

2) 교육프로그램 개선에 대한 제언

종래의 교육평가 연구는 학생의 학업성취도를 파악하는 데에만 관심을 가져온 데 비해, 최근에는 교육의 투입(input), 과정(process), 산출(output)로서의 교육체제(educational system) 전체를 평가하는 데 초점을 두고 있다. 왜냐하면 학생들의 교육성취는 교육체제를 이루는 각종 투입변인과 과정변인에 영향을 받기 때문이다. 즉, 학생들의 인지적 · 정의적 · 신체적 성취도는 학생의 개인적인 특성에 의해서뿐만 아니라 교육과정(교육프로그램), 수업 방법, 교사의 특성 등 교육 활동과 관련된 다양한 변인에 의해 영향을 받기 때문이다(김명숙, 강태중, 양미경, 백순근, 1994).

교육프로그램 평가의 일반적인 목적은, ① 새로운 교육프로그램의 기획 및 개발, ② 프로그램의 목표 달성도나 효과 파악, ③ 프로그램의 장단점 등 실태 파악 및 개선 방향의 탐색, ④ 프로그램의 존속 및 폐지 결정, ⑤ 프로그램 담당자의 책무성 점검, ⑥ 프로그램의 타당성 확보 및 홍보 등이다. 이러한 교육프로그램에 대한 평가는 선진국에서는 개별화교육계획을 포함하여 모든 종류의 교육프로그램에 대해서 실시하고 있다. 이러한 평가는 주로 검사, 관찰, 교육과정 중심 사정, 수행 사정, 포트폴리오 등을 통해 프로그램을 평가하게 된다.

따라서 우리도 개별화교육계획에 대한 효율성과 적절성, 만족도 등을 평가하여 그것이 우리의 교육 현장에 적합한 것인지, 아니면 새로운 대안적 프로그램이 필요한지 등을 평가해 볼 필요가 있다. 특히 개별화교육계획은 작성에 그 목적이 있는 것이 아니라, 그것이 실제 교실 수업에서 적절히 시행될 때 그 가치가 인정되는 것이다.

이러한 맥락에 따라 개별화교육지원팀에서는 교육계획 구안과 실행 및 학생의 진보에 대한 평가를 통해 다음 학기 혹은 학년도의 개별화교육계획 구안에 중요한 제언을 제공할 수 있다. 즉, 계획보다 학습이 지체된 경우에는 학생의 목표 성취 방해요인, 예상보다 촉진된 경우에는 진보를 향상시킨 요인을 밝혀 다음 교육계획 구성의 기초 자료에 활용할 수 있으며, 특수교육 및 관련 서비스의 적절성과 문제점을 밝혀 학생의 요구에 적절한 특수교육적 서비스를 제공하는 기초 자료가 될 수 있다.

2. 개별화교육계획 운영에 대한 평가 시 주요 고려사항

개별화교육계획의 최종 단계에서 중요하게 고려해야 할 사항으로 Twachtman-Cullen와 Twachtman-Bassett(2019)은 다음 두 가지를 제시하였다.

- 개별화교육지원팀이 주요요인이 될 수 있는 것을 상기하도록 하는 역할이다.
- 전체적인 개별화교육계획 개발의 책무성을 높이도록 돕는 것이어야 한다.

이와 관련하여 이들은 다음의 주요 점검항목을 제시하였다.

- 개별화교육계획이 학생의 현재 학업성취와 기능적 수행의 정도를 나타내는 진술을 반영하고 있는가?
- 학생의 현재 수행 수준을 나타내는 진술이 학생의 진전을 판단하는 기준과 연간목적을 설정하는 기준이 될 만큼 충분히 정보를 가지고 있는가?
- 학생의 현재 수행을 나타내는 진술이 일반교육과정에서 학생의 장애가 학생 개인이 교육과정에 참여하는 경우 및 학습 진전에 어떤 영향을 주는지와, 미취학 장애아동

의 경우 아동이 적절한 활동에 참여하는 데 어떤 영향을 주는지에 대한 내용을 전달하는가?

- 학생의 주목할 만한 상태가 단기 목표 및 벤치마크, 그리고 적절한 연간목적 설정을 위해 명확히 기술되어 있는가?
- 사용된 절차나 방법이 적절한지 결정할 만한 정보가 충분한가? 절차와 방법이 관련된 연구에서 발췌한 것인가?
- 연간목적과 단기 목표 또는 벤치마크에 해당하는 준거가 의미 있고 적절한가? 또한 학생의 수행을 판단할 만큼 충분한가?
- 평가와 자료를 수집할 때 비장애 동급 학생들과 동일하게 보고 주기를 구체적이고 주기적이게 맞추었는가?
- 촉진 수준이 구체화되어 있는가? 시간의 흐름에 따른 체계적인 용암법에 대해 지속적으로 주의를 기울이고 있는가?
- 기술의 일반화와 유지에 대해 유념하고 있다는 증거가 있는가?
- 장기적인 연간목적이 현재 학생의 수행 수준을 따라가고 있는가? 또한 장기적인 연간목적이 잘 기술되어 있고, 측정 가능하며, 1년 내에 성취가 가능한가?
- 단기 목표가 연간목적과 논리적으로 연결되어 있는가? 목표들이 의미 있으며 명백하게 기술되어 있고 측정이 가능한가?
- 학생이 단기와 연간목적을 달성하기 위해 최소제한환경(조정과 지원 서비스가 이루어지는 환경)에 위치하고 있는가?
- 학생들이 최소제한환경과 비교과 활동에서 기능하도록 필요한 조정과 지원이 제공되는가? 그리고 그것이 개별화교육계획에 구체적으로 기록되어 있는가?
- 모든 관련 서비스와 보충 서비스가 개별화교육계획안에서 명백하게 구체화되는가?
- 개별화교육계획이 학생들에게 차기 연도의 우선적인 교육적 지원을 반영하는가?
- 개별화교육계획이 적절한 교육프로그램을 전달하기 위해 비용을 합리적으로 사용하는가?

3. 개별화교육계획의 평가를 위한 주요 활동내용

1) 학기별 학생 성취 결과 평가 및 결과 통보

- 학기별로 수행한 장 · 단기 목표 결과를 평가하고 성취 여부를 문서화한다.
- 각 교과목 지도 영역에 대한 성취 결과를 학기별로 NEIS상에 입력하거나 가정으로 통지표를 통해 송부한다.
- 성취 결과를 평가하고 학기 초에 세운 장 · 단기 목표에 의미 있는 성취를 하지 못한 경우 그 원인을 분석하여 다음 학기나 연도의 개별화교육계획에 반영할 문서로 기록한다.
- 학생의 성취 결과 및 행동특성(문제행동 등)을 정리하여 관련 교사들과 협의할 자료로 기록한다.

2) 개별화교육계획 운영 전반에 대한 실태 분석 및 개선 방향 제시

- 특수학급이나 특수학교에서는 다양한 평가도구나 방법을 활용하여 1학기 말이나 2학기 말에 개별화교육계획 운영 전반에 대한 실태를 파악한다.
- 개별화교육계획 운영 전반에 대한 객관적인 실태를 분석하기 위하여 다양한 방법을 모색한다.

(1) 실태 분석 방법

- **각종 면담**: 학부모 면담, 학생 면담(〈표 8-1〉), 원적학급 담임, 관련 기관 인사 등
- **관련 회의 개최**: 개별화교육지원팀 회의, 교사-학부모 회의, 관련 기관 회의 등(〈표 8-2〉 〈표 8-3〉)
- **실태 분석도구**: 상담, 설문지(〈표 8-4〉), 전화 면담, 평가도구 등

(2) 분석 결과의 활용

- 1년 동안 개별화교육계획의 장단점을 분석하여 장점은 차기 연도에 반영하고 단점을 개선 방향으로 정리하여 동 학년 회의나 전체 회의 자료로 문서화한다.

• 개별화교육계획 관련 주요 교육 활동에 대한 평가를 실시하고 다음 학년도의 해당 교육 활동의 확대나 폐지 등의 근거로 삼는다.

표 8-1 학생 면담지

담당교사:	상담 학생명:	상담일시:
1. 한 학기 동안 주로 어떤 공부를 했나요? 1) 수업 중에 잘 집중하지 못한 과목이 있나요? 2) 선생님이 학생한테 부탁하거나 과제를 준 것을 잘 수행했나요? 3) 과제를 수행하는 데 별다른 어려움은 없었나요? 2. 학생이 가장 재미있었던 과목은 무엇이었나요? 재미있었던 이유가 무엇일까요? 3. 학생이 제일 힘든 과목이 무엇이었나요? 힘든 이유가 무엇일까요? 4. 한 학기 또는 한 학년 동안 학교의 일 중에 바뀌었으면 좋겠다고 하는 것이 있나요? 5. 어떤 선생님이 가장 도움을 주었다고 생각하나요? 6. 학교생활을 하는 데 어려움을 준 것이 있나요? 7. 가장 친한 친구는 누구인가요? 그 친구의 어떤 점이 좋은가요? 8. 교실에서 학생을 가장 기분 좋게 하는 친구는 누구인가요? 왜 그렇죠? 9. 교실에서 학생을 화나게 하는 친구가 있나요? 왜 그렇죠? 10. 학교생활을 더 잘하기 위해서 선생님이나 친구들이 어떤 일을 해 주면 좋을까요?		

출처: Strickland & Turnbull(1993)에서 수정하여 발췌함.

표 8-2 개별화교육계획 평가회의 운영내용과 방법

운영	내용	
준비 서류	1, 2학기 개별화교육계획 평가 및 운영 자료	
참석자	개별화교육지원팀 (학부모 평가회의)	교장, 교감, 관련 부장교사, 특수교사, 원적학급교사, 새로 맡게 될 담임, 기타 관련 인사
		특수교사, 학부모
평가 내용	개별화교육지원팀 (학부모 평가회의)	-1, 2학기 개별화교육계획 달성 수준과 지원 방향에 대한 적절성 평가 -학기 중 행동 및 주요 지도방안에 대한 지원계획의 적절성 및 실행 가능성, 효과성 -다음 학년도에서 지도에 유의해야 할 부분이나 특별한 요구사항 -현 학급에서 지도했던 방법과 일관성을 갖기 위한 내용 -한 학년 동안 가족의 특성과 지원 상황 -장애학생의 특성과 향후 지원 방향에 대한 가족의 지원 방향
		-1, 2학기 개별화교육계획 달성 수준과 교육진단 성취도에 근거한 평가 결과 설명 -교육목표 및 다음 학기 해당 학생 교육 방향 설명 -다음 학기 반 배치 시 필요한 준비사항 및 새 학급에 잘 적응할 수 있는 방안 논의

출처: 조윤경, 장지윤, 유현주(2013)에서 수정하여 발췌함.

표 8-3 개별화교육지원팀 협의록(서울 ○○ 특수학급 개별화교육계획 예시)

20○○학년도 개별화교육지원팀 협의록 제(16)회	결재	부장	교감	교장

일시	20○○년 9월 4일 12:00~13:30	장소	도움반	기록자	○○○

참석자

진로부장	1/3반 담임	2/4반 담임	2/5반 담임	2/6반 담임	2/8반 담임
○○○	○○○	○○○	○○○	○○○	○○○
3/1반 담임	3/2반 담임	3/5반 담임	3/7반 담임	보건교사	특수교사
○○○	○○○	○○○	○○○	○○○	○○○
특수교육실무사	○○○학부모	○○○학부모	○○○학부모	○○○학부모	○○○학부모

주제	협의내용
20○○ 학년도 특수교육 대상자의 2학기 수정 교육지원 형태 및 수업 시수	1. 20○○학년도 2학기 특수교육대상자의 교육지원 형태와 수업 시수

연번	학년반	학생명	특수교육지원 형태	수업 시수		공통교육과정과 기본교육과정에 준하여 도움반에서 활동
				통합학급	도움반	
1	1-1	○○○	완전통합	32	0	
2	1-3	○○○	시간제	21	11	국, 영, 수, 동아리, 직업, 신체, 체험학습
3	1-4	○○○	대안학교 위탁교육	25	7	국, 영, 수, 동아리, 직업, 신체, 체험학습
4	2-1	○○○	완전통합	32	0	건강장애
5	2-4	○○○	시간제	20	12	국, 영, 동아리, 직업, 신체, 체험학습
6	2-5	○○○	시간제	18	14	국, 영, 수, 동아리, 직업, 신체, 체험학습
7	2-6	○○○	시간제	26	6	동아리, 직업, 신체, 체험학습
8	2-8	○○○	시간제	16	16	국, 영, 수, 동아리, 직업, 신체, 체험학습
9	3-1	○○○	시간제	19	13	국, 수, 동아리, 직업, 신체, 체험학습
10	3-2	○○○	시간제	17	15	국, 영, 수, 동아리, 직업, 신체, 체험학습
11	3-5	○○○	시간제	20	12	영, 수, 동아리, 직업, 신체, 체험학습
12	3-7	○○○	시간제	18	14	국, 영, 수, 동아리, 직업, 신체, 체험학습

〈계속〉

2. 특수교육대상자의 2학기 전환교육계획: 참가 신청한 총 9명
☞ 1학년 1명, 2학년 4명, 3학년 4명(이상 9명)

구분	현장체험학습	직업교육(제과제빵)	신체 활동
활동일	매월 1회 수요일 08:00~16:30	매주 화요일 09:30~12:30	매주 금요일 09:55~11:35
장소	활동계획서 참고	제과학교	교내 및 강당
비고		구청 지원	장애인체육회 지원

3. 특수교육대상자의 고등학교 입학 선정 배치 안내

대상 고등학교	추진내용
특수학급, 일반학급 지원	선정 · 배치신청서 접수(학부모→학교→교육지원청) 9/9까지
특목고 지원	해당 학교 홈페이지에서 입학원서 작성 후 소속 담임이 입학원서 내용 확인 후 날인, 고등학교 방문 원서접수처에 접수

표 8-4 개별화교육계획 수행 결과 체크리스트

<table>
<tr><th>평가자 성명</th><th></th><th>직위</th><th></th><th rowspan="2">담당 학년</th><th colspan="5" rowspan="2"></th></tr>
<tr><th>평가 일시</th><th>년 월 일</th><th>학부모
(자녀의 반명)</th><th></th></tr>
<tr><th>영역</th><th colspan="3">하위 영역</th><th>1</th><th>2</th><th>3</th><th>4</th><th>5</th><th>소계</th></tr>
<tr><td>1. 학생 현황 및 정보수집</td><td colspan="3">1-1. 학생의 현황 및 정보 수집이 다양하고 구체적으로 이루어졌는가?</td><td></td><td></td><td></td><td></td><td></td><td></td></tr>
<tr><td rowspan="2">2. 진단</td><td colspan="3">2-1. 진단, 평가 방법 및 도구가 적절하게 고려되었는가?</td><td></td><td></td><td></td><td></td><td></td><td></td></tr>
<tr><td colspan="3">2-2. 진단 및 평가가 학생 수준을 잘 파악하도록 수행되었는가?</td><td></td><td></td><td></td><td></td><td></td><td></td></tr>
<tr><td rowspan="3">3. 목표 설정</td><td colspan="3">3-1. 개별화교육계획의 장·단기 목표가 서로 적절하며 체계적으로 연관되었는가?</td><td></td><td></td><td></td><td></td><td></td><td></td></tr>
<tr><td colspan="3">3-2. 개별화교육계획의 목표가 성취 가능하게 설정되었는가?</td><td></td><td></td><td></td><td></td><td></td><td></td></tr>
<tr><td colspan="3">3-3. 개별화교육계획의 목표가 학생의 요구에 맞게 설정되었는가?</td><td></td><td></td><td></td><td></td><td></td><td></td></tr>
<tr><td rowspan="3">4. 교육내용</td><td colspan="3">4-1. 교육내용이 학생의 요구에 맞게 적절하게 선정되었는가?</td><td></td><td></td><td></td><td></td><td></td><td></td></tr>
<tr><td colspan="3">4-2. 교육내용이 위계적으로 구성되었는가?</td><td></td><td></td><td></td><td></td><td></td><td></td></tr>
<tr><td colspan="3">4-3. 교육내용 선정이 학생의 수준을 잘 반영하였는가?</td><td></td><td></td><td></td><td></td><td></td><td></td></tr>
<tr><td rowspan="2">5. 교육방법</td><td colspan="3">5-1. 교육방법(전략)이 체계적이고 구체적으로 제시되었는가?</td><td></td><td></td><td></td><td></td><td></td><td></td></tr>
<tr><td colspan="3">5-2. 교육방법에서 개별 학생의 수준과 능력에 맞게 적절한 교수적 수정이 이루어졌는가?</td><td></td><td></td><td></td><td></td><td></td><td></td></tr>
<tr><td rowspan="3">6. 평가</td><td colspan="3">6-1. 평가 방법 및 도구가 적절하게 잘 제시되었는가?</td><td></td><td></td><td></td><td></td><td></td><td></td></tr>
<tr><td colspan="3">6-2. 평가가 학생의 성취를 구체적이고 체계적으로 측정하였는가?</td><td></td><td></td><td></td><td></td><td></td><td></td></tr>
<tr><td colspan="3">6-3. 평가의 결과가 수업과정 및 차시 수업에 활용되었는가?</td><td></td><td></td><td></td><td></td><td></td><td></td></tr>
<tr><td rowspan="2">7. 자료 활용</td><td colspan="3">7-1. 목표 수행을 위한 자료 활용이 적절하였는가?</td><td></td><td></td><td></td><td></td><td></td><td></td></tr>
<tr><td colspan="3">7-2. 개별 학생의 수준에 맞게 자료가 잘 수정되었는가?</td><td></td><td></td><td></td><td></td><td></td><td></td></tr>
<tr><td>8. 기관 연계</td><td colspan="3">8-1. 개별화교육계획 수행을 위한 관련 인사(기관)들 간의 연계 계획이 학생 요구 수준을 반영할 수 있게 조직되었는가?</td><td></td><td></td><td></td><td></td><td></td><td></td></tr>
<tr><td>9. 관련 서비스</td><td colspan="3">9-1. 관련 서비스 계획이 이루어졌는가?</td><td></td><td></td><td></td><td></td><td></td><td></td></tr>
<tr><td rowspan="2">10. 개별화교육계획의 수정계획</td><td colspan="3">10-1. 개별화교육계획의 수행(결과) 보고서가 체계적으로 구성되었는가?</td><td></td><td></td><td></td><td></td><td></td><td></td></tr>
<tr><td colspan="3">10-2. 개별화교육계획의 수행에서 나타난 결과(반성)가 다음 계획에 반영되었는가?</td><td></td><td></td><td></td><td></td><td></td><td></td></tr>
<tr><td colspan="4">척도: 1=거의 안 됨, 2=다소 부족함, 3=보통, 4=적절함, 5=매우 적절함</td><td colspan="5">합계</td><td></td></tr>
</table>

제9장

개별화전환교육

특수교육의 주된 목적 중에서도 전환교육(transition education)은 장애학생을 위한 서비스 제공의 궁극적인 종착점이라고 할 수 있다. 장애학생 본인의 입장에서 보면 학교에서 사회로의 전환은 성인으로서 독립된 삶을 살아가는 일련의 과정이다. 특수교육에 있어 전환교육은 장애학생의 학령기에서 성인기로 이어지는 중요한 가교 역할을 원활하게 해 주는 요인이라고 할 수 있다. 이 장에서는 장애학생들의 학령기에서 성인기로 이어지는 전환교육의 범위와 지원 방안에 대하여 기술하고자 한다.

1. 전환교육 모형

1986년 Madeleine Will이 미국 특수교육 및 재활서비스국(Office of Special Education and Rehabilitative Services: OSERS)에 제출한 전환 모형은 중등학교에 직업준비 과정으로 가교 역할을 하는 세 가지 다른 수준의 교육과정을 준비하여야 한다는 것으로 일반적 서비스(no special services), 시간제한적 서비스(time-limited services), 지속적 서비스

(ongoing services)를 제시하고 있다. 이 모형의 기본 목표는 학생이 학교를 졸업한 후 지역사회에 적응하는 데 필요한 적절한 직업기술을 갖추도록 학교교육과정에서 특수교육과 직업교육을 확고하게 설정하는 것이다(Levinson, 1998).

또한 이 모형은 세 가지 가정을 전제로 하고 있다. 보호된 교육기관인 학교에서 장애를 이해하지 못하는 복잡하고 혼란스러운 사회로 진입하는 각 개인의 요구에 전환서비스를 맞추고, 전문가가 서비스의 책임을 지며, 모든 장애인이 대상이 되는 전환계획이다. 전환의 목적은 장애학생이 임금을 받고 고용되는 것이다. 이를 위해 지역사회에서 중도장애학생들의 전환을 돕기 위해 다양한 지원 서비스를 실시해야 하고, 궁극적으로는 장애학생의 고용에 초점을 두어야 한다.

Wehman 등(1985)도 OSERS의 모형을 더욱 확장시켜 전환 프로그램의 주요 결과가 고용이라고 주장하였다. 이들은 결과적으로 경쟁고용, 보호고용 및 지원고용이라는 세 가지의 배치 유형을 모형으로 제시하였고, 투입요인으로 기능적 교육과정, 통합학교 환경, 지역사회 중심 서비스 전달체제, 투입과 산출 사이의 과정 단계로 개별화전환교육프로그램과 소비자(부모, 학생), 협력기관의 중요성을 강조하고 있다.

Halpern(1985)은 Will이 제시한 전환교육 모형에 대해 전환의 주요 결과로서 고용만을

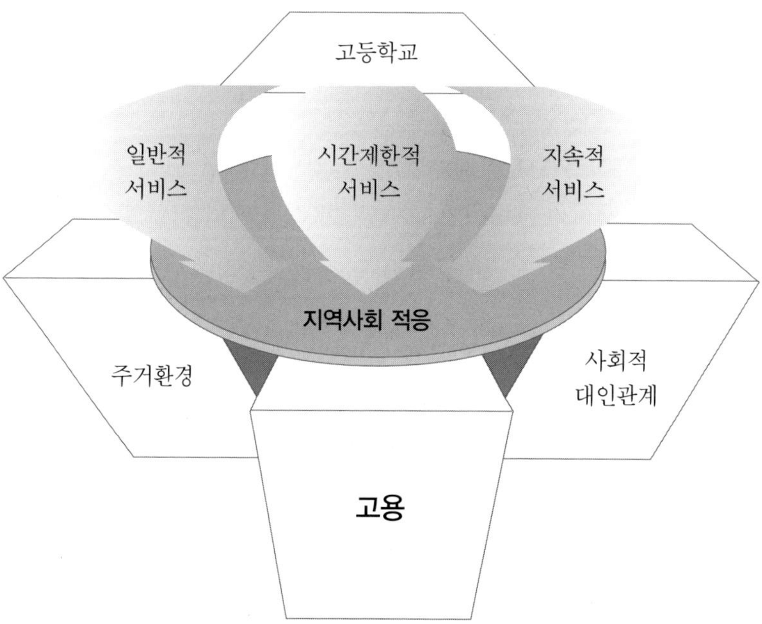

그림 9-1 Halpern의 수정된 전환교육 모형

강조하는 편협하게 정의된 전환 목적에 이의를 제기하면서 “성인생활의 적응에 필요한 비직업적 차원 역시 고용이라는 궁극적 목적에 기여하는 한 유의미하고 중요하다.”라고 주장하면서 전환의 비직업적 측면을 강조함으로써 전환의 목적을 확대하였다([그림 9-1] 참조).

Halpern(1985)은 성공적인 지역사회 적응을 위해 의미 있는 취업 이외에 중요한 두 개의 다른 차원, 즉 주거환경의 질과 적절한 사회적 대인관계를 제안하였다. 따라서 성공적인 전환의 목적을 독립생활, 지역사회 적응에 두고 있다. 그리고 각 개인의 삶의 질과 적절한 사회적 대인관계 형성을 고용과 마찬가지로 중요하게 다루고 있다. 고용에 성공했다고 해서 나머지 인생도 성공한 것으로 보지 않기 때문에 그는 서비스를 요구하는 결정을 할 때 개인의 모든 삶의 질 차원에서 프로그램을 개발하여야 한다고 주장하고 있다.

초기 미국 OSERS 모형의 주 목적은 고용이었지만, 최근 이러한 전환의 포괄적 접근에 맞추어 원래의 입장을 유지하면서 직업적인 측면만 볼 것이 아니라 보다 넓은 의미로 학교에서 성인생활로의 전환으로 해석할 것을 요구하고 있다.

또한 미국 「장애아동교육법(IDEA)」에서도 전환을 “중등교육 이후의 교육 · 직업훈련 · 통합고용(지원고용 포함) · 계속교육 · 성인 서비스 · 독립생활이나 지역사회 참여를 포함하고 학교에서 학교 이후의 활동으로 이동을 촉진하는 결과 중심 과정에서 나타나는 장애학생을 위한 일련의 통합된 활동”으로 규정하였다(Sec. 300. 18). 중등 이후의 모든 특수교육대상자에 대한 전환의 목적을 개별화교육계획에 포함시킬 것을 권장하는 것(Michaels, 1998)은 최근 전환교육의 모형 변화에 따른 움직임이라고 볼 수 있다.

2. 전환평가

전환평가(transition assessment)는 적절한 개별화교육계획을 계획하기 위하여 학생의 능력, 태도, 적성, 관심, 직업적 행동, 자기결정 수준, 자기주장기술, 대인관계기술, 학업기술 수준, 독립생활기술을 결정하는 과정으로 정의된다(Miller et al., 2007). 따라서 전환평가를 통하여 학생, 부모, 교사 그리고 관련 인사들에게 졸업 이후의 미래를 계획하는 데 필요한 정보를 제공할 수 있다. 최근 전환교육의 포괄적 의미와 더불어 전환평가도 광범위한 정의를 내리고 있다. 전환평가는 “연령과 관계없이 장애학생의 성공적이고 만족스러운 생애 전환을 위해 장애학생 본인과 가족의 정보 수집, 조직, 활용을 돕는 계획적이고 지속적인 과정"이라고 할 수 있다(Clark, 1998). 왜냐하면 전환평가가 대상자의 학령기에서부터 성인기에 이르기까지의 생활의 변화와 진행과정을 평가하고 가정과 학교, 지역사회 모두를 포함하기 때문이다. 이러한 의미에서 전환평가는 현재와 미래의 일과 교육, 생활, 개인적이고 사회적 환경과 관련 있는 개인의 요구, 선호도, 관심 등에 대한 자료수집과정이라고 할 수 있다. 이러한 평가 자료는 전환과정에서 기본적 자료뿐만 아니라 개별화교육계획에 포함되어야 할 목적과 서비스를 정하는 기초 자료로 활용된다(Sitlington, Neubert, Begun, Lombard, & Leconte, 1997).

3. 전환계획

전환교육의 궁극적인 목적은 장애학생의 졸업 이후 삶의 비전을 긍정적인 결과로 나타내는 것이다. 이는 졸업 이후 성인으로서 생활하게 될 직장, 주거, 지역사회 참여 등이 각 개인의 성취와 연관되어야 하며, 이를 위해 개인의 현재 능력, 흥미와 관심, 활용할 서비스 내용 등이 고려되어야 한다. 또한 개인에 대한 구체적인 정보를 파악하여야 한다. 「장애아동교육법(IDEA)」(2004)는 전환 서비스를 디자인하는 데 필요한 것을 다음과 같이 제시하였다.

> 결과 중심의 과정으로서, 장애학생의 교과와 기능적 성취는 학교에서 졸업 이후 활동을 촉진하는 데 중점을 둔다. 중등 이후 교육, 직업교육, 통합된 고용(지원고용 포함), 계속교육, 성인교육, 독립생활, 지역사회 준비 등도 포함되어야 한다[Section 602(34)(A)].

특히 졸업 이후에 다음과 같은 영역을 고려하여야 함이 강조된다.

- **고용**: 지원고용을 포함한 통합된 고용
- **중등 이후 교육**: 계속교육이나 성인교육/직업교육
- **주거**: 독립생활
- **지역사회 참여**: 성인 서비스

졸업 이후의 목적은 궁극적으로 학생의 바람직한 모습을 염두에 둔 영역별 성취 결과

로 나타난다. 그리고 이 목적은 개별화교육계획의 장기 목적과 일치하고 전환과정에서 연계하여 작성할 수 있다. 즉, 졸업을 시점으로 하여 궁극적 목적(outcome goals) 혹은 장기 목적에서 역으로 개별화교육계획의 단계별 목적을 시기별로 설정할 수 있다.

졸업 이후의 목적은 실제적인 것을 많이 경험하고 성취 가능성이 높은 것이어야 한다. 이를 위해서는 학생이 직접 과정에 참여하는 기회를 제공하고, 스스로 자신의 능력을 확인하는 능동적인 활동을 유도하여야 한다. 이는 미래의 자기 삶을 적극적으로 개척하고 책임감을 갖게 하는 데 중요한 역할을 한다. 또한 직업교육, 교과학습, 지역사회 참여 등에서 장애학생의 관심과 능력에 따른 경험을 제공함으로써 보다 현실적이고 미래지향적인 목적이 될 수 있다.

장애학생의 전환교육의 목적은 그 진행과정에서 수시로 융통성 있게 변화할 수 있다. 전환계획의 진행과정에서 목적이 수정되거나 추가되고, 예상하거나 예상하지 못한 상황이나 일 혹은 바람으로 인해 일정이 변경될 수도 있다.

1) 전환 일정계획

전환과정은 일시적이거나 한 번의 목적 달성으로 끝나는 것이 아니라 개인의 생의 전 과정을 통해 진행된다. 전환과정에서 수없이 많은 시점의 전환이 이루어 진다. 학자에 따라서는 이를 수직적 전환과 수평적 전환 시기로 나누어 설명한다. 수직적 전환은 모든 사람이 겪는 삶의 진행과정상의 시기적 이벤트이다. 즉, 유치원에서 초등학교 진학, 각 학년별 전환, 초등학교에서 중학교 그리고 고등학교로의 전환 또한 졸업 이후 성인생활의 전환과정 등이 이에 해당된다. 수평적 전환은 동일한 연령대에서 이동이 이루어지는 과정이다. 즉, 병원학급에서 특수학교로의 이동, 특수학교에서 일반학교로의 이동 등이다. 결국 전환은 개인의 모든 삶의 과정을 통해 수시로 발생되고 진행되는 이벤트라고 할 수 있다.

학교에서 중등교육 이후 환경으로의 전환계획에 중점을 두고 Flexer 등(2008)은 〈표 9-1〉과 같이 전환계획을 위한 일정을 제시하였다. 이 일정은 중등 수준 학생의 전체적인 교육적 경험에 초점을 맞추어 교육적 발달 경험을 나열한 것이다.

표 9-1 전환계획을 위한 일정

초등 수준: 1~4학년

목적: 고용가능성 및 독립적 생활기술과 태도

목표:

1. 긍정적인 작업 습관 개발
2. 모든 작업 유형 숙련
3. 장애극복능력 훈련

가능한 활동 영역:

- 통합 활동
- 작업표본 활동
- 진로 현장 견학
- 작업에 대한 토의
- 관심 있고 흥미 있는 일의 토론
- 기술의 탐색
- 결정하기와 문제해결기술

중등 수준: 5~8학년

목적: 진로 탐색과 관련 과정에 대한 전환계획

목표:

1. 학교에서 직업 관련 일에 대한 이해
2. 흥미, 태도, 선호도의 이해
3. 직업, 교육, 독립생활, 지역사회에 대한 이해
4. 일반 중등과정 진로 결정
5. 중등교육에 대한 필요한 수정과 지원 결정
6. 14세 이전 원하는 진로에 참여하는 데 필요한 구체적인 전환 서비스 결정

가능한 활동 영역:

- 직업 및 기술 학교 방문
- 흥미검사 실시
- 취업 박람회
- 고용가능성 평가
- 돈과 예산 관리 수업
- 정치(political awareness) 수업
- 진로 안내
- 보조공학 활용 훈련 및 관련 서비스
- 이동 훈련
- 고용가능기술 훈련
- 고등학교 방문
- 기능적 직업 평가 실시
- 전환요구와 선호도 조사
- 일상생활기술 수업
- 지역사회 인식 수업
- 직업 탐색(job shadowing)
- 자기결정과 옹호 훈련
- 컴퓨터 훈련
- 상담
- 결정하기와 문제해결 활동

고등학교: 9~10학년

목적: 진로 탐색과 전환계획

목표:

1. 의미 있고 현실적인 중등교육 목적
2. 작업, 교육, 거주, 지역사회 참여기술과 관련 지원에 대한 목적
3. 보조공학과 수정에 대한 장애요인 다루기 훈련

가능한 활동 영역:

- 보조공학 평가
- 전환목적 수정
- 전환계획 개발
- 작업 경험
- 직업 배치
- 성인 서비스 기관 연계
- 참조할 기관 조사
- 자기결정 훈련
- 상위학급 배치
- 직업 탐색
- 직업 모임(job clubs)

고등학교: 11학년 이후

목적: 학생 희망에 의한 중등 이후 환경으로의 전환과정

목표:

1. 경험과 활동을 통한 목표 평가
2. 중등 이후 교육과 고용을 위한 각 선택과정
3. 주거와 지역사회 참여
4. 성인 서비스 기관 개발
5. 성인 환경에 적응하기 위한 학생과 가족의 역량 기르기

가능한 활동 영역:

- 전환계획의 수정과 보완
- 성인 서비스 적응
- 중등교육 이후에 대한 적응
- 관련 중등교육 이후 기관
- 직업 배치
- 전환 협력
- 가족과 성인 서비스 기관으로의 전환계획
- 성인 서비스 참여
- 자기결정 훈련
- 재정계획
- 직업 탐색기술 개발
- 지역사회 구성원
- 지속적 지원 체제 개발

출처: Baer, McMahan, & Flexer(1999); Flexer, Baer, Luft, & Simmons(2008)에서 재인용.

2) 전환계획의 과정

전환계획의 과정은 개인과 기관에 따라 각 단계의 순서, 구성내용, 참여 인사들이 달라질 수 있다. Levinson(1998)은 전환계획의 단계를 크게 계획과 수행으로 나누어 제시하였다.

- **1단계:** 전환계획
  - 전환계획 팀 구성
  - 전환 요구 평가
  - 전환 모형과 목표 개발
  - 지역 기관들과의 실행계획 수립
  - 소요경비계획
- **2단계:** 실행
  - 전환계획 책임자 담당자 선정
  - 전환 프로그램 진행 절차 안내
  - 교육내용과 평가 자료 선정
  - 관련 학교와 지역 기관 인사 훈련
  - 학교와 지역 인사들을 위한 현장 연수 실시
  - 프로그램의 시범 평가 실시
- **3단계:** 프로그램 평가
  - 프로그램 운영 결과에 대한 평가 요소 설정
  - 프로그램 평가를 위한 예비 기준 설정
  - 프로그램 평가 인사 선정 및 평가 실시
  - 프로그램 개선을 위한 계획과 실행

4. 전환교육의 결과

1) 기능적 학업성취

학교를 졸업하고 직장, 대학, 지역사회생활에 성공적으로 적응하기 위하여 아동은 읽기, 쓰기, 계산과 같은 기본 학습기술을 습득해야 한다. 이러한 학업기술은 기능적 교육과정으로 운영되어야 한다. 기능적 교육과정은 개인적 · 사회적 기술, 일상생활 및 직업적응 분야에서 장애인이 필요로 하는 교수내용이어야 하며, 실제 생활 안에서 가르치고 일상생활에서 의미 있고 유용한 기본적 학업기능이다.

2) 자기결정능력

자기결정능력이 있는 사람은 스스로 선택하는 방법을 안다. 즉, 자신이 원하는 것을 획득하고 개인적인 요구나 목표를 인식하며 그것을 추구하는 방법을 아는 사람이다. 학교 졸업 후 장애인이 지역사회에서 자신의 삶에 대해 자율적이고 주도적으로 살아가도록 자기결정능력을 키워 주어야 한다.

3) 대인관계능력

장애학생들이 학교를 졸업하고 직장에 배치되고 나서 얼마 가지 않아 이직을 하는 가장 큰 이유 중 하나가 직장에서의 대인관계 문제이다. 장애인에게는 직장에서의 상호작용에 필요한 사회성기술과 다른 사람들과의 상호작용능력이 부족한 경우가 많다. 이러한 대인관계능력은 학령기에서부터 체계적이고 장기간에 걸친 훈련으로 효과를 볼 수 있다.

4) 통합된 지역사회 참여

장애인들이 학교를 졸업하고 궁극적으로 가야 할 곳은 그들이 살고 있는 통합된 지역사회이다. 따라서 학교에서의 교육은 이들이 미래의 통합된 지역사회에 자연스럽게 적응하기 위한 환경과 내용으로 이루어져야 한다.

5) 여가 및 레크리에이션 참여

여가와 레크리에이션은 지역사회에서 장애인들의 전반적인 성공 및 만족한 삶과 직접적인 관련을 갖고 있다. 장애인들의 여가와 레크리에이션은 일상생활에서의 건강 유지뿐만 아니라, 직장생활의 만족과도 관련이 깊다. 또한 비만, 건강 악화, 신체 노화 등은 부족한 여가시간, 신체 활동, 건강예방 활동과 관련된다. 따라서 여가와 레크리에이션은 진로 및 직업교육의 한 영역으로 중요하게 다루어져야 한다.

6) 독립을 위한 주거생활 준비

이제 주거생활 준비는 학생들이 학교를 졸업한 다음에 지도할 영역이 아니다. 장애학생이나 부모들에게 있어 주거생활 준비는 학령기에서부터 학교교육과정의 주요 영역으로 다루어져야 한다. 이를 위해 교사들은 개별화교육계획에 다음과 같은 주거생활 지도과정을 포함할 필요가 있다(Test, Appel, & Everson, 2006).

첫째, 주거 희망 및 선호도 조사를 실시할 수 있다. 장애인들이 그들의 장래 주거에 대한 생각을 어떻게 하고 있는지 파악하기 위하여 이 희망 및 선호도 평가를 통해 장애청년들을 대상으로 주거 평가 계획을 개발할 수 있다. 예를 들면, 수업시간에 학생으로 하여금 다음과 같은 과정으로 지도할 수 있다. 처음 시작 단계에서는 가족을 포함하여 청년들에게 학교를 졸업한 후 자신의 꿈과 선호하는 것을 생각하고, 어른이 되었을 때를 가정하여 그 꿈과 선호하는 것을 탐색하여 구체적으로 생각하게 한다. 학생이 생각을 구체적으로 표현하면 학생의 가족도 그들의 주거 선호도를 생각한다. 그리고 자기 소유의 집을 가졌을 경우와 임대했을 경우의 장단점을 탐색한다. 또한 이들에게 지원 서비스와 지역사회 생활기술에 대한 요구사항과 선호도를 생각하게 하거나 그 외의 개별화교육계획에 포함시키길 원하는 경험들을 떠올리 게 한다. 이들이 청년으로 자라면서 학생들은 그들의 희망과 선호하는 것을 좀 더 구체화하고 다듬어 가고, 이를 자신들의 직업계획과 졸업 이후 교육계획 그리고 재정계획 등을 세울 때 도구로써 활용한다.

둘째, 주거 및 재정계획을 세워 볼 수 있다. 주거에 대한 장애학생이나 가족들의 희망과 선호도를 생각하고, 이후 이들에게 지역에서 얻을 수 있는 주거에 대한 지식을 충분히 제공하여야 한다. 그 다음 단계는 재정계획에 대한 지식을 갖추는 것이다. 거주할 주택에 대한 전반적인 선택 사양을 제공하고 학생이 자신들의 희망과 선호도를 진지하게 표현하도록 하여야 한다. 이를 위해 교사는 여러 가지 접근 방법과 활동을 도입할 수 있으며 다른 교과와 연계하는 방안도 고려할 수도 있다. 이를 통해 학생들은 그들이 원하고 필요로 하는 최선의 선택과 결정을 할 수 있다. 이렇게 함으로써 이들은 구체적으로 자기 자신의 주택과 이와 관련한 재정적 사항에 관심을 가질 수 있다. 또한 교사는 학생이 주거 관련 희망과 선호도를 다른 교과에서도 연계하여 탐색하게 함으로써 자기결정 경험을 제공할 수 있다. 그리고 학생들이 취업, 주택 그리고 재정적 책임과의 관계를 탐색하는 동기를 제공하는 데 도움이 된다.

7) 고용

(1) 경쟁고용(competitive employment)

장애인이 비장애인 근로자와 동일한 조건으로 경쟁하여 취업하는 형태이다. 통합된 상황에서는 좋은 환경의 직업에 종사할 수 있지만, 경쟁고용을 위해서는 장애인이 특정한 기능이나 기술을 보유하고, 비장애인과 경쟁할 수 있는 능력을 갖추어야 한다.

(2) 보호고용(sheltered workshops)

장애가 없는 일반 작업자와 통합되지 않고 장애인들로 구성된 별도의 사업 시설이다. 작업시설에는 장애인들에게 훈련이 될 만한 작업을 제시하고, 포장, 조립과 같이 하청 받은(subcontracted) 과제를 수행한다. 대부분의 보호작업장은 생산성에서 경영 수지를 맞추기 어렵기 때문에 정부의 보조나 후원 등으로 운영되고 있다.

(3) 지원고용(supported employment)

유급 고용으로 분리된 고용의 한계를 극복하기 위한 대안으로 일반인들이 취업하는 작업장에서 일을 하는 통합된 형태의 고용이다. 주로 중증장애인들과 지적장애인, 뇌손상장애, 신체장애, 정신장애인들의 직업훈련에 효과적인 고용 형태이다. 장애인이 계속적으로 유급 직업에 종사하기 위해 필요한 감독, 훈련, 교통수단 등이 지원된다.

지원고용에는 한 개인을 직장에 배치하여 필요한 훈련을 실시하는 개별 배치 모델(individual placement model), 감독 1명이 3~8명의 근로자를 담당하는 집단 형태의 이동작업반 모델(mobile work crews model), 장애인과 비장애인이 함께 고용되어 영리를 목적으로 운영되는 기업 형태의 소기업 모델(small business model), 사업장이나 직장 내에 소규모로 장애인들을 고용하여 훈련과 작업을 병행하는 소집단 현장 고용 모델(enclaves model)이 있다.

5. 개별화전환교육계획 양식[1)]

1) 학생 인적사항

학생명: 연령: 학교:

1. 참여자
   이름:
   직위:

2. 현재 수행 수준
   1) 학생 현황 및 졸업 후 비전

   2) 고용 및 직업훈련

   3) 졸업 후, 진로계획 혹은 취업/진학

   4) 지역사회, 재정 관리, 자기결정, 사회생활기술

1) 출처: Wehman, Smith, & Schall (2009).

2) 영역별 목적

3. 진로 결과

1) 장기 고용 목적

연간 목적:

수행 관련 책임자:

2) 장기 직업/기술 훈련 목적

연간 목적:

수행 관련 책임자:

4. 졸업 후 훈련 결과

1) 장기 고용 목적

연간 목적:

수행 관련 책임자:

2) 장기 계속 성인 교육, 진로/기술 목적

연간 목적:

수행 관련 책임자:

5. 지역사회, 재정 관리, 자기결정, 사회생활기술 결과

1) 장기 주거 목적

연간 수행 목적:

수행 관련 책임자:

2) 장기 교통/이동 목적
연간 수행 목적:

수행 관련 책임자:

3) 장기 재정 관리 및 수입 관리 목적
연간 수행 목적:

수행 관련 책임자:

4) 장기 자기결정 목적
연간 수행 목적:

수행 관련 책임자:

5) 장기 사회 및 의사소통능력 목적
연간 수행 목적:

수행 관련 책임자:

6. 학생의 진로 선호도:

7. 학생의 주요 전환 요구:

3) 수행내용 요약

학생명:
장애 유형:
학생 주소:
학교 연락처:

1. 졸업 이후 목표
   1) 고용:
   2) 교육 및 훈련:
   3) 독립생활/지역사회 참여:

2. 현재 교과 수행 수준

3. 현재 기능적 수행 수준

4. 졸업 이후 목적 달성을 위한 제안
   1) 고용:
   2) 교육 및 훈련:
   3) 독립성/지역사회 참여:

제10장

삽입 중심 교수를 통한 개별화교육계획

개별화교육은 특수교육에서 장애학생이 일반교육에 또래들과 함께 교육받을 수 있는 것을 전제로 하고 있다. 즉, 장애학생이 주어진 일반 교육과정 일정 속에서 필요한 수준에 맞는 적절한 교육을 받을 수 있도록 계획하고 지원하는 것이라고 할 수 있다. 이러한 의미에서 삽입 중심 교수는 기존의 일반학교나 특수학교의 학교 일정 속에서 개인별 수준에 적합한 교육적 접근을 한다는 점에서 넓은 의미의 교육과정 수정이라고 할 수 있다. 이 장에서는 삽입 중심 교수의 의미와 교육적 접근 방법을 살펴보고 이를 근거로 삽입 중심 교수를 통한 개별화교육계획을 제시하고자 한다.

1. 삽입 중심 교수의 의미

1) 삽입교수의 정의

삽입교수는 '활동 중심 중재(Activity-Bases Intervention: ABI)'와 활동 중에 교수 기회를 삽입하는 '삽입학습 기회(Embledded Learning Opportunity: ELO)'의 두 가지 유사한 교수전

략의 개념을 혼합한 용어로, 일반교육과정 내에 장애학생에 대한 교수 활동을 삽입하여 실시함으로써 장애학생이 일반교육과정에 참여하는 중에 개별 교수목표를 성취하기 위한 접근으로 정의된다(이소현, 2011). 즉, 삽입교수는 일반학교나 특수학교의 일과와 활동 중에 교수 장면을 삽입하는 것으로, 일반교육 활동에 크게 방해를 주지 않고 장애학생의 개별 교육목표를 적용할 수 있는 기회를 모색하는 것이라고 할 수 있다.

이소현(2011)은 삽입교수란 일반교육과정에 따른 일과와 활동이 진행되는 중에 특정 장애학생의 교수목표에 대한 교수 장면을 자연스럽게 삽입하는 방법이라고 하면서, 이 자체는 교수전략이라기보다는 교수전략 전달을 위한 방법론적 접근이라고 하였다. 즉, 삽입교수의 실행을 위해 장애학생의 특성이나 가르치고자 하는 교수목표에 적합한 특정 교수전략을 사용하되, 이러한 전략을 전달하기 위해 자연스러운 일과와 활동 중에 삽입하는 방법을 사용한다는 것이다.

따라서 일과와 활동 속에서 삽입학습의 기회를 높이기 위해서는 장애학생의 일과에 삽입한 활동에 맞는 체계적인 교수전략이 병행되어야 한다. 그리고 일과와 활동에 관련된 인사(특수교사, 일반교사, 교내 직원) 간의 긴밀한 협력이 전제되어야 한다.

2) 삽입교수의 장점

Sandall과 Schwartz(2008: 장혜성 외, 2010에서 재인용)는 다음과 같이 삽입교수의 장점을 제시하였다.

첫째, 진행되고 있는 일과 또는 활동을 활용하므로 큰 변화를 요구하지 않는다.

둘째, 교사가 학생의 관심 및 선호도를 활용하므로 학생의 동기 유발과 참여에 많은 이점이 있다.

셋째, 교수 활동이 교실의 자연스러운 상황에서 이루어지므로 학생 스스로 새로운 학습기술의 즉각적이고도 기능적인 사용능력을 증진시킬 수 있다.

넷째, 일과 중 다양한 상황에 여러 번 삽입학습의 기회가 체계적으로 제공되므로 습득한 기술을 사용하는 능력이 다양한 상황으로 일반화될 수 있다.

3) 삽입교수의 일반적인 지침

이소현(2011)과 장혜성 등(2010)은 삽입교수를 위한 일반적인 지침을 다음과 같이 제안하였다.

첫째, 삽입교수는 하루 일과와 활동 중 삽입된 학습 기회를 이용한다. '등 · 하교 시간에 학급 친구들과 인사하기'와 같이 일과 중에 언제, 어떤 활동 때 삽입학습을 실시할 것인지 구체적으로 계획하는 것을 말한다.

둘째, 삽입교수는 그 성과를 보장하기 위하여 학습 기회가 충분히 주어지도록 계획되고 실행되어야 한다. '두 손 사용하기'를 위한 일과, 즉 옷 입기, 수업시간(쓰기와 그리기), 실외 놀이와 같이 일과 중에 반복적으로 삽입학습의 기회가 생기도록 계획하는 것을 말한다.

셋째, 삽입교수는 그 성과를 보장하기 위하여 체계적인 계획과 실행을 필요로 한다. '교사의 언어적 촉진과 시각적 단서 제공, 환경적 구조화, 교사의 말과 행동' 등과 같이 구체적인 교수계획을 사전에 수립하는 것을 말한다.

넷째, 삽입교수는 일반교육과정 내에서 일과와 활동이 진행되는 중에 장애학생의 개별화교육계획상의 교수목표를 교수하는 과정이므로 그 성과를 보장하기 위해서는 일반교사와 특수교사 또는 특수교사와 교내 관련 인사 간의 긴밀한 협력이 전제되어야 한다. 즉, '일반교사와 특수교사, 특수교사와 학부모 간 협력' 등으로 개별화교육계획을 수립하는 것을 말한다.

다섯째, 삽입교수는 장애학생의 성과 및 지도를 계속적으로 평가하여야 한다. '일 단위로 연속 5회 수행 평가하기' 등과 같이 삽입학습 기회 활용에 따른 변화를 지속적으로 평가하여 다음 활동에 반영하는 것을 말한다.

4) 삽입교수의 실행 절차

(1) 개별화교육 목표 점검 및 연습 기회 정하기

삽입교수를 실행하기 위해서는 우선 장애학생의 개별화교육계획에서 구체적인 목표를 확인할 필요가 있다. 왜냐하면 앞서 언급되었듯이 삽입교수의 실행을 위해 장애학생의 특성이나 가르치고자 하는 교수목표에 적합한 특정 교수전략을 자연스러운 일과와 활동 중에 삽입하기 때문이다.

이를 위해서는 학급 내에서의 개별화교육계획 실행을 위한 목표를 일과목표와 활동목표로 구분하는 것이 필요하다. 개별화교육계획상의 목표를 일과 내에서 지도할 것인지, 활동을 통해서 지도할 것인지에 따라서 단기 목표를 일과목표와 활동목표로 구분하여 제시할 수 있다. 일과목표는 장애학생이 학교에 등교하고부터 하교할 때까지의 하루 일과 흐름을 의미한다. 즉, 의도적으로 지도하려고 하지 않더라도 일과 안에서 자연스럽게 지도할 수 있는 단기 목표를 일과목표로 활용할 수 있다(〈표 10-1〉). 등교시간에 통학버스에서 내리는 장면은 일과 중에 매일 발생하는 상황이다. 개별화교육 목표가 '바른 자세로 선생님께 인사하기'라고 하면 특수교사는 이 개별화교육 목표의 연습 기회를 늘리기 위해 매일 등교 시 통학버스에서 내릴 때 '인사하기'를 일과목표로 설정할 수 있다. 활동목표는 일과보다는 의도적인 지도상황이 필요한 단기 목표를 장애학생이 참여하는 활동 내에서 지도할 수 있도록 하는 것이다. 예를 들어, 국어 영역의 개별화교육 목표가 '자신의 이름을 듣고 철자에 맞춰 쓸 수 있다.'라고 한다면, 국어시간이나 관련 교과시간에 '자신의 이름 쓰기'를 활동목표로 설정하여 목표의 연습 기회로 제공할 수 있다(조윤경, 장지윤, 유연주, 2013).

표 10-1 단기 목표에 따른 일과목표와 활동목표

영역	단기 목표	구분
사회	친구의 이름을 듣고 그 "○○○야, 안녕."이라고 인사할 수 있다.	일과
	교사의 이름을 듣고 그 교사에게 인사할 수 있다.	
	자신의 자리를 지켜 순서를 기다릴 수 있다.	일과
	줄을 따라 앞으로 이동할 수 있다.	
	정리신호를 듣고 자리를 찾아 놀잇감을 정리할 수 있다.	
	음식모형을 잘라서 접시에 담아 상 차리기를 할 수 있다.	활동
	교사와 함께 역할놀이 시 친구와 2, 3번 행동을 주고받으며 놀이를 할 수 있다.	
	"같이 가자."라는 말을 듣고 상대방의 손을 잡고 갈 수 있다.	일과/활동
	"하지 마." "멈춰."라는 말을 듣고 행동을 조절하여 멈출 수 있다.	
	부르는 소리를 듣고 그 사람에게 갈 수 있다.	
국어	학급 안에서 사용하는 사물을 스무 가지 정도 가리키거나 줄 수 있다.	일과/활동
	한 가지 주제와 관련된 사물의 이름을 세 가지 정도 알고 말할 수 있다.	
수학	10 이하에서 사물의 수를 세고 몇 개인지 말할 수 있다.	활동
	10 이하에서 요구하는 수만큼 사물을 줄 수 있다.	

출처: 조윤경, 장지윤, 유연주(2013)에서 부분 수정하여 인용함.

(2) 목표의 삽입

앞서 단기 목표에서 구분한 일과목표와 활동목표를 하루 일과와 활동에 따라 가르쳐야 하는 기술이나 행동이 활동의 맥락에 맞게 자연스럽게 교수될 수 있도록 일과수행표(혹은 도표: matrix)를 작성하여야 한다. 이는 활동을 일과 속에 구체적으로 활용하기 위한 계획을 일과수행표로 나타내는 것이다. 일과수행표는 다양한 형태로 제시할 수 있다. 하루의 학급 일과를 시간적인 순서에 따라 일과 내의 활동 유형으로 표현할 수 있다. 일과수행표를 유형에 따라 제시하면 다음 〈표 10-2〉〈표 10-3〉〈표 10-4〉와 같다. 이와 관련하여 Bailey와 Wolery(2003)는 일과수행표 작성 방법을 다음과 같이 제시하였다.

- **1단계**: 하루 중 학생이 참여할 사건(활동)을 왼쪽에 나열한다. 사건은 매일 발생하는 순서에 따라 기록한다.
- **2단계**: 도표의 왼쪽에 나열된 사건의 바로 밑에 사건이 발생하는 장소를 기록한다.

표 10-2 **단기 목표에 따른 일과 중 목표 연습 기회 제공**

일과	신발 정리	컵 정리	분류 (교과 수업)	자리 찾기	손들기	지시 사항 따르기	인사	손잡기	색연필 잡기	동작 모방
등교	환경 수정/ 선호도 이용						또래 지원			
이야기 나누기				자료 수정/ 성인 지원				또래 지원		성인 지원
간식 시간		또래 지원/ 환경수정	성인 지원							
소집단 활동			또래 지원			성인 지원		성인 지원	특수한 장비	
전이				성인 지원				또래 지원/ 성인 지원		
화장실 사용		또래 지원								
바깥 놀이				환경 지원		또래 지원				
하교	환경 수정									

출처: 장혜성, 김수진, 김지영(2010)에서 부분 수정하여 인용함.

장소의 기록은 하루 전체를 포함해야 하며, 기록하는 목적은 모든 관련 장소에서 교수 활동이 이루어지는 것이다.

- **3단계**: 도표의 왼쪽에 각 활동을 시작하는 시간과 하루 중 예상되는 지속시간도 기록한다.
- **4단계**: 도표의 왼쪽에 교수 활동의 책임을 질 성인의 이름도 기록한다. 만일 또래가 참여한다면 이들의 이름도 함께 기록한다.
- **5단계**: 도표의 상단에 교수 활동을 위해서 선정된 기술을 모두 열거한다. 각 세로줄은 한 가지 행동만 포함해야 한다.

표 10-3 일과 중 개별화교육계획 목표를 적용할 수 있는 연습 기회 제공

국어 영역 목표	1-1. 자신의 이름을 쓸 수 있다. 2-1. 교실 내에서 한 가지 지시사항을 따를 수 있다. 3-1. 적절한 크기의 목소리로 또래들에게 이야기할 수 있다. 4-1. 원하는 것을 선택하여 말할 수 있다.			
목표 / 일과	1-1. 이름 쓰기	2-1. 지시사항 따르기	3-1. 적절한 크기의 목소리로 말하기	4-1. 선택하기
자유선택 활동	✓	✓	✓	✓
간식시간	✓		✓	✓
이야기 나누기	✓		✓	
작업	✓	✓	✓	✓
바깥놀이	✓		✓	✓
점심		✓	✓	✓

출처: 장혜성, 김수진, 김지영(2010)에서 부분 수정하여 인용함.

표 10-4 일과에 삽입된 학습 기회

일과/활동	적용 가능한 개별목표
등교	선생님들께 인사하기, 자기 교실 바로 찾아가기, 가방 사물함에 넣기
휴식시간	화장실 가기, 친구와 대화하기
점심시간	자리 정돈하기, 식사 바르게 하기, 양치질하기
학급 활동	수업할 장소로 이동하기, 바르게 줄 서기
하교	친구들과 인사하기, 버스 바르게 타기, 사물함 정리하기

- **6단계**: 도표의 각 칸마다 사용할 교재와 교수전략을 기록한다. 만일 주어진 사건/시간에 기술이 다루어지지 않으면 그 빈칸으로 남겨 둔다.
- **7단계**: 기술의 일반화를 촉진할 수 있도록 다양한 성인, 교재, 상황에 걸쳐서 다루어지고 있는지 도표를 점검한다.

(3) 삽입교수의 지도

삽입교수는 학교의 일과나 활동이 진행되는 상황에서 자연스럽게 지도계획을 세우

표 10-5 **일과를 통한 삽입교수 지도계획**

<table>
<tr><td>학생
이름</td><td>○○○</td><td>교수목표</td><td colspan="2">교실과 간식시간에 스스로 상황에 맞게 "감사합니다." "주세요."로 반응할 수 있다.</td></tr>
<tr><td rowspan="2">일시</td><td rowspan="2"></td><td>활동</td><td colspan="2">교실/간식시간</td></tr>
<tr><td colspan="3">삽입교수</td></tr>
<tr><td rowspan="2">활동목표</td><td rowspan="2">활동장소</td><td>A: 선행자극(사건)</td><td>B: 행동</td><td>C: 후속 결과</td></tr>
<tr><td>교사가 "감사합니다." "주세요."를 할 수 있는 언어적 단서, 시범, 촉진 등을 제시한다.</td><td>주어진 단서, 시범, 촉진 등에 따라 학생이 실행한다.</td><td>정반응에 대해 칭찬하기, 오/무반응에 대한 긍정적 피드백 시범, 촉진, 활동에 참여하기 등</td></tr>
<tr><td>"감사합니다."라고 표현할 수 있음</td><td>교실</td><td>"인사" 혹은 "○○야, 선생님이 젤리를 줬으니까 뭐라고 말해야 하지?" 등 언어적 단서, 시범 단서 제공</td><td rowspan="3">교사의 선행자극에 정반응/오반응/무반응</td><td rowspan="3">–정반응에 "참 잘했어요." 등 칭찬을 한다.
–오반응이거나 무반응을 보이면 "감사합니다." "주세요." 하고 시범을 보인다.</td></tr>
<tr><td rowspan="2">"주세요."라고 표현할 수 있음</td><td rowspan="2">간식시간</td><td>학생에게 과자를 주기 전 모델링 기법으로 두 선생님이 시범을 보임</td></tr>
<tr><td>구어적 단서를 제시함</td></tr>
</table>

<table>
<tr><td rowspan="4">평가</td><td colspan="2">평가자</td><td colspan="2">김○○</td><td>평가 방법</td><td colspan="2">관찰/서술</td><td colspan="2">평가 일시</td><td>매일 주어진 일정시간</td></tr>
<tr><td colspan="2">요일</td><td>월</td><td>화</td><td>수</td><td>목</td><td>금</td><td colspan="4">I: 독립수행(정반응)
P: 부분정반응
H: 보조제공
W: 오반응(무반응)</td></tr>
<tr><td rowspan="2">평가
내용</td><td>인사</td><td></td><td></td><td></td><td></td><td></td><td></td><td></td><td></td><td></td></tr>
<tr><td>요구</td><td></td><td></td><td></td><td></td><td></td><td></td><td></td><td></td><td></td></tr>
</table>

고 반복되는 일과에서 학생을 위해 정한 삽입교수의 목표를 지도하는 것이다. 삽입교수를 지도하기 위해서 교사는 구체적인 지도전략을 마련할 필요가 있다. 이를 위해 삽입교수에서는 주로 교사가 직접 학생을 지도하는 직접교수를 교수전략으로 활용한다. 직접교수는 구체적인 기술이나 행동을 나타내기 위해 직접 학생을 대상으로 촉진을 제공하는 전략이다. 〈표 10-5〉와 같이 A-B-C의 선행사건, 행동, 후속 결과와 같이 주어진 기능적 행동지도의 틀에서 살펴보면 '인사하기'와 '감사 표현하기'라는 교수목표를 수행하기 위하여 일과의 교실과 간식시간을 활용하였다. 교사는 삽입교수전략을 위해 선행사건에서 언어적 단서, 시범, 촉진, 후속자극에서 정반응을 하면 칭찬하기, 오반응이나 무반응일 때는 긍정적 피드백 시범, 촉진, 활동에 참여하기 등의 직접교수를 사용하였다. 직접교수의 촉진(prompting)은 학생이 행동이나 반응을 하기 전이나 하는 동안 제시되는 어떤 단서이거나 교수이다. 또한 정반응 행동을 높이고 실패 가능성을 줄이기 위한 것이다. 효과적인 교수적 촉진은 구체적인 과제 및 개인에 따라 다양할 수 있다. 촉진의 목적은 가능한 한 최소한의 지원으로 학생이 정반응 행동을 하도록 유도하는 것이다. 따라서 계획적이고 체계적인 촉진의 제시와 소거가 중요하다. 〈표 10-6〉은 손 씻기 과제에서 '싱크대로 가라.'라는 교사의 지시 단계를 수행하는 데 필요한 지원, 촉진 유형을 제시한 것이다.

아울러 〈표 10-6〉의 촉진 유형과 더불어 학생의 지원 수준을 점차 줄이기 위해서는,

표 10-6 직접교수 촉진 유형

청각이나 시각적 지원	
직접적인 언어적 촉진(V)	교사는 단지 언어적 지시만 한다(아니면 약간의 대안적인 의사소통 모드를 제시한다). 손 씻기 일정에서 학생이 싱크대에 혼자서 가지 못하면 교사는 "싱크대로 가라."와 같은 단서를 제시한다.
제스처 촉진(G)	요구하는 반응의 정보를 제시하는 제스처나 표현(demonstration)을 나타낸다. 예를 들면, 교사가 싱크대 쪽을 가리킬 수 있다.
신체적 지원	
부분적인 신체적 촉진(PA)	학생의 신체적 움직임의 일부를 교사가 그대로 하게(mold) 해 준다. 교사가 학생으로 하여금 싱크대 쪽으로 향하게 할 수 있고, 학생을 한두 걸음 정도 싱크대로 데려갈 수 있다.
전반적인 신체적 촉진(FP)	학생의 신체적인 움직임을 교사가 완전히 지원(mold)해 준다. 학생이 움직여서 싱크대까지 가는 데 필요한 모든 지원을 교사가 해 준다.

출처: Nell & Billingsley (2005).

① 점진적 촉진감소 체계(system of decreasing prompt), ② 최소촉진 체계(system of least prompts), ③ 시간지연 전략(time-delay strategy)을 병행하여 실행하면 효과적인 직접교수를 실행할 수 있다. ①, ②, ③에 대한 구체적인 지도 방법은 이 책의 제12장을 참조하길 바란다.

(4) 삽입교수의 평가

삽입교수도 계획에서 실행 그리고 실행 결과에 대한 평가가 반복적으로 이루어져야 한다. 평가는 우선 계획한 목표대로 장애학생이 일정한 수준에 도달했는지에 대한 성취도를 확인하여야 한다. 그리고 성취한 목표에 대한 분석을 통해 성취과정상의 문제점이나 계획에서의 문제점 등을 파악하여 수행과정에 대한 피드백도 함께 이루어질 필요가 있다.

평가는 적어도 주 1회 또는 한 달에 한 번 정기적으로 실시하여 이전에 학습한 행동을 유지하고 훈련과정에서 새로 나타난 행동을 관찰한다. 이 평가는 학생이 과제의 단계 수행에서 얼마나 독립성을 획득하였는가를 알아보기 위한 의도로 수행된다.

평가 방법은 교수 상황에 따라 다양하게 적용할 수 있다. 〈표 10-5〉의 평가 방법 같이 매주 수행 정도[I: 독립수행(정반응), P: 부분정반응, H: 보조제공, W: 오반응(무반응)]를 기호로 표시해 나갈 수 있다. 또는 〈표 10-7〉과 같이 A-B-C 기능적 평가틀에 따라 일화기록 형식으로 수행과정을 기록해 결과를 종합적으로 분석할 수도 있다.

표 10-7 A-B-C 일화기록 평가

<table>
<tr><td>학생 이름</td><td colspan="2">○○○</td><td>교수목표</td><td colspan="2">교실과 간식시간에 스스로 상황에 맞게 "감사합니다." "주세요."로 반응할 수 있다.</td></tr>
<tr><td rowspan="2">일시</td><td colspan="2" rowspan="2"></td><td>활동</td><td colspan="2">교실/간식시간</td></tr>
<tr><td colspan="3">삽입교수</td></tr>
<tr><td rowspan="2">활동목표</td><td colspan="2" rowspan="2">활동장소</td><td>A: 선행자극(사건)</td><td>B: 행동</td><td>C: 후속 결과</td></tr>
<tr><td>교사가 "감사합니다." "주세요."를 할 수 있는 언어적 단서, 시범, 촉진 등을 제시한다.</td><td>주어진 단서, 시범, 촉진 등에 따라 학생이 실행한다.</td><td>정반응에 대해 칭찬하기, 오/무반응에 대한 긍정적 피드백 시범, 촉진, 활동에 참여하기 등</td></tr>
<tr><td rowspan="6">"감사합니다."라고 표현할 수 있음</td><td rowspan="3">교실</td><td>1주
(4/6)</td><td>담임 선생님께서 젤리를 주고 나서 "인사"라고 언어적 지시를 함</td><td>학생은 배에다 손을 올리고 "안녕하세요." 라고 말함</td><td>"○○야, 선생님이 젤리를 줬으니까 뭐라고 말해야 하지?" 라고 말하며 학생의 말을 수정해 줌
※말을 수정해 줬지만, "감사합니다."를 말하지 못함</td></tr>
<tr><td>2주
(4/13)</td><td></td><td></td><td></td></tr>
<tr><td></td><td></td><td></td><td></td></tr>
<tr><td rowspan="3">간식 시간</td><td>1주
(4/6)</td><td>다른 선생님께서 학생에게 아이스 초코를 주었을 때 "감사의 인사" 라고 언어적 지시를 함</td><td>"감사의 인사"라는 반향어를 보임</td><td>선생님께서 "감사합니다."라고 먼저 말했더니 그 말에 대한 반향어를 보임</td></tr>
<tr><td></td><td></td><td></td><td></td></tr>
<tr><td></td><td></td><td></td><td></td></tr>
<tr><td rowspan="3">"주세요."라고 표현할 수 있음</td><td rowspan="3">간식 시간</td><td>1주
(4/6)</td><td>학생에게 과자를 주기 전 모델링 기법으로 두 선생님이 시범을 보임</td><td>시범을 보고 나서도 원하는 과자를 먹기 위해 요구하는 말하기의 발화는 보이지 않았음</td><td>구어로 "아까 선생님이 이 과자를 먹고 싶다고 할 때 뭐라고 말했지?"라고 단서를 제시함</td></tr>
<tr><td>2주
(4/13)</td><td>구어적 단서를 제시함</td><td>혼란스러운 모습을 보이다가 "감사합니다."를 발화함</td><td>다시 시범을 보여 줬을 때, 이후에 "주세요."를 발화함</td></tr>
<tr><td></td><td></td><td></td><td></td></tr>
<tr><td rowspan="2">평가 결과 분석</td><td colspan="2">인사하기</td><td></td><td></td><td></td></tr>
<tr><td colspan="2">"주세요." 요구하기</td><td></td><td></td><td></td></tr>
</table>

2. 활동 중심 삽입교수를 통한 개별화교육계획

1) A–B–C 일화기록을 통한 학생의 현행 수준

학생 이름	이○○	관찰자	신○○	관찰일자	20○○. ○○. ○○.

<table>
<tr><th colspan="2">관찰행동
(관찰장소)</th><th colspan="2">A: 선행자극(사건)</th><th>B: 행동</th><th>C: 후속 결과</th></tr>
<tr><td colspan="2" rowspan="2">단서가 주어졌을 때 “안녕하세요.”를 스스로 발화할 수 있음(교실)</td><td colspan="2">등교하자마자 학생과 눈이 마주친 후 먼저 “안녕.” 하고 인사를 했음</td><td>가던 길을 멈추고 혼자 생각하는 듯이 눈을 감고 서 있음</td><td>실무원 선생님께서 “○○야, 안녕하세요. 인사해야지!” 하는 말에 학생만의 특유의 발음으로 “안녕하세요.”라고 말함</td></tr>
<tr><td colspan="2">학생이 지정좌석에 앉고 나서 담임 선생님이 가까이서 눈을 빤히 바라보았음</td><td>특유의 발음으로 “안녕하세요.”라고 정확히 말함</td><td>선생님께서는 칭찬과 동시에 학생이 해야 할 일을 구어로 제시함</td></tr>
<tr><td rowspan="2">“감사합니다.”를 스스로 발화할 수 있음</td><td rowspan="2">상황
&
대상
일반화</td><td>교실</td><td>담임 선생님께서 젤리를 주고 나서 “인사”라고 언어적 지시를 함</td><td>학생은 배에다 손을 올리고 “안녕하세요.”라고 말함</td><td>“○○야, 선생님이 젤리를 줬으니까 뭐라고 말해야 하지?”라고 말하며 학생의 말을 수정해 줌
※말을 수정해 줬지만, “감사합니다.”를 말하지 못함</td></tr>
<tr><td>간식
시간</td><td>다른 선생님께서 학생에게 아이스 초코를 주었을 때 “감사의 인사”라고 언어적 지시를 함</td><td>“감사의 인사”라는 반향어를 보임</td><td>선생님께서 “감사합니다.” 라고 먼저 말했더니 그 말에 대한 반향어를 보임</td></tr>
<tr><td colspan="2" rowspan="2">“주세요.”와 같은 요구하기를 발화할 수 있음(간식시간)</td><td colspan="2">학생에게 과자를 주기 전 모델링 기법으로 두 선생님이 시범을 보임</td><td>시범을 보고 나서도 원하는 과자를 먹기 위해 요구하는 말하기의 발화는 보이지 않았음</td><td>구어로 “아까 선생님이 이 과자를 먹고 싶다고 할 때 뭐라고 말했지?”라고 단서를 제시함</td></tr>
<tr><td colspan="2">구어적 단서를 제시함</td><td>혼란스러운 모습을 보이다가 “감사합니다.”를 발화함</td><td>다시 시범을 보여줬을 때, 이후에 “주세요.”를 발화함</td></tr>
</table>

〈계속〉

종합의견

기본적인 인사 "안녕하세요."는 발음이 부정확하지만 "인사"라는 구어적 단서가 제공되거나 특정 인물인 담임 선생님과 눈을 마주쳤을 때 완벽히 발화할 수 있다. 하지만 선생님께서 "인사"라는 구어적 단서를 주었음에도 불구하고 발화하지 못한 이유는 학생이 "안녕하세요."라는 말을 발화하는 데까지의 시간이 오래 걸리기 때문이다.

감사 표현에 있어서 감사를 표해야 하는 상황이 와도 스스로 발화하지 못하는 모습을 보였다. 교실 상황과 카페 상황에서 다른 선생님들이 "(감사의) 인사"라는 구어적 단서를 주었음에도 불구하고 "안녕하세요." "감사의 인사" 등의 반응을 보이면서 "감사합니다." 등의 감사 표현에 해당하는 발화를 하지 못하였고 결국 "감사합니다."를 따라 하게 함으로써 발화를 이끌어 냈다.

요구하기에 있어 좋아하는 음식이 있어도 언어적 표현보다는 비언어적 표현을 보이는 것으로 관찰되었다. 평소처럼 선생님이 학생에게 먼저 먹을 것을 주는 것이 아니라 학생이 먹을 것에 대해 "주세요."라고 발화하기 전까지 선생님은 아무것도 주지 않았다. 그랬을 때 학생은 포크로 먼저 손이 향했지만, 선생님은 학생이 "주세요."라고 발화하기 전까지는 먹을 것을 주지 않았다. 그랬더니 학생은 이전에 학습했던 "감사합니다."를 발화하였고, 선생님은 다시 한 번의 모델링 시범을 통해 학생이 "주세요."를 발화하도록 했다.

∴ 결론적으로 특정 인물과의 기본적인 인사는 언어적 단서 없이도 발화할 수 있고, 그 외 다른 사람과도 언어적 단서만 주어지면 언제든 인사할 수 있다. 하지만 특정 인물이 아닌 경우 먼저 발화하는 경우가 거의 없고, 감사 표현이나 요구하기 표현의 경우에는 여러 번의 언어적인 단서를 주어야지만 발화가 가능하기 때문에 스스로 발화할 수 있는 기회가 많이 주어져야 한다.

2) 기능적 영역 과제분석

의사소통 영역

언어이해	언어표현	자기지시
1. "이게 뭐지?" 하는 질문에 알아듣는다. 2. 주어진 두 가지 지시를 차례로 행한다. 3. "어디에?"라는 질문에 대답한다. 4. 미완성 문장을 주면 완성한다. 5. 방송으로 들은 정보를 이해한다. 6. 신문에서 읽은 내용을 대화에 활용한다.	1. "고맙습니다." "미안합니다."라는 인사말을 한다. 2. "~할거야." "~주세요."와 같은 요구하는 말하기를 한다. 3. 주어와 서술어로 된 홑문장을 사용하여 표현을 한다. 4. 높임말을 사용한다. 5. 거절하는 의사를 언어로 표현한다.	1. 문제 발생 시 누구에게 도움을 요청해야 하는지 판단한다. 2. 주어진 상황에서 해결해야 할 문제점이 무엇인지 파악한다. 3. 과제를 도움 없이 끝까지 해결해 낸다. 4. 과제를 수행하거나 활동을 하면서 시간의 흐름을 파악한다. 5. 과제 수행에 자신의 강점을 활용한다.

3) 삽입교수계획: 일과수행표(일정표)

시간 및 활동	목표행동		
	인사하기 “안녕하세요.”	요구하기 “주세요.”	감사 표현하기 “감사합니다.”
등교 후 8:20~8:40	✓		
교과 활동 (국어) 10:20~11:30	✓		✓
점심시간 11:30~12:50	✓	✓	✓
교과 활동 (미술) 12:50~14:40	✓		✓
휴식시간 14:40~14:50		✓	✓
동아리 활동 14:50~16:40	✓		✓
하교 전 16:40			✓
평가	• 평가자: 담임교사 • 평가 주기: 매주 금요일	• 평가 장소: 특수학급 • 평가 방법: 행동 관찰	

4) 장 · 단기 목표

영역	의사소통(언어표현: "고맙습니다." "미안합니다."라는 인사말을 한다.)	
장기 목표	상황에 맞는 적절한 방법으로 인사할 수 있다.	
단기 목표	인사하기	등교 직후 특수학급 내에서 교사에게는 "안녕하세요?" 동급생에게는 "안녕?"이라고 먼저 말할 수 있다.
	요구하기	제시된 다섯 가지 상황 중 세 가지 이상의 상황에서 상대방의 눈을 마주치며 "○○(자신이 원하는 것) 주세요."라고 말할 수 있다.
	감사 표현하기	제시된 다섯 가지 상황 중 세 가지 이상의 상황에서 상대방에게 "감사합니다." 또는 "고맙습니다."라고 말할 수 있다.

※ 현재 '인사하기'는 특정 인물에게만 언어적 단서나 촉구 없이 "안녕하세요."를 발화할 수 있으며, '감사 표현하기'나 '요구하기'는 자발화하는 경우가 드물기 때문에 언어적 단서/촉구 없이 상황에 맞는 적절한 표현 방법으로 인사할 수 있는 것을 목표로 삼았다.

조작적 정의	인사하기	상대방과 처음 만났을 때 눈을 마주치며 "안녕하세요." 또는 "안녕?"이라고 먼저 말하는 것
	요구하기	원하는 사물, 음식 등이 있는 상황에서 상대방과 눈을 마주치며 "○○ 주세요."라고 말하는 것
	감사 표현하기	상대방에게 원하는 사물, 음식 등을 받은 후 상대방과 눈을 마주치며 "감사합니다." 또는 "고맙습니다."라고 말하는 것

5) 교수 방법

<table>
<tr><td colspan="2">최소촉진 체계</td><td>• 지원을 하지 않은 상태에서 학생으로 하여금 과제를 수행하게 하고 필요한 경우 지원을 늘려 지원하지 않은 상태에서 행동을 요구하게 만든다. 예를 들어, 학생이 "주세요."라고 발화해야 하는 상황에서 먼저 학생에게 발화를 하도록 하고 오반응이나 무반응을 보이면 단계별로 지원을 한다. 처음에는 "갖고 싶으면 뭐라고 말해야 하지요?"라고 말을 하고 그래도 오반응이나 무반응을 보이면 "주~"라는 언어적 단서를 제시한다.</td></tr>
<tr><td colspan="2">반복학습</td><td>• 학생이 부분적으로 수행할 수 있는 영역이 있으나, 수행하지 못하는 부분을 포함한 전반적인 과정을 반복지도함으로써 전체 수행이 가능하도록 한다.</td></tr>
<tr><td colspan="2">직접 모델링</td><td>• 학생의 관심이 어디 있는지를 관찰하고 그 물건이나 행동에 같이 참여하면서, 그에 대한 적절한 언어를 시범 보인다. 처음에 두 교사가 먼저 "주세요."와 "감사합니다."를 발화할 수 있는 상황을 만들어 시범을 보여 준다.</td></tr>
<tr><td colspan="2">요구 모델링</td><td>• 학생과 함께 활동을 하다가 학생에게 언어적인 반응을 구두로 요구해 본 후에 시범을 보이는 것으로, "○○가 원하는 물건이나 갖고 싶은 물건을 받았을 땐 어떻게 말해야 해요?"라고 말한 뒤 여러 차례 오반응이나 무반응을 보이면 교정적 피드백으로 "그때는 '감사합니다.'라고 말하는 거예요."라고 말해 준다.</td></tr>
<tr><td colspan="2">시간지연</td><td>• 학생과 함께 활동하다가 학생의 언어적 반응을 기다려 주는 것으로, 학생이 말해야 하는 상황임을 눈치 채고 말을 하게 되면 그에 적절하게 교정 또는 시범을 보인다.</td></tr>
<tr><td rowspan="2">강화 계획</td><td>사회적</td><td>1. 비구어적 방법 – 엄지 척 손동작하기, 하이파이브 하기, 박수 치기
2. 구어적 방법 – 노래 〈멋쟁이송〉불러 주기("이○○는 멋쟁이~ 멋쟁이") "잘했어요." "대단해요." "멋져요." 등</td></tr>
<tr><td>물리적</td><td>"주세요."에 한하여 구어로 요구한 사물 또는 음식을 준다.</td></tr>
</table>

6) 교수계획

<table>
<tr><td>학생
이름</td><td>○○○</td><td>교수목표</td><td colspan="2">교실과 간식시간에 스스로 상황에 맞게 "감사합니다." "주세요."로 반응할 수 있다.</td></tr>
<tr><td rowspan="2">일시</td><td rowspan="2"></td><td>활동</td><td colspan="2">교실/간식시간</td></tr>
<tr><td colspan="3">삽입교수</td></tr>
<tr><td rowspan="2">활동목표</td><td rowspan="2">활동장소</td><td>A: 선행자극(사건)</td><td>B: 행동</td><td>C: 후속 결과</td></tr>
<tr><td>교사가 "감사합니다." "주세요."를 할 수 있는 언어적 단서, 시범, 촉진 등을 제시한다.</td><td>주어진 단서, 시범, 촉진 등에 따라 학생이 실행한다.</td><td>정반응에 대해 칭찬하기, 오/무반응에 대한 긍정적 피드백 시범, 촉진, 활동에 참여하기 등</td></tr>
<tr><td>"감사합니다."라고 표현할 수 있음</td><td>교실</td><td>"인사" 혹은 "○○야, 선생님이 젤리를 줬으니까 뭐라고 말해야 하지?" 등 언어적 단서, 시범 단서 제공</td><td rowspan="3">교사의 선행자극에 정반응/오반응/무반응</td><td rowspan="3">-정반응에 칭찬으로 "참 잘했어요." 등
-오반응이거나 무반응을 보이면 "감사합니다." "주세요." 하고 시범을 보인다.</td></tr>
<tr><td rowspan="2">"주세요."라고 표현할 수 있음</td><td rowspan="2">간식시간</td><td>학생에게 과자를 주기 전 모델링 기법으로 두 선생님이 시범을 보임</td></tr>
<tr><td>구어적 단서를 제시함</td></tr>
</table>

<table>
<tr><td rowspan="4">평가</td><td colspan="2">평가자</td><td>김○○</td><td>평가 방법</td><td colspan="2">관찰/서술</td><td>평가 일시</td><td colspan="2">매일 주어진 일정시간</td></tr>
<tr><td colspan="2">요일</td><td>월</td><td>화</td><td>수</td><td>목</td><td>금</td><td colspan="3">I: 독립수행(정반응)
P: 부분정반응
H: 보조제공
W: 오반응(무반응)</td></tr>
<tr><td rowspan="2">평가
내용</td><td>인사</td><td></td><td></td><td></td><td></td><td></td><td></td><td></td><td></td></tr>
<tr><td>요구</td><td></td><td></td><td></td><td></td><td></td><td></td><td></td><td></td></tr>
</table>

7) 평가 계획

(1) 관찰평정척도

주별 평가표							
목표행동 (시간)	대상/상황	요일					
		월	화	수	목	금	비고
인사하기 (8:20~8:40)							
요구하기 (17:00~18:00)							
감사 표현하기 (17:00~18:00)							
평가	I: 독립수행(정반응), P: 부분정반응, H: 보조제공, W: 오반응(무반응)						

(2) A-B-C 일화기록 평가

<table>
<tr><td>학생 이름</td><td colspan="2">○○○</td><td>교수목표</td><td colspan="2">교실과 간식시간에 스스로 상황에 맞게 "감사합니다." "주세요."로 반응할 수 있다.</td></tr>
<tr><td rowspan="2">일시</td><td rowspan="2" colspan="2"></td><td>활동</td><td colspan="2">교실/간식시간</td></tr>
<tr><td colspan="3">삽입교수</td></tr>
<tr><td rowspan="2">활동목표</td><td rowspan="2" colspan="2">활동장소</td><td>A: 선행자극(사건)</td><td>B: 행동</td><td>C: 후속 결과</td></tr>
<tr><td>교사가 "감사합니다." "주세요."를 할 수 있는 언어적 단서, 시범, 촉진 등을 제시한다.</td><td>주어진 단서, 시범, 촉진 등에 따라 학생이 실행한다.</td><td>정반응에 대한 칭찬하기, 오/무반응에 대한 긍정적 피드백 시범, 촉진, 활동에 참여하기 등</td></tr>
<tr><td rowspan="3">"감사합니다."라고 표현할 수 있음</td><td rowspan="3">교실</td><td>1주
(4/6)</td><td>담임 선생님께서 젤리를 주고 나서 "인사"라고 언어적 지시를 함</td><td>학생은 배에다 손을 올리고 "안녕하세요." 라고 말함</td><td>"○○야, 선생님이 젤리를 줬으니까 뭐라고 말해야 하지?"라고 말하며 학생의 말을 수정해 줌
※말을 수정해 줬지만, "감사합니다."를 말하지 못함</td></tr>
<tr><td>2주
(4/13)</td><td></td><td></td><td></td></tr>
<tr><td></td><td></td><td></td><td></td></tr>
</table>

〈계속〉

<table>
<tr><td rowspan="3"></td><td rowspan="3">간식
시간</td><td>1주
(4/6)</td><td>다른 선생님께서 학생에게 아이스 초코를 주었을 때 "감사의 인사"라고 언어적 지시를 함</td><td>"감사의 인사"라는 반향어를 보임</td><td>선생님께서 "감사합니다."라고 먼저 말했더니 그 말에 대한 반향어를 보임</td></tr>
<tr><td></td><td></td><td></td><td></td></tr>
<tr><td></td><td></td><td></td><td></td></tr>
<tr><td rowspan="3">"주세요."
라고 표현
할 수 있음</td><td rowspan="3">간식
시간</td><td>1주
(4/6)</td><td>학생에게 과자를 주기 전 모델링 기법으로 두 선생님이 시범을 보임</td><td>시범을 보고 나서도 원하는 과자를 먹기 위해 요구하는 말하기의 발화는 보이지 않았음</td><td>구어로 "아까 선생님이 이 과자를 먹고 싶다고 할 때 뭐라고 말했지?"라고 단서를 제시함</td></tr>
<tr><td>2주
(4/13)</td><td>구어적 단서를 제시함</td><td>혼란스러운 모습을 보이다가 "감사합니다."를 발화함</td><td>다시 시범을 보여 주었을 때, 이후에 "주세요."를 발화함</td></tr>
<tr><td></td><td></td><td></td><td></td></tr>
<tr><td rowspan="2">평가 결과
분석</td><td colspan="2">인사하기</td><td></td><td></td><td></td></tr>
<tr><td colspan="2">"주세요." 요구하기</td><td></td><td></td><td></td></tr>
</table>

제11장

사회적 기술 프로그램을 통한 개별화교육계획

사회적 기술능력은 장애학생이 활발한 사회적 상호작용을 통해 사회의 구성원으로서 역할을 수행하는 데 필요한 기술이다. 사회적 기술능력의 향상을 위한 프로그램은 장애학생이 현재 및 미래의 환경에서 효과적으로 상호작용하며 궁극적으로 독립적인 삶을 영위하도록 하는 데 그 의미가 있다. 이를 위해 신현기, 김형일, 유장순(2004)이 발간한 『장애학생과 비장애학생을 위한 함께 지내는 기술지도』의 프로그램을 수정하여 간략히 소개하고, 이를 응용하여 개별화교육계획으로 제시하고자 한다.

1. 사회적 능력 및 기술 이해하기

1) 사회적 능력의 위계

사회적 능력에 대한 개념화 과정에서 공통적으로 작용하는 용어가 '효과성(effectiveness)'과 '적절성(appropriateness)'이다. 역동적인 대인관계 속에서 높은 수준의 대인관계 성공

률을 유지하려면 대인관계 전략을 가지고 있어야 한다. 대인관계 전략을 갖기 위해서는 사회/의사소통기술(social/communicative skills)을 습득하여야 하는데, 이를 습득하기 위해서는 언어 · 인지 · 정서 · 운동능력이 선행되어야 한다.

이 능력 간의 위계적 관계를 보면 [그림 11-1]과 같다. 사회적 능력의 위계에서 상위의 능력은 하위의 능력에 의해 영향을 받는다. 이 모형에서 강조하고 있는 것은 이 영역 사이의 역동성(dynamics)이다.

이 위계 모형에는 두 개의 큰 능력 수준이 담겨 있는데, 첫 번째는 사회/의사소통 기술로서 가장 중요한 핵심적 요소이다. 여기에는 언어 · 인지 · 정서 · 운동능력이 포함된다. 이러한 각각의 하위능력이 통합되어 나타난 사회/의사소통적 기술은 사회적 맥락 내에 존재하는 사회적 과제, 즉 대인 간 문제를 해결하는 데 사용된다.

사회/의사소통기술들이 통합 · 조직 · 계열화되어 후속적으로 나타나는 능력이 사회적 과제 내의 전략(strategies with a social task)이다. 사회적 전략은 또래 관계에서의 사회적 능력에 지대한 영향을 미친다.

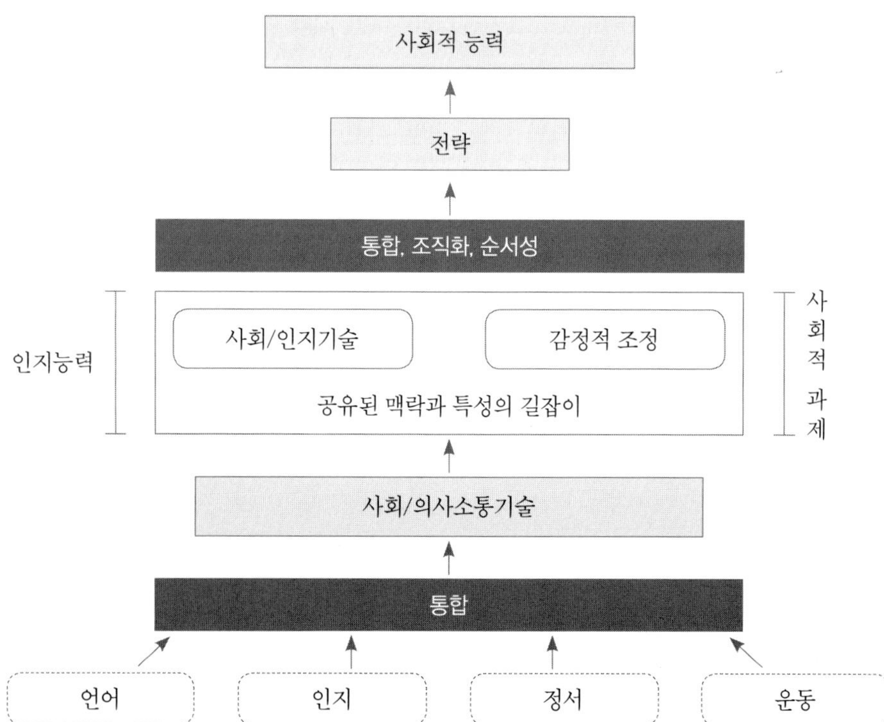

그림 11-1 사회적 능력의 위계

출처: Guralnick(1992); 신현기, 김형일, 유장순(2004)에서 재인용.

2) 사회적 능력과 기술의 관계

Gresham과 Horner(2001)는 사회적 기술(social skills)이란 개인이 구체적인 사회적 과제를 능숙하고 성공적으로 수행하는 특정한 행동이고, 사회적 능력(social competence)은 개인이 수행한 사회적 과제를 능숙하게 수행했는지의 여부를 다른 사람의 기준이나 판단에 근거해 평가한 결과라고 주장하며 사회적 기술과 사회적 능력을 구분하였다. 즉, 사회적 기술은 가르치고 배우고 수행해야 하는 행동인 반면, 사회적 능력은 여러 상황에 걸쳐 이러한 행동을 판단하거나 평가하는 능력이며 사회적 기술을 효과적으로 활용하는 것이라고 하였다.

Hazel 등(1985)은 사회적 능력을 복잡한 기술의 복합체라고 기술하며, 여기에는 적절한 상황을 구별하고 적절한 음성/비음성적 행동을 결정하며, 사회적 규준에 적절하고 조화롭게 또 부드럽게 기술을 수행하고, 반응을 정확히 읽어서 무리 없이 피드백을 할 수 있는 능력을 포함한다고 제시하였다.

Gresham(1986)은 장애아가 여러 가지 사회적 능력에 실패하는 이유는 이들이 적절한 사회적 기술을 사용할 수 있는 동기를 가지고 있지만, 사회적 단서를 해석하고 구분하는 인지적 기술이 부족하기 때문이라고 주장하였다. 즉, 자신의 행동적 레퍼토리는 가지고 있지만 그것을 사용하는 방법을 모른다는 것이다. 그는 이것을 자기통제기술 결함(self-control skill deficit)이라고 하였다. 또한 학생이 방법과 내용은 알지만 실제 생활에 직면해서 적절한 사회적 행동을 수행하지 못하는 수행 결함(performance deficit)도 사회적 능력의 부족을 유발한다고 하였다.

Vaughn 등(1983)은 사회적 능력은 다차원적인 요소로 이루어졌다고 주장하고 그 구성내용은 동료 관계(peer-relations), 자기수용(self-acceptance), 적응행동(behavioral adjustment) 그리고 사회적 기술이라고 하였다.

이처럼 연구자들의 주장에 따르면, 사회적 기술은 사회적 능력의 부분적인 요소이고 사회적 능력은 이러한 기술의 종합을 의미한다. 사회적 기술과 사회적 능력은 별개의 요소로 존재하는 것이 아니라 서로 얽혀 있다. 따라서 사회적 기술은 강화된 행동을 표출할 수 있는 능력, 타인에게 제약을 받거나 비판을 받을 만한 행동을 하지 않는 능력 또는 사회적 상황에 맞게 행동하는 능력이라고 정의할 수 있다(Gambrill & Richey, 1986).

2. 사회적 기술 지도를 위한 모델링 학습

1) 모델링 학습의 이론

모델링 학습에 대한 사회학습이론은 몇몇 심리학자의 꾸준한 노력에 의하여 발전되었다. 대표적인 사회학습이론으로는 Bandura(1977)의 이론을 들 수 있는데, 그는 인간의 사회적 행동에 대한 학습이 직접적인 경험을 통해서 이루어지기도 하지만, 대리적 경험(또는 관찰)을 통해서도 이루어짐을 강조하였다. 따라서 관찰과정은 인간의 학습에 있어서 중요한 요소라고 할 수 있다. 이러한 특징은 동물과는 달리 인간이 고등정신기능을 발휘할 수 있음을 의미한다.

사회학습이론에서는 행동을 보여 주는 사람을 모델(model)이라고 한다. 모델은 자기의 정보를 타인에게 전달할 수 있는 능력을 가지고 있으므로 이를 관찰하는 사람에게 많은 영향을 미친다. 관찰자는 모델이 보여 주는 행동을 자신의 지각과정 내로 수용하되 이를 나름대로 상징적 표상화하는 과정을 거친다. 이러한 상징적 표상화는 필요한 정보를 인출하는 데에도 도움이 될 뿐만 아니라 행동으로 표출할 때에도 도움이 된다. 이러한 과정은 관찰학습 단계를 거쳐 이루어진다. 그리고 사회학습이론에서는 이를 발전시켜 모델링 학습을 설명하고 있다.

(1) 관찰학습 단계

① 주의집중 과정

관찰자는 모델의 행동을 주시하면서 계속적으로 자신에게 가치 있고 의미 있는 것을 선별한다. 관찰자가 모델의 행동에 세심한 주의를 기울이지 않으면 관찰자는 모델에 대하여 별다른 욕구를 느낄 수 없다. 관찰자가 주의를 집중하는 데에는 모델의 행동특성이 중요하게 작용된다. 즉, 모델이 제시하는 행동특성이 관찰자의 행동특성과 유사할 때, 그리고 관찰자에게 의미 있을 때, 관찰자 자신에게 바람직하다고 판단될 때 주의집중이 잘 된다고 볼 수 있다. 이를 동기요인이 작용된다고 하는데, 동기요인은 관찰자의 주의집중에 커다란 영향을 미친다. 동기요인의 효과는 파지과정과 운동재생산과정에서도 많은 역할을 한다.

② 파지과정

이 과정에서도 앞에서와 마찬가지로 인간의 고등정신기능이 작용한다. 인간의 기억 과정은 상징 체계를 통한 정보의 기록이라고 볼 수 있다. 정보를 기록하는 방법에는 두 가지가 있다. 하나는 시각적 심상(image)을 활용한 상징적 표상이다. 인간은 기억된 정보를 회상할 때 심상을 활용한다. 예를 들어, 사람들은 교통신호를 볼 때 신호의 색깔마다 각기 다른 반응을 보인다. 또 하나는 언어 체계를 통한 표상이다. 사람들은 기억된 정보를 회상할 때 언어 체계를 활용하며, 이를 통하여 행동 방향을 결정한다. 그 밖에 시연(rehearsal)을 통한 표상도 있다. 시연이란 정보를 인지적으로 재음미하는 과정이라고 할 수 있다. 예를 들어, 시를 소리 없이 내재적으로 암송한 후, 이를 교사나 친구에게 그대로 전달할 때 시연을 활용한다.

③ 재생과정(또는 모방과정)

사람들은 관찰한 행동을 밖으로 표출하기 전에 먼저 이에 상응하는 행동 양식을 마음 속으로 결정한다. 이러한 과정을 재생과정이라고 한다. 재생의 효과는 기억 속에 내재된 상징적 표상을 어느 정도 정확하게 처리할 수 있느냐에 따라 달리 나타난다. 그 밖에 관찰자의 물리적 특성에 의해서도 제한을 받을 수 있다. 예를 들면, 관찰자가 모델의 행동을 정확히 관찰하였다 하더라도 그가 신체적으로 왜소하거나 힘이 약하거나 장애를 가졌을 경우에는 이를 정확히 처리할 수 없다.

(2) 모방 단계

① 단순한 모방

모델의 행동을 그대로 짜 맞추기(matching response to a model)만 하면 되는 과제를 처리할 때 활용한다. 예를 들어, 관찰자가 자물쇠 조작법을 세심하게 관찰하였다 할지라도 이 조작 절차를 완벽하게 짜 맞추지 못하면 자물쇠를 조작할 수 없다.

② 복잡한 모방

형식이나 법칙의 지배를 받는 과제를 처리하기 위한 모방이다. 법칙의 지배를 받는 과제는 절차를 단순히 짜 맞춘다고 해서 해결되는 것이 아니라 과제에 수반되어 있는 일정한 형식이나 규칙을 알고, 이를 잘 조합하여야 처리할 수 있다. 예를 들어, 모델이 제시해

준 단순한 문장들을 관찰자 나름대로 재구성하여 보다 복잡한 문장을 만드는 방법을 익히면, 이전에 들어 보지 못했던 문장이라 할지라도 이를 조합하여 새로운 문장을 작성할 수 있다. 이렇게 작성된 문장은 비록 모델이 제시한 문장과 정확하게 일치하지는 않더라도 관찰자는 자기가 터득한 문장 형식과 규칙에 준하여 자신의 문장을 고칠 수 있다.

(3) 모델링 학습

① 모델의 특성

- **모델의 연령**: 모델의 연령이 학습자와 비슷할 때 교육적 효과가 크다.
- **모델의 성**: 동성이 이성보다는 교육적 효과가 크다.
- **모델의 친화성**: 성격이 원만하고 친절하며 세련된 모델이 교육적 효과가 있다.
- **모델의 유사성**: 모델과 관찰자 간의 유사성이 있을 때 관찰자의 분별력이 더 높게 나타난다.
- **모델의 위상**: 모델의 사회적 위상이 높을수록 교육적 효과가 크다.
- **모델의 통제성**: 관찰자가 원하는 보상을 모델이 통제할 수 있을 때 교육적 효과가 크다.

② 모델의 시범

- 모델의 시범이 명확하고 세밀할 때 교육적 효과가 크다.
- 가장 쉬운 것에서 가장 어려운 것 순으로 제시할 때 교육적 효과가 크다.
- 과잉학습이 이루어질 수 있을 만큼 충분히 반복하여 제시할 때 교육적 효과가 크다.
- 불필요하고 무관한 사항들이 제거되었을 때 교육적 효과가 크다.
- 시범이 여러 모델에 의해서 이루어질 때 교육적 효과가 크다.

③ 관찰자의 특성

- 모델의 행동을 모방하라는 지시를 받았을 때 교육적 효과가 크다.
- 관찰자가 모델을 좋아할 때 교육적 효과가 크다.
- 관찰자가 모델과 유사한 배경을 가졌을 때 교육적 효과가 크다.
- 관찰자의 모방행동이 보상을 받을 수 있을 때에 모방 학습의 효과가 증가한다.

④ 모델링의 종류

- **선행 모델링**: 학생에게 반응을 요구하기 전에 각 단계에서 요구하는 올바른 반응을 교사가 먼저 시범하여 주고 이를 모방하도록 하는 것이다. 즉, '교사의 시범 → 학생에게 반응 요구 → 학생의 반응 → 칭찬'의 과정을 거친다.
- **실수의존 모델링**: 학생의 반응 오류가 나타날 때에만 교사가 모델링하는 것으로서 이미 학습한 내용을 복습할 경우에 주로 사용된다. 진행과정은 '학생에게 반응 요구 → 학생의 정교사의 정반응 모델링 → 학생에게 반응 요구 → 학생의 정반응 → 칭찬' 과정을 거치는 방법이다.
- **부분 모델링**: 정반응의 일부를 교사가 제시하여 주고 학생으로 하여금 정반응의 나머지 부분을 완성하도록 하는 방법으로서 교사가 '모자'라는 낱말 카드 제시 → 학생의 무반응 → 교사가 '모~' 하고 발성 → 학생이 '모자' 하고 반응 → 칭찬하는 과정을 거친다.

⑤ 효과적인 모델링을 위한 지침

모델링을 성공적으로 수행하려면 교사는 다음과 같은 사항을 고려하여야 한다 (Bandura, 1977).

- 모델링이 시행되는 동안 학생들이 제시되는 행동에 주의를 집중하도록 한다. 이를 위해서는 주의집중을 도울 수 있는 보상 체계를 마련하여야 한다. 또한 주의집중을 도울 수 있는 손짓이나 언어적 촉구를 취하여야 하며, 학생들이 반응하기 전에 주의를 집중하기 위한 시간을 준다.
- 반응행동을 하는 데 있어서 가장 특징적인 단서를 제시한다. 예컨대, "지금부터 방망이로 야구공을 치는 방법을 여러분에게 보여 주겠어요."라든가 "이것이 '어'를 쓰는 방법이에요. 먼저 'ㅇ'를 쓰고 'ㅇ'의 가운데에 'ㅓ'를 쓰세요."라고 말한다.
- 학생들이 모델링을 하는 각 단계는 짧고 간단하여야 하며, 바로 따라할 수 있어야 한다.
- 실수할 가능성을 최소화한다.
- 모델링을 통하여 반응행동의 개념과 목표를 파악할 수 있도록 한다.
- 모델링을 반복할 수 있도록 충분한 시연과 연습을 제공한다.
- 다양한 방법을 통한 모델링으로 일반화가 가능하도록 한다.

- 즉각적이고 적절한 연습을 제공한다.
- 적절한 보상을 제공한다.

3. 사회적 기술 프로그램의 구성

이 프로그램은 개인생활, 학교생활, 직장생활 영역에서 기능적이고 효율적으로 사회적 기술을 사용할 수 있는 잠재능력을 개발하는 효과가 있다. 또한 장애인들이 일상생활에서 직면하는 여러 가지 대인문제를 적절한 방법으로 사고하고 합리적으로 해결하는 능력과 태도를 갖추도록 해 준다.

1) 사회적 기술 프로그램 진행 단계

(1) 1단계: 학습의 필요성 확립하기

1단계 직접교수 · 학습 단계는 사회적 기술을 위한 학습의 필요성 확립으로 시작한다. 교사는 특정한 기술을 학생이 개인적으로 반드시 인식하고 사용할 수 있는 조건을 유발하고 사고를 도출해 낼 수 있도록 해야 한다. 전체 학습에서 기술(skills)을 나타낼 수 있는 질문, 이야기, 짧은 상황극 등으로 출발한다. 개인적인 경험이나 자기소개 등을 하면서 사회적 기술의 필요성과 해당 기술에 대하여 알아야 할 것을 지도하고 또한 그 이유를 파악하도록 한다. 중요한 것은 교사보다는 학생이 스스로 이러한 기술에 대한 관계를 파악할 수 있도록 유도하는 것이다. 그러나 지적장애학생은 교사가 직접 촉진을 사용한다. 이 단계의 목적은 주제에 대하여 학생들이 개인적으로 의미를 부여함으로써 교수에 대한 주의를 환기시키는 데 있다. 그리고 요구에 대한 토론을 하면서 자연스럽게 다음 단계로 이끌어 갈 수 있다.

〈1단계 활용 예시〉 목표: 상황에 맞는 몸차림을 갖출 수 있다.

① 옷을 바르게 입지 못한 혜숙(가명)의 옷차림에 대해 말한다.

혜숙이는 매우 예쁘다. 눈은 크고 코는 오뚝하며 눈썹이 매우 길고 얼굴은 희다. 그런데 혜숙이는 세수를 하는지 안 하는지 도무지 알 수가 없다. 혜숙이는 학교에 오면 항상 눈에는 눈곱이 껴 있고 머리는 헝클어져 있다. 그리고 단추를 똑바로 채우지 않아 우스꽝스럽고 용모가 단정치 못하였다.

그런 혜숙이와 짝이 된 정배는 선생님께 불만이 많다. 한 달 동안이나 짝을 바꿔 주지 않았기 때문이다. 정배는 선생님께서 짝을 바꾸는 날만 손꼽아 기다리고 있다. 정배는 아침 자습을 하다가 혜숙이가 교실 문을 열고 들어오는 것을 보았다. 정배는 혜숙이가 자신을 아는 척 해도 못 들은 척 대꾸도 하지 않고 얼른 고개를 숙이고 교실 바닥에 내려가 앉는다. 혜숙이는 아랑곳하지 않고 의자에 털썩 앉으며, 눈을 비벼 댄다.

비가 오는 어느 여름날이었다. 혜숙이는 아주 엉뚱한 옷차림을 하고 학교에 왔다. 털이 달린 모자를 쓰고 긴 바지에 털이 달린 겨울옷을 입고 왔다. 갑자기 학생들은 웃음을 터뜨리고 책상을 치며 혜숙이를 놀려 대기 시작했다. 장난이 가장 심하고 친구들을 괴롭히는 봉수가 혜숙이 옆에 와서 '너 어떻게 됐니?' 하면서 손가락으로 머리에 대고 동그라미를 그리며 혜숙이의 모자를 벗겨 이리저리 던지기 시작하였다.

교실은 갑자기 난리가 나고 혜숙이는 모자를 찾으러 이리저리 쫓아다니다가 결국 울음을 터뜨렸다.

② 화장실에 다녀와서 속옷을 바지 속에 제대로 넣지 않은 친구를 본 적이 있는지 질문한다.

③ 모자를 쓰고 벗은 후에 머리가 헝클어진 경우 어떤 모습이었는지 경험을 말하게 한다.

④ 우스꽝스럽고 단정치 못한 용모에 대해서 설명하고 사람들이 그런 모습을 하고 있을 때는 어떤 생각이 드는지 말하도록 한다.

–엉뚱한 구멍에 단추를 끼운 스웨터

–헝클어진 머리

–바지나 치마의 열린 지퍼로 보이는 속옷

(2) 2단계: 필요한 기술 확인하기

1단계의 학습의 필요성을 확립하고 난 뒤에, 교사는 필요한 기술요인을 순서화하여야 한다. 중재와 다음 단계로 넘어가기 위해 일련의 단계를 포스터로 된 종이판이나 칠판, 오버헤드 프로젝트 등에 기록하여 필요한 기술요인을 나타내거나 제시할 수 있다. 각 단계는 학생과 같이 진행한다.

필요한 기술이 일단 순서화되면 시연을 통해 다양한 기술을 활용할 기회를 갖도록 한다. 나이가 어린 학생들은 기계적으로 반복된 시연을 교수과정에 포함시킬 수 있다. 그리고 시연과정에서 어떤 것을 기억하거나 암송을 이끌어 낼 단서를 사용할 수 있다. 기계적으로 반복하는 시연에서 칠판에 적어 놓은 글이나 짧은 시구, 짧은 이야기와 같이 내용으로 필요한 기술을 확인할 수 있다. 청소년들을 위해서는 언어적 표현 전략이 시연보다 더 성공적이고 적절하다. 언어적 표현은 교사가 각 기술 단계를 대화로 진행할 수 있다. 그리고 기술의 각 단계에서 여러 가지 다양한 측면을 반복해 줄 수도 있다. 학생 개인과 연관된 것이나 관련 정보와 결부시켜 언어적 표현을 하도록 한다.

필요한 기술을 확인하는 시연은 기간을 늘려 가면서 제시한다. 그리고 중요한 것은 기술을 알게 한 다음의 과정이다. 제시한 연습이 쉽게 이루어지도록 때때로 기술들을 검토

〈2단계 활용 예시〉

① 학생들은 하루에 한 가지씩 자신의 용모를 확인한다.

② 시기에 알맞게 자신의 용모를 보고 확인하면서 말하도록 한다.

③ 확인할 내용의 목록을 학생들이 만들도록 한다.

확인해야 할 내용	확인해야 할 시기
머리는 빗었는가	외출할 때
셔츠는 안으로 집어넣었는가	학교
버튼과 지퍼	휴식 후
바지 위/치마 아래	점심 후
흙은 털었는가	도착 후
옷	집
손과 얼굴의 청결	외출 때
신발은 단정한가	신발을 신을 때

④ 무엇을 언제 확인하는지를 소리 내어 읽게 한다.

⑤ 한 주 동안 자기확인을 하도록 한다.

하는 과정이 필요하고, 필요한 기술들을 상기시키기 위해 교사가 학생에게 직접 질문을 할 수도 있다.

(3) 3단계: 기술 시범 보이기

사회성 기술을 가르칠 때 실제적인 것과 상징적인 모델링 모두 다 효과적이다. 실제적인 모델링은 교사는 다른 성인 혹은 동료가 어떻게 행동을 수행하는지 보여 주는 것이다. 상징적 모델링은 실제적인 모델링과 같은 방식이지만, 기술을 시범 보이기 위해 비디오 테이프나 영화 또는 인형 등을 활용한다.

장애학생들의 경우는 판단력이 부족하기 때문에 기술을 시범 보일 때 소리 내어 말하기 절차를 사용한다. 실제적인 모델링이나 상징적인 모델링에서 소리 내어 말하기 절차를 사용할 수 있는데, 상징적인 모델링에서는 비디오의 진행 장면을 잠시 멈추고 그것에 대해 말하게 함으로써 시범을 활용할 수 있다.

또한 학생들은 모델링이나 진술하기 기술 외에 자신들이 관찰한 기술 단계를 암송하거나 그것에 대해 토론을 할 수 있다. 각 단계의 기술들을 모델링하고 다양한 조건과 상황에서 그 기술들을 일반화하기 위해 내용을 바꿀 필요가 있다. 예를 들면, 이름을 부를 때 적절히 반응하도록 하기 위해서, 그 기술을 놀이터, 집, 교실, 통학버스 장면 등에서 적용하고 이름을 부르는 사람 역시 어른, 동료, 형제로 바꾼다.

〈3단계 활용 예시〉

① 좋은 몸단장 유지를 위한 연속된 단계를 생각-말하기(think-aloud: 학생 자신이 학습내용을 속으로 생각하면서 입으로 말하는 것)를 하라고 학생들에게 말한다. '학교에 도착한 후' 같은 상황에서 자기확인하는 것을 보여 준다. 생각-말하기의 각 단계를 설명한다.

② 비슷한 상황에서 기술을 적용하는 것을 보여 준다.
(예: 친구의 집에 도착하고 나서)

(4) 4단계: 역할놀이

장애학생들은 역할놀이과정에서 역할수행, 실제 연습 그리고 학생들에게 책임감을 부여함으로써 수업의 주의집중을 촉진할 수 있다. 또한 피드백은 언어적으로 혹은 피드백 카드를 사용하여 제공할 수 있다. 피드백을 언어적으로 제시할 때, 교사는 학생 개개인이 단 한 가지의 특정 기술요인에 주목하도록 하여야 한다. 피드백 카드는 언어적 피드백과 방법이 같지만 각 상황에서 새로운 역할을 맡은 후에 학생들을 집중시키고 동료학생이 수행하는 동안에 새로운 기술요인에 대한 학생들의 판단력을 강화시키며 피드백을 정확히 수행하는 데 필요한 기술이 형성되도록 도와준다. 피드백은 강화 인자로서 습득한 기술이 유지되도록 도와준다. 이런 측면에서 역할놀이 시 피드백을 사용하며 또한 학생들이 각 단계에서 기술을 정확하게 수행하도록 촉진 전략을 사용한다. 즉, 학생이 새로운 기술을 정확히 수행하도록 각 단계에서 촉진을 해 주고, 그 기술 자체나 기술 구성요인을 정확하게 수행하면 칭찬이나 다른 보상으로 강화해 준다.

만약 학생들이 기술을 습득하는 데 있어서 촉진을 많이 요구할 때는 기술을 반복해서 가르치고 광범위하게 연습을 해야 한다. 즉, 일반화를 고려하여 다양한 환경 내에서 역할놀이를 하고 그 기술을 수행할 수 있도록 해야 한다.

〈4단계 활용 예시〉

① 절차들을 생각하며 생각-말하기로 자기확인 역할놀이를 하게 한다.
② 상황을 바꾸어서 역할놀이를 하게 한다.
③ 역할놀이가 끝난 후 피드백을 제공한다.
④ 친구들의 역할을 평가해 보도록 한다.

(5) 5단계: 연습

새로운 기술을 유지하고 궁극적으로 일반화하기 위해 연습을 해야만 한다. 장애학생이 학습기술을 배우기 위해서는 상당한 연습이 필요하고, 마찬가지로 사회적 기술을 배우는 데도 그와 같은 노력이 요구된다. 기술을 습득하기 위해서는 다양한 방법으로 연습을 할 수 있다. 예를 들면, 교사는 학기 초부터 기회가 있을 때마다 학생이 일련의 기술을 시도하도록 말과 단서로써 기술 수행을 촉진하고 새로운 기술을 연습시킬 수 있다. 또 보조원을 통하여 학생들이 연습하게 할 수 있다. 한 학생이 전체 과정에서 어떤 특별한 기술을 정확하게 수행하지 못할 때, 원리에 따라 단계적으로 그 기술을 훈련시킬 수 있다.

학생들로 하여금 기술을 연습하도록 도전시킴으로써 많은 기술을 실습시킬 수 있을 것이다. 기술의 도전은 학생이 기술을 수행할 수 있도록 환경이 만들어졌을 때 일어난다. 즉, 장애학생이 새로운 사회적 기술을 배운 후, 즉시 역할을 수행할 수 있도록 환경을 제공함으로써 학생은 기술을 시도할 도전을 받고, 동료에게 그 결과에 대한 피드백을 받을 수 있다.

또한 학생들은 학습한 기술을 숙제, 규칙적인 복습 기간, 일일 역할놀이를 통하여 연습할 수 있다. 관련된 기술구성요인을 숙제로 부여한다든지, 주1회에 혹은 월 2회 등 복습 시간을 정하여 학급에서 시범을 보이도록 한다.

〈5단계 활용 예시〉

① 연습을 하는 일주일은 기술 요소들을 매일 소리 내어 연습하게 한다.

② 학생들 자신의 용모를 확인하는 숙제를 내 준다.

③ 적절할 때, 자기체크를 할 단서를 준다. 자기확인을 끝내면 칭찬한다.

④ 기술을 복습할 때, 생각-말하기 절차를 진행하면서 한 명 또는 두 명의 학생이 자기확인을 시범 보이게 한다.

(6) 6단계: 일반화

장애학생들의 사회적 기술에 대한 일반화가 일어나지 않는다면, 교실에서 이루어진 교육은 쓸모가 없다. 특수학습에서 지도된 사회성 기술들이 다른 환경에서 항상 일어나는 것은 아니다. 또한 가정에서 지도된 기술들이 학교나 다른 지역사회에서 일관되게 수행되지 않은 경우가 있다. 따라서 사회적 기술의 일반화를 위한 몇 가지를 제안하면 다음과 같다.

- 사회적 기술은 실제 생활 상황에서 가르친다.
- 다양한 물리적 공간(운동장, 교실), 인적 자원(일반학급교사, 특수학급교사, 교과전담교사, 영양사, 보건교사 등)에 의해 기술 사용을 촉진한다.
- 서로 다른 환경(일반학급, 특수학급, 운동장, 급식실 등)에서 기술 사용 시 피드백을 제공한다.
- 서로 다른 환경(학교장, 교사, 일반교직원, 학부모 등)에서 강화하고 격려한다.
- 자연스런 환경에서 재교육을 실시한다.
- 학급구성원과 학급 크기 등 배치 변화에 따른 재교육 및 실습을 한다.
- 숙련된 다른 훈련생을 통해 기술을 실습시킨다.

- 기술 사용에 대해 학생들 스스로 자기복습하도록 한다.
- 기술 사용에 대해 학생들 스스로 자기모니터링하도록 한다.
- 학습된 사회적 기술의 일반화를 위해 학생들에게 강화를 제공한다.

〈6단계 활용 예시〉

① 학급에서 실시하고 있는 몸단장 기술 지도의 내용을 학교의 다른 선생님에게 알린다. 특수학급 이외의 장소에서 다른 선생님이 학생에게 자기확인을 하도록 하라고 요청한다.

② 용모가 단정한 학생에게는 몸단장을 위한 자기체크를 훌륭히 해냈다고 즉시 칭찬해 준다.

③ 교사는 가정의 부모에게 학급에서 몸단장을 자기확인하도록 하고 있음을 알린다.

④ 부모에게는 자녀가 몸단장을 자기확인하는 것을 설명해 주도록 요청한다.

2) 사회적 기술 프로그램을 통한 개별화교육계획

앞서 제시한 사회적 기술 프로그램의 각 단계(학습의 필요성 확립하기－필요한 기술 확인하기－기술 시범 보이기－역할놀이－연습－일반화)를 혜숙(가명)의 '적절한 몸단장하기'를 예로 들어 개별화교육계획의 주요 단계에 따라 작성하였다.

(1) 장애학생 실태

1. 학생명: 김혜숙(가명)
2. 학년: 중학교 3학년
3. 학생특성: 자신과 관련한 의사 표현을 할 수 있음
4. 교육적 수준(개인생활): 도움을 받아서 상황에 적절한 몸단장을 할 수 있음

(2) 현행 수준을 고려한 지도내용 환경분석

<table>
<tr><th>영역</th><th>하위
(영역)환경</th><th>활동</th><th>지도내용(기술)</th><th>학습내용(본시)</th></tr>
<tr><td rowspan="5">개인
생활</td><td rowspan="5">교내외</td><td rowspan="5">적절한
몸단장하기</td><td rowspan="3">단정한 옷차림 유지하기</td><td>교내에서 깨끗한 옷차림을 스스로 유지할 수 있다 (1/3차시).</td></tr>
<tr><td>등 · 하교 시 깨끗한 옷차림을 유지할 수 있다(2/3차시).</td></tr>
<tr><td>단정한 머리 모양을 유지할 수 있다(3/3차시).</td></tr>
<tr><td>성별에 적절한 옷차림하기</td><td></td></tr>
<tr><td>계절에 적절한 옷차림하기</td><td></td></tr>
</table>

(3) 장 · 단기 목표 및 교수 방법

<table>
<tr><th colspan="2">영역</th><td colspan="2">개인생활</td></tr>
<tr><th colspan="2">장기 목표</th><td colspan="2">상황에 적절한 몸단장을 스스로 할 수 있다.</td></tr>
<tr><th colspan="2" rowspan="3">단기 목표</th><td colspan="2">단정한 옷차림을 유지할 수 있다.</td></tr>
<tr><td colspan="2">성별에 적절한 옷차림을 할 수 있다.</td></tr>
<tr><td colspan="2">계절에 적절한 옷차림을 할 수 있다.</td></tr>
<tr><th rowspan="7">교수전략</th><th rowspan="6">학습모형
및 단계</th><td>1단계: 학습의 필요성 확립하기</td><td>질문, 이야기, 짧은 상황극 등</td></tr>
<tr><td>2단계: 필요한 기술 확인하기</td><td>짧은 글 이야기, 시연</td></tr>
<tr><td>3단계: 기술 시범 보이기</td><td>상징적 모델링, 실제적인 모델링,
비디오 영상(드라마, 영화), 인형</td></tr>
<tr><td>4단계: 역할놀이</td><td>사회적 강화(칭찬), 피드백 카드</td></tr>
<tr><td>5단계: 연습</td><td>보조원 활용, 반복 연습, 숙제 제시</td></tr>
<tr><td>6단계: 일반화</td><td>교내 · 외 공간(교실, 운동장) 및 인적 자원 활용(특수교사, 일반교사, 보건교사, 보조원 등)</td></tr>
<tr><th>집단조직</th><td colspan="2">전체 활동 → 개별 및 협동 활동 → 개별 활동 → 전체 활동(역할놀이)</td></tr>
<tr><th rowspan="2">수업매체
및 자료</th><th>매체</th><td colspan="2">동영상(영화나 드라마 속 관련 영상), 인형</td></tr>
<tr><th>자료</th><td colspan="2">남자: 셔츠, 바지, 양말, 날씨에 적당한 신발, 날씨에 적당한 외출복, 바지를 단정하게 입게 하는 장치(벨트, 멜빵, 고무줄 등)
여자: 드레스, 블라우스와 치마, 셔츠와 바지, 날씨에 적당한 신발, 날씨에 적당한 외출복</td></tr>
</table>

(4) 평가 계획

영역	단기 목표	평가 방법	목표 완성일	완성도(%)
개인생활	단정한 옷차림을 유지할 수 있다.	관찰 평가		
	성별에 적절한 옷차림을 할 수 있다.			
	계절에 적절한 옷차림을 할 수 있다.			

(5) 본시 수업계획

단원(영역)	개인생활		차시	1/3	수업자	김○○
대상 및 학생	중학교 3학년 1반 (가 수준: 김혜숙)		장소	교실	시간	45분
장기 목표	상황에 적절한 몸단장을 스스로 할 수 있다.					
단기 목표	단정한 옷차림 유지하기					
학습목표	학급학생	• 교내에서 깨끗한 옷차림을 스스로 유지할 수 있다.				
	가 수준 (김혜숙)	• 교내에서 교사나 동료의 도움을 받아 깨끗한 옷차림을 유지할 수 있다.				

단계	학습내용	교수 · 학습의 활동			시간	자료 및 유의점
		교사 활동	학생 활동			
			학급 전체	가 수준		
도입	인사하기 학습목표 안내 (1단계: 학습의 필요성 확립하기)	• 학생들 호명하며 인사하고, 주의집중시키기 • 오늘 배울 내용에 간략하게 제시하기: 올바르게 입지 못한 옷차림에 대한 영상을 보여 주고 영상에 대한 질문하기	• 자신의 이름에 반응하며, 소리 내어 인사하기 • 바른 자세로 앉아서 영상 보고, 교사의 설명 듣기 • 자신이 본 경험 대답하기	• 교사와 눈인사하기 • 바른 자세로 교사의 설명 듣고 자기 생각 이야기하기	5분	• 옷차림에 관한 영상

〈계속〉

	활동1 (2단계: 필요한 기술 확인하기)	• 교내에서 올바른 옷차림을 하기 위해 각자가 할 수 있는 것을 말하거나 목록을 만들게 하기	• 교내에서 올바른 옷차림에 대한 자신의 생각 적어 보기 • 학생 수준에 따라 목록을 적어 보기	• 교내에서 올바른 옷차림 그림에 대해 이야기하거나 바른 옷차림과 그릇된 옷차림에 표시하기		• (자)그림자료, 사진 • (유)학생들의 수준에 맞는 관찰일지 및 수행 체크리스트 제시하기
전개	활동2 (3단계: 기술 시범 보이기)	• 좋은 옷차림을 유지하기 위한 학생들의 생각–말하기를 하도록 제시하기 • 생각–말하기의 각 단계를 설명하기 • 가 학생을 위해 올바른 옷 입기 위한 순서를 이야기하게 하기	• 교내·외에서 올바른 옷 입기를 위한 순서를 단계별로 설명하기(교내의 상황별로 이야기하기)	• 교사의 도움을 받아 올바른 옷을 입기 위한 순서 이야기해 보기(교실에서의 옷차림, 운동장에서의 옷차림 등)	30분	
	활동3 (4단계: 역할놀이)	• 교실 및 운동장 등을 설정하여 상황에 맞는 옷을 입는 역할을 하고 학생별로 순서를 바꾸어 역할 교대하게 하기 • 상황에 따라 모델링	• 교실 및 운동장 상황에 맞게 각자의 역할에 맞는 옷차림을 역할을 해 보기/마친 학생은 서로 역할 교대하기 • 적절한 수행에 칭찬 강화 및 스티커	• 동료 학생들과 함께 역할에 맞는 옷차림의 옷을 찾아 입어보기/또래나 교사의 도움으로 역할 교대하기 • 적절한 수행에 칭찬 및 스티커 피드백 • 오반응 시 모델링		
	활동4 (5단계: 연습)	• 여러 상황에서 반복하게 하기	• 역할놀이에서 한 내용 소리 내어 연습하고 반복하기/자기체크지에 표시하기			

〈계속〉

정리 및 평가	배운 내용 정리하기 차시 예고 인사하기 (6단계: 일반화)	• 수업내용 정리하기: 배운 내용 단서 질문 등으로 수행 수준 확인하기 • 수업에서 배운 내용 전체 정리 후 다른 선생님 수업에서도 바르게 옷 입기: 다른 교사와 협력하여 다른 수업 이후에도 일반화하기(보조원 등 교내 인사 활용) • 다음 시간에 배울 내용 안내하기 • 인사하기	• 교사의 설명 주의 깊게 듣고 교내에서 바른 옷차림에 대한 대답하기 • 바른 자세로 인사하기	• 교사가 제시한 바른 옷 입기 그림이나 영상에 대한 자신의 생각 대답하기 • 자리 정리하기 • 교사와 눈 마주치며 인사하기	5분	• (유)일반화에 대한 전략은 별도 개별화계획에서 지속적으로 지도하기

제12장

중도 · 중복장애학생을 위한 기능적 교육과정과 개별화교육계획

최근 특수교육은 통합교육을 지향하고 장애학생에 대한 의무교육을 실시함에 따라 장애의 유형이나 특성에 따른 적절한 교육적 지원을 위한 노력이 중요한 문제로 대두되었다. 특히 통합된 상황이나 특수학교에서도 중도 · 중복장애학생을 위한 지원에 어려움을 겪는 이유 중 하나는 이들에 대한 개인차나 개인 내차가 심하기 때문에 다른 학생들과 더불어 교육적 지원계획을 짜는 것이 매우 힘들기 때문이다. 따라서 이들 중도 · 중복장애학생을 위한 교육과정의 설정, 교수 · 학습 방법의 개별화교육계획은 현장 교사에게 있어 매우 중요한 과제 중의 하나이다. 이 장에선 이유훈, 김형일, 정동영, 정희섭(2018)의 「중도 · 중복장애학생의 교육과정 편성과 운영」에서 제시한 기능적 교육과정의 편성과 환경분석을 소개하고 이를 근거로 한 개별화교육계획을 세워 보고자 한다.

1. 중도 · 중복장애학생의 교육과정

중도 · 중복장애는 정신발달의 측면에서 보면 지적발달의 지체가 현저하고, 타인과의 의사교환 및 환경에의 적응이 곤란하여 일상생활에 있어 항상 지원과 도움을 필요로 한다. 운동발달의 측면에서도 보행 및 손동작이 현저히 곤란하여 역시 지원이 필요하다.

이러한 중도 · 중복장애학생의 교육에 대해 Haring 등(1986)은 일상생활에 있어서의 실용적인 신변동작이나 사회적 · 대인적인 측면을 중요시하여야 한다고 주장한다. 즉, 촉각에 의한 식별, 시각에 의한 식별, 대근육운동, 소근육운동, 식사, 배설, 의복의 착탈의, 몸짓이나 음성에 의한 의사소통 등의 능력이 필요하다는 것이다. Haring 등(1986)이 제시한 이러한 내용에는 감각과 운동 및 일상생활의 응용동작과 의사소통능력, 즉 기초적인 감각 · 운동의 훈련과 그것을 이용한 최소한의 생활동작의 필요성이 지적되었다. 의사소통은 원래 그 의도가 의사전달에 있지만, 그것을 통하여 대인관계를 유지하고 나아가 마음의 안정을 유지시키는 역할도 한다. 따라서 중도 · 중복장애학생의 교육은 기능훈련을 통하여 학생의 정서를 안정시키고 심신을 조화롭게 발전시키기 위한 내용으로 선정하여야 한다.

최근 지적장애학교에는 자폐성 경향을 가진 학생이 증가하고 있다. 이러한 학생의 교육은 개별 학생의 욕구에 적합하고, 기능적으로 즐겁게 습득할 수 있으며, 학습과 감각과 행동을 다양하게 포함한 학습을 도입하는 것이 중요하다. 따라서 초등학교 과정에서는 놀이, 체육, 예능 등을, 중 · 고등학교 과정에서는 체육, 작업, 실습 등을 주된 내용으로 하고 있다. 지체장애학교에서는 뇌성마비학생이 지적장애나 언어장애를 동반하는 경우가 많기 때문에, 지적장애를 동반하는 지체장애학생에 대해서는 치료 지원의 내용과 지적장애학교 교육내용을 고려하여 교육과정을 편성하도록 한다.

이런 맥락에서 2015 개정 특수교육 교육과정의 '학교교육과정 편성 · 운영 기준'에서도 중도 · 중복장애학생이 포함된 학급을 운영하는 특수학교는 교과의 내용을 대신하여 관련 생활기능 영역으로 편성 · 운영할 수 있도록 규정되어 있다.

이처럼 중도 · 중복장애학생을 위해서는 대안적 교육과정의 개발이 요구된다. 이런 대안적 교육과정은 이 장에서 제시하는 기능적 생활 중심 교육과정(functional life-centered curriculum)에 해당된다. 이 기능적 교육과정은 학생의 미래생활에 필수적인 기능적 생활기술(functional living skills)과 기능적 학업기술[1]에 중점을 두고 개발되어야 한다.

2. 중도 · 중복장애학생 교육과정 편성 및 운영의 기본원칙

1) 연령에 적합한 실용적 기능 강조

중도 · 중복장애학생에 대한 교육의 기회가 확대되면서 이들의 교육과정에 대한 관심이 점차 높아지는 가운데, 종전의 발달론적 교육과정에서 학생들이 자연스러운 지역사회 환경에서 가능한 한 효율적으로 살아가고 기능을 발휘할 수 있도록 하는 기능적(생태학적) 교육과정으로 바뀌어 가고 있다.

이러한 관점에서 본다면, 중도 · 중복장애학생을 위한 교육과정은 연령에 적합한 '기능적 생활기술'이 강조되어야 한다. 여기서 기능적 생활기술이란 생활을 지탱하고 풍요롭게 하는 데 필요한 기술을 말한다. 벽돌 위에 벽돌을 쌓는 기술은 기능적 생활기술이 아니다. 그것은 생활을 영위하거나 생활을 풍요롭게 하기 위해 필요한 기술이 아니기 때문이다. 그러나 어떤 사람이 혼자서는 옷을 입거나 목욕을 하지 못한다면 누군가가 그 사람이 생활을 영위하도록 그 일을 도와주어야 한다. 즉, 이 경우에 옷을 차려입고, 목욕을 하는 것은 기능적 기술이라고 할 수 있다. 다시 말해, 실용적 기능은 학생이 즉시 사용할 수 있고 매일의 장면에 필요하며 학생의 독립적 기능 수준을 어느 정도 증가시켜야 한다.

또한 '연령에 맞는 기능(age appropriate skills)'이란 학생의 발달연령이 아니라 생활연령에 맞는 기능을 말한다. 즉, 일반 또래와 같이 수행할 수 있는 활동들, 예컨대 식사, 의사소통, 텔레비전 켜기 등의 활동이 바로 연령에 맞는 기능이다. 학생의 연령에 맞지 않는 기능은 실용적인 기능이라고 할 수 없다.

1) 기능적 학업기술은 음식차림표나 간판 읽기, 위험 표지판이나 경고문 읽기, 식당이나 슈퍼마켓에서 음식 값이나 물건 값 지불하기, 노동시간 계산하기, 임금 계산하기 등과 같은 현재와 미래생활의 성공을 위해 습득해야 할 기능적 읽기, 쓰기, 셈하기 등과 같은 기초적인 학업기술을 말한다. 예컨대, 일반학생들은 읽기를 다른 교과영역을 학습하기 위해 배우는 반면, 중증장애학생의 경우, 가정과 지역사회에서 독립적으로 기능하기 위해 읽기를 익히는 것이다.

2) 통합된 교육환경 고려

앞서 실용적 기능을 강조하는 교육은 결국 장애학생이 최소한 지역사회에서 살고, 일하며, 놀고, 사회화할 권리를 강조하는 것을 의미한다. 이 접근은 장애인 자신의 본질적인 인간성과 그들도 다른 사람들과 동일한 기본적인 욕구를 가지고 있다는 사실을 인정하는 것이다. 이는 곧 기능적 기술이 일반교육 교육과정과는 완전히 다른 별개의 교육과정이 되어서는 안 된다는 의미이다.

그래서 최근에는 중증장애학생을 일반학교와 지역사회 환경에 통합시켜야 한다는 최소제한환경의 개념을 강조하고 있다. 이는 곧 정상화의 원리로서 중도 · 중복장애학생도 지역사회 환경에서 적절히 기능을 발휘하여 일반학생과 상호작용해야 한다는 것이다. 만약 다른 학생들과 다양하게 상호작용하면서 성장하지 못한다면 결국 이들의 삶은 제한될 것이다. 학생의 개별 장애를 보상하는 일에만 목표를 두다 보면 실제로 학생이 가지고 있는 잠재능력을 키워 주는 일에는 소홀해지고, 이로 인하여 그 학생은 사실상 삶을 배울 기회를 잃을 수 있다.

일반적인 지도경험에 비추어 보아도 통합교육 환경에서의 지도가 필요하다는 것을 느낄 수 있다. 예를 들어, 16세의 중증장애학생인 철수가 학교에서 잠자리를 정돈하는 프로그램을 배웠다고 하자. 그러나 철수는 자기 집에서는 잠자리를 정돈할 수 없다. 철수는 학교라는 한정된 장면에서 배운 기능을 가정이나 다른 장면에 일반화할 수 없기 때문이다.

따라서 중도 · 중복장애학생에 대한 지도는 가급적 학급이 아니라 통합된 지역사회에서 지도되어야 한다. 예컨대, 물건 사기를 훈련시키고 싶으면 교실에 꾸민 가게를 사용하지 말고 지역사회의 식료품 가게나 백화점, 전문 매장에서 지도하여야 한다.

3) 자료에 근거한 교육과정 구성

우리는 계절 옷을 고르거나 주말 계획을 짜기 위해 먼저 날씨에 관한 자료를 수집한다. 또 물건을 구입하기 전에 먼저 가격을 비교해 본다. 만약 어떤 활동을 계획할 때 정보나 자료에 근거하지 않는다면 그 계획은 하나의 추측에 불과하다. 마찬가지로 학교에서 학생에게 알맞은 프로그램을 구성하기 위해서는 먼저 정보와 자료가 필요하다.

Wolery 등(1985)은, ① 학생의 상태를 정확히 파악하고, ② 경과를 추적하여 프로그램의 효과를 결정하며, ③ 학생과 부모에게 피드백을 제공하고, ④ 노력의 결과를 상세히 기록하는 책무성을 보여 준다는 이유로 특수교육에 있어서 자료수집의 필요성을 강조하였다.

이처럼 중도 · 중복장애학생을 지도하는 교사들은 학생이 과제를 어느 단계까지 수행할 수 있는지, 과제를 완수하는 데 걸리는 시간은 얼마인지, 지역사회 정보를 읽는 능력과 작업능력 등은 어떠한지 등 모든 것에 관한 자료를 수집하여야 한다. 교사와 서비스 제공자들이 이러한 정보를 가질 때 학생의 교육프로그램에 관한 의사결정을 더욱 잘 내릴 수 있다.

4) 증거기반 실제의 사용

모든 학습자, 특히 장애학생의 다양한 학습요구에 효과적인 단 하나의 실제(practices)는 있을 수 없다. 다만 교사가 자신의 학생에게 사용할 실제를 결정할 때, 질 높은 연구에 의하여 일반적으로 효과적이라고 판별된 '증거기반 실제(Evidence-Based Practices: EBPs)'를 사용해야 한다. 이 증거기반 실제는 최상의 실제, 권고된 실제, 연구기반 실제와 같은 다양한 용어로 사용되어 왔는데, 이는 여러 건의 질 높은 연구를 통하여 특정 장애 영역, 또는 연령의 학습자들이 의미 있는 교육적 성과를 얻는 데 있어 효과적이라고 입증된 특정 교수의 실제를 말한다.

이러한 증거기반 실제는 장애학생을 가르칠 때 임상적 · 학문적으로 검증된 교수전략이나 기법을 사용한다는 측면에서 신뢰성이 높은 교수전략이라고 할 수 있다. 이러한 차원에서 미국에서는 장애 유무를 떠나 모든 학생에게 연구에서 입증된 증거기반의 교수 실제를 수업 장면에 적용할 것을 「아동낙오방지법(No Child Left Behind Act)」으로 의무화하였다. 따라서 중도 · 중복장애학생을 위한 교수전략을 계획할 때 이러한 증거기반 실제를 적용하면 교사의 전문성 신장은 물론 장애학생들을 위한 최선의 교육적 접근을 실현할 수 있을 것이다.

3. 중도 · 중복장애학생 교육과정 편성 및 운영의 실제

심각한 인지적 장애를 가진 지적장애학생 및 자폐성장애학생과 같은 중도 · 중복장애학생에게 가장 적합한 교육과정은 기능적 교육과정이라고 할 수 있다. 왜냐하면 기능적 교육과정은 학생에게 그가 현재 생활하고 있는 환경이나 앞으로 생활할 환경에서 살아가는 데 필요한 기능적 기술, 즉 읽기, 쓰기, 돈 관리, 시간 관리와 같은 생활기술과 일상생활에 필요한 운동기술과 사회적 기술 및 의사소통기술을 지도하는 데 가장 효과적이기 때문이다. 이런 맥락에서 이 절에서는 중도 · 중복장애학생을 위한 기능적 교육과정의 개발에 대해 살펴보기로 한다.

1) 중도 · 중복장애학생을 위한 교육과정 개발의 기준

교육과정 내용 면에서 시각장애, 청각장애, 지체장애, 발달장애 등 장애 유형을 중심으로 한 '범주적 기준'을 적용할 수밖에 없는 국가 수준의 교육과정에서는 개인차가 너무나 다양한 중도 · 중복장애학생에 대한 교육과정을 일일이 제시할 수 없다. 그렇다 하더라도 만일 중도 · 중복장애학생을 위한 교육과정이 없을 경우 그들을 위한 교육은 단편적이고 비효과적으로 전개된다. 또한 교육과정 없이는 교육내용을 연 · 월간, 주간별로 기록하고 다른 교사와 공유하는 것이 쉽지 않으며, 교사가 이들에게 어떤 내용을 어떻게 가르쳐야 하는지를 독단적으로 결정하게 된다. 이러한 문제를 극복하기 위해서는 중도 · 중복장애학생을 위한 교육과정을 학교 자체적으로 개발할 수밖에 없다.

그러나 여기서 유념해야 할 것은 학교에서 기능적 교육과정을 개발한다 하더라도 그 기준은 어디까지나 일반교육 교육과정이어야 한다. 즉, 일반교육 교육과정의 내용 가운데 장애학생에게 적합하고 우선적으로 가르쳐야 할 기능적 기술을 추출해야 한다. 만약 일반교육 교육과정의 진전과 연계성(progression and continuity)을 특별히 고려하지 않고 교사 임의로 교육과정 내용을 편성하면, 내용이 임의적으로 추출되어 내용의 위계와 적절성이 약해질 수 있고, 비슷한 기술의 교수를 반복하여 학생들의 진보와 성취를 계획하지 못하는 경우를 초래할 수 있다(박승희, 1999).

다시 말해, 임의적으로 교육과정 내용을 편성하면, 장애학생들이 필수적으로 학습해야 할 기본적 지식이나 경험을 접하지 못해 생활에 필요한 기본적인 행동 양식과 문화를 배울 기회를 잃을 수 있다. 따라서 일반교육 교육과정을 기준으로 기능적 교육과정을 편성하여야 또래들이 배우는 사회에서 요구하는 기본적인 행동 양식과 생활 양식을 배우고, 장애학생이 또래 일반학생과 함께 생활하며 성공적으로 성인생활로 전환할 수 있다. 즉, 일반교육 교육과정을 주요 맥락으로 활용하여 개별 학생의 궁극적인 기능을 고려하

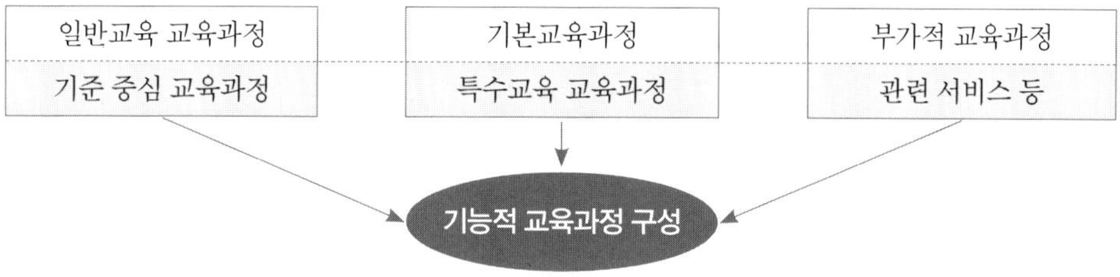

그림 12-1 중도 · 중복장애학생을 위한 기능적 교육과정 구성의 자원

면서 독특한 요구와 흥미와 연령에 적합한 교육과정을 구성해야 한다.

이 문제와 관련하여 2015년 12월 1일 고시된 2015 개정 특수교육 교육과정 총론(교육부 고시 제2015-81호, 별책 1)의 '초 · 중등학교 교육과정 편성 · 운영 기준'에서도 중도 · 중복장애학생을 위한 교육과정 편성 · 운영 기준을 〈표 12-1〉과 같이 규정하고 있다. 즉, 중도 · 중복장애학생들도 의도적이고 목적적인 교육을 위해서는 교육과정이 반드시 필요하며, 다만 장애의 중도 · 중복화를 고려하여 학교 수준에서 교육과정을 재구성해 운영하거나 아니면 기능적 생활 중심의 교육과정으로 편성 · 운영할 수 있다.

표 12-1 중도 · 중복장애학생을 위한 교육과정 편성 · 운영 기준

바. 중도 · 중복장애학생이 포함된 학급을 운영하는 특수학교는 해당 학급 학생의 교육과정을 다음과 같이 편성 · 운영할 수 있다.
  1) 교과(군)별 50% 범위 내에서 시수를 감축하여 창의적 체험 활동으로 편성할 수 있다. 감축을 할 경우 해당 교과는 학생의 수행 수준에 따라 교육과정을 재구성하여 운영한다.
  2) 교과의 내용을 대신하여 관련 생활기능 영역으로 편성 · 운영할 수 있으며, 그 영역과 내용은 학생의 장애특성 및 정도를 반영하여 학교가 정한다.

2) 기능적 교육과정 개발의 실제

여기서는 Brown 등(1979)이 제안한 중도 · 중복장애학생을 위한 개별화된 기능적 교육과정의 개발 절차를 참고하여 중도 · 중복장애학생의 교육과정 개발 절차를 다음과 같이 제시하고자 한다. 이들은 중도 · 중복장애학생을 위한 교육과정 개발 절차를 환경목록, 즉 생태학적 목록(ecological inventory)[2]을 이용하고 있는데, 그 과정은 다음 여섯 가지 측면으로 되어 있다.

① 네 가지 교육과정 영역, 즉 가사활동기능, 직업훈련, 여가와 레크리에이션 활동의 이용, 지역사회생활에 필요한 기능을 기술하기

② 가사 활동기능, 직업훈련, 여가시간, 지역사회생활기능이 필요한 지역사회의 환경 알아내기

③ 중증장애학생이 할 수 있거나 가능성이 있는 하위환경 알아내기

④ 하위환경에서 연령에 맞는 활동을 하는 것과 관련된 활동의 세부항목 만들기(가령, 욕실과 관련된 활동은 변기 이용과 세면기 청소가 포함된다.)

그림 12-2 중도 · 중복장애학생의 기능적 교육과정 개발 절차

2) 생태학적 목록은 학생이 현재 기능하고, 미래에 기능할 각각의 환경 영역에서 교수에 중요한 활동과 기술을 확인하고 분석한 목록으로 환경목록이라고도 한다.

⑤ 과제수행을 위해 배워야 하는 기능 알아내기
⑥ 앞서 중증장애학생이 찾은 기능을 자연적인 환경에서 수행하도록 지도하기 위해 특별한 교수 절차 이용하기

이러한 절차에 근거하여 중도 · 중복장애학생을 위한 기능적 교육과정 개발 절차를 재구성하여 제시하면 [그림 12-2]와 같다.

(1) 학생의 실태 및 부모 요구 파악

실태 파악의 목적은 학생의 현재 기능 수준을 밝힘으로써 교육과정 구성의 기준을 마련하기 위함이다. 그러므로 교사는 여러 상황에서 학생을 관찰하고, 공식 혹은 비공식적 사정 절차를 사용하여 학생 실태를 면밀히 파악하도록 한다. 이러한 절차를 통해서 교사는 비로소 학생의 특정 영역의 수준을 결정할 수 있다. 표준화 검사를 사용하거나 비형식적 검사를 사용하여 학생의 실태를 파악하는 경우에 가장 중요한 것은 그들이 가진 능력이 무엇인가를 알아내는 것이다. 그들의 능력을 알아내는 것이 진정으로 그들의 장애를 최대한 줄이고 앞으로의 교수 · 학습 방법과 가르칠 내용을 정하는 데 중요한 역할을 하기 때문이다.

학생의 실태파악에 있어서는 학생을 대상으로 우선 다양한 자료를 수집하고, 각종 검사를 통해 학생의 장애 상태와 특성 등을 파악하도록 한다. 그리고 이때 학생에 대한 부모의 요구나 기대 등도 파악하도록 한다. 이러한 실태 파악을 통해 얻은 자료들은 교육과정 유형의 결정 및 학생의 개별화교육계획을 작성하는 데 필요한 기초 자료가 된다.

(2) 생태학적 목록 작성(목표 영역의 설정)

생태학적 목록 작성은 일반적으로 다음과 같은 절차를 거치게 된다(Nietupski & Hamre-Nietupski, 1987).

① 교육과정 영역 설정

이 단계에서는 이전 단계인 학생 실태 파악에 기초하여 적절한 교육과정 영역을 설정한다. 학교교육과정의 영역은 교과, 창의적 체험 활동 등 국가 수준의 교육과정에 일반적으로 제시되어 있다. 그러나 중도 · 중복장애학생들은 장애가 심하여 이 영역들을 그대로 적용할 수 없는 경우가 많다. 따라서 각 학교에서는 재학하고 있는 학생의 장애 정

도와 특성, 부모들의 요구를 파악하여 학생에게 적합한 영역을 설정하여야 한다. 이 경우 교육과정 영역은 학생의 능력과 연령 수준에 따라 특정 기능 영역에서 강조되는 영역이 달라질 수 있다. 특히 Sailor와 Guess(1983: Kirk et al., 1996에서 재인용)는 학생들의 연령이 다르면 특정 연령에서 강조되는 영역이 달라질 필요가 있다고 주장하면서, 초등학교 수준의 교육과정에서는 의사소통, 사회성 발달, 직업준비교육을, 중등학교 및 중학교 이후 수준의 교육과정에서는 다양한 지역사회 상황에서 자신의 생활연령에 맞는 생산적인 역할을 담당할 수 있는 실용적 기능에 중점을 두어야 한다고 주장했다. 그리고 Brown 등(1979)도 교육과정 영역의 예로서 주거, 지역사회, 여가생활, 교육적 혹은 직업적 환경으로 구분하고 있다.

한편, Taylor 등(2005)은 기능적 교수의 내용을 다음과 같이 제시하였다(김형일, 2011에서 재인용).

- **독립생활기술**: 위생 및 용변처리, 옷 입기, 가정생활, 독립적인 이동(자가 통학)
- **의사소통**: 말 문제(대체, 생략, 왜곡 등 조음의 문제), 목소리 문제, 언어장애(지체된 언어나 발달되지 않은 어휘), 비상징적인 의사소통기능
- **사회적 상호작용 및 관계**: 사회성기술, 사회적 지각, 관계수립기술 등
- **교과기술**: 일반교육 교육과정에의 접근 혹은 기능적 교육과정에 초점
- **전환 및 지역사회기술**: 자기결정기술, 졸업 후 긍정적인 고용 및 지역사회생활

〈표 12-2〉는 여러 학자가 제안한 중도 · 중복장애학생을 위한 교육과정 영역을 비교한 것이다.

각 학교에서는 이러한 영역을 참고로 하여 우선적으로 학생의 목표 영역을 정하여야 한다. 특히 목표에 대해서는 부모와 밀접히 협의하여 그 우선순위와 방향성을 결정해야 학생에게 가장 적합한 교육을 실현할 수 있다. 그러나 교육과정 영역을 설정할 때 무엇보다도 우선적으로 고려하여야 할 것은 중도 · 중복장애학생이 만족하고 행복한 생활을 영위하기 위해서는 다음과 같은 생활 중심의 기초능력을 학습해야만 한다는 점이다(김효선, 1995).

- 인사, 의사소통 등과 같은 인간관계 유지의 효율성
- 자기확인, 개인생활, 건강, 위생, 안전 등과 같은 개인생활에 필요한 기능

- 읽기, 셈하기, 쓰기 등과 같은 최소한의 기능적 지식
- 올바른 작업태도
- 이동능력과 교통수단의 이용능력
- 직업을 선택하는 능력
- 보조기구와 보조자료의 사용 등 직업 환경의 적응

즉, 중도 · 중복장애학생들은 성인으로서의 생활을 준비하기 위해 고등학교까지의 교육과정 속에서 직업교육, 사회적 기술교육, 기능적 학업기술 등을 배울 필요가 있다. 그들은 생활에서의 문제해결을 잘해 나가지 못하는 경향이 있기 때문에 가능한 한 정상에 가까운 삶을 살기 위해서는 그들이 사회에서 독립된 생활을 할 수 있도록 생활 중심의 교육과정을 제공하여야 한다. 따라서 지역사회 안에서 생활하는 데 필요한 영역과 여기에 포함되는 기술을 조사 · 분석하여 교육과정의 내용을 구성하여야 한다. 교육과정의 구성에서 정신연령(Mental Age: MA)은 기술 습득의 수준을 고려한 제 단계를 구분하기 위해 필요하며, 학생의 생활연령(Chronological Age: CA)은 어떠한 활동이나 기술이 그 연령에서 필요한지를 알고자 할 때에 필요하다.

표 12-2 중도 · 중복장애학생을 위한 교육과정 영역 비교

영역	Molloy	Waite	Shearer	Popovich	Bender & Valletutti	Tawney	Brown 등
① 신체 · 운동발달	●	●	●	●	●	●	
② 정서발달	●						
③ 사회성 발달	●	●	●		●	●	
④ 의사소통기능		●	●	●	●		
⑤ 인지발달	●	●	●		●	●	
⑥ 직업훈련	●						●
⑦ 가사 활동							●
⑧ 여가 오락		●			●		●
⑨ 안전		●			●		
⑩ 건강		●					
⑪ 신변자립			●	●	●	●	
⑫ 지역사회생활				●			●

한편, 백은희(2005)는 기능적 교수내용을 결정하는 데 있어 중요하게 고려해야 하는 원리에 대하여 다음과 같이 제시하고 있다.

- 교수내용은 다양한 지역사회 환경에서 교수가 이루어질 수 있어야 한다.
- 교수내용이 장애학생의 현재 혹은 미래 환경에 참여하는 데 도움이 되어야 한다.
- 교수내용이 장애학생의 더 나은 삶의 질에 기여하여야 한다.
- 교수내용은 연령에 적합한 기술, 일과 그리고 자료들이어야 한다.
- 교수내용은 사회에서 가치 있다고 보는 기술들이어야 한다.
- 교수내용은 학생에게 도움이 되고 지역사회에서도 생산적인 기여를 하여야 한다.
- 교수내용이 학생의 관심과 흥미를 반영해야 하고, 해당 학생의 재능을 향상시킬 수 있어야 한다.

이러한 원리와 교육과정 영역을 고려해 볼 때, 중도 · 중복장애학생들의 기능적 교육과정은 다음의 〈표 12-3〉과 같이 구성할 수 있다. 즉, 인간의 삶을 크게 일상생활, 가정생활, 직업생활, 지역사회생활, 여가생활, 기능적 교과학습(functional academics)[3]의 5개 영역으로 나누며, 교육과정은 이러한 삶의 영역에 필요한 기술로 구성할 수 있다.

표 12-3 기능적 교육과정 내용조직의 예

영역	하위 내용	기능의 예
일상생활	1. 근육운동 기능	• 불 켜고 끄기, 라디오 틀기, 문 여닫기, 걷기
	2. 식생활	• 식사하기, 식당 이용하기, 뒷정리하기
	3. 화장실 사용	• 화장실 찾기, 화장실 사용하기, 옷 벗고 입기, 손 씻기 및 닦기
	4. 의복	• 모든 종류의 옷 입기(단추, 지퍼 등), 계절에 맞는 옷 입기, 단정하게 옷 입기
	5. 세면	• 이 닦기, 세수하기, 머리 빗기, 목욕하기

〈계속〉

3) 이 기능적 교과학습은 일반교육 교육과정의 내용과 중복될 수 있으나, 단순히 일반교육 교육과정의 단원에 대한 조정이나 잡다한 갖가지 기술을 습득하기 위한 교육과정이 아니다. 이것은 장애학생들을 위해 특별히 고안된 포괄적이고 진전된 기능적 교육과정의 한 영역으로서, 이 기능적 교과학습의 목표는 성인이 된 후 독립적인 생활을 하는 데 필요한 기술과 이해를 제공하는 데 있다.

가정 생활	1. 집안 정리정돈 2. 식생활 3. 빨래하기 4. 정원 손질하기	• 자기 방 청소하기, 집안 청소하기, 걸레질하기, 빗자루질하기, 정리하기 • 시장가기, 식품 구입하기, 식단 정하기, 요리하기, 상 차리기, 설거지하기, 영양 관리 • 옷 구별하여 나누기, 물 온도 정하기, 비누 양 정하기, 손빨래하기, 세탁기 사용하기, 옷 접기, 다림질하기, 옷 정리하기 • 물 주기, 잡초 제거하기, 화초 닦아 주기, 영양분 주기
직업 생활	1. 기술 2. 사회성 3. 교통수단 이용하기 4. 시간 관리 5. 금전 관리	• 직종에 맞는 기술, 근면성, 책임감, 인내심 • 적절한 대화, 미소, 인사성, 휴식시간의 이용 • 버스노선, 버스표 구입, 갈아타기, 걷기, 찾아가기 • 출근시간과 퇴근시간, 점심시간, 휴식시간, 작업시간 • 돈의 가치, 물건 사기, 예금하기, 가계부 정리, 예산 세우기
지역 사회 생활	1. 관공서 이용하기 2. 공원 3. 동네 환경	• 은행, 우체국, 도서관, 동사무소 • 동네공원, 에버랜드, 롯데월드, 민속촌 • 슈퍼마켓, 시장, 가게, 백화점
여가 생활	1. 관람 2. 취미생활	• 스포츠 경기, 영화, 음악회 • 음악 듣기, 게임, 바느질, 공작, 그림 그리기

② 학생의 현재 및 미래 환경 분석

이 단계에서는 학생이 처한 현재 환경과 학생이 앞으로 살아갈 미래 환경을 파악하는 단계라고 할 수 있다. 예컨대, 학생이 현재 학교뿐만 아니라 병원에서 치료를 받고 있다면 이 학생의 주요 현재 환경은 학교와 병원이 될 것이고, 이 학생이 앞으로 살아가고 생활할 환경이 곧 미래 환경이 될 것이다.

③ 하위환경과 활동 및 기능 분석

이 단계에서는 앞서 설정된 교육과정 영역 및 환경별로 그에 따른 하위환경과 활동 및 기능을 분석하는 단계라고 할 수 있다.

제6장의 [그림 6-2]는 이러한 교육과정 개발 절차에 따른 하나의 생태학적 목록의 일부를 보여 준 것이다. [그림 6-2]에 예시된 영역은 지역사회 생활기능이다. 현재 환경의 하나는 병원이며, 하위환경은 학생이 병원에 갔을 때 할 수 있고 검토해야 할 모든 장면이다. 여기서는 검사실과 옷을 벗는 활동에 초점을 두고 있다. 기능은 옷을 벗기 위해 수행해야 할 과제들이다.

이러한 생태학적 목록의 준비과정은 많은 시간이 필요하지만, 그 정보는 대단히 큰 가치가 있다. 이 목록은 학생의 현재 기능 수준을 측정하고, 교육계획표(가르칠 기능과 가르칠 순서)를 작성하는 데 활용할 수 있다. 따라서 생태학적 목록은 개별화교육계획의 기초가 될 수 있다.

4. 기능적 교육과정과 개별화교육계획

기능적 교육과정은 학생들의 궁극적인 삶의 질을 향상하는 데 그 목적이 있다. 따라서 교육과정은 장애학생이 실생활과 졸업 이후 기대되는 결과를 성취할 수 있도록 개별화교육계획이 구성되어야 한다. McDonnell과 Hardman(2009)은 교육계획을 하는 데 있어 개별화교육지원팀과 학생들에게 도움이 될 만한 몇 가지 제안을 하였다. 목표 설정 단계, 일반 사례분석 단계, 교수적 전략 선정 및 적용 단계, 평가를 위한 자료수집 단계로 제시한다.

1) 목표 설정 단계

(1) 목표 설정 시 고려사항

기능적 교육과정의 일정표와 활동내용을 결정하는 것은 사전에 순서를 정해 결정하는 것이 아니라 많은 요소를 고려하면서 장애학생과 개별화교육지원팀과의 상호작용과정에서 요구되는 것이 무엇인가에 따라 결정된다.

- **효과성**: 처음 고려해야 할 사항은 일정표 혹은 활동이 학생의 삶의 질에 효과를 미칠 수 있어야 한다는 것이다. 일정표와 활동내용 선정에서 중요한 점은 오랜 기간에 걸쳐 가정, 학교, 지역사회 장면에서 학생의 참여를 증진시키는 것이어야 한다는 것이다.
- **포괄성**: 성공적인 지역사회 및 졸업 이후 적응을 위해서는 장애학생이 지역사회 생활의 모든 측면에 참여할 수 있어야 한다. 이는 장애학생이 지역사회에 기여할 기회를 가져야 하고, 자신이 필요로 하는 것들을 스스로 관리할 수 있어야 한다는 것을 의미한다. 또한 이들이 삶을 즐길 수 있는 여가와 레크리에이션 활동에 참여할 수

있어야 한다. 우선적인 일정과 활동을 선정할 때, 교육계획팀은 장애학생이 필요로 하는 모든 것을 교육계획에 포함하기 위해 지역사회에서 학생의 현재와 장차 삶에 대한 모든 측면을 살펴야 한다.

- **자기결정**: 학생의 교육계획 일정과 활동은 학생 자신의 생활에 대한 통제를 증진하는 것으로 선정되어야 한다. 장애학생이 스스로에게 다양한 선택권을 가질 기회를 주고 효과적으로 자신의 활동과 일정을 선택하는 방법을 배워야 한다. 또한 자신의 요구를 주장할 수 있고, 자신의 미래계획에서 자율성을 증진시켜야 한다.
- **통합**: 선정된 일정과 활동은 학교와 지역사회에서 학생의 참여를 증진시키는 것이어야 한다. 또한 일반 또래와 서로 상호작용할 기회를 높여야 한다. 자연적인 상황에서 이들이 학교나 일, 그리고 이웃에서 사회적 관계의 일부가 될 기회를 가져야 한다.
- **연령-적합성**: 장애학생이 지역사회에서 독립적으로 일과 생활을 할 수 있다는 것은 자신의 삶에 대하여 책임질 수 있음을 의미한다. 장애학생이 학교를 떠나 사회에 진출했을 때 자신의 연령에 적절한 사회적 활동을 할 수 있어야 한다. 따라서 일정과 활동 선정에 있어 동일한 연령대에 전형적으로 기대되는 내용이 학생의 교육계획에 포함되어야 한다.
- **위험과 안전**: 장애학생의 자율성을 높이면 상대적으로 위험 요소와 안전 문제의 발생 가능성이 높아진다. 그렇다고 학생의 안전에 과민하면 학생을 교육 활동에서 고립시킬 수 있다. 따라서 교육계획에서 학생의 위험과 안전을 균형 있게 고려해야 한다.

(2) 학생의 수행 방법 결정하기

기능적 교육과정은 모든 일정과 활동에서 학생이 다양하게 학문적이고 발달적 기술을 활용할 것을 권장한다. 개별화교육계획에서 장애학생이 일반교육의 학문적이고 발달적인 기술에 접근하기 어려울 경우, 개별화교육지원팀은 이들이 수행할 수 있는 전략을 고려해야 한다. 일정과 활동에서 인지적 · 언어적 · 신체적 · 학문적 요구를 장애학생에게 대안적으로 수정하여 가정, 학교, 지역사회 활동에 참여하도록 해야 한다. 예를 들어, 글을 읽을 수 없는 학생이라면 '식료품 구입하기'에서 식품의 그림을 보고 물건을 구입할 수 있고, 음성 언어가 명확하지 않은 학생이라면 의사소통 보조장치를 통해 물건을 구입할 수 있다.

(3) 우선지도 일정표와 활동 그리고 졸업 이후 기대되는 결과와의 연관성

개별화교육지원팀은 학생의 미래 삶의 질에 잠정적으로 영향을 주는 우선적 일정과 활동을 평가하여야 한다. 예를 들면, 식료품 구입하기, 버스 타기, 현금 인출기 사용하기 등이 학교 졸업 후 학생의 목적을 성취하는 데 도움이 되는지 확인해 볼 필요가 있다.

개별화교육계획의 목표는 장애학생 개인의 입장에서 볼 때 궁극적으로 학교 이후 성과에 대한 것이다. 이는 결국 장애학생 미래의 교육적 성취 결과인 개별화교육계획의 장기 목적과 연계되어야 함을 의미한다. 따라서 목표들은 개별화교육계획의 목적에 대한 졸업 이전과 이후의 과정에 중점을 두고 설계되어야 한다. 또한 목표들은 장애학생 개인을 위해 설계된 개별화교육계획의 주요 구성 요소와 내용을 반영해야 한다. 즉, 교수 목적은 개별화교육의 목적에 기술된 지식과 기술에 연관되어야 한다는 것이다. 지역사회 적응과 졸업 이후 상황에서 필요로 하는 지원과 서비스에서도 이 목적의 연관성이 강조될 필요가 있다.

(4) 목표의 선정

기능적 교육과정에서는 다양한 목표가 제시될 수 있다. 장애학생 개인의 미래 진로와 부모들의 요구에 따라 목표의 유형이 달라질 수 있다. Cronin과 Patton(1993)은 목표 선정 시 고려해야 할 순서를 다음과 같이 제시하였다.

① 학생의 각 영역에 대한 수행을 평가하고, 학생이 능력을 발휘할 바람직한 장래 환경을 밝힌다.
② 계획된 미래 환경에서 기능할 학생의 현재 환경과 관련한 활동 및 기술을 밝힌다.
③ 관련된 현재와 미래 활동을 검토하고, 몇 가지 영역을 선정하고 연령에 적절한 활동들을 제시한다.
④ 이 활동을 가장 많이 일어날 것부터 가장 적게 일어날 것의 순서로 나열한다.
⑤ 이 활동 목록에서 학생의 안전에 중요한 것을 우선 정한다. 다음으로 미래 환경에 독립적으로 살아가는 데 필요한 영역을 정한다.
⑥ 즉시 지도해야 할 교수내용을 선정한다.
 –현재 학생의 안전에 가장 중요한 활동
 –미래에 독립적으로 살아가는 데 중요하고, 가장 많이 활용될 활동
⑦ 그 외 ④에서 제시된 활동을 선정한다.

전체적으로 목표 선정은 우선적으로 실제 생활환경과 연관이 있어야 한다. 그리고 장애학생의 연령과 발달 정도도 중요한 고려대상이 된다.

2) 일반 사례분석 단계

일반 사례분석(general case analysis)은 전통적인 과제분석 절차를 확장하여 수행 상황에서의 단계와 자극변인들을 나타낸 개념이다(Homer, Sprague, & Wilcox, 1982). 예를 들면, 현금 인출기는 장소나 위치에 따라 각양각색이다. 가게에 따라 다를 수 있고, 종류에 따라 다를 수 있다. 그러나 교사가 지역 내 모든 가게의 현금 인출기에 대한 과제분석과 훈련을 하기보다는 상황에서 가장 일반적인 변인이 될 가게를 골라 훈련하는 쪽이 훨씬 쉬울 수 있다. McDonnell과 Hardman(2009)은 여섯 가지 일반 사례분석 과정을 통해 지역사회에서 지적장애학생이나 발달장애학생을 위해 보다 효과적으로 적응훈련을 할 수 있다고 소개하였다. 〈표 12-4〉는 여섯 가지 접근 원리에 따라 구성한 일반 사례분석의 예시이다.

(1) 학생이 활동을 완성할 가능성이 높은 상황을 선정한다

학생이 수행을 완성할 것이라 기대되는 모든 상황을 분석한다. 분석된 상황의 수는 학생이 생활하면서 필요성을 보이는 지역사회와 이웃이 될 것이다. 학생이 지역의 모든 식료품 가게를 다녀야 하는 것이 아니기 때문에 학생과 직접적이고 좀 더 기능적인 인근의 가게를 선정하여 분석한다. 개별화교육지원팀에서 지역의 어떤 가게를 분석대상으로 할 것인지 정할 수 있다. 그리고 상황에서 수집된 정보는 교수를 위한 훈련 장면에서 활용할 수 있다.

(2) 활동에서 학생이 수행할 범위를 선정한다

학생이 수행을 완성할 것이라 기대되는 것은 이들의 구체적인 요구에 따라 상당히 다양하게 나타날 수 있다. 예를 들면, 혼자 과자 사 오기, 음료수 사 오기, 과일 사 오기, 집에 혼자 있을 때 점심 챙겨 먹기 등, 또한 학생이 과제를 얼마만큼 완수할 것을 기대하는지 밝히는 것도 중요하다. 친구들이 수행하는 방식으로 완성하는지 혹은 대안적인 몇 가지 다른 단계의 수행 전략이 있는지를 확인하여야 한다. 글씨를 읽지 못하는 학생이라고 하면 그림으로 된 카드 순서로 가르치는 단계를 선정할 수 있다.

(3) 일반적인 활동 단계를 정한다

공통적인 수행의 모든 장면을 단계별로 분석한다. 예를 들면, '카트 가져오기' 단계에서는 모든 가게 상황에서 '카트 가져오기' 단계를 분석하기보다 카트를 꺼내 가게로 가져오는 가장 일반적인 상황을 분석한다.

(4) 각 단계에서 일반적인 자극 내용을 선정한다

학생이 각 단계를 언제, 어떻게 완성할 것인지 조정할 일반적인 자극을 정한다. 예를 들면, '카트 가져오기' 단계에서 일반적인 자극은 카트 보관소와 카트이다.

(5) 기대되는 수행 장면을 선정한다

일반적인 활동 단계와 자극에서 관찰된 다양한 변인을 기록하고 기대되는 수행 장면을 선정한다. 일반적인 자극에서 교사는 대상이나 사건에서의 차이를 기록한다. 예를 들면, A가게는 카트 보관소가 출입구 앞에서 꺼내게 되어 있고 B가게는 조금 떨어진 뒤쪽에서 꺼내게 되어 있다면, 학생이 반응해야 할 행동을 수정할 필요가 있다. 상황에 따라 서로 다른 자극변인에 반응을 달리하도록 해야 한다. 일반적인 자극과 활동 상황에서 변인들은 학생을 가르치는 훈련 장면에서 다룬다.

(6) 훈련 상황을 선정한다

과제분석의 가장 작은 단계(장면)인 이 단계의 목적은 교수를 위해 학생을 자극변인에 노출시키는 것이다. 이 자극변인은 학생이 지역사회에서 가게를 이용할 수 있는 가장 일반적이고 대표적인 것을 골라 수행하도록 한다. 다음은 자극(단계)의 선정 시 고려할 점이다.

- 훈련이 이루어지는 곳과 가장 가까운 장소를 선정하여 시작한다.
- 학생에게 해당되는 변인인지 확인한다.
- 교수가 이루어지기 쉽고, 시간을 절약할 수 있는 곳으로 선정한다.
- 처음 선정한 장소와 많이 다른 곳을 선정한다.
- 학생이 가장 폭넓게 노출될 수 있는 내용으로 선정한다.
- 가능하면 꼭 필요한 최소한의 숫자로 정한다.

표 12-4 일반 사례분석 예시

단계(자극)	자극변인	반응	반응변인
1. 입구 문	1) 자동문-회전 2) 자동문-미닫이 3) 자동문-여닫이	1. 가게로 들어가기	1) 걸어 들어가기 2) 문을 밀고(당기고) 걸어 들어가기
2. 카트	1) 카트 보관소 2) 가게 내 카트	2. 카드 가져오기	1) 카트 앞줄에서 빼기 2) 카트 뒷줄에서 빼기
3. 쇼핑 통로 (그림 카드)	1) 캔 식품 2) 냉동식품	3. 대상 물건이 있는 통로 둘러보기	1) 넓은 통로 2) 좁은 통로
4. 그림 카드 품목 선택	1) 선반 위, 개방형 선반, 냉동 진열 2) 선반 중간, 개방형, 폐쇄형 진열품, 폐쇄 냉동식품 3) 개방형 선반 바닥, 폐쇄 냉동 케이스, 개방형 냉동 케이스	4. 물건 담기	1) 선반 위에서 내리기 2) 문을 열고 선반 위에서 내리기 3) 중간 선반에서 내리기 4) 문을 열고 중간 선반에서 내리기 5) 선반 바닥에서 물건 담기 6) 문을 열고 선반 바닥에서 물건 담기
5. 계산하기	1) 계산대 줄 서서 대기하기 2) 카트 계산대로 붙이기	5. 계산대로 가기	1) 카트 계산대에 대기 2) 줄 따라 나가기
6. 계산 확인하기	1) 물건 스캔 확인하기 2) 물건 계산 확인하기	6. 물건 스캔	1) 위쪽 바코드 확인 2) 아래쪽 바코드 확인
7. 포장지, 쇼핑 가방	1) 스캔 왼쪽 2) 스캔 오른쪽 3) 종이 4) 비닐	7. 물건 담기(포장지)	1) 포장지 꺼내기 2) 물건 담게 포장지 벌리기
8. 계산하기	1) 현금 지급 2) 잔돈 받기 3) 모니터 확인 4) 영수증 받고 사인하기	8. 계산하기	1) 현금 꺼내고 지출하기 2) 잔돈 확인 3) 잔돈 받기
9. 잔돈 바꾸기	1) 교환기 모니터 확인 2) 영수증 받기	9. 잔돈 바꾸기	1) 동전 교환기로 가기 2) 동전 내려 받기
10. 가방 들기	1) 가방 오른쪽, 왼쪽 2) 종이가방, 비닐	10. 가방 들기	1) 가방 끈 잡기 2) 가방 들어 올리기
11. 출구 문	1) 자동문-회전 2) 자동문-여닫이 3) 이중 문 열기	11. 가게 나가기	1) 걸어 나오기 2) 가게 문 열고 걸어 나오기

출처: McDonnell & Hardman (2009).

3) 교수적 전략 선정 및 적용 단계

(1) 기초선 측정(baseline probe)

기초선은 과제분석이 끝나고 학생의 현재 수행 단계 혹은 수행 수준을 어디에서 시작할 것인지 결정하기 위한 출발점이라고 할 수 있다. 기초선은 학생이 과제를 완성하는 데 기대되는 수행 수준을 평가하는 데 초점을 두어야 한다. 특히 과제를 정확하게 완성할 수 있는지, 과제를 완성하는 데 지원을 필요로 한다면 그 지원 수준이 어느 정도인지를 구체적으로 제시하여야 한다. 교수의 궁극적 목적은 학생이 교사의 도움 없이 스스로 과제를 완성하는 것이다. 따라서 기초선은 현재 학생의 지원 수준에서 점차 도움 없는 단계까지 도달하기 위한 교수나 훈련의 시작점이다. 예를 들어, 지원의 수준을 언어적 지원–제스처–부분적인 신체적 지원–전반적인 신체적 지원의 순서라고 했을 때, 학생이 교사의 "싱크대에 가라."는 언어적 지시를 듣고도 반응이 없고, 교사가 학생의 손을 잡고 싱크대 중간쯤까지 데리고 가서야 학생이 싱크대로 가라는 지시임을 알고 나머지는 혼자서 싱크대로 갔다고 하면, 이 학생의 현재 기초선 수준은 부분적인 신체적 지원에 해당한다. 이 단계에서 교수의 최종 목표는 언어적 지시만으로 '혼자 스스로 싱크대에 가는 것'이다.

표 12-5 기초선 측정 진단(예시)

교사	김○○	학생명	최○○
교육내용	통학버스에서 내려 교실까지 이동		
날짜	2020. 5. 11.		
교수 시작 단서	교사가 최○○에게 다가간다.		
기대되는 효과	학급 활동에 참여		
교육내용 총 시간	3분 10초, 대기시간: 3초		

교사의 지원 유형			
FP	전반적인 신체적 보조	V	직접적인 언어적 지시
PA	부분적인 신체적 보조	I	자연적인 단서, 독립적 행동
G	제스처		

〈계속〉

단계		총 시간	1차 평가	2차 평가	3차 평가	초기 지원 유형
1	ⓒ 안전벨트 도움 요청하기	2초	FP	FP	FP	V/FP "도와주세요."라고 말하고 '도와 달라'는 시늉을 한다.
2	통로 걸어 나오기	15초	V	V	V	V "교실로 가자."
3	도시락이나 기타 물건 챙기기	10초	V	V	I	I (노트: 계획한 지원으로 수행하나 총 시간지연)
4	버스 내리기	5초	PA	I	I	I
5	건물 입구로 걷기	35초	PA	PA	PA	PA 수진이 손을 잡고 걷는다.
6	ⓒ 현관문에서 도움 요청하기	2초	FA	PA	PA	V/FP "도와주세요."라고 말하고 '도와 달라'는 시늉을 한다.
7	건물 들어가기	2초	PA	PA	PA	PA 수진이 손을 잡고 건물에 들어간다.
8	교실로 걸어가기	60초	PA	FP	PA	PA 손을 잡고 걷는다.
9	도시락이나 기타 물건 내려놓기	10초	PA	G	FP	FP 수진이 손을 잡고 사물함 있는 곳으로 간다.
10	코트 벗기	7초	I	I	I	I (노드: 교수 진행 중에 시간 초과를 적는다.)
11	ⓒ 옷걸이 찾는 것 도움 요청하기	2초	FP	FP	FP	V/FP "도와주세요."라고 말하고 '도와 달라'는 시늉을 한다.
12	코트 걸기	4초	G	PA	V	4번째 시도에서, G

(2) 교수 수행(implementing instruction)

① 촉진

촉진(prompting)은 학생이 행동이나 반응을 하기 전이나 하는 동안 제시되는 어떤 단서이거나 교수이다. 또한 정반응 행동을 높이고 실패 가능성을 줄이기 위한 것이다. 효과적인 교수적 촉진은 구체적인 과제 및 개인에 따라 다양할 수 있다. 촉진의 목적은 가능한 한 최소한의 지원으로 학생이 정반응 행동을 하도록 유도하는 것이다.

따라서 계획적이고 체계적인 촉진의 제시와 소거가 중요하다. 앞서 제시한 〈표 10-6〉은 손 씻기 과제에서 "싱크대로 가라."라는 교사의 지시 단계를 수행하는 데 필요한 지원과 촉진 유형을 제시한 것이다.

- **점진적 촉진감소 체계**(system of decreasing prompt): 점진적으로 촉진을 감소하는 접근 체계는 지원의 수준을 점차 줄여 가는 것이다. 두 개 이상의 촉진을 지원의 정도가 높은 수준에서 점차 지원의 수준이 낮은 것으로 배치한다. 처음 학생에게 과제를 제시할 때, 도움을 많이 주는 높은 수준의 촉진으로 시작한다. 그리고 지원을 점차 체계적으로 소거하여 도움 없이 학생이 스스로 과제를 수행할 수 있도록 한다. 점진적 촉진감소 체계를 사용한다고 해도 한 번에 〈표 10-6〉과 같이 제시된 모든 촉진을 사용하는 것은 아니다.
- **최소촉진 체계**(system of least prompts): 학생이 촉진이나 어떤 지원을 받지 않고서도 과제를 수행하는 경우가 있다. 최소촉진 체계는 지원을 하지 않은 상태에서 학생이 과제를 수행하게 하고 필요한 경우 지원을 늘려 가는 방식이다. 이는 많은 지원을 하지 않고 학생이 과제를 수행할 수 있는 기회를 제공하기 위함이다. 따라서 교사는 학생이 과제를 성공적으로 수행하는 데 필요한 최소한의 지원을 하고 학생이 반응할 때까지 5~6초를 기다려 준다. 이후 학생이 반응을 하지 않거나 오반응을 하면, 이보다 더 지원 정도가 높은 촉진을 사용하여 해당 단계를 반복한다. 촉진은 학생이 과제의 행동을 수행할 때까지 계속 증가시켜 나간다. 예를 들어, 〈표 10-6〉에 제시된 '싱크대로 가라.'라는 훈련에서 최소촉진 체계를 사용하는 경우를 보자. 먼저 처음에는 언어적 언급 없이 시작한다. 학생이 싱크대를 보고 있다. 교사가 "어디에 가야 하지?"라고 말하고 5초 정도를 기다린다. 학생이 반응이 없으면 교사는 다시 '싱크대가 있는 곳을 가리킨다(제스처 촉진)'. 그리고 학생이 싱크대로 이동한다. 만일 교사가 싱크대가 있는 곳을 가리켰는데 5초 내에 이동하지 않으면 부분적인 신체적 지원을 할 준비를 한다.
- **시간지연 전략**(time-delay strategy): 시간지연 전략은 학생으로 하여금 오반응 없는 실행을 하기 위해 지원 수준(언어적, 제스처, 모델링, 신체적 지원)에 따라 즉각적인 촉진을 제시하는 것이다. 그리고 학생이 정반응을 어떻게 하는지 모를 때, 정확하게 동일한 반응을 하도록 하는 것이다. 이를 위해 교사는 학생이 스스로 반응할 기회를 주기 위해 짧은 '시간지연'을 설정해 두었다가 촉진을 실시한다. 기본전략은 학생이 어떻게 반응할지 모르면 학생은 기다리고 교사는 '가장 효과적인 촉진'을 사용하여 올바른 반응을 학생에게 보여 준다. 시간지연 전략에는 두 가지 방법이 있다. 먼저 점진적 시간지연(progressive time-delay)은 회기가 진행되면서 교사가 촉진을 주기에 앞서 대기 시간을 점차 늘려 나가는 방법이다. 다른 방식은 대기시간을 점차 줄

여 나가는 것이다.

② 촉진의 활용 순서

[그림 12-3]은 촉진을 통한 훈련의 흐름을 기술한 것이다. 일반적으로 반드시 이와 같은 틀에 의하지는 않지만, 훈련 시 기본적인 진행 순서로 활용할 수 있을 것이다(Nell & Billingsley, 2005). 예를 들어, [그림 12-3]에서 '싱크대로 가라.'라는 과제에 대해 학생이 진단 평가 시 '부분적인 신체적 지원 수준', 즉 교사의 부분적 지원을 받아 싱크대로 스스로 가는 수준이라고 가정하면(현행 수준) '가. 자료수집'은 교사의 부분적인 신체적 지원을 세 번 시도하는 것이다. 그러고 나서 학생이, 첫째, ① 세 번 정반응을 보이면(부분적 신체적 지원으로 스스로 싱크대에 감), 이 학생은 과제를 완성한 것으로 보고 '다. 독립성 증가 혹은 모니터링하기'로 좀 더 지원 수준이 적은 언어적 지원 수준으로 '가. 자료수집'을 한다. 둘째, ② 두 번 정반응(세 번 시도에서 두 번 부분적인 신체적 지원으로 스스로 싱크대에 감)을 보이면, 실수로 과제를 완수했을 가능성이 있다고 보고 '나. 자료수집(세 번 시도)'를 하여 ①의 과정으로 가거나, ④의 세 번 이하로 정반응을 수행하지 못하면 '라. 프로그램 수정'으로 가서 과제의 난이도 여부를 고려해 더 낮은 지원 수준으로 과제분석을 다시 하고 '가. 자료수집' 단계로 간다. ③ 무반응 혹은 두 번 이하 정반응의 경우는 '라. 프로그

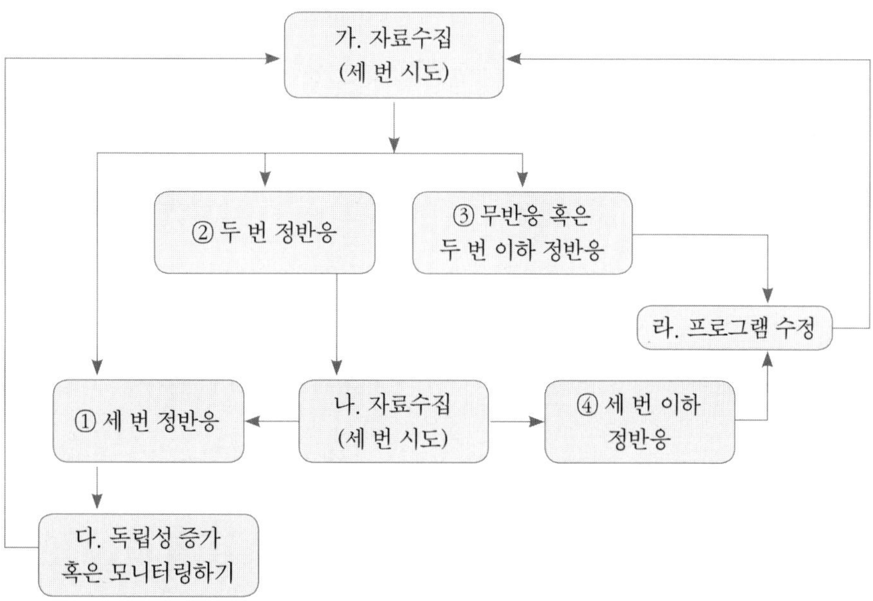

그림 12-3 촉진의 교수 활용과정

램 수정' 과정으로 진행한다.

③ 강화

강화는 동기를 부여하여 행동을 이끌어 내는 과정이다. 동기는 학생들이 학습하는 데 있어 매우 중요한 구성 요소 중의 하나이다. 그리고 강화의 목적은 학습의 증진을 높이는 것이다.

자연스러운 사회적인 칭찬은 자연적인 상황과 가장 가깝고 자주 활용되는 유형이다. 자연스러운 칭찬의 수준으로 학생이 과제를 성공적으로 수행한다면, 부가적인 훈련 강화를 사용할 필요가 없다. 교사는 자연스러운 강화만으로 학습이 충분한지, 어떤 동기가 필요한지, 얼마나 자주 강화를 해야 하는지, 그리고 일단 학습이 되었을 때 강화내용과 수준을 어떻게 줄이고 얼마나 줄인 것인지 등에 대하여 계획하여야 한다.

또한 강화시간은 훈련과정에서 매우 중요하다. 모든 긍정적인 강화는 바람직한 행동을 한 즉시 이루어져야 한다. 바람직한 행동에 대한 즉각적인 칭찬은 정반응 행동을 촉진시키는 역할을 한다. 그러나 보상의 경우는 즉각적인 제시가 효과가 없을 경우도 있기 때문에, 교사는 활동 이후에 교환할 수 있는 토큰이나, 카드에 표시하기, 달력에 표시하기 등의 방법을 사용한다(Wehman, 1996).

강화계획(빈도)은 크게 두 가지로 수행한다. 지속적 강화계획(continuous reinforcement schedule)은 학생이 정반응 시 지속적인 강화를 주어 새로운 기술을 익히도록 하는 데 주로 사용한다. 학생이 점차 독립적인 행동을 하면, 간헐적 강화계획(intermittent reinforcement schedule)을 실시한다. 간헐적 강화계획은 강화자가 사전에 결정해 둔 강화의 수 혹은 시간이 일어났을 때 사용한다.

또한 강화는 강화자의 지원 거리와 친숙도를 고려하기도 한다. 처음 학생이 훈련을 실시할 때 교사는 학생 바로 옆에서 강화를 하고, 점차 학생이 과제에 독립적이 되면 거리를 멀리하거나 지원을 철회해 간다. 학생이 처음 훈련할 때 학생과 친숙한 사람이 훈련을 하고 점차 과제에 익숙해지면 제3자가 훈련에 개입하여 독립성을 높여 간다.

표 12-6 교수과정(예시)

교사	김○○	학생명	최○○
교육내용	통학버스에서 내려 교실까지 이동		
날짜	2020. 5. 15.		
교수 시작 단서	교사가 최○○에게 다가간다.		
기대되는 효과	학급 활동에 참여		
교육내용 총 시간	3분 10초, 대기시간: 3초		

I	자연적 행동, 독립수행	EL	대기시간 초과
C	정반응	ED	총 시간 초과
E	오반응	ED	자연적인 단서, 독립적 행동

단계		기대 시간	지원 유형	지도 방법	1차 평가	2차 평가	3차 평가
1	안전벨트 도움 요청하기	2초	V/FP	"도와주세요."라고 말하고 '도와 달라'는 시늉을 한다.	C	C	C
2	통로 걸어 나오기	15초	V	"교실로 가자."	EL	C	C
3	도시락이나 기타 물건 챙기기	10초	I	(노트: 계획한 지원으로 수행하나 총 시간지연)	C	C	C
4	버스 내리기	5초	I		C	C	EL
5	건물 입구로 걷기	35초	PA	수진이 손을 잡고 걷는다.	C	E	C
6	현관문에서 도움 요청하기	2초	V/FP	"도와주세요."라고 말하고 '도와 달라'는 시늉을 한다.	C	C	C
7	건물 들어가기	2초	PA	수진이 손을 잡고 건물에 들어간다.	C	C	C
8	교실로 걸어가기	60초	PA	손을 잡고 걷는다.	E	C	C
9	도시락이나 기타 물건 내려놓기	10초	FP	수진이 손을 잡고 사물함 있는 곳으로 간다.	C	C	C
10	코트 벗기	7초	I	(노트: 교수 진행 중에 시간 초과를 적는다)	ED	EL ED	ED
11	옷걸이 찾는 것 도움 요청하기	2초	F/P	"도와주세요."라고 말하고 '도와 달라'는 시늉을 한다.	C	C	C
12	코트 걸기	4초	G	옷걸이를 가리킨다.	C	C	EL

4) 평가를 위한 자료수집 단계

평가(probes)는 적어도 한 달에 한 번은 이전에 학습한 행동을 유지하기 위해 그리고 훈련 과정에서 새로 나타난 행동을 관찰하기 위해 훈련을 마치고 바로 수행해야 한다. 또한 평가에서는 비훈련 환경에서 일반화가 되었는지 평가하는 절차를 수행하여야 한다. 평가에는 독립성 평가, 일반화 평가, 유지 평가가 있다. 각 단계에서의 수행결과는 평가 기간을 정해 기록한다.

- **독립성 평가**: 최근 교수한 과제에 대해 평가한다. 교사가 교수와 평가를 제대로 해왔는가를 확인하는 것이라기보다는 주로 학생이 과제의 단계 수행에서 얼마나 독립성을 획득하였는가를 알아보기 위한 의도로 수행된다. 이러한 독립성 평가는 이전에 수행한 각 단계에서 시간을 자연스럽게 증진시켰는지 확인한다. 독립성 평가는 교수를 마치면 바로 수행하는 것이 바람직하다.
- **일반화 평가**: 일단 학생이 교사가 선정한 훈련 상황에서 독립적 행동을 획득하였으면 행동이 다른 상황에서도 일반화될 것인지를 평가한다. 이 평가에서 중요한 점은 학생이 적절하게, 스스로 훈련되지 않은 상황에서 과제를 수행하는가를 결정하는 것이다.
- **유지 평가**: 유지 평가는 학생의 훈련 기간을 종료하고 일정 기간이 지난 후에도 학습한 과제를 스스로 수행할 수 있는지를 확인하는 평가이다. 즉, 지원의 수준이 거의 없고, 가장 자연적인 보상이 이루어지며, 수용할 만한 기간 내에 이루어진다. 만일 바람직하지 않은 행동이 유지 평가에서 관찰되었다면 수정계획이 이루어져야 한다.

제13장

중도 · 중복장애학생의 언어와 의사소통 지도

이 장에서는 어떻게 의사소통을 자신의 각 일과에 통합시킬 수 있는가를 다루고자 한다. 의사소통 교수를 학교의 일과나 계획표에 통합시킴으로써 전체 하루 일과를 통하여 의사소통을 효과적으로 지도할 수 있을 것이다. 의사소통의 기회는 서로 소통할 수 있는 두 사람 이상의 사람에게서 일어나는 모든 상호작용과정에서 발생한다. 이러한 상호작용과정을 효과적으로 활용하여 의사소통을 기능적으로 지도하고 이를 개별화교육계획으로 실행할 수 있는지 살펴보도록 한다. 이 장에서는 신현기, 김형일, 유장순 공역(2005)의 『중도 · 중복장애아동을 위한 기능적 교육과정』에서 제시한 맥락에서의 의사소통 지도내용을 소개하고 이를 근거로 한 개별화교육계획을 세워 보고자 한다.

1. 언어교과

중도 · 중복장애학생의 주된 문제는 자신의 환경을 효과적으로 통제하기 위한 의사소통을 제대로 할 수 없다는 것이다. 지금까지 이들을 위한 지도에서는 언어 부분을 별도로 떼어 가르쳤다. 그래서 다양한 행동 패턴을 활용하여 구조화된 교육 상황에서 여러 가지 기술을 가르치는 방법에 관심이 있었다. 즉, 방법이 결정되면 무엇을 가르칠 것인가를 결정하였다. 전통적으로 중도 · 중복장애학생을 위한 언어교육내용은 일반적인 발달 원칙에 따라 지도 방향을 구성하였다. 이러한 언어 프로그램에 따라 언어발달이 습득되면 더 진전된 기술이 가르쳐지고 나아가 활용 가능한 언어 체계가 궁극적으로 습득된다는 것인데, 불행하게도 이러한 지도 결과는 큰 효과를 거두지 못하였다.

언어교과는 기본적으로 두 가지 범위로 나누어진다. 표현언어와 수용언어이다. 표현언어와 수용언어 기술 훈련 프로그램은 맥락에 있어 서로 매우 비슷하다. 주된 차이는 표현언어는 자발적인 언어 사용을 훈련시키고, 수용언어는 언어의 이해 훈련에 관심을 둔다.

표현언어의 목표는 대부분 대상이나 활동내용에 따라, 말하기, 즉 요구하기, 인사하기와 같은 것들이 과제에 포함되었다. 이러한 기초적인 표현 기술을 배우기 위해서, 아동은 일반적인 발달 단계에 근거한 순서화된 기술을 배워야 한다. 학생이 "이것이 뭘까?"라는 질문에 "공"이라고 대답할 수 있게 되면, 다음 단계는 두 단어로 이루어진 "이것은 공이다."를 배우게 된다. 그리고 비슷하게 아동이 "과자"라는 말로 과자를 요구하면 다음 교수목표는 "과자 줘."가 되고 그다음은 "나 과자 줘."가 될 것이다.

수용언어 기술 훈련에서는 대상이나 활동의 이름 구별하기, 간단한 명령에 반응하기, 소리 변별하기, 자기 이름 듣고 대답하기와 같은 과제가 포함된다. 이러한 언어 훈련은 비장애학생들이 사용하는 것과 같은 전반적인 언어 체계를 배우는 것과 같은 것이 된다.

중도 · 중복장애학생에게 있어 언어 훈련은 일반적인 언어발달을 모방한 일련의 계열적인 단계로 이루어졌지만, 결과는 바람직하지 않다. 전통적인 언어 훈련이 작은 조각으로 전체를 구성하는 방향으로 이루어졌기 때문에 습득된 의사소통 체계가 자연적인 환경에서 일반적으로 부적절하고 비효율적이었다. 이것은 결국 헛된 수행과정이 되고 중도 · 중복장애학생이 훈련을 통하여 여러 가지 언어기술을 배우게 되지만 이들의 훈련장 밖에서의 의사소통 활용 능력은 효과적으로 나타나지 않았다고 볼 수 있다. 이러한 원인은 제시되는 훈련이 관련 없는 맥락과 상황에서 부적절하게 사용되었기 때문이다.

이러한 언어 훈련의 실패는 교육자들로 하여금 대안을 고려하게 하였다. 즉, 아동들은 부모-아동 간 상호작용을 통하여 의사소통을 배워야 한다는 것이다. 실제 대화, 실제로 질문을 하고 대답을 하는 것이 이루어져야 하고, 자신의 환경을 변화시키기 위하여 학생들은 사회적 맥락에서 의사소통기술을 배워야 한다. 따라서 의사소통기술을 지도하는 가장 좋은 방법은 목적적인 활동 맥락 속에서 자연적 환경에서의 교수가 관련되어야 한다는 것이다(Nietupski, Schuetz, & Ockwood, 1980, p. 22).

실제 환경에서의 훈련 방법은 기능적 의사소통기술 교수에 영향을 받은 것이다. 기능적 기술은 학생들의 자연적 환경에서 요구되는 기술이다. 실제 상황에 직접적으로 적용할 수 있는 기술로 훈련한다는 것은 학생에게 환경 참여를 늘리는 방법을 제시하는 것이다.

기능적 교육과정이 강조하는 것은 기능적 의사소통에서의 훈련과 자연적으로 일어나는 상황에서의 사회적 기술이다. 적절한 프로그램 내용과 관련 맥락은 가정과 지역사회, 학교와 지역사회 환경을 통한 부모와 교사에 의해서 이루어진다. 일단 내용이 선정되면, 의사소통 교수가 목적된 활동 범위 내에서의 학교 일정(일과)을 통하여 일어난다. 이러한 활동은 일상적인 학교, 가정, 지역사회에서 학생이 수행하는 과정 중 자연적으로 일어나는 것이다. 일상의 관련된 맥락적 특성을 활용함으로써 그리고 적절한 내용을 훈련시킴으로써, 교사들은 중도 · 중복장애학생의 의사소통기술을 높일 수 있을 것이다.

2. 의사소통기능

의사소통 지도의 목적은 의사소통을 활용하여 자연적 환경에 영향을 미치고 참여하는 능력을 신장시키는 것이다. 이러한 목적을 실현하기 위하여 의사소통 지도에는 표현 양식을 가르치는 내용이 포함되어야 한다. 사용된 표현 양식에 관계없이, 학생들의 의사소통 의도가 자신이 속한 환경을 점차 통제해 가는 것이 늘어난다면, 그 의사소통은 학생에 있어 기능적인 기술이 된다.

중도 · 중복장애학생을 위한 이러한 목적을 설명하는 기능적 의사소통 지도 프로그램을 개발하기 위해, 의사소통기능과 표현 양식 두 가지 모두가 고려되어야 한다. 전체적인 프로그램은 자연적 환경에서 학생이 활용할 수 있는 의사소통기능이 진단 평가되어야 한다. 그리고 표현 양식은 이러한 각 기능의 요구에 맞게 사용되어야 한다. 지도훈련에서 강조하여야 할 것은 새로운 표현 양식을 향상시켜 주는 것뿐만이 아니라 기능의 수를 늘려 주는 것이다. 그렇지 않으면, 현재의 표현 양식을 더 정교하게 해 주어야 한다. 다양한 상호작용을 만족시키는 데 필요한 활용할 수 있는 기능들의 수가 많으면 많을수록, 학생들은 그만큼 스스로 적절한 의사소통을 할 수 있게 되는 것이다.

학생들의 환경을 통제하는 기술을 획득하게 하는 의사소통 훈련 프로그램을 개발하기 전에 몇 가지 고려해야 할 점이 있다. 즉, 언어와 의사소통 간의 차이를 구별하는 것이다. 이것은 능력 있는 의사소통자(competent communicator)가 무엇을 의미하고, 환경 내에서 어떻게 의사소통을 조절하고, 의사소통기능을 충족하기 위해 어떤 표현 양식이 활용되어야 하는 점이다.

언어와 의사소통은 종종 내부적으로 상호교류(호환)라는 의미로 사용된다. 그러나 언어를 사용하는 능력과 의사소통을 하는 능력과는 매우 큰 차이가 있다. 언어는 말로 된 단어같이 체계화된 상징체의 활용을 의미하는 반면, 의사소통은 상당히 광범위한 행동 범위를 포괄하고 있다. 언어적인 상징 체계를 사용할 수 없는 학생들은 적절한 의사소통을 할 수 없다. 중도 · 중복장애학생들은 적절한 언어 체계를 발달시키지 못하고 있다. 복잡한 언어나 상징 체계를 가지고 있는 자폐 학생들도 이러한 언어 체계를 의사소통적으로 사용하는 데는 실패하고 있다. 이와 관련하여 기능적 교육과정은 중도 · 중복장애학생들이 이들의 언어(language) 사용능력에 관계없이 다른 사람과 의사소통(communicate)하는 능력에 중점을 두고 있다.

능력 있는 의사소통이라는 것은 제시된 맥락 내에서 말하는 사람(발화자)과 듣는 사람(청자)으로서의 행위를 통하여 이루어진다. 발화자가 갖추어야 할 것은 청자의 태도, 신념, 행동에 영향을 미치는 의사소통 체계나 표현 양식(예를 들면, 말하기, 노래하기, 제스처, 그림 지적하기)을 활용하는 능력이 있어야 한다는 것이다. 발화자가 적절한 방식으로 청자에게 영향을 미치기 위해서는, 청자가 반응할 수 있는 주어진 상황 내에서 스스로 의사소통 표현을 하여야 한다(Lucas, 1980). 이것은 청자에게 원하는 것을 의사소통할 의도나 그것을 나타내는 신호를 보이는 것을 의미한다. 또한 발화자는 청자로 하여금 메시지를 이해할 수 있는 어떤 관련된 맥락적 단서를 사용할 수 있어야 한다. 한 학생이 간식 시간에 우유 한 잔을 더 먹고 싶다면, “더 줘.”라는 말만 가지고는 다른 사람을 이해시킬 정보가 부족할 것이다. 빈 컵을 들고 “더 줘.”라고 하면 의도한 메시지를 전달할 관련된 맥락적 단서를 활용하는 것이 될 것이다.

청자는 발화자의 의도나 반응을 같은 맥락 내에서 공동으로 이해하고 인식하는 능력이 있어야 한다. 앞의 예에서, 청자의 역할은 우유를 더 달라는 메시지를 이해하여야 하고, 효과적인 의사소통을 고려하여 요구를 받아들일 것인지 아니면 거절할 것인지를 결정하여야 한다.

훌륭한 언어 체계를 가져야만 효과적인 의사소통자가 되는 것은 아니다. 다른 사람에 대해 의도한 것을 행동 양식을 통해 효과적을 통해 표현하면 의사소통이 되는 것이다. 언어 사용 전 단계의 아동들은 특정한 의도를 의사소통하기 위해 언어와 다른 기능인 제스처나 소리(vocalization)를 통하여 표현한다. 발화(verbal) 기술이 있는 아동들은 같은 기능을 전달하기 위해 더 정교한 언어 표현 양식을 사용한다.

3. 일반적인 의사소통기능

적절한 의사소통 프로그램을 디자인하기에 앞서, 특정 의사소통의 구체적인 기능을 결정하는 것이 필요하다. 다음의 기능들은 일반적인 언어발달에서 나타나는 것이다. 그리고 의사소통이 이루어지는 다양한 기능을 제시한다.

1) 물질적인 필요나 요구 충족시키기

물질적인 것과 원하는 것을 만족한다는 것은 대표적으로 언어적이거나 비음성적으로 요구하는 학생에게 해당된다. 언어를 사용하지 못하는 학생은 자신이 원하는 것을 특정 부분을 지적하거나 끌어당길 수 있다. 언어 사용이 불완전한 학생은 불완전한 문장을 사용하거나 원하는 항목을 손으로 지적할 수 있다. 언어를 사용할 수 있는 학생이 "나는 원한다."라는 말의 표현 양식을 사용한다. 청자가 이해해야 할 어떤 행동과 지속적으로 원하는 대상이나 활동을 나타내는 행동으로 표현하게 된다.

2) 거절하기

거절하는 능력은 바람직하지 않은 대상이나 활동에 대해 학생으로 하여금 거절하거나 거부할 수 있는 기회를 갖게 하는 것이다. 비음성적이거나 언어 사용 이전의 학생들은 전형적으로 제스처를 사용하여 거절 표시를 한다. 여기에는 음식을 먹일 때, 두 이빨을 꼭 다무는 것, 넣어 준 것을 뱉어 내는 것, 몸부림치는 것, 하루 일정에 협력하지 않는 것 등이 포함된다. 말을 하는 기술이 제한된 학생들은 "아니."라는 제한된 단어를 사용하여 어떤 원하지 않는 대상이나 사건을 거절한다. 말하는 능력이 있는 학생들은 "나는 그것을 원하지 않아." "나는 그것을 싫어해." "놀고 싶지 않아." 등의 말을 통하여 거절할 수 있다.

3) 환경이나 다른 사람의 행동 조정하기

대부분의 의사소통기술은 학생으로 하여금 환경을 어느 정도 통제하게 한다. 그리고 환경이나 다른 사람의 행동에 대하여 통제를 하려고 하는 것은 특히, 그러한 환경 안에서 다른 사람의 행동에 영향을 주기 위해 활용된다. 비음성 학생들은 어른이 주워 주는 것을 보기 위해 의자 밑으로 과자를 떨어뜨리는 것과 같은 행동을 할 수 있다. 말을 사용하는 기술에 한계를 가지고 있는 학생들은 '위로'라고 말을 하며 어른을 의자에서 끌어당기는 것과 같은 행동을 하면서, 말과 함께 어른을 그리로 이끌려고 할 것이다. 아니면, '아래'라고 말을 하며 어른을 의자에 다시 앉히려고 할 수도 있다. 좀 더 정교한 말을 사용하는 학생은 "날 따라와." "일어서." 등과 같은 구체적인 말과 행동을 통하여 이 기능을 수행할 수 있다.

4) 주위의 의미 있는 사람과 관계 형성하고 유지하기

주변의 의미 있는 사람과의 관계를 형성하고 유지한다는 것은 학생과 중요한 관계에 있는 사람과의 사회적 관계가 이루어지고 지속될 때 수행된다. 언어 사용 이전의 학생들은 이러한 의도를 나타내기 위해 웅얼거림과 같은 반복된 소리를 사용한다. 말을 사용하는 기술에 한계를 가지고 있는 학생들은 이전에 사회적 접촉을 유지하는 데 성공한 경험이 있었던 대화내용을 사용할 수 있다. 예를 들면, 이전에 어른과 함께 놀 수 있었던 특정한 장난감이나 게임을 언급할 수 있다. 말하는 능력이 있는 학생들은 보통 서로가 공유하고 있는 사건에 대하여 이야기할 때, '나'와 '너'라는 의미가 있는 대화를 통하여 이러한 기술을 사용한다.

5) 특성과 존재감 나타내기

자신의 특성과 존재감을 표현한다는 것은, 학생이 주위의 다른 사람에 대해 존재감을 나타냄으로써 개인적인 존재감을 얻으려는 것이다. 학생이 존재감을 불러일으키고, 인정을 받기 위해 이러한 의사소통기능을 사용한다. 언어 사용 이전의 학생들은 어른들 앞에서 구르거나, 대화 중에 끼어들어 '큰소리로 웃는' 것과 같은 돌출 행동을 할 수 있다. 말을 사용하는 기술에 한계를 있는 학생들은 자기가 하고 있는 일에 '어른이 봐 주기'를 원하는 행동을 보일 수 있다. 말을 할 줄 아는 학생들은 "날 봐." "여기 와 봐." 혹은 "내가 할 수 있나 볼래?"라는 말을 한다.

6) 주변의 것에 질문하기

추가적이거나 새로운 정보에 영향을 주고, 환경에 대한 학생의 이해를 신장시키는 어떤 의사소통은 학생이 환경에 대하여 질문할 필요성이 있다는 것을 나타낸다. 언어 사용 이전의 학생들은 어떤 것을 들고 그 이름을 알려 달라는 의미로 어른을 쳐다볼 수 있다. 또 다른 유형은 어른이 어떤 것을 이름 붙일 때, 교실에서 그 대상을 반복 지적하여 질문하기 기능을 나타낼 수 있다. 말을 사용하는 기술에 한계를 가지고 있는 학생들은 "저게 뭐야?"라고 말할 수 있다. 말하는 능력이 있는 학생들은 "왜 그런지 말해 줘." 또는 "그것에 대해 말해 줘."라는 말로 자신의 의사를 표현한다.

7) 연기하기와 가장하기

새로운 정보를 어느 정도 획득하느냐 하는 것은 학생이 여러 가지 의사소통 표현 양식을 사용하여 나름대로 독특한 상황을 창출해 내는 능력이라고 할 수 있다. 언어 사용 이전 학생은 상황을 몸짓으로 연기를 해 보일 수 있다. 예를 들면, 인형에게 '음식 먹이기'나 '옷 입히기' 등이 될 수 있다. 언어 초기의 가장하기 행동은 서로 다른 등장인물을 이용하여 개인적인 경험을 이야기하는 것일 수 있다. 좀 더 말하는 능력이 있는 학생들은 상상력이 동원된 언어를 사용하여 이 기능을 수행할 수 있다.

8) 듣는 사람이 모르는 자기 경험 이야기하기

듣고 있는 상대가 모르는 자신의 경험을 의사소통할 수 있는 학생은 청자로 하여금 또 다른 경험 속에 상징적으로 참여하게 되는 것이다. 발화자는 청자와 함께 하지 않은 정보를 전달하기 위해 청자와 관련 있는 지식이나 언어 체계를 사용하는 능력을 보이게 된다. 이 기능은 상대방을 쉽게 이해시킬 수 있는 방법을 염두에 둘 수 있어야 하고, 경험을 이야기할 때 관련 맥락도 고려해야 가능한 것이다. 서로 공유하지 않은 경험을 효과적으로 의사소통하기 위하여, 청자가 듣고 있는 이야기에 반응을 보이지 않는다는 표시를 하는 것을 알았을 때 발화자가 반응하는 방법에 유의할 필요가 있다. 이러한 의사소통기능의 효과적인 활용은 공유된 정보의 양과 내용을 제시하는 발화자의 기능에 따라 달리 나타날 수 있다.

4. 중도 · 중복장애학생의 의사소통기능

중도 · 중복장애학생들은 의사소통이 어려운 문제를 지니고 있다. 일반적인 의사소통 발달과정으로 평가하는 것보다는 다를 수 있지만, 이들의 특징적이고 실제적인 의사소통 방식에 대한 한 과정으로 본다면, 많은 기능이 더 잘 평가될 수 있을 것이다.

1) 필요나 원하는 것, 보이는 것과 보이지 않는 것 요구하기

종종 중도 · 중복장애학생들은 지적하기, 손 뻗치기(reaching), 소란 피우기, 소리 내어 요구하기와 같은 행동을 통해서 눈에 보이는(visible) 필요한 것이나, 원하는 것을 충족하기 위한 요구를 할 수 있다. 그러나 보이는 것을 요구할 수 있는 학생 중에는 보이지 않는 것을 요구하지 못할 수 있다. 학생이 필요로 하는 많은 것은 자신과 직접적인 환경에 있지 않기 때문에, 보이는 것과 보이지 않는 것을 요구하는 두 행동 영역을 구분하는 것이 교육계획에 중요한 요인이 될 수 있다.

2) 도움 요구하기와 요청하기

도움 요구하기(requesting help)는 앞의 요구하기 기능을 확대한 것이다. 그리고 도움 요청하기(asking for help)는 필요와 원하는 것을 만족시키기 위한 요구하기의 또 다른 표현 양식으로 사용된다. 이것은 도움 요구하기 행동 영역에서 구분되어 사용된다. 왜냐하면 중도 · 중복장애학생이나 특히 자폐학생은 그들이 원하는 것을 수시로 요구하지만, 다른 사람에게 도움을 요청하는 것은 거의 하지 않는다. 효과적인 교육계획을 위해 도움 요구하기와 요청하기의 두 가지를 구분하는 것이 중요하다.

3) 거절하기

거절은 일반적인 의사소통 발달과정에서 나타난다. 거절은 학생이 활동, 장난감, 음식 혹은 과제에서 "아니요."라고 말하기 위해서 활용할 수 있는 모든 행동을 포함한다.

4) 사회적 시도에 반응하기

사회적 시도에 반응하는 기능은 사회적 접촉과정에서의 표현 양식에 관계된 능력이다. 의사소통기능을 효과적으로 사용하기 위하여 학생의 사회적 행동을 필요로 하는 기능이다. 앞에 제시하였던 원하는 것 요구하기, 도움 요구하기, 거절하기 등은 어떤 사회적 기술을 필요로 하지 않는다. 즉, 요구와 거절을 다 충족시켜 주면 되는 것이다. 그러나 사회적 기술을 요하는 기능 중에 사회적 시도에 반응하기는 최소한의 사회적 관계를 필요로 한다. 만일 학생이 나른 사림과 이떤 사회저 접촉에 반웅할 수 있다면, 이 기능이 적용될 수 있다. 반응한다는 것은 대화 시도를 말로 응대할 만큼 정교하게 할 수 있고, 다른 사람이 이끄는 대로 수동적으로 반응할 만큼 단순한 것일 수 있다.

5) 사회적 상호작용 시도하기

사회적 상호작용 시도하기는 사회적 기술에서 좀 더 복잡한 능력이다. 사회적 상호작용을 시도하기 위해, 학생은 다른 개인과 관계를 시도해야 하고 탐색하여야 한다. 이것은 다른 사람에게 언어적으로 직접 말을 하거나 질문을 함으로써 이루어질 수 있다. 비음성적 시도는 다른 사람의 무릎에 기어오르기를 한다거나, 상대의 얼굴을 만지거나 혹은 손으로 다른 사람을 끌고 어떤 곳으로 가는 것일 수도 있다.

6) 사회적 상호작용 유지하기

사회적 상호작용을 유지하기 위해서는 다양한 기능을 가지고 있어야 한다. 상호작용을 유지하는 능력은 비음성적이거나 언어발달 이전의 학생에게서도 존재한다. 상호작용을 유지할 수 있다는 것 자체는 단순한 기능일 수 있지만, 이는 사회적 관계를 유지할 능력이 있다는 것이다. 간단한 단어로 된 문장이나 구, 심지어 한 단어를 사용한다고 해도,

학생이 적절하게 상호작용에 대한 반응을 하고 있다면, 사회적 상호작용은 유지되고 있는 것이다. 비슷하게, 비음성 학생과 언어발달 이전의 학생도 사회적 관계를 유지할 수 있다. 예를 들어, 책을 읽어 달라는 의미로 어른에게 가져온 책장을 넘기는 행동, 아니면 더 많은 책이나 놀거리를 가져오거나, 심지어 간질일 때 미소 짓거나 소리 내어 웃는 것, 먹을 것을 더 달라고 할 때 자기 배를 꾹꾹 누르는 행동 등으로 나타낼 수 있다.

7) 보상이나 애정 요구하기

중도 · 중복장애학생과 달리 자폐학생은 보상이나 감정을 표현하는 능력이 부족하다. 대부분의 자폐학생은 다른 사람에게 긍정적인 신체 접촉이나 칭찬을 요구하는 표현을 잘 하지 않는다. 발화를 하는 대부분의 학생은 말로 안아 달라고 요구하는 기능을 수행한다. 비음성적이거나 언어 이전의 학생들은 상대에게 어떤 행동을 하면서 보상을 요구할 수 있다. 예를 들어, 애정을 받기 위해 무릎에 기어오르기와 같은 행동이다.

8) 위로받기

위로를 받으려는 학생은 교사에게 더 관심을 나타낼 수 있다. 자폐학생 대부분은 사회적 맥락에서 다른 사람과 관계를 가지려 하지 않기 때문에, 다른 사람에 대해 알려고 시도하는 일이 거의 없다. 대부분 이들 학생의 고민과 고통에 대하여 단지 추측을 통하여 파악할 뿐이다. 일반적으로 자폐학생들은 고통이나 고민에 대하여 일반적인 반응행동을 보이지 않는다. 이들은 상대에 대한 두려운 표현도 잘 하지 않는다. 어떤 자폐학생들은 자기가 다친 곳을 보여 줄 수 있지만, 다른 자폐학생들은 상처 난 것을 알리려고 하지 않는다. 발화능력이 있는 자폐학생이 아픈 것이나 고통스러운 것을 말로 한다고 해도, 이것은 단지 과거에 일어난 것을 자기한테 이야기하는 것일 수 있다. 비음성 언어를 표현하는 학생과 언어발달 이전의 학생들은 상처를 당하면 울거나 낑낑거리지만(whine), 자폐학생들은 다른 사람에게 위안을 받으려고 다가오는 일이 거의 없다.

9) 주변에 관심 나타내기

주변에 관심을 나타내는 것은 일반적인 의사소통기능 발달에서 기술된 것과 같다. 학생들은 주변에 대해 질문하거나 지적하거나 다른 사람을 붙잡으려고 하는 것으로 나타낼 수 있다.

10) 다른 사람이 모르는 자기 경험 이야기하기

자기 경험을 이야기하는 기능은 일반적인 발달기술이다. 그러나 이와 같은 경험을 의사소통하는 능력은 학생의 언어 표현 유형에 따라 다를 수 있다. 청자가 어느 정도 이해하고 있는가에 대한 파악뿐만 아니라 적절한 맥락 안에서 생각할 수 있는 능력과 정보를 유지하는 능력이 필요하다. 대부분의 중도 · 중복장애학생은 이러한 정교한 의사소통능력을 표현하는 데 어려움이 있다.

11) 연기하기와 가장하기

이 기능도 일반적인 발달기술이라고 볼 수 있다. 대부분의 중도 · 중복장애학생은 이러한 의사소통기능을 표현하기 어렵다. 이 기능은 상상력을 필요로 한다. 자폐학생, 발화를 할 수 있는 학생이라도 정보를 유지하는 기능이나 이것을 새로운 패턴으로 재배열하는 것, 아니면 새로운 것이나 경험한 적이 없는 것을 표현해 내는 능력이 부족하다. 상상놀이가 부족하다는 것은 자폐학생과 다른 학생을 구분하는 특성이 될 수 있다(Wing, 1981).

5. 의사소통 표현 양식

언어적 기능은 청자의 태도, 신념, 행동에 영향을 주는 의도라고 할 수 있다. 그리고 의도된 메세지를 전달하는 데 사용되는 행동은 의사소통의 표현 양식이라고 할 수 있다. 이러한 의도는 청자가 이해하는 의사소통의 어떤 표현 양식을 사용하여 청자에게 전달될 수 있다. 예를 들면, 밖에 나가 놀고 싶은 학생은 어른을 문이 있는 곳으로 끌고 가서 자기 손으로 문의 손잡이를 잡는 것을 통해 자신의 의사소통 의도를 표현할 수 있다. 이런 표현 양식은 말로 하는 것보다 정교하지 못하지만, 그 자체는 의사소통기능을 가지고 있다.

의사소통은 많은 표현 양식(말하기, 그림 지적하기, 노래하기, 제스처)으로 나타낼 수 있다. 언어발달 초기에, 제스처와 소리(vocalization)가 의사소통의 표현 양식으로 자주 사용된다. 비록 학생이 말하기 이전 단계지만, 이러한 초기 표현 양식들은 기초적인 의사소통기능을 충족시키는 데 효과적이다. 학생들이 음성 언어 기술을 발달시키면서, 점차 정교한 언어 체계를 가지고 더 많은 기능을 표현하는 데 사용한다. 이것은 복잡한 상징적 표현 체계(대상이나 사람 혹은 사람을 나타내는 단어 사용)와 규칙(문법, 문장 구조, 단어 배열)이다. 이와 같은 정교한 언어 체계를 배운다는 것은 학생으로 하여금 다양한 사람에게 수많은 메시지를 전달하게 하는 것이다. 이렇게 학생은 의사소통과 상호작용을 통하여 주변을 점진적으로 통제해 가게 된다.

다양한 표현 양식이 같은 결과를 전달하는 데 사용된다. 어른을 화장실로 끌면서 "쉬"라고 하는 것과 "나 화장실에 쉬하러 갈래."라는 말은 같은 의사소통기능을 표현 양식만 달리한 것이라고 볼 수 있다. 복잡성은 달리하지만, 같은 의도, 즉 화장실에 가고 싶다는 의사소통을 하고 있는 것이다. 그러므로 앞의 각 표현 양식은 하나의 단일한 의사소통기능을 나타내고 있다.

학생들은 음성적 의사소통보다 더 복잡한 의사소통 표현 양식을 종종 사용한다. 지적하기, 제스처, 머리 흔들기, 소리 내기 등이 여기에 속한다. 오징어를 싫어하는 학생이 입을 다물고 먹지 않으려고 하는 것은 효과적인 메시지 전달 방법이다. 자기가 좋아하는 과자 이름은 모르지만 그것이 있는 부엌의 선반 속의 과자 상자를 엄마의 손으로 지적하게 하여 먹고 싶다는 의사를 표현한다. 이러한 맥락 단서 사용은 듣는 사람의 메시지 이해를 활용하는 것이다. 이와 같은 맥락을 효과적으로 이용하는 능력은 언어발달 이전의 초기 의사소통 학생들에게 의미 있는 기술이다. 이러한 맥락을 잘 사용하지 못하면, 의사소통 시도가 오해나 잘못된 해석을 하게 할 수 있다.

단일한 의사소통에 대한 맥락적 단서에는 장면, 대상, 상황 속에 있는 사람, 하루 중의 특정한 시간, 의사소통을 하게 하는 사건이 될 수 있다. 과자를 달라고 하는 아이의 예를 든다면, 이 학생은 과자를 먹기 위하여 장면(부엌의 선반), 부모(과자 있는 곳 지적), 관련 대상(과자 상자)을 이용한다. 학생이 이러한 각 맥락적 요소를 사용할 수 없으면, 의사소통이 어렵고 오해받을 수 있을 것이다.

6. 개별화교육계획을 위한 현행 표현 양식과 기능 평가

학생의 현행 능력을 평가하는 것은 개별화된 전체 의사소통기술 훈련 프로그램을 개발하는 첫 단계이다. 평가에 필요한 관련 의사소통 유형과 특징은 다음과 같다.

- 학생이 어떤 표현 양식을 사용하여 의사를 전달할 수 있는 의도(기능)의 수
- 의도를 전달하는 데 사용되는 의사소통 표현 양식의 양과 질
- 현재 가지고 있는 표현 양식(여러 가지 장면이나 상황에 적절한 기능과 표현 양식)으로 일반적으로 이해시킬 수 있는 능력

1) 의사소통 표현 양식: 양과 질

기능적 의사소통 프로그램을 개발할 때, 의사소통 의도가 먼저 고려되어야 한다. 학생들이 청자에 대하여 많은 의도를 가지고 있을수록, 자신의 주변에 대하여 더 많은 영향력을 발휘할 수 있을 것이다. 교사들은 발화가 가능하거나 그렇지 못한 학생들이 어떤 특정한 의도를 어느 정도 표현하려고 하는가에 관심을 가져야 한다.

의사소통 표현 양식을 효과적으로 적용하기 위해서는, 의도한 메시지를 전달하여야 하고 다른 사람의 행동에 영향을 주어야 한다. 이들 학생의 의사소통능력을 평가할 때, 모든 표현 양식을 일관되게 밝히는 것이 중요하다. 이러한 표현 양식에는 말하기, 신호, 제스처, 부호 등이 있다. 그리고 다소 일반적이지 못한 의사소통 행동도 있는데, 예를 들면 울기, 떼쓰기 등이 있다. 학생들은 한 가지 표현 양식으로 여러 가지 기능을 사용하기도 하고, 여러 가지 표현 양식으로 서로 다른 기능을 사용할 수 있다. 한 가지 표현 양식으로 여러 가지 기능을 사용하는 예를 들면, 상대방에게 요구하기 위해서 지적하기, 밖으로 나가자고 지적하기, 자기를 인식시키려고 자신을 손으로 지적하기 등이다. 비슷하게 의사소통 레퍼토리에 한계를 가지고 있는 학생들은 먹을 것을 달라고 하거나, 주의를 끌려고 하거나, 혼자 내버려두기를 원할 때, 소리 질러 우는 것으로 표현한다. 이것은 몇 가지 기능을 하나의 표현 양식으로 사용하는 경우이다. 이 두 가지의 예는 의사소통 표현 양식(지적하기나 울기)이 몇 개에 걸친 기능을 하나의 표현 양식으로 사용하는 것이다. 서로 다른 기능을 여러 가지 다른 표현 양식으로 사용하는 학생의 경우는 자신이 의사소

통하려고 하는 것에 따라 자신의 표현 양식을 바꾸어 사용하는 것이다. 예를 들면, 언어발달 이전의 학생이나 비음성 학생은 어떤 것을 요구하기 위해 지적하기를 할 수 있다. 그리고 밖으로 나가기 위해 어른을 문이 있는 곳으로 당기고, 자기의 팔을 문 손잡이에 올려놓고, 주의를 얻기 위해 울기도 한다. 이 경우는 여러 가지 의도(기능)를 전달하기 위하여 다양한 제스처를 사용할 수 있는 학생이다. 역으로 다양한 표현 양식에 맞춰 기능도 바꿀 수 있다.

각 의사소통 표현 양식은 환경에 효과적으로 대처했느냐에 의해 평가될 수 있다. 즉, 그 표현의 빈도, 장면이나 사람에 따른 각 기능에 적절히 대처하는 능력으로 평가되는 것이다. 일단 이러한 기술들이 평가되면, 다양한 의도를 전달하고 수용할 수 있는 표현 양식을 지도하는 데 접근 방법의 노력이 맞추어진다. 이렇게 해서 주변과 사회적 상호작용에 대한 잠재력을 신장시켜 가는 것이다.

관습적(conventional)이거나 비관습적(nonconventional)인 의사소통 모두 학생의 의사소통능력을 평가할 때 고려되어야 한다. 언어발달이 느린 학생들은 정상적인 언어 체계를 따르지 않고 독특한 의사소통 패턴을 보이지만, 환경에 영향을 늘려 가고 환경에 따라 대처 방법을 변화시킨다는 사실에 평가 효과가 있다. 이러한 관습적 적이지 못한 패턴은 언어발달 이전의 일반아동들이 사용하는 다양한 표현 양식에서 주로 나타난다. 일반적이지 못한 행동, 즉 떼쓰기, 물어뜯기 등이 여기에 해당된다. 이러한 행동은 학생들이 의사소통 수단으로 학습하여 나타내는 행동이다. 어떤 학생들은 극단적인 자기-학대적인 표현 양식을 통하여 의사소통을 배운다. 평가자는 분명하게 원하는 반응을 얻기에 충분할 만큼 학생이 의도한 메시지를 사용하는가에 대한 것을 염두에 두고 관찰하여야 한다. 그리고 '발화자'의 입장에서 적절한 의사소통 표현 양식인지를 고려하여야 한다.

2) 비음성 학생이 사용하는 표현 양식과 기능 평가

중도 · 중복장애학생의 의사소통능력을 평가하는 것은 매우 어려운 과제이다. 우선 사용된 표현 양식의 질(quality)에 관계없이, 학생이 가지고 있는 의사소통기능을 판단할 필요가 있다. 그리고 표현 양식의 질을 효과적인 의사소통 방식으로 바꾸어 주어야 한다. 비음성이나 언어발달 이전의 학생에 대한 각 의사소통 표현 양식의 질은 다음의 질문들로 평가할 수 있다.

① 환경에 따라 변화를 보이는 특정한 표현 양식은 얼마나 신뢰할 수 있는가

일단 의사소통 표현 양식이 밝혀지면, 학생이 얼마나 잘 표현하는가를 결정할 필요가 있다. 여러 상황에서 지속적으로 환경에 따라 변화를 보이는지를 살펴보아야 한다.

② 현재의 의사소통 표현 양식이 다른 사람에 의해 얼마나 쉽게 이해되는가 그리고 일반적인 표현 양식인가

의사소통이 명확하게 이해되면 그만큼 효과적인 의사소통이 될 수 있다. 특정한 표현 양식은 교사나 부모와 같이 친숙한 사람만이 정확하게 해석할 수 있다. 그러나 학생과 함께한 경험이 없는 사람은 오해를 할 수 있다. 그리고 특정하거나 이상한 표현 양식은 의사소통의 기능으로 여겨지지 않고 무시되거나 오히려 야단을 칠 수 있다. 따라서 의사소통이 일반적으로 자연적인 환경에서 이해될 수 있도록 하여야 한다.

③ 현재 학생의 의사소통 장비가 소지하기 편리한가

의사소통 장비가 들고 다니기 쉽다는 것은 다양한 장면에서 사용될 가능성이 높다는 것이다. 학생이 장비를 들고 다니기 어려우면 자기가 편리할 때만 지니게 되기 때문에, 중요한 상호작용을 해야 할 기회를 놓칠 수 있다. 지니기 편리하면 할수록 그리고, 의사소통 표현 양식에 방해가 적을수록, 그만큼 다양한 장면에 효과적으로 사용될 수 있다.

④ 현재 학생의 표현 양식이 학생이 자주 접하는 다른 사람과 상호작용하는 데 얼마나 받아들여지는가

학생이 사용하고 있는 의사소통 표현 양식이 일상적으로 상호작용하는 사람에게 받아들여지지 않는다면, 이것을 사용할 기회가 없을 것이다. 학생이 전달하려는 의도에도 불구하고, 표현 양식이 부모나 보모에게 받아들여지지 않는다면, 무시될 가능성이 높은 것이다.

앞과 같은 질문은 비음성 학생을 지도하는 교사들이 의사소통 맥락에서 현재 이 학생의 능력을 결정하는 데 도움을 줄 것이다. 그리고 적절한 의사소통 프로그램을 개발하는 데 기초 자료가 될 수 있다.

3) 말을 하는 학생들의 표현 양식과 기능 평가

중도 · 중복장애학생 중에서도 말을 하는 학생들은 자폐아들이 대부분이다. 이들의 언어능력은 의사소통능력과 일치되지 않을 때가 있다. 학생들이 사용하는 표현 양식의 질뿐만이 아니라 기능 수준을 주의 깊게 분석하는 것은 효과적인 의사소통 프로그램을 계획하는 데 중요하다. 다음의 질문은 언어발달이 늦거나 결핍된 학생들이 사용하는 음성 언어 기술의 질을 적절하게 평가하는 데 도움을 줄 것이다.

① 현재의 표현 양식과 기능이 일반화된 방식으로 사용되고 있는가

성공적인 프로그램의 목적은 의사소통기능이 일반화되어 활용되는 것이다. 언어 결핍이 있는 학생들이 능력 있는 의사소통자가 되기 위해 장소, 사람, 사건에 대하여 다양하게 자발적으로 사용할 수 있어야 한다.

② 부가적인 정보로 음성적 의사소통을 보충할 수 있는가

의사소통에 어려움이 있는 학생들이라고 하더라도, 때로는 청자에게 부가적인 정보를 제시하여 메시지를 적절하게 전달할 수 있다. 이 부가적인 정보는 언어적(학생이 말하려는 것을 재진술, 다시 말하기)이거나 비음성적(제스처)인 것이다. 발화자는 부가적인 정보와 필요할 때 표현 양식을 바꾸어 주는 일로 청자를 이해시킬 수 있는지 아는 것이 중요하다. 이와 같이 이 학생들에 있어 이러한 의사소통과정에 영향을 미치고 있는 것이 무엇인지에 대한 지식이 없으면, 중도 · 중복장애학생들, 특히 자폐 학생들의 일반적인 의사소통 행동을 발달시키는 데 어려움을 있을 수 있다.

③ 얼마나 쉽게 의도된 메시지가 다른 사람에 의해 이해되는가

언어적 발화가 이해되기 위해서는, 명확하게 단어, 구 혹은 문장을 조음하여야 한다. 조음이 어설픈 학생들은 그들과 상호작용하는 대부분의 사람으로부터 오해를 받을 수 있다. 이해하기 힘든 발화 패턴은 상대가 이해하기에 어려움이 있을 수 있다.

언어 결핍이 있는 학생들의 단어 선택과 문장 구조를 고려하는 것이 중요하다. 어설픈 단어 선정과 문장 구조는 청자가 의도된 메시지를 이해하는 것을 방해할 수 있다. 메시지가 정확할수록, 더 효과적으로 의도를 전달할 수 있다.

4) 표현 양식의 유형과 사용하는 기능 알아내기

표현 양식과 기능을 사용하는 학생의 능력을 평가하는 것은 교수목표를 설정하는 데 관련 정보를 제공한다. 구체적인 프로그램을 작성하기 전에, 교사는 학생이 기능을 표현하는 데 사용하는 표현 양식을 결정하고 의사소통기능을 사용하는 학생의 현재 능력을 규명하여야 한다. 의사소통 결핍을 교정하기 위한 장기적이고 포괄적인 계획의 개발은 질과 양 모두의 변화를 위해 장기 목적이 포함되어야 한다. 일단 이들 목적이 설정되면, 단기 목적과 세부적인 교육 목표가 선정되어야 한다.

각 학생의 의사소통 영역과 표현 양식의 유형을 밝히는 것은 교사로 하여금 장기 목표를 설정하는 데 필요한 정보를 제공한다. 그리고 학생의 맥락 내에서 의사소통의 활용을 평가할 때 이러한 유형의 표현 양식과 기능의 유형을 파악할 수 있다. 중도 · 중복장애학생들은 다음의 표현 양식과 기능으로 구분할 수 있다.

① 적절한 표현 양식, 복합적 기능
② 적절한 표현 양식, 제한된 기능
③ 제한된 표현 양식(특정하거나 부적절한 표현 양식 포함), 복합적 기능
④ 제한된 표현 양식(특정하거나 부적절한 표현 양식 포함), 제한된 기능
⑤ 알 수 없는 표현 양식과 기능

앞의 표현 양식과 기능 활용은 상당히 복잡하고 정교하다. 의사소통 훈련과정을 통해 먼저, 기능을 늘려 주는 훈련을 할 필요가 있다. 그리고 표현 양식으로 정교화하는 훈련을 실시한다. 그러나 새로운 표현 양식을 정교화하거나, 현재의 표현 양식을 새롭게 할 때, 교사는 학생의 기능을 그대로 유지해야 한다는 것이 매우 중요하다. 표현 양식으로 학생을 훈련하는 동안 부적절한 내용이나 맥락이라도, 기능을 사용하는 것을 하지 못하게 되면, 훈련의 목적이 사라지게 되는 것이다. 즉, 학생이 언어는 사용할 수 있을 지도 모르지만, 의사소통능력이 없는 것이 되는 것이다.

학생이 기능에 결핍이 있으면(표현 양식과 기능 ②, ④, ⑤), 훈련은 현재 학생이 가지고 있는 표현 양식을 활용하여 기능의 수를 늘려 주는 데 중점을 두어야 한다. 학생이 복합적 기능을 사용할 때(표현 양식과 기능 ①, ③) 훈련은 표현 양식을 정교하게 하는 데 맞춰져야 한다. 만일 학생의 유일한 표현 양식이 부적절하다면(떼쓰기), 부가적인 기능(제스

처)을 통해 훈련을 하면서, 제스처와 같이 그 표현 양식이 더 받아들여질 수 있는 것으로 정교화하는 것이 필요하다. 그런 경우 훈련은 표현 양식과 기능 두 가지가 동시에 이루어져야 한다. 이때 장면은 다양한 환경에 적응하면서 의사소통능력을 기를 수 있는 일정 속에서 자연적으로 나타날 수 있는 맥락이어야 한다.

기능적 의사소통의 주된 관심은 훈련이다. 중도 · 중복장애학생들이 의사소통을 효과적으로 배우고 사회에 참여할 수 있도록 지도하는 것이다. 더 나아가 이들이 환경에 참여하는 능력은 얼마나 의사소통할 능력이 있는가에 달려 있다. 사회적 상호작용과 교류는 스스로 인간으로서의 존재 이유가 되는 것이다.

제14장

기능적 의사소통 지도와 개별화교육계획

이 장에서는 중도 · 중복장애학생의 언어와 의사소통에 대한 기능적 지도를 위한 맥락 찾기, 기능적 맥락에서의 일반화 촉진 방안 그리고 일반화 시도를 높이기 위한 촉진이나 강화 방법에 대한 논의를 하였다. 이를 통해 중도 · 중복장애학생을 대상으로 의사소통 지도를 위한 개별화교육계획 절차와 구체적인 작성 방법 등을 제시하였다.

1. 기능적 의사소통 지도

중도 · 중복장애학생에게 하루 일과나 시간계획표상에서 의사소통을 지도한다는 것은 언제 어디서나 일반적으로 발생하는 의사소통 상황하에서 학생을 훈련할 수 있다는 의미이다. 다양한 일상적인 일과를 통하여, 실제 상황 속에서 의사소통을 통하여 학생을 지도한다는 것은 학생이 습득된 기술을 활용할 장소와 때를 익힐 수 있는 가능성을 높이는 효과가 있다. 훈련 상황에서 학생이 배운 의사소통기술이 일반화된 다른 장소나 상황에 활용할 수 없다고 한다면 의사소통 지도에 대한 효과나 의미가 없어지는 것이다. 학생이 스스로 환경을 점진적으로 활용하고 통제할 수 있는 기능적 의사소통기술을 배우게 된다면 일과 생활 속에서 보다 긍정적으로 적응할 수 있게 될 것이다. 일상에서의 표현 양식을 통해 훈련을 하고 환경적 맥락 안에서 활용하는 기능을 제공함으로써, 사람과 환경에서 습득된 기술을 일반화하는 문제가 최소화될 수 있을 것이다. 기능적 의사소통기술의 훈련 목적은 중도·중복장애학생에게 생산적인 의사소통능력을 갖도록 하는 것이다. 자연적인 상황 안에서 일반적인 장소와 시기에 적절한 기술을 훈련하면 학생으로 하여금 의사소통기술에 익숙하게 함으로써 훈련하는 시간을 줄여 주는 효과가 있을 것이다.

일과나 시간계획표상에서 의사소통기술을 지도하기 위한 교육계획에는 명확한 두 가지 유형의 형태가 있다. 먼저 일과나 시간계획표상에서 선정된 활동을 통해 새로운 의사소통기능을 활용하게 하고 자신이 선호하는 것에 관심을 두도록 하여 지도하는 것이다. 학생이 이렇게 관심을 갖게 되면, 또 다른 의사소통기능을 획득하도록 하는 것이다. 이렇게 학생의 일과는 의사소통능력을 향상시키는 것이고 일과를 통해 의사소통적인 의도를 표현하도록 해야 한다. 이는 곧 일정 자체가 기능적이고 학생에게 있어서도 목적 있고, 의미 있는 활동이 될 수 있다.

또 다른 유형은 다른 일정의 한 부분으로 통합하여 지도할 수 있다. 의사소통 지도가 여러 일과나 시간계획표상에서 의사소통의 표현 양식을 심어 넣어 지도하는 것이다. 즉, 일과나 시간계획표상에서 기대되는 결과로 자연적인 상황에서의 의사소통적인 것만 있는 것이 아니라 전환교육, 여가와 레크리에이션, 지역사회 적응, 자조기술 등의 내용이 포함되어 있는 것이다. 이러한 의사소통기술을 하루의 일과나 시간표상에 같이 포함하여 지도할 수 있다.

대부분의 모든 일과에서는 의사소통 상황이 다양하게 나타난다. 앞의 두 유형도 접근방법상의 차이일 뿐이라고 할 수 있다. 따라서 지도계획을 할 때, 의사소통기능을 훈련할 수 있도록 가능한 한 기회를 다양하게 많이 만드는 것이 중요하다.

2. 일과에서의 의사소통 지도를 위한 제안

1) 의사소통 지도를 위한 맥락 찾기

먼저 지도하려는 의사소통기술을 활용하기 위해서, 그 기술이 일상에서 일어나는 장소와 시간을 결정하여야 한다. 이는 교실에서의 일과표나 시간계획표를 검토함으로써 학생이 이 기술을 활용할 수 있는 몇 가지 상황을 설정하는 것이다. 이러한 상황을 통해 학생이 산출하게 될 결과를 파악할 수 있을 것이다. 예를 들어, 산출하고자 하는 결과가 '먹는 것'이라고 하면, 활용할 수 있는 기술은 음식에 관한 것이어야 한다. 따라서 학생이 음식을 먹는 장소나 먹을 때와 관련이 있는 것을 지도할 수 있을 것이다. 의사소통의 목적이 "너가 원하는 것이 뭐니?"라는 단서에 반응하는 것을 가르치는 것이라면, 이와 관련된 내용이나 활동이 다양하게 나타나는 장면에서 이 단서를 통해 지도하여야 한다. 어떤 의사를 표현하는 기술을 지도하기 위해, 기억해야 할 것은 학생이 가지고 있는 기술이나 기능을 최대한 활용하면서 각 요구 사항에 필요한 것을 보완해 주는 것이다. 학생이 요구에 반응하지 못하면, 아마 요구하는 의사소통기술이 부족하거나 이해를 못하고 있을 가능성이 있다.

결과적으로 새로운 의사소통기능을 지도하는 일과표에서, 활동의 계열성이 맥락과 연관이 있도록 구성할 필요가 있다. 이는 기대되는 결과가 학생을 위한 것으로 나타날 수 있기 때문이다. 그리고 학생의 의사소통 표현 양식이 이러한 일과표의 맥락 안에서 나타날 수 있도록 적절한 자극이나 칭찬을 통해 효과를 높일 수 있을 것이다.

2) 일반화의 촉진

교사가 지도할 의사소통기술은 가능하면 다양하게 구별되는 상황에서 목표를 정하는 것이 중요하다. 이는 학생으로 하여금 자신이 몇 가지 일과표를 통해 배운 기술을 활용할 기회를 갖게 할 수 있다. 또한 가능한 한 자연적인 상황을 유지하는 것이 중요하다. 과제와 관련된 자연적인 자료를 활용하고 학생이 접하는 일반적인 상황에 직면하도록 하는 것이다. 이것은 일반화를 용이하게 하는 중요한 점이 될 수 있다. 물론 지도하는 환경을 구조화하고 다양하게 하는 것에 다소 한계가 있을 수 있지만, 다른 일과로 이동하기 전에 학생이 비훈련 환경에서 가장 자연적인 조건으로 일과를 수행할 수 있게 하는 것이 중요하다.

교사가 훈련과정을 통하여 여러 가지 일과에 학생이 상호작용할 수 있는 사람들을 교대로 투입하는 것도 고려할 수 있다. 이를 통해 학생이 여러 사람과 의사소통할 수 있는 기회를 가질 수 있다. 의사소통을 원활하게 할 수 있는 성인이나 또래를 통해 학생이 다양한 연습을 할 수 있고 새로운 기술을 익히도록 도움을 줄 수 있다. 이를 통해 일반화를 더 잘할 수 있게 된다.

3) 의사소통 시도를 위한 촉진

의사소통 지도를 계획하는 데 있어 고려해야 할 점은 의사소통을 어떻게 효과적으로 촉진시키는가이다. 우선 학생이 자신의 요구와 필요를 거리낌 없이 표현할 수 있도록 해야 한다. 그리고 의사소통과정에서 학생이 자신의 시도과정에서 상호반응하게 하는 계획을 할 필요가 있다. 즉, 학생으로 하여금 듣는 사람(청자)의 역할을 해 보도록 하는 것이다. 이를 위해 반응행동을 유도할 수 있는 환경을 만들어 주는 것이다. 그리고 학생으로 하여금 이러한 상호작용에서 강화할 수 있는 조건을 만들고 원하는 수준의 의사소통 행동이 나올 때까지 기다려 주는 것이다. 학생이 언제, 어디서, 어떻게 의사소통할 수 있는지를 적극적으로 통제하지 말고, 학생이 일상을 통하여 자유롭게 의사소통할 기회를 주는 것이다. 일상의 모든 활동을 통하여 '의사소통능력을 높이기' 위한 계획을 할 필요가 있다. 처음에는 의사소통이 용이하도록 구조화된 대상(또래, 성인)에서 시작하고 이후에는 여러 대상으로 관련 있는 다양한 활동으로 자연스럽게 전환해 간다면, 학생이 그들의 사회적 환경에 적극적으로 참여할 수 있는 기회를 늘려 가게 될 것이다.

의사소통 시도를 촉진한다는 것은 학생이 원하는 대상과 활동을 시작하기 전에 먼저 학생과의 상호작용을 할 수 있는 분위기를 만들기 위해 학급 환경을 구조화할 필요가 있다. 교사는 학생이 요구하고자 하는 의도를 보였는지와 그리고 이러한 요구하기 의도가 의사소통능력을 높이기에 앞서 기회로 활용할 수 있는 행동인지를 확인할 필요가 있다. 또한 학생의 요구하기 의도에서 예상될 수 있는 변수와 학생이 이와 같은 의사소통을 하려는 의도가 무엇인지에 대한 것을 체크할 필요가 있다. 만일 학생이 어떤 상호작용의 과정이 없이 자신이 원하는 것을 획득한 경우라면 의사소통능력을 높이기 위한 소재로 활용할 의미가 없을 것이다. 명확한 표현 양식과 의사소통 시도를 하지 않아도 자신이 원하는 것을 얻을 수 있는, 즉 학생에게만 의미 있는 것이 되기 때문이다. 예를 들어, 학생이 점심시간에 후식으로 사과를 그냥 먹게 되는 경우라고 하면, 학생의 입장에서 특별히 의사 표현을 위한 표현 양식을 사용하지 않아도 되는 것이다. 그러나 다른 학생이 사과를 나누어 주거나 가지고 있는 상황이라고 하면 "사과 주세요."와 같은 의사소통을 통한 상호작용을 해야 하는 상황으로, 좀 더 성공적인 지도 기회가 될 수 있을 것이다. 이와 같이 교사는 학생이 원하고 필요로 하는 상호작용과 의사소통을 시도할 기회와 동기를 촉진할 수 있는 계획을 세울 수 있다.

4) 의사소통을 위한 강화계획

교사가 지도계획을 세우는 과정에서 사용되는 강화는 가능하면 자연적인 상황을 통해 활용하는 것이 중요하다. 일정을 통해 여러 의사소통기술을 지도할 때, 자연적으로 활용할 수 있는 강화를 활용할 수 있다. 예를 들어, 배가 고픈 학생의 경우 의사소통과정에서 맛있는 음식이 자연적인 강화물이 될 수 있다. 학생이 도움을 요청하면 자연스럽게 음식을 통해 강화가 이루어질 수 있다. 학생이 새롭게 의사소통기술을 시도할 때마다 가능하면 언제든지 대화를 위한 상호작용을 유지하는 것이 중요하다. 학생은 자신의 요구가 거절되거나 또는 자신이 원하는 것을 얻지 못하면 실망하거나 결국 상호작용을 중단하게 될 수 있다. 학생의 의사소통 기회와 기술을 높이기 위해, 가능하면 언제라도 대화를 유지하도록 해야 한다. 반면, 이러한 과정에서 학생이 부적절한 행동을 보이면 학생이 적절한 행동을 보일 때까지 잠시 대화를 중단시킬 필요가 있다.

3. 의사소통 지도를 위한 개별화교육계획

1) 개별화교육계획을 위한 절차

① 가정과 학교 환경조사서를 통한 의사소통 평가를 실시한다.
② 의사소통 표현 양식의 유형과 기술을 찾고 점검한다.
③ 의사소통기술을 높이기 위해 우선지도 영역을 정한다.
④ 개별화교육계획을 위해 장 · 단기 목적을 정한다.

⑤ 의사소통 목표를 위한 전체 일과표(시간계획)를 작성한다.

⑥ 일과표상에서 의사소통기술을 활용할 수 있는 맥락을 설정한다.

⑦ 의사소통 기회를 활용할 맥락(상황)을 구조화한다.

⑧ 의사소통기능과 교수할 표현 양식을 선정한다.

2) 환경조사서 작성

(1) 학생의 의사소통 정도 조사서

1	학생이 간단한 음식을 준비할 수 있습니까?	혼자서	도움	아니요
	도움이 필요하다면 어떤 것인지 적어 주세요.			
2	학생이 식탁에 음식 차리기를 할 수 있습니까?	혼자서	도움	아니요
	도움이 필요하다면 어떤 것인지 적어 주세요.			
3	학생이 식기를 사용하여 식사를 할 수 있습니까?	혼자서	도움	아니요
	도움이 필요하다면 어떤 것인지 적어 주세요.			
4	학생이 식사 후 정리를 할 수 있습니까?	혼자서	도움	아니요
	도움이 필요하다면 어떤 것인지 적어 주세요.			
5	학생이 손을 씻을 수 있습니까?	혼자서	도움	아니요
	도움이 필요하다면 어떤 것인지 적어 주세요.			
6	학생이 세수를 할 수 있습니까?	혼자서	도움	아니요
	도움이 필요하다면 어떤 것인지 적어 주세요.			
7	학생이 이를 닦을 수 있습니까?	혼자서	도움	아니요
	도움이 필요하다면 어떤 것인지 적어 주세요.			
8	학생이 머리를 빗을 수 있습니까?	혼자서	도움	아니요
	도움이 필요하다면 어떤 것인지 적어 주세요.			
9	학생이 머리를 감을 수 있습니까?	혼자서	도움	아니요
	도움이 필요하다면 어떤 것인지 적어 주세요.			
10	학생이 상의를 입을 수 있습니까?	혼자서	도움	아니요
	도움이 필요하다면 어떤 것인지 적어 주세요.			
11	학생이 하의를 입을 수 있습니까?	혼자서	도움	아니요
	도움이 필요하다면 어떤 것인지 적어 주세요.			
12	학생이 신발을 벗을 수 있습니까?	혼자서	도움	아니요
	도움이 필요하다면 어떤 것인지 적어 주세요.			

〈계속〉

13	학생이 신발을 신을 수 있습니까?	혼자서	도움	아니요
	도움이 필요하다면 어떤 것인지 적어 주세요.			
14	학생이 양말을 신을 수 있습니까?	혼자서	도움	아니요
	도움이 필요하다면 어떤 것인지 적어 주세요.			
15	학생이 양말을 벗을 수 있습니까?	혼자서	도움	아니요
	도움이 필요하다면 어떤 것인지 적어 주세요.			
16	학생이 소변을 볼 수 있습니까?	혼자서	도움	아니요
	도움이 필요하다면 어떤 것인지 적어 주세요.			
17	학생이 대변을 볼 수 있습니까?	혼자서	도움	아니요
	도움이 필요하다면 어떤 것인지 적어 주세요.			

(2) 의사소통 환경조사서 요약

이름: 날짜:

의사소통기능	표현 양식	소통대상
1. 음식 요구하기	예) 큰 소리로 물건을 던짐	부모, 선생님
2. 활동 요구하기		
3. 외출 · 이동 요구하기		
4. 아픔 호소하기		
5. 보이는 물건 요구하기		
6. 보이지 않는 물건을 찾도록 요구하기		
7. 어떤 일을 할 때 도움 요청하기		
8. 방향 묻기		
9. 활동 거절하기		
10. 음식 거절하기		
11. 물건 거절하기		
12. 가족에 대해 거절하기		
13. 성인에 대해 거절하기		
14. 동료에 대해 거절하기		
15. 가족에 대해 반응하기		
16. 성인에 대해 반응하기		
17. 동료에 대해 반응하기		

18. 가족에 대해 먼저 상호작용하기		
19. 성인에 대해 먼저 상호작용하기		
20. 동료에 대해 먼저 상호작용하기		
21. 가족과 상호작용 유지하기		
22. 성인과 상호작용 유지하기		
23. 동료와 상호작용 유지하기		
24. 애정 표시하기		
25. 보상 요구하기		
26. 흥미 표현하기		
27. 지난 일 이야기하기		
28. 상상 이야기하기		

3) 우선지도 영역 정하기

(1) 우선지도 영역 요약

가정 환경조사서 및 학교 환경조사서에서 우선지도해야 할 영역을 정리하여 적는다.

이름: 날짜:

부모	일치	교사

(2) 결정적 우선지도 영역

부모	일치	교사

※ 이 표의 일치 칸에는 부모와 교사가 모두 우선지도 영역으로 동의하는지 체크한다.

(3) 개별화교육 목표

장기 목표	단기 목표
1.	
2.	
3.	

4) 의사소통 지도를 위한 일과의 예시

(1) 일과수행표를 통한 목표행동 설정

시간 및 활동	목표행동		
	인사하기 "안녕하세요."	요구하기 "주세요." (신발 벗겨/신겨)	감사 표현하기 "감사합니다."
등교 후 8:20~8:40	✓		
교과 활동 (국어) 10:20~11:30	✓		✓
점심시간 11:30~12:50	✓		✓
교과 활동 (미술) 12:50~14:40	✓		✓
간식시간 14:40~14:50		✓	✓
체육 14:50~16:40	✓	✓	✓
하교 전 16:40			✓
평가	• 평가자: 담임교사 • 평가 주기: 매주 금요일	• 평가 장소: 특수학급 • 평가 방법: 행동 관찰	

(2) 대체의사소통 지도 설정

단계:

1. 대체의사소통판[그림 항목이나 요구(예: "~주세요.") 의사소통 카드가 놓여 있는 선택판)]으로 간다.
2. 선택한 것을 지적한다.
3. 선택한 것을 실행한다(예: "~주세요.").
4. 실행 후, 선택판에 다시 돌아와 1~3을 반복한다.

(3) 의사소통기술이 심어진(삽입) 일정의 예시

체육시간 전(간식 먹기 전)에 교복으로 갈아입기

단계:

1. 교복을 든다.
2. 탈의실로 간다.
   2a. '신발을 벗겨 달라는' 신호를 한다.
3. 운동화를 벗는다.
4. 양말을 벗는다.
5. 셔츠를 벗는다.
6. 운동복을 벗는다.
7. 학교 셔츠를 입는다.
8. 바지를 입는다.
9. 양말을 신는다.
10. 운동화를 신는다.
    10a. 운동화를 신겨 달라는 '신호를 한다'.
11. 체육복을 선반에 둔다.
12. 간식을 먹으러 간다.

제15장

개별화 · 개별화전환교육을 위한 기관 및 인사들 간의 협력

이 장에서는 개별화 · 개별화전환교육을 위한 기관 및 인사들 간의 협력에 대해 살펴보고자 한다. 이를 위해 학교, 직장, 관련 서비스, 가족 등과 이와 연관된 인사들에 대해 기술하고자 한다. 또한 개별화교육과 개별화전환교육을 계획할 때 이들 각 기관이나 인사들의 주요 역할 등에 대해 논의하고자 한다.

1. 학교

대부분의 학교에서는 국가 수준 교육과정 그리고 지역교육청의 교육과정 운영 지침 등을 기반으로 학교교육과정 운영을 위한 연간학교교육계획서를 통해 개별화 · 개별화전환교육계획을 작성한다. 따라서 학교 및 학교인사들은 개별화교육을 통한 장애학생들의 교육에 중추적인 역할을 한다고 할 수 있다.

개별화교육의 전반적인 내용들은 각 학생의 특성과 수준에 맞는 개별화교육을 실행하는 것이다. 또한 직업과 진로발달의 목표에 기초하여 진로교육과 전환 프로그램들을 개발하는 것이다. 일반적으로 학교교육과정 저학년부터 학년이 올라가면서 단계별 수준을 높여 간다. 이와 관련하여 개별화전환교육계획도 시기별로 전환교육을 강조하고 학생들에게 단계별로 요구되는 과제를 적절히 수행해야 장차 사회로의 전환에 무리가 없고 개별 능력에 맞는 교육내용과 지도가 단계별로 이루어질 수 있기 때문이다. 학교 구성원들이 담당해야 할 구체적인 역할은 다음과 같다.

1) 학교장

「장애인 등에 대한 특수교육법」에서는 각종 학교장은 "개별화지원팀을 구성하여야 한다."라고 명시하고 있다. 그리고 대부분 학교장이 개별화지원팀의 위원장을 맡게 된다. 그러나 특수학교를 제외하고 일반학교들은 일반교사 자격을 갖춘 인사들이 대부분 교장 역할을 맡고 있다. 따라서 일부 차이는 있을 수 있겠지만, 장애학생들에 대한 지식은 교사 자격증을 받게 되는 직전교육에서 특수교육개론이나 교장 연수과정 중 일부 통합교육 과목에 대한 강의를 듣는 것으로 한정되어 있다. 지역교육청별로 특수교육을 전공한 장학사나 장학관들이 선발되어 각 학교 정책에 대한 지원과 기여를 하고 있지만, 일선 일반학교 교장이 학교 행정이나 교육계획을 실행하는 데 있어 특수교육에 대한 전문성이 제한적일 수 있다. 따라서 특수교사는 해당 학교장에 대한 특수교육에 대한 전문성과 인식 정도에 따라 능동적으로 대처할 필요가 있다. 그 정도를 파악하여 학교에서 장애학생에 대한 학교정책, 예산, 행사, 학교교육계획(개별화교육계획 포함)을 정하는 데 학교장과 항상 논의할 수 있도록 하여야 한다. 또한 개별화교육계획과 관련하여 학교장은 개별화교육지원팀의 구성 및 운영, 실행 및 평가, 지원팀 간의 협력을 촉진하기 위해 노력하여야 한다.

학교장은 전환교육에 있어서도 학교에서 운영되는 모든 프로그램에 막대한 영향력을 행사한다. 따라서 학교장은 장애학생의 진로발달과 전환과정에서 다른 전문가들이 담당하는 역할에 중대한 영향을 미칠 수 있는 위치에 있다. 교장의 지원 없이는 장애학생을 위한 전환교육을 효과적으로 수행할 수 없을 것이다. 학교장은 장애학생을 위한 전환교육의 효과적인 시행에 필요한 설비, 행정적인 지원, 교재와 다른 자원을 위한 재원을 제공해야 하며, 전환교육의 확립과 시행을 위한 지도와 지원을 해야 한다. 그리고 전환계획, 관련 기관 및 인사들의 역할과 책임, 개별화전환지원팀의 운영 및 관리, 전환평가, 현직연수 등을 지원해야 한다(Levinson, 1998).

2) 담임교사

담임교사들은 장애학생의 개별화 · 개별화전환교육 과정에 참여하는 관계자들 가운데서 학생들과 가장 많은 시간을 보낸다. 이들은 장애학생의 교육과 전환과정에 정보를 제공한다. 그리고 학생들과 같이 보내는 시간이 많기 때문에 학생들의 인성발달에 직 · 간접적으로 영향을 미치게 된다. 학창 시절 교사로부터 배운 인성과 태도는 사회생활에서도 그대로 반영되는 경우가 많다. 그러나 교사들이 제공하는 정보와 역할은 그들이 어떤 인성과 훈련 배경을 가지고 있는가에 따라 달라질 수 있다. 또한 담임은 학생들의 교육을 위해 가정과 수시로 연계하고 학생과 부모와의 면담을 수행한다. 그리고 개별화 · 개별화전환교육과 관련된 각종 정보를 수집하여 학생들에게 제공할 뿐만 아니라 학업기술과 대인관계, 작업기술 등을 평가하는 역할을 담당하게 된다(Okolo & Sitlington, 1986).

3) 직업교사

직업교사들이 장애학생의 전환과정에서 담당하는 역할은 직업기술을 사정(assessment)하는 교사 자작 작업표본이나 검사를 시행하고, 행동평가척도나 체크리스트의 완성을 통해 학생의 사회적 대인관계기술과 작업습관에 관한 정보를 제공하며, 학생의 전반적인 직업 준비도에 관한 정보를 제공하고 직업평가 자료수집을 지원하는 것이다. 그리고 자기인식, 의사결정, 학생들이 받고 있는 직업훈련에 영속적인 직업의 요구와 욕구의 인식을 촉진하는 활동들, 예컨대 현장학습, 초청인사, 모의작업 등을 개발하며, 자기주장과 자기결정에 대한 인식을 획득하도록 학생을 지원한다. 뿐만 아니라 이들의 직업훈련에 학업기술, 사회적 대인관계기술 및 독립생활기술을 지원하며, 직업훈련 프로그램과 직업에서 성공적인 기능에 필요한 특정 학업적 · 직업적 기술과 능력에 관한 정보를 개별화 · 전환계획지원팀에 제공한다. 그리고 특별한 직업 영역에서 학생의 태도와 흥미를 평가하고 학생의 직업탐색을 촉진하기 위해 지역에서 개발된 작업표본이나 상황 평가 기법을 적용한다. 또한 직업교사들은 특정 훈련 영역에서 학교와 지역 업체와 연락을 활성화하며, 학생의 직업욕구에 관해 일반교사, 특수교사 및 부모들과 상담하고 학교 내와 지역사회 중심 직장 경험 현장을 확인하며 학생의 직업배치와 현직훈련(on-the-job training)을 지원하고, IEP팀과 ITP팀에 참여하여 전환목표를 개발한다(Levinson, 1998).

4) 일반교사

대부분의 장애학생은 일반학급에서 교육을 시작하게 된다. 또는 일반학급을 원적학급으로 하고 특수학급에 시간제 또는 전일제 등으로 수업을 받게 된다. 그러나 이들과 접하는 일반교사들은 장애학생과 관련한 직전연수나 현직연수와 같은 과정을 충분히 경험하지 못했기 때문에 이들을 지도 관리하는 데 있어 많은 어려움을 겪게 된다. 특히 통합교육이라는 맥락에서 장애학생을 어떻게 관리하고 지도해야 하는지에 대한 문제는 더 심각하다고 할 수 있다. 따라서 특수교사들은 이러한 부분에 있어 일반교사들과의 소통을 더 적극적으로 하여 장애학생에 대한 특성이나 지도방안에 대한 경험 공유를 위해 많은 노력을 할 필요가 있다.

일반교사들과의 원활한 협력을 위해서는 그들의 업무에 대한 이해가 우선될 필요가 있다. 전반적인 학교 일정을 통해 이들의 입장을 보면, 전체적으로 학년과 교과 문제에 관심이 집중되어 있는 것을 알 수 있다. 즉, 일반교사들은 특수학급보다는 일반학급의 교육과정에 더 우선순위를 두고 있다는 것이다(Hanrahan, Goodman, & Rapagna, 1990). 그리고 일반학급 교사들은 많은 수의 학급학생들을 지도하고 있다. 기본적으로 이들은 표준화된 일반교과 교재를 통해 학생들을 지도해 왔다. 그리고 이들 학생을 상급학교에 진학시키는 것에 교육의 방향을 정해 두고 교육을 하고 있다고 볼 수 있다. 그러다 보니 결과적으로 장애학생들에 대한 관심과 지도에 있어 제한적일 수밖에 없을 것이다. 따라서 장애학생의 교육에 대한 학년 전반에 걸친 체계적인 목표 설정이나 지도계획에 있어 한계점을 갖게 될 것이다.

이러한 제한점으로 인해 일반교사들은 장애학생에 대한 통합이나 관리에 대한 충분한 시간과 자원이 부족하게 되고, 장애학생들은 일반학급에서 수업 방식에 따라 학습을 해야 하는 상황이 된다. 따라서 특수교육을 전공한 특수교사들이 장애학생들을 대할 때의 여러 가지 방법과 정보를 공유하여야 한다. 이를 통해 일반학급의 구성, 지원 프로그램에 대한 재조정이 이루어질 수 있고, 교재와 자료가 수정되고 고안될 필요가 있다. 특수교사는 장애학생들을 위한 이러한 모든 분야에 있어 일반학급 교사를 위한 지원자가 되어야 한다.

5) 특수교사

특수교사는 개별화 · 개별화전환교육을 계획하는 데 있어 장애학생과 가장 직접적이고 일대일로 접하는 위치에 있게 된다. 그리고 개별화 · 전환교육계획을 진행하는 데 있어서도 가장 중심적이고 주도적인 역할을 담당하게 된다. 또한 현실적으로 직업교사의 역할을 같이 맡고 있는 경우가 많아 중등특수교사들은 학생들의 개별화교육뿐만 아니라 졸업 이후 전환교육과 관련된 교육계획 및 업무도 같이 담당하여야 한다. 이들의 주요 역할을 보면 다음과 같다.

- 개별화교육지원팀에 필요하다고 판단되는 구성원 확보 및 지원
- 특수학급 운영계획에 대한 정보 제공
- 교과목에 대한 전반적인 정보 제공
- 장애학생의 강점 및 요구, 흥미 등에 대한 정보 제공
- 개별화교육계획 수립을 위한 업무 지원
- 장애학생의 교과 및 전환교육 관련 현재 학습 수행 수준 및 성취 수준에 대한 평가 실시
- 일반교사에게 적합한 교수적 지원에 대한 정보 제공
- 교육지원이 요구되는 담당 교과의 교육목표, 교육방법, 교육내용, 평가 계획 작성 및 실행
- 장애학생의 보호자, 다른 교사 및 관련 전문가와의 지속적인 의사소통 유지 및 협력
- 개별화 · 개별화전환계획에 관한 회의 진행 및 정보 제공
- 기능적 교과 및 특별활동, 현장학습 준비 및 지원
- 특수교육 관련 기관 인사, 취업현장 인사들과의 협력 방안 및 정보 제공

2. 직장

1) 직장 상사

장애인이 직장에 적응하는 데 있어서 직장 상사의 역할이 매우 크다. 대부분의 직무

와 직무훈련은 이들과의 관계에서 이루어지고 직장 상사의 장애에 대한 관심 여하에 따라 장애인들이 직장생활을 하는 데 많은 영향을 미치기 때문이다. 그리고 이들의 역할에 대하여 Moon 등(1990)은 장애학생이 직장 적응을 계획할 때 직장에서 필요로 하는 업무를 스스로 완성할 때까지 관련된 직무들을 체계적으로 확대시켜 나갈 필요가 있다고 제안하였다. 그리고 직장 내에서 상사는 현장에서 직무를 감독할 필요가 있고, 인사 배치에도 세심한 계획을 세워야 한다고 하였다. 또한 작업상황이 아닌 곳에서도 장애인들이 잘 적응하기 위해서는 이들이 적절하게 반응할 수 있는 배려를 해야 한다고 주장하였다. Moon 등(1990)은 직장에서의 사회 문화적 맥락을 고려하여 여러 상황에서 다양하게 기능하기 위해서는 동료나 상사와 적절한 대인관계가 교류될 수 있는 여건을 만들어야 한다고 제안하였다. 또한 장애직원이 직장에 적응하기 위해서는 여러 상사와 다양한 상황에 직면하고 적절한 대처를 할 수 있도록 해야 한다. 그리고 장애인이 점차 특수학교 교사에게 의지하는 것이 아니라 직장 상사에게 상의하고 문제를 질문할 수 있도록 유도해야 한다. 직장 내에서 상사는 장애직원을 위해 직무 관련 정보를 다른 직원에게 항상 제공하여 직장 적응 전 과정에 장애직원이 참여할 수 있게 해야 한다. 그리고 일반직원들을 대하듯이 자연스럽게 의사소통하고, 일반직원들과 마찬가지로 이들에게 할 수 있는 업무를 주어야 한다. 또한 일과 관련된 문제를 이들과 상의하여야 한다(Mcloughlin et al., 1987).

2) 직장 동료

작업 상황에서 동료들은 장애직원을 돕는 중요한 역할을 한다(Kram & Isabella, 1985). 직장 내에서 능력이 많고 경험이 많은 직원을 장애직원과 함께 일하게 함으로써 이들의 직장 적응을 돕는 역할을 원활하게 할 수 있다. 이들이 직장에 처음 들어오는 사람들에게 우호적인 태도를 취함으로써 낯선 직원이 직장에 빨리 적응하도록 도울 뿐만 아니라 작업기술도 동료를 통해 쉽게 익힐 수 있다.

장애인의 고용 성공은 직장에서 동료들의 이해와 지원을 통해서 결정되는 경우가 많다. 그리고 직장 동료들이 자신들에게 장애인이 신뢰가 가고, 협력적이고, 능력 있고, 도움을 구하고 있다고 생각하게 되면 장애직원이 직장에서 오랫동안 고용될 가능성이 많다. 따라서 직장에서 비공식적으로 장애인을 훈련시켜 줄 수 있고 지원해 줄 수 있는 동료를 찾아낸다면 직장환경에 통합을 용이하게 할 수 있을 것이다(Moon et al., 1990).

3. 관련 서비스 및 가족

1) 관련 기관 서비스 담당자

「장애인 등에 대한 특수교육법」에서는 개별화교육지원팀의 일원으로 특수교육 관련 기관 서비스 담당자들을 포함하도록 하고 있다. 관련 기관 서비스 담당자들은 주로 물리치료사, 작업치료사, 언어치료사, 레크리에이션 강사 등이 될 수 있다. 특수교사가 장애학생을 위한 개별화교육계획을 실시할 때, 학생들의 필요에 따라 이들 전문가들과 협력할 필요가 있다. 협력을 위한 주된 논의는 관련 서비스의 내용 결정, 서비스의 제공 일정 및 횟수, 교과수업과의 연계성을 갖추기 위한 자문, 개별화지원팀과의 지속적인 의사소통 유지 및 협력 등이다.

2) 부모와 가족

부모와 가족은 장애학생의 교육 전반에 매우 중요한 영향을 미친다. 이들은 취학 전이나 학교 졸업 이후뿐만 아니라 학령기를 통해 장애학생들이 건강한 삶에 의미 있는 결정과 책임을 갖게 한다. 뿐만 아니라 학교에서의 생활에는 학습을 지원하는 보조자로서의 역할도 함께 하는 위치라고 할 수 있다. 따라서 개별화교육 및 개별화전환계획에서 지원팀의 중요한 일원으로서 역할을 담당하게 된다.

부모와 가족들은 장애자녀의 교육이나 훈련과정에서 효과적인 역할수행자로 활동할 수 있다. 직접적으로 장애학생을 지도하기보다는 학교나 학급의 교육 활동에서 교사의 수업이나 훈련 내용에 대한 보조자로서 활동이나 혹은 학생들의 훈련내용에 대한 일반화를 대신 실행할 수 있을 것이다. 예를 들면, 신변자립 등과 같은 자조기술, 취업을 위한 직업훈련, 사람들과의 만남을 통한 대인관계나 사회성기술, 이웃 가게에서 물건 사기 같은 지역사회 이용기술 등이다. 이와 같이 교사의 감독하에 이루어지는 부모나 가족들과의 협력적 수업을 통하여 부모들은 자녀에 대한 익숙하고 깊이 있는 관계에서 의미 있는 훈련 효과를 달성할 수 있을 것이다. 그러나 부모나 가족들의 학교 및 교실 참여로 인한 장애자녀들의 교육적 효과나 부정적 결과에 대한 문제도 교사들은 유의해 결정할 필요가 있을 것이다.

한편, 장애학생의 전환과정에서 부모와 가족들의 참여 또한 매우 중요하다. 장애학생의 부모와 가족들은 장애학생들과 함께 살아온 시간 동안 이들의 일상생활, 지역사회에서 교육과 훈련에 직접 참여하여 지원하는 구성원들이다. 부모와 가족들이 장애학생의 전환과정에서 참여할 분야는 매우 많다. 이들은 지역사회 수준의 전환계획 수립의 평가자, 정책개발자, 프로그램 평가자, 서비스 전달자, 학생 평가자, 자연적인 지원 네트워크의 형성자와 프로그램 제공의 협력자 등의 역할을 한다.

부모참여에 관한 연구는 실제로 직업계획 수립과 전환과정에서 가족의 역할이 중요함을 나타낸다(Morningstar, Turnbull, & Turnbull, 1996). 그것은 종종 학교에서 직장으로의 성공적인 전환 프로그램들의 핵심적인 특징으로 언급되어 왔다(Kohler et al., 1994). Johnson과 Rusch(1993)가 주장한 바와 같이 "부모참여의 부족은 성공적인 전환 성과에 장애가 될 수 있다". 이와 관련하여 Everson, Rachal과 Michael(1992)은 의사결정자와 협력적 구성원으로서 부모 및 기관 간 협력 팀은 개인, 지방, 지역에서 서비스 전달 변화를 자극하는 데 더욱 효과적임을 발견하였다.

Schlock과 Lilley(1986)는 자녀의 프로그램에 가족참여가 높은 학생은 가족참여가 낮은 학생보다 고용에 있어 성공적이었음을 발견하였다. 특히, 연구자들은 가족참여가 높은 학생은 참여가 낮은 학생보다 높은 임금을 받고 주당 더 많은 시간을 일한다고 주장한다. Hasazi, Gordon과 Roe(1985)는 교육 가능과 훈련 가능 지적장애인의 연구에서 61%가 자기-가족-친구 네트워크를 통해 고용을 발견했다고 보고하고 있다.

유사한 연구에서 연구자들은 모든 학교 이후 장애인 중에서 84%는 본인-가족-친구 네트워크를 통해 직장을 갖게 되었다고 보고하였다. 이러한 연구(McDonnell, Hardman, & Hightower, 1990; McDonnell et al., 1985; Schults, 1986; Sowers, 1989)들은 분명히 부모와 가족들이 자녀들의 전환과정의 성공과 실패에 관련이 있음을 시사하고 있다. 그러나 학생들이 나이가 들어감에 따라 가족은 자녀들의 교육과정에 덜 참여한다는 지표들도 있다(Johnson, Bruininks, & Thurlow, 1987).

장애학생의 전환과정에 부모나 가족의 참여는 학생의 생애 초기부터 시작되어야 한다. 청소년기 이전에 학생의 교육과정에 참여하지 않았던 부모들은 학교에서 직장과 지역사회 생활로 전환할 시점에 갑자기 참여할 수 없기 때문에 부모들은 직업과 전환계획 수립의 중요성과 자녀들의 학교교육 초기의 참여가 중요함을 인식해야 한다. 더구나 부모의 참여는 학교생활을 통해 지속적으로 자극을 받아야 한다(Levinson & McKee, 1991).

3) 학생

개별화·개별화전환과정에서 가장 기본이 되는 것은 이 과정에 학생 본인이 주체적으로 참여하는 문제이다. 개별화·개별화전환과정에 학생이 참여하는 것은 스스로 능력을 개발하는 기회가 될 수 있다. 학생의 능력 개발 범위에는 일상생활기술, 그가 속한 환경에 적응할 수 있도록 지원 체제를 활용할 수 있는 기술, 자기결정 및 자기주장기술 등 뿐만 아니라 졸업 이후 지역사회 적응과 고용과 관련된 내용도 포함된다. 따라서 장애학생들은 일상생활과 관련된 기술을 배우고 습득하는 것뿐만 아니라 장래 취업과 관련된 내용을 준비할 수 있는 기회를 제공받게 될 것이다.

장애학생들은 개별화·개별화전환팀의 일원으로 참여하여 자신의 권리와 의무를 행할 수 있는 기회를 얻을 수 있다. 그리고 고용기술, 여가기술, 사회성기술, 자기결정기술, 자기주장기술을 갖도록 훈련되어야 한다. 이러한 훈련과정은 학생이 스스로 자신감을 가지고 목표를 정하고 문제를 해결해 나가는 독립적인 훈련계획과 기회를 제공함으로써 자신감과 자기결정 및 자기주장능력을 높이는 기회가 될 것이다. 또한 이러한 기술들의 개발과 함께 지역사회 환경 내에 위치하고 있는 공공시설이나 지원시설 등을 활용할 수 있는 능력도 개발할 수 있을 것이다. 이러한 학생의 적극적인 참여를 통한 일상생활 및 고용과 관련된 기술들은 지역사회와 고용현장에서 일반화해 볼 수 있는 좋은 기회가 될 수 있다.

초·중등과정의 학령기에서는 개별화교육계획팀의 일원으로서, 학교교육과정과 연계한 개별화교육계획 및 활동에 적극적으로 참여할 수 있는 기회를 얻을 수 있다. 전환교육계획에 있어서는 개별화전환지원팀의 일원으로서 목표 설정에 참여하거나, 진단 및 평가과정의 면담 등을 통해 자신의 흥미와 기술 등에 대한 정보를 제공받을 수 있다. 전환과정에서 경험한 활동에 대하여 개별화전환지원팀의 일원으로 참여해 피드백을 제공하는 역할을 할 수 있을 것이다.

제16장

개별화교육계획의 실행 양상과 전망

이 장에서는 특수교육 현장에서 개별화교육계획의 전반적인 실행 양상에 대해 알아보기 위해 김형일(2015)이 발표한 '특수교육대상 학생의 개별화교육계획 실행 양상 및 과제'를 정리하여 제시하였다.

1. 개별화교육지원팀 및 관련 조항의 문제와 과제

「장애인 등에 대한 특수교육법」과 동법 시행규칙 그리고 동법 차별금지 조항에서는 개별화교육지원팀의 구성 시기, 지원팀에서의 개별화교육계획 및 계획 시 구성 요소, 개별화교육지원팀의 참여 그리고 보호자 참여에서의 차별금지를 규정하고 있다. 이에 따라 대부분의 특수학교나 특수학급에서는 학기가 시작되고 2주 이내에 개별화교육지원팀을 구성하여 실시하고 있지만, 특수교사의 업무 과중으로 인하여 구성에 따른 여러 가지 관련 업무의 중요성의 무시되거나 제대로 구성이 되지 않는 것이 현실이다. 그리고 법정 구성요건에 따라 구성이 되었다고 하더라도 구성원들의 관심이나 참여가 매우 저조하다. 뿐만 아니라 구성된 팀원의 개별화교육지원팀에 대한 소속감이나 전문성도 문제가 되고 있다(권기홍, 이숙희, 2012; 김동희, 박희찬, 2009; 차미주, 2007). 국립특수교육원(2008)의 조사에 의하면, 전국에서 개별화교육지원팀을 구성 및 운영하는 학교는 98.6%이지만, 지원팀을 효율적으로 운영하는 학교는 50% 정도에 머무는 것으로 나타났다. 그리고 지원팀의 역할에 대한 내용에도 학교별로 서로 차이가 많이 나고 있다. 대체로 개별화교육계획의 수립과 적용, 실행 평가, 특수교육대상자 선정 및 배치 요구에 대한 상담 등이다. 그것도 일부 학교에서는 학교의 다른 위원회와 병행하여 운영하고 있는 것으로 나타났다. 이는 개별화교육지원팀이 형식적인 이름만 갖추었을 뿐, 개별화교육계획 수립 및 운영에 실질적인 도움을 주지 못하고, 개별 특수교사가 개별화교육계획을 작성한 후 그 결과만 보고하는 경우가 많아 법령과 실제 교육 현장의 개별화교육계획에 대한 인식 차이가 있음(태원섭, 2007)을 나타내고 있다. 학교 현장에서의 실제적인 실태에 대해 한 특수학급교사는 다음과 같이 언급한다.

> 개별화교육계획은 일반적으로 특수교사가 주체가 되어서 작성을 한다. 그리고 개별화교육지원팀 회의를 통하여 승인을 받는다. 하지만 일반적으로 특수교사와 학부모를 제외한 나머지 개별화교육지원팀원들(교장, 교감, 담임, 보건교사, 진로교사 등)은 개별적으로 학생을 만나서 함께 공부를 하거나 가까이에서 생활하는 것을 볼 기회가 거의 없기 때문에 의사결정의 주체로서의 역할을 하지 못하고 있다(예: 현실적으로 중학교에 배치된 진로교사가 장애학생들의 진로에 대한 정보나 조언을 제공하는 것은 기대하기 힘들다). 실제 개별화교육지원팀 회의에서는 특수교사가 개별화교육계획서 내용을 설명해 주고 나머지 팀원들은 그것을 듣고 있을 뿐이다. 실제로는 회의에도 참석하지 않는 팀원에게 나중에 개별화교육계획에 서명을 받기 위해 돌아다니는 경우도 흔하다. 그들은 본인이 왜 개별화교육지원팀원인지 이유도 모르고 의욕도 없다. 이들은 개별화교육계획의 주체도 아니고 책임을 가진 사람들도 아니다. 그들의 사인이 들어간 개별화교육계획만 공문서상 그럴듯해 보이는 데 도움을 줄 뿐이다(특수학급교사).

이러한 현장에서의 문제점을 개선하기 위해서는 우선 개별화교육지원팀의 운영은 법규정을 따르는 형식적인 운영과 실천의 수준을 벗어나야 하고 개별화교육지원팀의 역할과 운영 범위를 명확히 할 필요가 있다. 「장애인 등에 대한 특수교육법」에서는 개별화교육지원팀의 구성과 구성 시기, 개별화교육계획에 포함되어야 할 내용 등만 제시하고 있지, 개별화교육지원팀이 구체적으로 어떤 역할을 하는지에 대한 명확한 기준을 제시하고 있지 않다. 단위 학교에서 학칙으로 정해서 이를 운영하여야 하지만, 실제로 이렇게 실행하는 학교는 매우 소수에 불과하다. 특히 일반학교의 특수학급에서는 학교 행정가와 부장, 일반교사들의 관심 부족으로 특수교사가 알아서 실시하다 보니 문제가 더 심각해질 수 있다. 따라서 일선학교 현장에 일임하기보다는 시 · 도교육청에서 매년 실시하는 특수교육 운영계획을 통해 개별화교육지원팀과 관련한 역할과 운영 지침을 구체적으로 마련하여 학교에 제공할 필요가 있다. 아울러 개별화교육지원팀에서 중요한 역할을 하는 학교장이나 관련 인사들에 대한 인식 개선이나 전문성 향상을 위한 노력이 이루어져야 한다. 이러한 것이 실제로 운영되는 것이 어렵다면 개별화교육계획에 실제로 기여할 수 있는 구성원만으로 팀원을 축소시키는 것을 법적으로 허용하는 것도 하나의 방안이 될 수 있다. 이는 형식적으로 개별화교육계획의 내용을 보거나 이해하지도 못하고서 결재만 하는 문제점을 보완할 수 있다(권기홍, 이숙희, 2012).

또한 개별화교육지원팀은 개별화교육계획을 위해 학생의 현재 수준 파악과 결과에 대한 진전을 확인하는 다양한 평가를 실시해야 한다. 미국의 경우 평가 전문가가 팀에 참여하여 전문적인 역할을 수행하고 있지만 우리나라의 경우 특수교사가 혼자 모든 것을 수행하는 실정이다. 관련 영역별로 적절한 평가와 결과 해석을 위해 전문 평가 인력을 양성 · 배치하는 것도 하나의 방안이 될 수 있지만, 이것이 현실적으로 어렵다면 특수교사를 대상으로 전문 연수를 실시할 필요가 있다(김동희, 박희찬, 2009).

관련 법에서는 개별화교육지원팀은 매년 학기의 시작 2주 이내에 구성되어야 하고 개별화교육계획은 매 학기 시작일로부터 30일 이내에 작성되어야 하며 특수교육대상자 참여 및 보호에서의 차별을 금지하고 있다. 따라서 각 특수학교 및 특수학급에서는 최소한 학년 초와 학기별 1회씩 연간 3회의 규정을 따르려고 한다. 결국 학생의 진전과 지원을 위한 회의라기보다는 법적 장부를 갖추기 위한 하나의 과정에 불과하다. 심지어는 학생 수가 많거나, 학년 초의 바쁜 학사일정에 쫓기다 보면 실시하지 않는 학교나 학급도 나타난다.

특수학급의 경우 3월 초 학생을 처음 맞아 학급의 정규 시간표가 나오기까지 거의 2주간의 활동이 학교 부서별 오리엔테이션, 교과 오리엔테이션 등으로 운영된다. 대부분의 특수학급에서는 이 기간을 '통합학급 적응 기간'으로 삼고 특수교육대상자들의 학교 및 학급 적응 활동을 지원한다. 이 기간에는 '특수학급 운영계획서, 방과 후 활동 운영계획서, 개별화교육지원팀 조직 및 계획' 등등의 각종 계획서와 개별화교육계획의 작성을 위한 상담과 보고로 퇴근 후에도 2~3시간의 잔업을 할 수밖에 없다. 정규시간표가 나오면 학생과 학부모의 특수교육 요구 교과의 수업을

> 진행하면서 학생 관찰에 충분하지 못한 시간 내에 개별화교육계획이 학생 수만큼, 교사가 가르치는 과목의 수만큼 작성된다. 참고할 자료란 이관된 자료의 명확하지 않은 평가 자료(잘함, 보통, 노력 중)와 학부모들의 막연하면서 비슷한 요구사항(사회성 신장, 원만한 학교생활 등)으로 장기 목표가 유사한 개별화교육계획이 작성되지만 실제로 수업을 진행하다 보면 학생의 다양한 차이로 개별화교육계획대로 진행되지 않는다(특수학급교사).

따라서 개별화교육계획 작성 시기와 관련 회의를 법정 기간으로 단정해 두지 말고 융통성을 발휘하여 교사들이 다양한 진단 및 평가를 할 수 있는 충분한 시간적 여유를 주어야 한다. 이와 관련하여 의미 있고 생산적인 개별화교육계획 회의가 되기 위해서는 시기별로 표준화된 회의 내용과 절차에 대한 안내나 자료가 제시될 필요가 있다.

특히 부모들의 참여를 통한 질적인 개선을 위해서는 학교장의 개별화교육계획 전체 진행 일정에서의 적극적인 의지와 부모교육, 학부모의 여건을 고려한 회의 일정 수립 및 운영이 중요하다. 그리고 학부모가 적극적으로 개별화교육계획에 참여하도록 회의 대체 수단(전화, 서면, 이메일 등) 등을 함께 제시하면 회의 운영에 있어 효율성을 높일 수 있다(Herr & Bateman, 2006).

2. 교육과정과 개별화교육계획

우리나라 국가 수준 교육과정은 학교교육과정의 공통적 · 일반적인 기준이기 때문에 지역과 학생 개인의 특수성을 담아내기 어렵다(윤광보, 2008). 따라서 국가 수준의 교육과정을 지역화 및 학교 수준으로 맞추기 위하여 지역교육청에서는 매년 시 · 도별 특수교육운영계획을 통해 교육과정의 편성 · 운영 지침을 제시하고, 단위 학교에서는 이를 근거로 해당 학교의 학교 수준 교육과정을 적용한다. 그리고 학급의 담임교사들은 반에 소속된 학생들의 수준과 특성을 고려하여 개별화교육계획을 적성한다.

그러나 이러한 교육과정의 전달 체계에 따라 특수교육대상자의 능력, 흥미, 수준을 반영한 개별화교육계획을 작성한다는 것은 현실적으로 매우 어려운 과정이다. 또한 교육과정이 어느 정도 수준별로 구성되어 있다고 하더라도 개별 학생의 개별화교육계획과 학급 학생들과의 단위 수업에서의 수업 진행을 동시에 계획하기는 쉽지 않다. Smith(1990a)는 개별화교육계획과 실제 학급 수업에서의 불일치가 크다는 점을 지적하였다. 이로 인해 특수교육대상자를 위한 개별화교육계획의 목표나 가르치는 내용이 학급의 수업계획에 제대로 반영되지 못하는 현상이 나타난다. 윤광보(2008)는 특수교육 현장에서 교사들이 개별화교육계획을 국가 수준 교육과정이나 학교 수준 교육과정과는 별개의 교육과정으로 인식한다고 지적하였다. 또한 일반교육과정이 장애를 가진 학생들의 요구를 지원해 줄 수 없기 때문에 장애학생을 위한 개별화교육계획을 구안하는 데 있어서 일반교육과정을 적용할 필요가 없다고 여긴다. 교사들의 이러한 인식은 개별화교육계획으로 인해 특수교육이 일반교육과정의 강제에서 떨어져 나가는 결과를 초래하여, 결과적으로는 개별화교육계획이 장애학생을 위한 교육과정적 기능을 제한하게 되었다.

이는 장애 정도가 심한 특수학교의 경우 더 심각하다. 수업 중 문제행동이나 돌출행동이 심한 특수학교의 경우 특수학교 교육과정은 학생의 수업 설계의 지침이나 타 교과와 유기적 관련성이 적다는 인식 때문에 개별화교육지원팀을 구성함에 있어 담임을 제외한 타 교과 담당교사와의 관계가 자연스럽지 않고 개별화교육계획의 구성이 형식적일 수 있다(김정규, 주지현, 2014).

「장애인 등에 대한 특수교육법」 제2조(정의) 제7호에서는 "개별화교육이란 각급 학교의 장이 특수교육대상자 개인의 능력을 개발하기 위하여 장애 유형 및 장애특성에 적합한 교육목표 · 교육방법 · 교육내용 · 특수교육 관련 서비스 등이 포함된 계획을 수립하여 실시하는 교육을 말한다."라고 규정하고 있다. 이는 교육의 전체 과정을 의미하기 때문에 너무 포괄적이다. 그리고 개별화교육계획을 교육을 수행하는 하나의 방법 내지 수업계획으로 인식할 수 있다. 따라서 개별화교육계획은 교육과정 그 자체나 수업계획서가 아니라, 수업이 가능하도록 교육과정을 장기 · 중기 · 단기 계획으로 전환하는 도구의 기능을 수행하는 문서로 인식할 필요가 있다(윤광보, 2008).

이와 관련하여 2004년 개정된 미국의 「장애아동교육법」이 주는 시사점이 있다. 이전 「장애아동교육법」에서는 측정 가능한 중 · 단기 목표를 기술하도록 했다. 그러나 개정안에서는 각 연간 목표 혹은 단기 목표(벤치마크)를 삭제하고 대신 연간 목표를 학업 및 기능적 목표라는 용어로 대체했다. 이것은 일반교육과정 범위 안에서 아동의 교육적 요구 및 그 외의 다양한 요구를 충족시키기 위한 방안이라고 할 수 있다. 또한 단기 목표가 포함된 측정 가능한 연간 목표를 진술하도록 규정하면서 개별화교육계획의 서류 작성에 소요되는 교사들의 시간을 줄이고자 노력하였다. 즉, 장 · 단기 목표에 관한 진술을 모든 장애학생에게 요구하지 않고, 대안 평가 과정에 있는 장애아동들의 개별화교육계획에서만 요구한 것이다(김양화, 김남순, 2014).

우리나라의 개별화교육계획도 학급의 장·단기 교육과정 계획에 제시된 국어, 수학 등과 같은 특정 교과의 교육내용만을 과제분석하고 상세화하여 교육목표로 진술하는 방식에서 탈피하여 교육 활동 전반에 관한 전체적이고 장기적인 계획을 수립하도록 유도하는 것이 바람직하다. 이를 위해서는 학기별로 장·단기 목표를 진술하기보다는 해당 특수교육대상자의 장래에 대한 비전을 염두에 두고 학급 교육과정에 근거하여 연간 목표를 설정하여야 한다. 즉, 특별한 교육적 지원을 중심으로 기록하고 교과시간에 지도해야 할 일상적이고 세부적인 지도 목표와 내용, 방법 등에 관해서는 학급의 교육과정 계획안, 특히 단기교육과정 계획안이라고 할 수 있는 수업계획안에 공동으로 명시하는 것이 바람직하다(윤광보, 2008).

개별화교육계획이 특수교육대상자의 능력을 개발하는 관리적 기능과 교수적 기능을 가진 경영도구라면, 모든 교과목에 대한 수업계획에 개별화교육계획을 포함하여 작성하는 것이 아니라 이들에게 제공되는 교육적 지원이 적합하게 관리되고 운영되는 종합적인 교육계획으로 기능하도록 할 필요가 있다. 또한 특수교육대상자의 수업이 해당 학급의 교육과정에 따른 수업계획과 공통으로 관리되는 통합수업계획으로 설계된다면 수업에서의 불일치를 줄일 수 있다. 그리고 개별화교육계획 작성에 따른 교사들의 시간적 부담을 덜 뿐만 아니라 특수교육대상자로 하여금 학급 구성원들과의 상호작용의 기회를 넓히고, 학급 공통의 교육 활동에서 장애로 인한 요구를 모색하는 계기가 될 수 있다.

특수교육대상자의 일반교육과정 접근은 개별화교육계획에서 목표와 내용뿐만 아니라 어떻게 가르칠 것인가에 대한 구체적인 전략과 밀접하게 연관된다. 이은주(2008)가 특수학급 담당교사를 대상으로 한 조사에 의하면, 특수교육대상자를 위한 통합수업에서 개별화교육계획의 개발이 거의 이루어지지 않고 있으며, 특수교사의 일반교육과정 접근 전략(교수적합화)에 대한 조사에서도 활용 가능할 만큼 교수적합화를 자세히 알고 있지 않아 개별화교육계획에 적용하기 쉽지 않은 것으로 나타났다. 또한 교육과정을 개별화교육계획에 공동으로 적용하기 위해서는 일반교사와의 협력이 필수적이지만, 교사의 업무 과다와 시간 부족, 영역 간 의사소통 부족 등으로 정작 중요한 수업계획에서의 협력을 기대하기 어려운 것으로 나타났다.

이러한 과제를 해결하기 위해서는 먼저 협력이 우선되어야 하는데, 이는 거시적으로 특수교육과 일반교육의 두 체제를 연결시킬 수 있는 통로가 필요하며 미시적으로는 특수교사와 일반교사가 의사소통할 수 있는 통로가 필요하다. 거시적인 부분은 장기적인 계획과 정책적 접근으로 고민해야 한다. 미시적으로는 특수교사와 일반교사의 정기적인 만남, 특수아동의 일반학급 수업참여 및 수업계획 수립 시 공동 참여, 책무성을 확인할 수 있는 시스템의 확립, 교육계획을 운영하면서 발생할 수 있는 문제에 즉각적으로 대처하기 위한 융통성 있는 시스템을 확립해야 한다. 우리나라의 현실에서는 우선적으로 개별화교육계획을 작성할 때 일반교사와 특수교사가 공동으로 개발하는 것이 시작점이 될 수 있다(Hunt et al., 2003: 이은주, 2008에서 재인용).

또한 현재 「장애인 등에 대한 특수교육법 시행규칙」에서는 대상 학생의 인적사항과 특별한 교육지원이 필요한 영역의 현재 학습 수행 수준, 교육목표, 교육내용, 교육방법, 평가 계획 및 제공할 특수교육 관련 서비스의 내용과 방법 등 및 기타 개별화교육지원팀에서 정하는 사항이 포함되어야 한다고만 명시되어 있다. 특히 통합교육에 참여하는 특수교육대상자에 대한 통합교육 지원계획은 개별화교육계획에 포함하도록 정해져 있지 않다. 이에 따라 현장에서는 일반교육과정 접근계획을 포함하지 않는 양식을 사용하는 경우가 대부분이다. 이로 인해 개별화교육계획이 학기 초에 문서화되어 특수교사와 일반교사가 지속적인 의사소통을 통하여 수정 · 보완하도록 하는 융통성이 없고, 통합학급 참여와 동떨어진 고립된 교육목표를 중심으로 개발되고 있으며, 통합학급에서의 활동, 수업참여에 대한 지원계획이 부재한 경우가 많다(이은주 외, 2007). 따라서 특수교육대상자가 통합학급 수업에 참여하고 있는 경우 개별화교육계획에 일반교육과정 접근에 관한 내용이 포함되도록 하여야 한다. 즉, 통합교육에서의 개별화교육계획은 특수교육대상자가 배치된 모든 곳에서의 지원계획이 포함되어야 한다. 개별화교육계획의 개발 과정에 일반교사와의 협력을 필수적인 과정으로 관련 법 조항에 포함시킬 필요가 있다(이은주, 2008).

3. NEIS 체제 도입과 과제

최근에는 교육행정정보시스템(National Education Information System: NEIS)을 통해 전자문서로 개별화교육계획을 작성하고 처리하는 체제를 도입함으로써 행정적 업무와 개별화교육계획의 연계로 작성 및 운영의 효율성을 도모하고 있다. NEIS의 도입은 현재 특수학교를 중심으로 시행되고 있으며 특수학급도 점차 시행을 위한 연수를 실시하고 있어 머지 않아 전면적으로 도입될 것으로 보인다.

사실 개별화교육계획의 공학적 접근은 1980년대 중반부터 후반 사이에 도입되기 시작하였다. 이 시기에는 개별화교육계획 과정의 관리와 문서화를 돕기 위해 컴퓨터 프로그램이 개발되었다. 주로 '관리와 사정 프로그램'으로 도입되어 현장 교사들이 개별화교육계획을 좀 더 효율적이고 능숙하게 작성할 수 있고, 아동 개개인의 신상에 대하여 관리자가 더 많은 정보를 갖게 되었으며, 부모의 지식과 만족감이 증가하였다(Minick & School, 1982). 또한 각종 소프트웨어뿐만 아니라 아동의 진보 정도를 도표로 나타내는 프로그램도 개발·보급되었다(이유훈, 김형일, 2002).

당시 공학적 접근을 통한 개별화교육계획의 장점으로는 작성시간과 비용의 절감, 아동 배치 절차의 행정적인 시간 절약, 부모와 교사, 행정가, 교장의 회의 조직 효율성, 작성과정의 편리함, 관리의 간편함 등을 들 수 있다(Enell & Barrick, 1983). 그러나 비용과 시간을 줄이는 것과 개별화교육계획의 질 관리 문제를 논하는 것이 적절하지 않다는 지적도 있었다(Smith, 1990a).

최근 현장에서는 공학적 기술의 급속한 발달로 인해 그저 개별화교육계획의 시간과 경비 절감뿐만 아니라 교수적 수단과 관리적 차원에서 대부분의 교사가 컴퓨터에 기반하고 있다. 이러한 상황에서 NEIS를 통한 개별화교육계획 적용은 초기의 시간 및 비용 문제를 떠나 질적 관리 측면에서도 시사하는 바가 있다. NEIS의 기본 틀은 「장애인 등에 대한 특수교육법」에 제시된 개별화교육계획의 정의 및 수립·운영 절차에 따라 구성하였다. 따라서 개별화교육계획의 수립·운영과 관련된 개별화교육지원팀의 구성, 개별화교육계획의 작성 시기, 구성 요소, 평가 및 결과 통보, 특수교육대상자의 전출 및 전입, 특수교육 교원의 역할 등을 주요 내용으로 하고 있다. 또한 특수교육대상자의 선정 및 개별화교육계획 수립·운영 절차에 따라 의뢰, 진단 및 평가, 선정, 배치, 개별화교육계획 작성, 실행, 평가과정을 작성 절차와 시기에 따라 상세하게 시스템화하였다. NEIS에 대한 교사들의 긍정적인 점과 앞으로의 개선점을 제시하면 다음과 같다(권기홍, 김영걸, 김영숙, 2015).

- 긍정적인 점
  - 행정처리 업무와 연계하여 관련 인사 간의 업무처리를 신속하고 효율적으로 처리할 수 있다.
  - 자료의 보관과 전송 및 재활용 등 저장과 활용 기능이 향상되었다.
  - 법에서 규정하는 개별화교육계획 구성 요소를 시스템으로 처리할 수 있다.
  - 작성시간을 단축해 주고 관리가 편리하다.

• 개선점

–자료를 자유롭게 수정할 수 있어야 하고 작성과정이 복잡하므로 효율성이 보완되어야 한다.

–프로그램을 단순화하고 꼭 필요한 부분만 사용할 수 있도록 시스템을 정리할 수 있어야 한다.

–교육과정과 연계하여 교육과정 내용을 활용할 수 있도록 해야 한다.

–학부모 참여와 외부 관련 기관 접속, 전출입 시 타 학교와 자료 공유가 원활해야 한다.

–학교 실정에 맞추어 선택해서 사용할 수 있도록 다양한 메뉴를 탑재한 프로그램이 추가되어야 한다.

–평가 준거도 시스템상에서 일관성 있게 제시되어야 하며, 학생별로 개별화교육계획 문서가 1개로 작성되어 결재시간을 단축하여야 한다.

–학생의 자료가 단계별, 과목별로 되어 있어 한 눈에 보기가 어려움이 있다.

–매월 관리자가 컴퓨터로 학생의 기록을 결재해야 하는데, 학생 수도 많고 가르칠 과목이 세분화되다 보니 복잡한 일이 더 늘어났다.

–평가 부분을 모두 서술식으로 기록하게 되어 있어서 모든 내용을 풀어서 기입하는 데 어려움이 있다. 표를 삽입하거나 그래프를 그려 넣어 한눈에 결과를 볼 수 있다면 해당 내용을 풀어서 작성하지 않아도 될 것이다.

–글 간격이 너무 협소하여 작성 후 내용을 확인할 때 눈이 피로해진다.

–현재는 개별화목표 설정 혹은 평가내용 기입 시 영역별로 들어가 그 영역에 해당되는 아동의 이름을 클릭하여 내용을 기입하게 되어 있다. 이를 아동의 이름을 클릭하였을 때 아동에게 해당되는 영역이 모두 표시되어 아동별로 내용을 기입할 수 있도록 해야 한다. 모든 아동이 모든 영역에 있어 개별화목표를 설정하는 것이 아닐 수 있기 때문이다.

–평가를 할 때에는 달마다 개선되는 점을 한눈에 확인하기 어려우므로 그래프로 환산하여 표시함으로써 매월 정확도나 퍼센트를 확인할 수 있도록 해야 한다.

–개별화교육계획 평가 시 실제 준거 평가에 따른 근거 자료를 첨부하지 않기에 다소 객관성 및 정확도가 떨어질 수 있으며 증거기반 실제로서 기능이 약하다.

–교육과정과의 연계로 교과과목으로만 계획할 수 있는 것과 더불어 생활지도 영역으로 계획할 수 있도록 개선되어야 한다.

–수치와 관련된 것들을 통계화나 평점화할 수 있는 시스템이 있어야 한다.
–좀 더 구체적인 항목들을 추가하도록 탭을 추가하고, NEIS와 연계된 개별화교육계획이 학생 개별 요구에 맞게 기술되어야 한다.
–평가를 할 때 평가 활동과 관련 있는 사진이나 그래프를 첨부할 수 있는 기능이 있어야 한다.
–과목도 해당 과목의 세부 영역을 기입할 수 있는 칸이 마련되어야 한다(예: 국어–표현언어).
–획일화된 틀에 의해 교사 개개인의 자율성이나 창의성 등이 배제될 수 있다.
–개별화 수행과정과 수행 결과를 교사가 편집할 수 있어야 한다.
–유사과목으로의 입력이 아닌 학급에서의 활동도 입력할 수 있어야 한다.
–결재도 매월이 아닌 학기별, 학년별로 융통성을 두어야 한다.
–특수교육대상자의 학교 간 이동, 학교별 이동에도 학생의 학습능력, 사회적응능력의 공통된 이해를 할 수 있는 자료의 검목표 개발이 필요하다.

NEIS는 그동안 ICT에 재능이 있는 개별 교사, 단위학교, 지역교육청 등에서 다양하게 개발을 시도해 오던 개별화교육계획 관련 프로그램을 하나의 시스템으로 종합하고 국가수준에서 체계적으로 통합·관리한 매우 획기적인 시도라고 할 수 있다. 향후 전면적으로 시행되기 위해 적용과정에서 다양한 의견을 수렴하는 과정이 필요하며 관련하여 고려해야 할 사항을 정리하면 다음과 같다.

첫째, 개별화교육계획의 질적 관리가 우선되어야 한다. 따라서 개별화교육계획이 특수교육대상자의 연령에서의 적합성, 기능성, 일반화가 고려되었는지 점검해 볼 필요가 있다.

둘째, 획일화된 개별화교육계획 체계로 인해 진정한 개별화교육의 본질이 왜곡되지 않도록 점검해 볼 필요가 있다.

셋째, 작성시간이나 업무량을 줄이기 위해 특수교육대상자의 특수한 상황만을 개별화교육계획으로 처리하고 교육과정(교과)의 주요 과정은 통합 차원에서 단위 학급과 같은 맥락으로 수업계획을 작성, 개별화교육계획에는 해당 학생의 대안적인 지도내용과 과정을 작성하도록 하는 것도 고려해 볼 필요가 있다.

넷째, 증거기반의 목표 설정과 지도과정을 다루기 위한 내용을 포함하는 것도 고려할 필요가 있다. 그러기 위해서는 표준화된 평가도구나 준거 중심 평가(교육과정 중심 평가)

및 결과가 데이터베이스 자료로 공유되고 활용될 수 있는 시스템이 될 것이다. 예를 들면, 각 과목, 영역 등에 대한 전국, 지역, 해당 학교, 학급 표준(백분위, 표준점수 등)이나 준거 결과로 나타나게 하여 평가 자료를 프로파일로 활용하는 것이다. 실제로 일부 출판사에서는 표준화된 검사도구들의 원점수를 인터넷의 데이터상에 입력하면 해당되는 전국 표준이나 백분위 수준, 또는 준거점수를 제공하여 교사가 프로파일로 활용하도록 지원하고 있다.

다섯째, 목표, 내용, 방법, 평가 자료를 데이터베이스화하여 교사 간에 서로 자료를 공유하고 검색하고 수정·활용할 수 있다. 이로 인해 교사들의 작성시간과 업무 부담을 줄이고 활용을 위한 아이디어를 얻을 수 있다.

여섯째, 획일화된 교과목 위주의 입력 방식에서 영역 수정 혹은 대안적 교과목으로 입력이 가능하도록 할 필요가 있다. 특수교육대상자의 장애 정도나 특성에 따라 교과 중심의 개별화교육계획보다는 기능적이거나 생활 중심, 통합교과로 작성할 수 있다.

4. 개별화교육계획과 교사 수행

특수교육의 핵심 경영도구인 개별화교육계획은 그 작성이 아니라 그것이 수업 현장에서 투입되어 아동의 바람직한 진보를 가져올 때 가치가 인정받는다. 이러한 개별화교육계획의 수행은 최종적으로 수업을 이끌어 나가는 교사의 손에 달려 있다. 교사는 개별화교육계획에 대한 작성능력뿐만 아니라 그것을 실제 수업 장에 투입하고 평가하는 전문능력을 갖추어야 한다(이유훈, 김형일, 2002).

따라서 개별화교육계획 개발과정에 교사의 역할이 대폭 강화되어야 할 필요가 있다. 실제 현장에서 개별화교육계획을 적용하는 실천적인 책임자이기 때문에 개별화교육지원팀 구성에 있어 교사 중심적인 팀 운영이 매우 중요하다. 이와 함께 교사의 수행능력을 중시할 필요가 있다. 이를 위해서는 현직연수뿐 아니라 직전연수의 강화가 체계적으로 이루어져야 한다. 일반적으로 박승희(1996)는 개별화교육계획과 관련한 특수교사들의 역할로서, 개별 아동에 대한 교육적 진단을 시행하고 그에 따른 개별화교육계획을 구성하는 주도적 역할, 각 학교의 개별화교육지원팀이 원칙적으로 잘 운영되도록 촉구하고 감독하는 모니터 역할, 한 장애아동을 위한 적합한 교육프로그램을 고안하고 시행 및 평가되기 위해 구성원 각자의 전문성과 관련된 정보화기술을 '협력적 자문'을 통해 서로 공유하는 촉진자 역할, 원적 일반학급교사와 함께 개별 아동의 일반학급에서의 학업수행 참여 정도와 수행 수준, 사회적인 행동 수준, 특별한 친구 관계, 문제행동의 종류와 심각성, 그리고 각 영역에서의 진보사항에 대해 지속적으로 평가하고 다음 교수계획에 참조할 정보를 공유하며 필요한 자문을 서로 주고받는 역할을 들었다.

우리나라의 특수교사를 대상으로 한 관련 연구를 보면, 교사의 특수교육 경력 정도와 자격증 유형(일반교사와 특수교사), 연령에 따라 개별화교육계획의 실행능력(목표 설정, 진단 및 평가, 교수 방법, 자료 선정 등), 개별화교육계획의 작성, 교육과정 분석, 실행, 평가에 대한 인식에 의미 있는 영향을 미치는 것을 나타났다(김정규, 주지현, 2014; 방명애, 강남숙, 2005). 또한 통합학급에서 일반교육과정 현장에 있는 교사들의 경우 개별화교육계획을 개발하지 않는 경우도 많으며, 개발한다고 하더라도 일반교육과정 접근에 대한 지원계획을 잘 반영하지 않은 경우가 많다(이은주 외, 2007). 특히 중증장애학생이나 행동문제를 보이는 특수학교나 특수학급교사들의 교육과정(내용)과 개별화교육계획의 연계계획에 어려움을 겪는 것으로 나타났고, 결국은 형식적인 개별화교육계획의 운영이 되고 마는 원인으로 작용하였다(김정규, 주지현, 2014). 이러한 결과는 지금까지의 획일화된 일반적인 연수보다 교사 자신의 대안적 수업을 설계로 개별화교육계획을 구성할 수 있는 능력과 각 교사에게 적절한 맞춤 형태의 교사교육이 필요하다는 점을 말한다. 특히 특수교육 경력에 따른 개별화교육계획 실행능력과 인식에 의미 있는 영향을 미친다는 것은 대학에서부터 예비교사를 대상으로 한 직전교육의 강화가 체계적으로 이루어질 필요가 있음을 시사한다.

또한 개별화교육계획의 가장 큰 저해요인은 교사들의 업무 부담 과중이라고 할 수 있다. 이를 개선하기 위해 행정적인 업무와 가르치는 업무를 구분하는 현실적인 지원 정책이 필요하지만, 무엇보다도 앞서 언급한 통합수업에 근거한 교육과정 분석과 학급공통 수업계획이 개별화교육계획 양식으로 개발되고 아울러 특수교육대상자를 위한 별도의 지원계획을 대안적으로 작성해야 한다. 이것이 NEIS상에서 수정되도록 하는 것도 대안이 될 수 있다.

5. 개별화교육계획과 가족참여 과제

특수교육대상자를 위한 의사결정과정에 전문가 및 부모가 동등하게 참여한다는 전제는 개별화교육계획 과정의 핵심이다. 2004년 개정 미국 「장애아동교육법」에서도 '개별화교육지원팀의 구성원 중 적어도 한 명'에서 '최소한 한 명'으로 수정함으로써 부모의 팀 참여를 명문화하고 있다. 또한 개별화교육계획에서 부모의 관심사항을 포함하고, 부모와 학교와의 관계를 상호협력 체계로 강조하며 개별화교육계획의 진전도 결과를 연 4회 정도 통보하도록 하였다(김양화, 김남순, 2014에서 재인용). 우리나라도 앞서 언급한 것처럼 「장애인 등에 관한 특수교육법」 및 관련 법에서 개별화교육계획과 관련하여 특수교육대상자 또는 보호자에게 의견 진술의 기회 제공, 특수교육지원팀 구성원으로 참여, 차별금지 등의 조항을 명시하고 있지만 구체적인 구성 및 운영은 학칙으로 정하도록 하고 있어 법적 강제성이 없는 실정이다.

개별화교육계획 과정에 부모를 참여시킨 것은 부모와 전문가와의 관계를 좀 더 대등한 수준으로 맞추고 상호협력 관계를 통해 효과적인 의사소통을 하기 위한 것이지만, 실제로 많은 연구는 부모가 개별화교육계획 과정에 지속적이고도 의미 있게 참여하지 못한다는 것을 밝히고 있다(김우심, 2001; 방명애, 강남숙, 2005; 장경남, 1998). 이와 같이 부모가 개별화교육계획에 능동적으로 참여하지 못하는 이유는, 개별화교육계획을 정적인 문서로 인식하는 부모의 경향, 개별화교육계획 과정에 대한 부모의 지식 부족, 부모를 자문하는 전문가들의 제한된 기술, 개별화교육계획 회의에 대한 부모의 위축감(Skinner, 1991), 교통편의나 아동을 돌보아야 하는 현실적인 문제, 언어나 전문용어 등으로 인한 의사소통의 장애, 학교 체제에 대한 부모의 이해 부족, 자녀교육에 대한 인식의 결여 등(Turnbull & Turnbull, 1986)이다.

그러나 최근 특수교육은 서비스의 주체로 부모의 역할을 점차 강조하고 있다. 이전의 부모가 훈련과 정서적 지원이 필요하고 전문가에 의존하는 존재로 인식된 반면, 최근에는 특수교육 서비스의 계획과 평가에 참여하는 교사의 동등한 파트너로서 인식되고 있다(유수옥, 1998; 최민숙, 1999: 문성옥, 권현수, 2011에서 재인용). 특히 조기 진단과 장애 발견, 의뢰, 중재와 관련하여 가족참여와 부모와의 협력은 개별화교육계획에 더욱 중요한 요소가 되었다.

성공적인 개별화교육계획을 실행하기 위해서는 부모의 참여가 필수적이지만, 현재 우리나라 특수교육 현장에서는 부모가 교육계획부터 지도과정 및 결과를 공유하고 협력하는 데 매우 소극적이다. 개별화교육계획 관련 법에서도 개별화교육지원팀 구성원으로 참여, 특수교육대상자의 선정, 교육지원 내용의 결정사항, 학교 배치, 부당한 차별에 의의가 있을 시 특수교육운영위원회에 심사 청구를 할 수 있도록 하였다. 그러나 좀 더 적극적으로 개별화교육계획이 작성된 후 계획대로 서비스가 제공되지 않았을 때 이의 제기 및 시정 요구를 할 권리를 부모에게 부여하는 내용을 개별화교육계획 관련 법에 명시하는 것(김양화, 김남순, 2014)도 고려해 볼 수 있다. 이를 위해 개별화교육계획 계획 단계에서의 부모 동의 얻기, 아동 정보 제공, 수시로 아동의 발달 상태에 대한 피드백 제공하기, 평가 결과에 대해 가족과 논의하기, 의사결정에 동참하기 등 계획 · 실행 · 평가의 전 과정에 걸쳐 가족의 의견을 반영하고 가족과 함께할 수 있도록 가족참여가 필요한 구체적인 상황과 방법에 대한 기준을 마련할 필요가 있다(문성옥, 권현수, 2011). 또한 아동에 대한 정보를 제공하고 가정과 연계하여 지속적인 교육을 통해 효과를 극대화하기 위해서는 교사뿐 아니라 가족이 개별화교육계획에 대해 잘 알고 적극적으로 참여하고 권리를 요구할 수 있도록 가족에 대한 교육을 적극적으로 실시하는 것도 중요한 요인이다(백유순, 2009; 조광순, 홍은숙, 김영희, 2005).

6. 개별화교육계획과 전문가 및 연구자의 역할

1970년대 후반에 개별화교육계획이 우리나라에 도입되고 현재까지 개별화교육계획은 특수교육의 중요한 경영도구로서 특수교육대상자에게 실질적인 교육 기회를 제공하는 수단이 되었다. 개별아동에게 적절한 공교육권을 보장해 주었고, 각자의 잠재적 수월성을 발현하도록 경험의 장을 제공하였다. 따라서 개별화교육계획은 특수교육대상자 교육의 전부라 해도 과언이 아닐 만큼 중요한 자리를 차지하였다(임안수, 2002).

그러나 개별화교육계획이 특수교육에서 차지하는 역할의 중요성과 성과에 비해 실제 현장에서 활용되는 실제적 효과가 반드시 긍정적이라고 볼 수 없는 것이 사실이다. 개별화교육계획이 법정 장부로서의 강제적 구속력과 의무에 오히려 내몰려 있는 것은 아닌지 심도 있게 고민해 볼 필요가 있다. 또한 법에 명시된 작성의 구성 요소(인적사항, 현행수준, 목표, 지도내용 및 방법, 평가, 관련 서비스 등)만을 문서에 채우기에만 급급한 건 아닌지 점검해 볼 필요가 있다. 새로 도입되는 NEIS 체제도 개별화교육계획 작성의 융통성을 배제하고 교과와 구성 요소만을 강조하는 행정 편의로 흘러가는 것을 경계해야 한다.

이에 관련하여 국내에서도 개별화교육계획의 문제점 파악과 개선을 위한 연구가 시도되었다(박은송, 2015). 그러나 박은송의 연구에 의하면, 실제 개별화교육계획의 현상적인 연구, 개별화교육계획의 작성(계획), 관리(운영) 등의 실태에 대한 연구가 대다수를 이루고 있으나 정작 개별화교육계획의 결과적인 측면 평가와 관련한 연구는 미약한 것으로 나타났다. 향후 개별화교육계획 문서의 질 평가 및 준거 개발, 수행 결과에 대한 적용 상황별 효과 검증, 한국적 개별화교육계획 모형 및 체계 개발, 통합상황에서의 개별화교육계획 적용 등과 같이 개별화교육계획의 질적 향상을 도모하는 연구가 적극적으로 수행될 필요가 있다.

7. 요약

개별화교육계획은 장애아동의 교육적 수월성을 보장하기 위해 도입된 교수계획 및 관리를 위한 도구이다. 그리고 이것을 법적으로 제도화하여 행정적인 구속력을 강화함으로써 실행에서의 관리적 기능과 교수적 기능을 확보하였다. 그러나 실제 개별화교육계획을 적용하는 현장에서는 그 실효성에 많은 의문을 제기하고 있다. 따라서 이 책에서는 우리나라의 개별화교육계획 실행 현황을 살펴보고 이에 대한 과제를 제시하였다.

첫째, 개별화교육계획 관련 법규정의 융통성 있는 적용이 필요하다. 법정 구성 요건에 나타나 있는 학기별 작성일자 등에 교사가 시기에 쫓기지 않고 충분한 시간적 여유를 가지고 작성할 수 있도록 해야 한다. 또한 개별화교육지원팀의 구성원, 회의 일정 등에 대한 학교의 자율성이 보장될 필요가 있다. 그리고 개별화교육계획에 대한 구체적인 실행에 대한 것을 학칙으로 정하기보다는 시·도 단위의 특수교육운영계획에 팀의 역할과 운영 지침을 마련하여 학교에 제공하는 것도 고려할 수 있다.

둘째, 교육과정에 근거한 학급공동 수업계획을 작성해야 한다. 특수교육대상자의 수업이 해당 학급의 교육과정에 따른 수업계획과 공동으로 관리되는 통합수업계획으로 설계된다면 개별화교육계획과 수업의 불일치를 줄일 수 있다. 그리고 일반교육과정의 통합교육 상황에서 개별화교육계획 적용의 실제성을 높이려면, 일반교사와 특수교사에 대한 협력과 통합교육에서의 개별화교육계획 지원계획이 관련 법에 명시될 필요가 있다.

셋째, NEIS 체제가 행정적인 편의 위주의 획일화된 도구가 아닌 개별화교육계획의 질적 관리를 보완해 주어야 한다. 교과 과목 중심의 구성 요소를 기능적인 증거기반 목표 설정과 지도과정이 수시로 수정되고 평가되도록 할 필요가 있다. 즉, 영역 수정, 대안적 교과목이 입력이 가능하도록 하여 특수교육대상자의 장애 정도나 특성에 따라 교과 중심보다는 기능적이거나 통합교과로도 작성할 수 있어야 한다.

넷째, 교사의 역량을 강화하여 개별화교육계획 개발과정에 전문적인 역할을 할 수 있어야 한다. 이를 위해 현직연수뿐만 아니라 직전연수를 강화해야 한다. 특히 연수는 획일화된 연수보다는 각 교사에게 적절한 맞춤 형태의 교사교육이 필요하다. 또한 교사들의 업무 부담과 시간을 줄일 수 있는 개별화교육계획 실행 방안이 모색되어야 한다.

다섯째, 개별화교육계획 과정에 부모가 적극적으로 참여할 수 있어야 한다. 이를 위해 소극적인 법 적용보다는 개별화교육계획이 작성된 후 계획대로 서비스가 제공되지 않았을 때 이의 제기 및 시정 요구를 할 권리를 명시하는 것도 고려할 수 있다. 또한 계획 단계, 실행, 평가의 전 과정에 걸쳐 가족의 의견을 반영하고 가족과 함께할 수 있도록 기준을 마련할 필요가 있다.

여섯째, 질적 향상을 도모하는 개별화교육계획을 개발하고 실행하기 위하여 관련 전문가 및 연구자들의 연구가 선행되어야 한다. 향후 개별화교육계획 문서의 질 평가 및 준거 개발, 수행 결과에 대한 상황별 효과 검증, 한국적 개별화교육계획 모형 및 체제 개발, 통합상황의 개별화교육계획 적용 등의 연구가 지속적으로 수행되어야 한다.

• 부록 •

개별화교육계획 운영 사례

부록 1. 서울 소재 중학교 특수학급 개별화 운영 사례

○○○○학년도

개별화교육지원 운영계획

○○중학교

1. 목적

○○중학교 개별화교육지원팀은 본교 특수학급 '도움반' 대상 학생의 능력 및 특성에 적합한 개별화교육계획의 효과적인 수립과 시행을 통하여 학생의 능력을 최대한 개발할 수 있도록 지원하는 데 설치 · 운영의 목적이 있다.

2. 근거

○ 「장애인 등에 대한 특수교육법」 제22조(개별화교육)

- 제1항 각급 학교의 장은 특수교육대상자의 교육적 요구에 적합한 교육을 제공하기 위해 보호자, 특수교육교원, 일반교육교원, 진로 및 직업교육 담당교원, 특수교육 관련 서비스 담당 인력 등으로 개별화교육지원팀을 구성하여야 한다.
- 제2항 개별화교육지원팀은 매 학기마다 특수교육대상자에 대한 개별화교육계획을 작성해야 한다.

–제4항 특수교육교원은 제1항부터 제3항까지의 규정에 따른 업무를 수행하기 위해 각 업무를 지원하고 조정한다.

○ 시행규칙 제4조(개별화교육지원팀의 구성 등)

–제1항 각급 학교의 장은 법 제22조 제1항에 따라 매 학년의 시작일로부터 2주 이내에 특수교육대상자별로 개별화교육지원팀을 구성하여야 한다.

–제2항 개별화교육지원팀은 학기 시작일로부터 30일 이내에 개별화교육계획을 작성하여야 한다.

–제3항 개별화교육계획에는 특수교육대상자의 인적사항과 특별한 교육지원이 필요한 영역의 현재 학습 수행 수준, 교육목표, 교육내용, 교육방법, 평가 계획 및 특수교육 관련 서비스 내용과 방법 등이 포함되어야 한다.

–제4항 각급 학교의 장은 매 학기마다 개별화교육계획에 따른 각각의 특수교육대상자의 학업성취도 평가를 실시하고, 그 결과를 특수교육대상자 또는 그 보호자에게 통보하여야 한다.

3. 지원팀의 구성 및 역할

1) 구성 및 역할

지원팀은 특수교육대상자별로 구성되며 그 역할은 다음과 같다.

<table>
<tr><th>위원장</th><th>부위원장</th><th colspan="2">지원팀</th></tr>
<tr><td>교장</td><td>교감</td><td colspan="2">특수교육대상자의 학부모, 진로부장, 통합학급 담임, 보건교사, 특수교사, 기타 특수교육 관련 서비스 담당 인력 등</td></tr>
<tr><td rowspan="5">*「장애인 등에 대한 특수교육법」 제22조 제1항에 의거 개별화교육 지원팀을 구성, 운영

*지원팀 총괄</td><td rowspan="5">*지원팀의 운영 활성화를 위해 학교 수준의 지원 방안 중재</td><td>학부모</td><td>학생의 발달 정도와 현재 수준 제시, 평가와 교육 요구 수준에 대한 의견 제시</td></tr>
<tr><td>진로부장</td><td>특수교육대상자에게 적합한 진로 및 직업교육에 대한 정보 제공</td></tr>
<tr><td>통합학급 담임</td><td>통합교육계획과 개별화교육에 대한 의견 제시</td></tr>
<tr><td>보건교사</td><td>치료교육계획에 대한 의견 제시</td></tr>
<tr><td>특수교사</td><td>지원팀의 의견을 종합한 개별화교육계획 구안 및 수행, 학생지원에 대한 중재</td></tr>
</table>

2) 개별화교육지원팀은 특수교육대상자의 교육적 요구에 적합한 교육을 제공하기 위하여 서로 협력하여야 한다.
3) 개별화교육지원팀 구성원은 회의가 있을 경우 전원 참석함을 원칙으로 하지만 회의에 참석할 수 없는 경우에는 의견서를 제출하고, 이를 출석으로 대체할 수 있다.
4) 개별화교육지원팀 구성원은 개별화교육계획 작성 이후 회의가 필요하다고 판단될 경우에 회의 소집을 요청할 수 있다.

4. 개별화교육지원팀의 수립 및 실시

1) 개별화교육지원팀은 매 학년 시작 후 2주 이내에 구성한다.
2) 특수교육대상자 개인의 능력을 개발하기 위하여 장애 유형 및 장애특성에 적합한 교육목표 · 교육방법 · 교육내용 · 특수교육 관련 서비스 등이 포함된 계획을 수립하여 실시한다.
3) 개별화교육지원팀은 매 학기마다 학기 시작일 30일 이내에 특수교육대상자에 대한 개별화교육계획을 작성하여야 한다.
4) 개별화교육계획에는 특수교육대상자의 인적사항, 특별한 교육지원이 필요한 영역의 현재 학습 수행 수준, 교육목표, 교육내용, 교육방법, 평가 계획 및 제공할 특수교육 관련 서비스의 내용과 방법 등이 포함되어야 한다(「장애인 등에 대한 특수교육법 시행규칙」 제4조).
5) 개별화교육지원팀은 학기 말에 개별화교육계획에 따른 특수교육대상자의 학업성취도 평가를 실시하고, 그 결과를 보호자 및 통합학급 담임교사에게 통보한다.
6) 특수교육대상자가 다른 학교로 전학할 경우 또는 상급학교로 진학할 경우 전출학교는 전입학교에 개별화교육계획을 14일 이내에 송부하여야 한다.
7) 개별화교육계획서를 송부할 경우, 원본은 송부하고 복사본이나 전자결재 상태로 보관한다.
8) 개별화교육계획에는 특수교육대상자의 통합교육계획 및 가족 지원계획, 전환교육계획, 보조원 활용계획, 치료 지원, 통학비 지원 등을 포함할 수 있다.

(「장애인 등에 대한 특수교육법」 제21조, 제28조에 의거)

5. 시기별 업무추진계획

내용	1학기	2학기	담당
개별화교육지원팀 구성	○○○○. 3. 3.~ 3. 10.	○○○○. 8. 17.~ 8. 24.	개별화교육지원팀 특수교사
개별화교육계획을 위한 기초조사 및 학부모 상담	3. 11.~3. 18.	8. 25.~8. 31.	특수교사
개별화교육계획 작성 및 승인	3. 19.~3. 30.	9. 1.~9. 16.	개별화교육지원팀 특수교사
개별화교육 실행	3. 30.~7. 18.	9. 16.~ ○○○○. 2. 5.	특수교사
과목별 개별화교육 평가	7. 10.~7. 15.	○○○○. 2. 1.~ ○○○○. 2. 4.	특수교사
학생별 평가 및 학부모 통보	7. 15.~7. 18.	○○○○. 2. 5.	특수교사

(서식1: 신입생용)

○○○○학년도 개별화교육계획 수립을 위한 개별화교육지원팀 학부모 의견서

<table>
<tr><td>집 주소</td><td colspan="4"></td></tr>
<tr><td>학생생일</td><td colspan="2"></td><td>집 전화</td><td>–</td></tr>
<tr><td>기초생활
수급자 여부</td><td colspan="4">기초생활 수급자(　) / 아님(　)</td></tr>
<tr><td rowspan="6">가족</td><td>관계</td><td>성명</td><td>직업</td><td>휴대전화번호</td></tr>
<tr><td></td><td></td><td></td><td></td></tr>
<tr><td></td><td></td><td></td><td></td></tr>
<tr><td></td><td></td><td></td><td></td></tr>
<tr><td></td><td></td><td></td><td></td></tr>
<tr><td></td><td></td><td></td><td></td></tr>
</table>

1. 자녀의 복지 카드는 있나요? 장애 영역과 급수, 등록일을 써 주세요.

2. 자녀의 현재 이동능력은 어떤가요?

대중교통 이용 여부, 혼자 등하교 가능 여부, 보행 시 상태

3. 직업교육에 관한 다음 사항을 적어 주세요.

학생이 갖고 싶어 하는 직업은?
부모님이 원하는 직업은?
학생의 특기는?
직업을 가졌을 때 가장 문제가 될 수 있는 행동은?

4. 자녀의 병력을 자세히 적어 주세요.

수술한 경험, 복용하는 약, 현재 건강 상태(특히 안 좋거나 조심해야 하는 점 등)

5. 자녀의 일상생활능력은 어떻습니까?

구분		내용 (해당란에 모두 ∨표 해 주세요.)
식사	식사방법	문제없다( ) 문제 있다( ) ※ 있다면, 문제행동을 간단히 써 주세요.
	편식 정도	심함( ) 거의 없음( ) 전혀 없음( )
신변처리	대소변처리	스스로( ) 도움 필요( ) 할 수 없음( )
	목욕	스스로( ) 도움 필요( ) 할 수 없음( )
의사소통	가족	언어로( ) 행동으로( ) 표현 안 됨( )
	타인	언어로( ) 행동으로( ) 표현 안 됨( )
사회생활 능력	교통수단의 이용 여부	스스로( ) 도움 필요( ) 이용 불가능( ) ※ 이용 가능한 교통수단은? ( )
	화폐 사용	돈 계산 가능( ) 물건 사기 가능( ) 사용 불가능( )
	대인관계	교우관계 형성 가능( ) 타인과 대화 가능( ) 친한 사람에게 반응 안함( )
	심부름 능력	돈을 이용한 심부름을 시키면 잘함( ) 집안에서만 잘함( ) 마음에 내키면 한 번씩 함( ) 전혀 못 함( )
	심부름을 시키는 정도	간단한 일은 자주 시킴( ) 돈을 사용하는 심부름을 시킴( ) 집안일을 가끔 시킴( ) 전혀 시키지 않음( )

6. 자녀가 좋아하는 것과 싫어하는 것에 대해서 기록해 주세요.

구 분	좋아하는 것	싫어하는 것	비 고
음 식			
물 건			
사 람			
활 동			
기 타			

7. 자녀의 가정생활 태도 중 가장 불만스러운 점이 있다면 기록해 주세요.

8. 자녀의 문제행동(이상행동)은 무엇이며, 가정에서는 어떻게 대처하고 있는지 적어 주세요.

9. 학교 종료 후 가정이나 지역사회에서 여가시간을 어떻게 보내나요?

방과 후에 즐겨 하는 활동:
자주 가는 곳:
제일 친하게 지내는 친구:
친구와 주로 하는 활동:

방과 후에 또는 방학 중에 지역사회 활동(복지관 등)을 하는 것이 있나요?(하원 포함)

10. 부모님께서 알고 계시는 현재 자녀의 학습능력은 어느 정도인가요? 자세하게 적어 주세요.

글 읽기 수준은 어떤가요? 가능한지, 어느 정도인지 적어 주세요.

글쓰기 수준은 어떤가요? 가능한지, 어느 정도인지 적어 주세요.

수학 수준은 어떤가요?

나눗셈 · 곱셈 가능(　　) / 덧셈 · 뺄셈 가능(　　) / 수 세기 가능(　　)

11. 자녀의 교과학습에 관한 부모님의 기대 수준이나 지도 요구사항을 적어 주세요.

12. 자녀의 일상생활 지도에 대한 부모님의 요구사항을 적어 주세요.

13. 올 한 해 동안 자녀의 어떤 부분이 특히 발전했으면 좋겠습니까?

건강증진, 학교에서의 적응, 사회성 발달, 안정된 생활 습관, 교통수단의 이용, 언어발달 등

14. 기타 학부모님께서 원하시는 내용이나 하시고 싶은 말씀을 적어 주세요.

–감사합니다–

(서식2: 재학생용)

20○○학년도 IEP 기초조사서

20○○학년도 개인별 교육계획 수립을 위해 나와 관계되는 것, 희망하는 것을 써 봅시다.

1. 나는 (   )학년 (   )번 (   )입니다.

2. 나의 집 주소와 우편번호를 적어 봅시다.

〈우편번호: 〉

3. 학교에서 긴급한 상황에 연락할 연락처를 적어 봅시다.

연락처	성명	나와의 관계

4. 학교에서 친하게 지내는 친구의 연락처를 적어 봅시다.

연락처	성명	어떤 친구 관계

5. 20○○년에 참여하고 싶은 수업 유형을 선택해 주세요.

전일제	시간제	특별 지도	완전통합

※ '전일제'는 모든 교과와 활동을 도움반에서 하는 것입니다.
※ '시간제'는 '국어, 영어, 수학' 중에 원하는 교과를 통합학급에서 수업하는 대신 특수학급에서 학습합니다.
※ '특별 지도'는 거의 일반학급에서 생활하고 특별한 부분(예: 학교 외부 활동 때 등)은 특수학급에서 이동 지원을 합니다.
※ '완전통합'은 모든 교과와 활동을 일반학급에서 하는 것을 말합니다.

6. '시간제'를 선택했다면 특수학급에서 학습하고자 하는 과목명과 주당 수업시간을 적어 주세요.

도움반에서 학습할 과목명	주당 도움반에서 수업하려는 시간	학생의 현재 수행능력 (칸이 부족하면 뒷면에도 써 주세요)

7. '특별 지도'를 선택하신 분은 도움반에서 지원할 영역과 지원내용을 적어 주세요.

도움반에서 지원할 영역	도움반에서 지원받고자 하는 시간	개인별 지원내용

8. 현재 받고 있는 치료교육은 어디에서 어떤 것을 받는지요?

<table>
<tr><th rowspan="2">치료기관</th><th rowspan="2">치료 영역</th><th colspan="2">구분</th><th rowspan="2">일시
(요일, 시간)</th><th rowspan="2">시간당 단가</th><th rowspan="2">치료사</th></tr>
<tr><th>교육청
지원</th><th>보건복지
지원</th></tr>
<tr><td></td><td></td><td></td><td></td><td></td><td></td><td></td></tr>
<tr><td></td><td></td><td></td><td></td><td></td><td></td><td></td></tr>
<tr><td></td><td></td><td></td><td></td><td></td><td></td><td></td></tr>
</table>

9. 개인별 교육계획을 위해 방문 상담을 하실 수 있는 요일과 시간을 적어 주세요.

일자	시간	전화상담만 가능할 때
		통화가능 시간대:

(서식 3)

○○○○학년도
개별화교육지원팀 협의록
(　　)회

결재	계	부장	교감	교장

년 월 일	장소		기록자	
참석자 (인)				
주제	협의내용			

<table>
<tr><td rowspan="2">청렴韓세상</td><td colspan="2">○○중학교 가정통신문</td><td rowspan="2"></td></tr>
<tr><td>교훈</td><td></td></tr>
<tr><td colspan="2">제 ○○○○-50호 ○○○○. ○. ○.</td><td>담당:</td><td>홈페이지</td></tr>
</table>

1학기 IEP 회의 안내

안녕하십니까?
○○○○학년도 1학기 IEP(개별화교육계획) 회의를 실시하고자 합니다.
본교에 재학하고 있는 특수교육대상자가 원만하게 학교 및 학급생활에 적응할 수 있도록 상담 자료를 근거로 IEP(개별화교육계획)를 수립하여 개별화교육을 실시하고자 합니다. 참석 여부와 회신서는 ○월 ○일(수)까지 도움반 1실로 제출 부탁드립니다.

1. 일자: 년 월 일(○요일) ○○시 ○○분~○○시 ○○분
2. 장소: 도움반 1실
3. 내용: ○○○○학년도 개별화교육계획 및 특수학급 운영 안내

년 월 일

○○중학교장

IEP 회의 회신서

<table>
<tr><th>학년</th><th>반(번)</th><th>학생 이름</th><th>회신 여부</th><th>학부모 서명</th><th>연락처</th></tr>
<tr><td rowspan="2"></td><td rowspan="2"></td><td rowspan="2"></td><td>회의에 참여합니다( )</td><td rowspan="2"></td><td rowspan="2"></td></tr>
<tr><td>회의에는 참석하지 못하지만 IEP 내용에 동의합니다( )</td></tr>
</table>

년 월 일

○○중학교장 귀하

개별화교육지원을 위한 개인정보 수집 · 이용 동의서

20○○학년도 ○○중학교 특수학급에서는 올해 계획하고 운영하고자 하는 활동에 귀하의 자녀 이름 등을 기재해야 하는 부분이 많습니다. 이에 「개인정보보호법」 제15조에 의거하여 귀하의 개인정보를 수집 · 이용함에 있어 동의를 받고 있습니다. 다음의 내용을 충분히 숙지하신 후 본인 또는 보호자가 직접 동의란에 서명해 주시기 바랍니다.

■ 기본 개인정보 수집

○ 기본정보: 학생 및 학부모 성명, 주민번호, 생년월일, 연락처(전화 또는 휴대전화), 주소

○ 이용목적:

- 20○○학년도 IEP 작성〈성명, 생년월일, 장애현황, 생년월일, 연락처, 주소 등〉
- 20○○학년도 치료 지원 명단 제출〈성명, 생년월일, 장애현황, 생년월일, 연락처, 주소 등〉
- 현장체험학습 사전 예약 시〈성명, 장애 유형 및 장애 정도, 연락처 등〉
- 특수학급 학생 현황, 거주지 현황 등의 보고 공문〈요구하는 사항 기재〉
- 3학년 고입배정원서 작성〈성명, 주민번호, 장애현황, 생년월일, 연락처, 주소 등〉

IEP 작성을 위한 개인정보 수집에 동의하십니까?	□ 동의함 □ 동의하지 않음

만 14세 미만 아동 또는 법적 의사결정능력이 없는 자의 경우 반드시 법정대리인의 동의가 필요합니다.

[법정대리인 동의서] 본인은 법정대리인으로 서비스 이용 신청에 동의합니다.

법정대리인 성명	(인/서명)
법정대리인 연락처	
법정대리인과의 관계	

년 월 일

학생 ( )의 동의자 (인 또는 서명)

○○중학교장 귀하

개별화교육지원 통합학급 담임교사 협의 자료

20○○. ○○. ○○.(○요일)

1. 팀 구성 협의: 위원장(교장), 부위원장(교감),
특수교육대상자가 소속된 학급 담임 = 통합학급 담임
진로부장, 보건교사, 특수교사, 학부모
학생의 특별 지원에 따라 사서, 교육복지사, 상담교사 추가 가능

2. 팀 역할: 특수교육대상자의 교육적 지원 협의 및 지원 담당

3. 팀 회의
① 구성(제1회)
② 각 특수교육대상자별로 회의하게 됨
참석자: 통합학급 담임, 학생의 학부모, 특수교사, 특별 지원에 따른 교사
예〉 제2회 개별화교육지원 협의회
안건: 건강장애학생(○○○)에 대한 개별화교육지원
일시: 20○○. 3. 9.(○요일) 14:00~14:30

★ 위와 같이 특수교육대상자별로 회의가 3/15(금) 전까지 진행되어야 하기에 통합학급 담임 선생님께서 회의에 참여하실 수 있는 시간을 알려 주시기 바랍니다.

(　　)월 (　　)일 (　　)요일　　시　　분

4. 도움반에서의 수업 외 활동계획
① 매주 화요일 오전(1교시~4교시) 직업교육 '제과제빵'
–구청 지원 / 제과학교에서 실시
② 매주 금요일 2교시~3교시 체육 활동
–교육청 지원 / 장애인체육회 순회 강사가 내교하여 지원
③ 매월 1회 수요일 전일제 현장체험학습
–기안 결재한 후 통합학급 담임 선생님께 공람, 출석 인정 처리함
④ 10회기(날짜는 협의 중) 장애학생 성교육
–청소년성문화센터 / 기안 결재 후 통합학급 담임 선생님께 공람하겠습니다.

5. 도움반 담임

학년	담당교사	배치교실	인터폰
1학년, 2학년	○○○	도움반 1실(1층)	○○○○
3학년	○○○	도움반 2실(2층)	○○○○

20◯◯학년도 개별화교육지원팀 협의록 제(1)회	결재	부장	교감	교장

20◯◯년 3월 6일 13:00~13:20	장소	도움반	기록자	◯◯◯

참석자 (인)

진로부장	1/1반 담임	1/3반 담임	1/4반 담임	2/1반 담임	2/4반 담임
◯◯◯	◯◯◯	◯◯◯	◯◯◯	◯◯◯	◯◯◯
2/5 담임	2/8반 담임	2/6반 담임	3/1반 담임	3/2반 담임	3/5반 담임
◯◯◯	◯◯◯	◯◯◯	◯◯◯	◯◯◯	◯◯◯
3/7반 담임	보건교사	특수교사	특수교육실무사	학부모	학부모
◯◯◯	◯◯◯	◯◯◯	◯◯◯	◯◯◯	◯◯◯

주제	협의내용
20◯◯ 학년도 개별화교육 지원팀 구성 및 운영계획 협의	아래 1, 2 참조

1. 개별화교육지원팀 구성 및 역할

위원장	부위원장	지원팀	
교장	교감	특수교육대상자의 학부모, 진로부장, 통합학급 담임, 보건교사, 특수교사, 특수교육 관련 서비스 담당 인력 등	
*「장애인 등에 대한 특수교육법」 제22조 제1항에 의거 개별화교육지원팀을 구성, 운영 *지원팀 총괄	*지원팀의 운영 활성화를 위해 학교 수준의 지원 방안 중재	학부모	학생의 발달 정도와 현재 수준 제시, 평가와 교육요구 수준에 대한 의견 제시
		진로 부장	특수교육대상자에게 적합한 진로 및 직업교육에 대한 정보 제공
		학급담임	통합교육계획과 개별화교육에 대한 의견 제시
		보건교사	치료교육계획에 대한 의견 제시
		특수교사	지원팀의 의견을 종합한 개별화교육 계획 구안 및 수행, 학생 지원에 대한 중재

2. 시기별 업무추진계획

내 용	1학기	2학기	담 당
개별화교육지원팀 구성	20◯◯. 3. 2.~3. 10.	8. 17.~8. 24.	개별화교육지원팀 특수교사
개별화교육계획을 위한 기초조사 및 학부모 상담	3. 11.~3. 22.	8. 26.~9. 5.	특수교사
개별화교육계획 작성 및 승인	3. 15.~3. 30.	8. 26.~9. 16.	개별화교육지원팀 특수교사
개별화교육 실행	3. 30.~7. 18.	9. 16.~20◯◯. 2. 5.	특수교사
과목별 개별화교육 평가	7. 10.~7. 15.	20◯◯. 2. 1.~20◯◯. 2. 5.	특수교사
학생별 평가 및 학부모 통보	7. 15.~7. 18.	20◯◯. 2. 5.	특수교사

<table>
<tr><td colspan="3" rowspan="2">20○○학년도
개별화교육지원팀 협의록
제(2)회</td><td rowspan="2">결재</td><td>부장</td><td>교감</td><td>교장</td></tr>
<tr><td></td><td></td><td></td></tr>
<tr><td colspan="2">20○○년 3월 8일 10:00~10:30</td><td>장소</td><td>도움반</td><td>기록자</td><td colspan="2">○○○</td></tr>
</table>

참석자	진로부장	2/4반 통합 학급담임	보건교사	특수교사	특수교육 실무사	학부모
	○○○	○○○	○○○	○○○	○○○	○○○

대상 학생	학생명	학번	장애 영역 및 등급
	○○○		지체장애(뇌병변4급)

특수교육 대상자에 대한 개별화 교육지원 협의

1. 교육 배치(도움반 운영 형태): 도움반
2. 도움반 운영방법: 시간제 운영
3. 교육과정의 적용 유형: 수정된 공통교육과정 적용
4. 교과별 도움반 시간 편성

학기	주당교과 통합 시수	주당교과 분리 시수	도움반 교과교육				동아리 활동
			국어	영어	수학	기타	
1학기	32	12	3	3	2	4	학교교육계획에 의함 (체육 활동 A반)
2학기							

5. 특수교육 관련 서비스
   - 통학비 지원 현황 → 도보거리 636m로 해당사항 없음(미지원)
   - 특수교육 방과 후 교육 활동 → 물리치료 병원시간으로 미참여
   - 치료 지원 → 물리치료: 물리치료병원 매주 목(16:10~17:10)
6. 직업 재활훈련 지원
   - 구청 지원 제과학교 직업 프로그램 〈제과제빵〉 참가
   - (4~12월 매주 화요일 09:00~12:30 9개월간 실시)
7. 자립생활 훈련 지원
   - 성교육: 학교교육계획에 의한 교육과 청소년성문화센터 10회기
   - 인권교육: 학교교육계획에 의한 교육과 연 2회 이상 도움반 수업시간을 활용하여 실시
   - 안전교육: 도움반에서 외부 활동 있을 때마다 총 10회기 실시
   - 신체활동교육: 장애인체육회 지원 매주 금요일 2~3교시 3월 22일~12월까지 실시
8. 사회적응 현장체험학습 지원: 도움반 운영계획(매월 1회 수요일)에 실시되는 사회적응 현장체험학습 참가
9. 등하교 방법: 도보 통학 가능
10. 통합교육 지원 관련
    - 학력평가 참여 관련: 학력평가에 참여
    - 학교 정기고사 참여 관련 → 통합학급에서 시험에 참여
    - 도움 친구 → ○○○ 학생이 1년간 도우미로 통합학급 활동을 지원

◆ 1학기 IEP 협의 결과 안내

1. 개별화교육지원팀 구성(20○○. 3. 7.): 공문에 의거해 결정
2. 특수교육대상자의 교육 배치 변경(20○○. 3. 9.): 학부모의 요청에 의거 일반학급 배치 학생 → ○○○, ○○○
3. 특수교육대상자의 개별화교육계획(IEP)(20○○. 3. 10.): 유선 및 IEP 기초조사서에 의거 교육지원 형태와 시수, 전환교육계획 등을 협의 계획함
4. 특수교육대상자의 치료 지원계획(20○○. 3. 15.): 유선 및 회신서에 의거 치료 영역, 치료기관, 치료일시, 치료단가 협의 계획함

◆ 특수학급 외부 활동 수업계획

현장체험 활동

순	실시 예정일	활동장소
1	3/22(수)	탁턴내일
2	4/25(화)	사생대회
3	5/24(수)	수원 화성
4	6/21(수)	국립과학관
5	7/19(수)	전철차량기지
6	8/23(수)	갯벌체험
7	9/27(수)	하늘공원
8	10/25(수)	천연염색
9	11/22(수)	윤동주 문학관
10	12/27(수)	아쿠아리움
비고	※ 위의 일정은 상황에 따라 실시일과 활동장소가 변경될 수 있습니다.	

직업교육 〈제과제빵〉 활동

회기	날짜	품목
1	3/28일(화)	버터링 쿠키
2	4/18일(화)	베이비슈
3	5/6일(화)	소세지빵
4	6/27일(화)	모닝빵
5	7/4일(화)	롤케이크
6	8/22일(화)	마가레트 쿠키
7	9/12일(화)	영떡
8	10/17일(화)	마카롱
9	11/21일(화)	카스테라
10	12/19일(화)	생크림 케이크
비고	※ 위의 일정은 상황에 따라 실시일과 활동장소가 변경될 수 있습니다.	

◆ 도움반 운영 개요

1. 아침 08:30까지 등교 후 특수학급에서 '통합학급 수업 교과서, 자기주도적 학습 기록지, 기필코 알리미, 준비물' 챙겨서 통합학급으로 이동하여 수업합니다.
2. 개인별 수업시간에 의거 도움반 1실, 도움반 2실, 통합학급에서 수업합니다.
3. 통합학급에서 종례 후 특수학급에 내려와서 '내일 수업 교과서 챙기기, 자기주도적 학습 기록지 점검, 기필코 알리미 점검, 준비물 안내' 후 하교합니다.

4. 치료 지원은 1회기 3만 원, 월 12만 원 한도 내에서 지원, 학기 말에 치료제공기관에서 치료기록지를 학교에 제출합니다. 특히 현금 지원(물리치료)의 경우 학기 말 증빙서류(영수증, 치료기록지)를 제출합니다.
5. 통학비 지원은 통학거리 2km 이상이거나 독립적인 통학이 불가능한 학생의 통학을 보조하는 대상 학생의 보호자 1인까지 연 2회 학기 말에 1일 ○○○○원씩 지급합니다.
6. 방과 후 활동은 목요일 방과 후 15:20~16:50(2교시간) 실시합니다.

활동명	담당교사	활동장소	실시 횟수	참여 학생
○○○○	○○○	도움반 1	28회	○○○, ○○○, ○○○, ○○○
○○○○	○○○	도움반 2	32회	○○○, ○○○, ○○○, ○○○

<table>
<tr><td rowspan="2">청렴 세상</td><td colspan="2">○○중학교 가정통신문</td><td rowspan="2"></td></tr>
<tr><td>교훈</td><td></td></tr>
<tr><td colspan="2">제 ○○○○-○○○호 ○○○○. 9.</td><td>담당:</td><td>홈페이지</td></tr>
</table>

2학기 IEP 회의 안내

안녕하십니까?
2학기가 시작되었습니다. ○○○○학년도 수립된 개별화교육계획에서 1학기와 달리 변경 된 내용을 중심으로 2학기 개별화교육계획(IEP)을 계획하고자 사전 학부모 회의를 개최하고자 합니다.
참석 여부와 회신서는 9월 23일(수)까지 도움반으로 제출 부탁드립니다.

1. 일자: 20○○년 9월 25일(금) 15:30~16:20
2. 장소: 도움반 2실
3. 내용: 수정 계획할 개별화교육계획

20○○년 9월 21일

○○중학교장

회의 참여 회신서

<table>
<tr><th>학년</th><th>반(번)</th><th>학생 이름</th><th>회신 여부</th><th>학부모 서명</th><th>연락처</th></tr>
<tr><td rowspan="2"></td><td rowspan="2"></td><td rowspan="2"></td><td>회의에 참여합니다( )</td><td rowspan="2"></td><td rowspan="2"></td></tr>
<tr><td>회의에는 참석하지 못하지만 IEP 내용에 동의합니다( )</td></tr>
</table>

20○○년 9월 일

○○중학교장 귀하

20○○학년도 개별화교육지원팀 협의록 제(16)회	결재	부장	교감	교장

20○○년 9월 4일 12:00~13:30	장소	도움반	기록자	○○○

참석자

진로부장	1/3반 담임	2/4반 담임	2/5반 담임	2/6반 담임	2/8반 담임
○○○	○○○	○○○	○○○	○○○	○○○
3/1반 담임	3/2반 담임	3/5반 담임	3/7반 담임	보건교사	특수교사
○○○	○○○	○○○	○○○	○○○	○○○
특수교육실무사	○○○학부모	○○○학부모	○○○학부모	○○○학부모	○○○학부모

주제	협의내용
20○○ 학년도 특수교육 대상자의 2학기 수정 교육지원 형태 및 수업 시수	(아래 참조)

1. 20○○학년도 2학기 특수교육대상자의 교육지원 형태와 수업 시수

연번	학년반	학생명	특수교육 지원 형태	수업 시수		공통교육과정과 기본교육과정에 준하여 도움반에서 활동
				통합학급	도움반	
1	1-1	○○○	완전통합	32	0	
2	1-3	○○○	시간제	21	11	국, 영, 수, 동아리, 직업, 신체, 체험학습
3	1-4	○○○	대안학교 위탁교육	25	7	국, 영, 수, 동아리, 직업, 신체, 체험학습
4	2-1	○○○	완전통합	32	0	건강장애
5	2-4	○○○	시간제	20	12	국, 영, 동아리, 직업, 신체, 체험학습
6	2-5	○○○	시간제	18	14	국, 영, 수, 동아리, 직업, 신체, 체험학습
7	2-6	○○○	시간제	26	6	동아리, 직업, 신체, 체험학습
8	2-8	○○○	시간제	16	16	국, 영, 수, 동아리, 직업, 신체, 체험학습
9	3-1	○○○	시간제	19	13	국, 수, 동아리, 직업, 신체, 체험학습
10	3-2	○○○	시간제	17	15	국, 영, 수, 동아리, 직업, 신체, 체험학습
11	3-5	○○○	시간제	20	12	영, 수, 동아리, 직업, 신체, 체험학습
12	3-7	○○○	시간제	18	14	국, 영, 수, 동아리, 직업, 신체, 체험학습

2. 특수교육대상자의 2학기 전환교육계획: 참가 신청한 총 9명

☞ 1학년 1명, 2학년 4명, 3학년 4명(이상 9명)

구분	현장체험학습	직업교육(제과제빵)	신체 활동
활동일	매월 1회 수요일 08:00~16:30	매주 화요일 09:30~12:30	매주 금요일 09:55~11:35
장소	활동계획서 참고	제과학교	교내 및 강당
비고		구청 지원	장애인체육회 지원

3. 특수교육대상자의 고등학교 입학 선정 배치 안내

대상 고등학교	추진내용
특수학급, 일반학급 지원	선정 · 배치신청서 접수(학부모→학교→교육지원청) 9/9까지
특목고 지원	해당 학교 홈페이지에서 입학원서 작성 후 소속 담임이 입학원서 내용 확인 후 날인, 고등학교 방문 원서접수처에 접수

◆ 20○○학년도 2학기 개별화교육계획 회의 결과 알림

1. 특수학급 및 통합학급 새 식구를 소개합니다. ☞ 2학기 새로 이동된 선생님 소개
2. 아침 08:35까지 등교 후 특수학급에서 '통합학급 수업 교과서, 자기주도적 학습 기록지, 준비물' 챙겨서 통합학급으로 이동하여 수업합니다.
3. 개인별 수업시간에 의거 ☞ 도움반 1실(노란색), 도움반 2실(하늘색)에서 수업합니다.
4. 통합학급에서 종례 후 특수학급에 내려와서 ☞ 내일 수업 교과서 챙기기, 자기주도적 학습 기록지 점검–감사의 말 한 문장 쓰기 / 칭찬하기 한 문장 쓰기, 준비물 안내 듣기 후 하교합니다.
5. 1학기가 끝났습니다. 치료제공기관에서 치료기록지 학교에 제출 바랍니다. ☞ 학부모 확인란에 꼭 학부모 서명 또는 도장을 찍어야 합니다.
6. 방과 후 활동 변경과 지도교사 변경

활동명	성명 소지자격	활동장소	실시 횟수	참여 인원	참여학생 명단
카페 메뉴 만들기 (음료 & 요리)	○○○ 바리스타 2급	도움반 1	10회	5명	
뚝딱이 공방 (목공 조립)	○○○ 방과 후 지도사	도움반 2	10회	4명	

7. 도움반 외부 활동 수업 계획

현장체험 활동

순	날짜	장소
1	9/18	어린이대공원 둘레길 ☞날씨가 안 좋으면 문화탐방으로 대체하기를 원함
2	10/2	파주 헤이리 마을 ※월드비전 지원 힐링버스 ☞만들기 체험하기 원함
3	11/20	풋볼펜타지움
4	12/18	문화탐방 대학로공연 ☞추천작품? 공연이나 영화
비고	※ 위의 일정은 상황에 따라 실시일과 활동장소가 변경될 수 있습니다.	

직업교육 〈제과제빵〉 활동

회기	날짜	회기	날짜
1	9/3	11	11/26
2	9/10	12	12/3
3	9/17	13	12/10
4	9/24	14	12/17
5	10/15	*11/5: 3학년 기말고사 *12/10: 2학년 기말고사 협의 결과 ☞ 해당 학년은 기말고사에 응시하고, 나머지 학년은 제과제빵하기를 희망함	
6	10/22		
7	10/29		
8	11/5		
9	11/12		
10	11/19		
2020 계획	직업교육으로 제과제빵하기를 희망함		

8. 봉사시간 관련:

가. 학교계획에 의한 봉사 활동 ☞ 9/11(수) 5, 6, 7교시, 공원 일대, 준비물 건

나. 특수학급 운영계획에 의한 봉사 활동 ☞ 장애인체육회 주관, 장애-비장애 체험 활동 9/27(금) 중간고사 후, 봉사시간 4시간 인정

9. 대학생 멘토링: 대인관계 경험이 상대적으로 적은 특수교육대상자들에게 특수교육을 전공하고 있는 대학생의 특수학급 멘토링 활동 ☞ 신청함

10. 3학년 고등학교 배정 신청서 작성 OT (※ 3학년 대상 학부모님)

20○○학년도

개별화교육계획

학년	○	반	○	번호	○○	이름	○○○

위 학생의 20○○학년도
개별화교육계획을 다음과 같이 승인합니다.

역 할	직 위	성 명	승 인	
			1학기	2학기
위원장	교장	○○○		
부위원장	교감	○○○		
위원	진로부장	○○○		
위원	통합담임	○○○		
위원	특수교사	○○○		
위원	특수교사	○○○		
위원	보건교사	○○○		
위원	보호자	○○○		

서울○○중학교 개별화교육지원팀

■ 학생 인적사항 및 교육지원계획 ■

<table>
<tr><th colspan="5">학생 인적사항</th></tr>
<tr><td>이름</td><td>○○○</td><td>학년반</td><td>○학년 ○반</td><td rowspan="6">사진</td></tr>
<tr><td>생년월일</td><td>20○○. ○. ○○.</td><td>성별</td><td>남</td></tr>
<tr><td>연락처</td><td></td><td>연락처</td><td></td></tr>
<tr><td>주소</td><td colspan="3"></td></tr>
<tr><td rowspan="2">장애
등록사항</td><td>장애 유형</td><td>장애 정도</td><td>등록일</td></tr>
<tr><td>지적장애</td><td></td><td>20○○. ○. ○.</td></tr>
<tr><td rowspan="3">진단검사</td><td>검사도구</td><td>검사일</td><td colspan="2">검사 결과</td></tr>
<tr><td>KISE-BAAT 쓰기</td><td>20○○. ○. ○.</td><td colspan="2">측정불가</td></tr>
<tr><td>KISE-BAAT 수학</td><td>20○○. ○. ○.</td><td colspan="2">학력지수 52(심한 학습지체)</td></tr>
<tr><td>보호자
의견</td><td colspan="4">사회적응능력과 학습능력이 미흡하므로 통합학급에서의 적응능력 향상과 특수학급에서의 기초학습능력 향상이 필요함</td></tr>
</table>

<table>
<tr><th colspan="9">교육지원계획</th></tr>
<tr><td>유형</td><td colspan="2">교과</td><td colspan="2">주당시간
1학기/2학기</td><td colspan="2">기간</td><td>장소</td><td>담당교사</td></tr>
<tr><td>통합수업</td><td colspan="2">사회, 가정, 예체능 등</td><td colspan="2">18/15</td><td colspan="2">20○○. 3. 2.~20○○. 2. 1.</td><td>통합
학급</td><td>교과담임</td></tr>
<tr><td>시간제</td><td colspan="2">국어, 영어, 수학,
과학 A, B, 전환</td><td colspan="2">14/17</td><td colspan="2">20○○. 3. 19.~20○○. 2. 1.</td><td>도움반
1, 2</td><td>특수교사</td></tr>
<tr><td rowspan="2">통합교육
지원계획</td><td colspan="8">–통합학급 담임교사와 상담, 필요한 활동보조</td></tr>
<tr><td colspan="8">–학생 및 학부모의 교육 요구에 의해 교과담당 교사와 상담, 지원(미술 활동보조)</td></tr>
<tr><td rowspan="4">특수교육
관련
서비스</td><td>활동구분</td><td colspan="4">활동 및 지원내용</td><td colspan="3">일시</td></tr>
<tr><td>방과 후
활동</td><td colspan="4">생활요리</td><td colspan="3">20○○. 4. 12.~
20○○. 12. 27.</td></tr>
<tr><td rowspan="2">치료 지원</td><td colspan="2">교육청 지원</td><td colspan="2">미술치료(복지관)</td><td colspan="3" rowspan="2">매주(금) 14:30~16:00</td></tr>
<tr><td colspan="2">보건복지부 지원</td><td colspan="2">언어치료(복지관)</td></tr>
<tr><td rowspan="3">도움반
평가 계획</td><td>평가 준거</td><td colspan="7">–언어 · 신체적 도움 정도에 따른 5단계 성취평가에 준거</td></tr>
<tr><td rowspan="2">평가 방법</td><td colspan="7">–학교교육과정에 의한 성취평가 및 서술 평가</td></tr>
<tr><td colspan="7">–학기 말에 통합학급에서 종합 평가서를 작성하여 가정으로 발송</td></tr>
<tr><td>개별화교육계획 시작일</td><td colspan="3">20○○. 3. 19.</td><td colspan="2">개별화교육계획 종료일</td><td colspan="3">20○○. 2. 1.</td></tr>
</table>

〈개별화교육지원팀 회의 결과〉

대상 학생	학번	이름	장애 유형과 등급
	○○○○	○○○	지적장애 3급

회의 결과

1. 교육 배치(도움반 운영 형태): 도움반
2. 도움반 운영방법: 시간제 운영
3. 교육과정의 적용 유형: 수정된 공통교육과정+기본교육과정 적용
4. 교과별 도움반 시간 편성

학기	주당교과 통합 시수	주당교과 분리 시수	도움반 교과교육				동아리 활동
			국어	영어	수학	기타	
1학기	18	14	4	3	3	4	학교교육계획에 의함 (체육 활동 A반)
2학기	15	17	4	3	3	7	

5. 특수교육 관련 서비스
   - 통학비 지원 현황 → 도보거리 1.32Km로 해당사항 없음(미지원)
   - 특수교육 방과 후 교육 활동 → 생활요리(매주 목요일 15:15~16:45)
   - 치료 지원 → 미술치료: ○○복지관 매주 금(14:30~15:10)
     ※보건복지부 지원으로 언어치료(○○복지관)함
6. 직업 재활훈련 지원
   - 구청 지원 제과학교 직업 프로그램〈제과제빵〉 참가 예정
   - (4월~12월 매주 화요일 09:00~12:30 9개월간 실시)
7. 자립생활 훈련지원
   - 성교육: 학교교육계획에 의한 교육과 연 2회 이상 도움반 수업시간을 활용 실시
   - 인권교육: 학교교육계획에 의한 교육과 연 2회 이상 도움반 수업시간을 활용하여 실시
   - 안전교육: 도움반에서 외부 활동 있을 때마다 수시로 실시함
   - 신체활동교육: 장애인체육회 지원 주 2회 월, 목요일 2~3교시, 9개월간 실시
8. 사회적응 현장체험학습 참가 여부
   - 도움반 운영계획(매월 1회 수요일)에 실시되는 사회적응 현장체험학습 참가함
9. 등하교 방법: 도보 통학 가능(보호자 또는 활동보조원 동행)
10. 통합교육 지원 관련
    - 학력평가 참여 관련: 국가 수준 학업성취도 평가 의무시행 대상자가 아니므로 학력평가에 참여하지 않기로 함
    - 학교 정기고사 참여 관련 → 도움반에서 시험에 참여
    - 도움 친구 → 통합학급 ○○○ 학생이 1년간 도우미로 통합학급 활동을 지원

진로희망

□ 취업(일반/지원고용)	□ 자영업(가업/창업)	□ 보호 작업장
□ 진학(일반대학)	□ 진학(전공과)	□ 진학(대안대학)
□ 직업훈련기관	□ 복지관 프로그램	□ 가정
□ 기타 (　　　　　　)		

특수교육 관련 서비스

제공 서비스	기간	담당자	방법	내용	비고
통학비 지원	20○○. 3. 2.~ 20○○. 2. 8.	○○○	해당 없음	도보로 등 · 하교 실시	
치료 지원	20○○. 3. 1.~ 20○○. 2. 28.	○○○	교육청 지원	미술치료(○○복지관)	치료사 ○○○
			보건복지부 지원	언어치료(○○복지관)	치료사 ○○○
방과 후 학교 활동 지원	20○○. 4. 5.~ 20○○. 12. 27.	○○○	교육청 지원	생활요리	
상담 및 가족 지원	20○○. 3. 2.~ 20○○. 2. 28.	○○○	전화, 대면	학교생활, 진로지도 등	

20○○학년도 1학기 개별화교육계획	국어	시작 및 종료
		20○○. 3. 15.~ 20○○. 7. 24.

이름	○○○	통합학급	학년 반	지도교사	○○○

현재 학습 수행 수준	강점	✓ 받침 없는 단어와 친숙한 단어의 통글자를 읽을 수 있다. ✓ 그림에 해당하는 학습된 단어 스티커를 찾아 붙일 수 있다. ✓ 글의 내용을 읽어 주면 자신의 생각이나 상황을 말로 표현을 한다.
	약점	✓ 알고 있는 어휘가 한정적이어서 문장 글 읽기가 어렵다. ✓ 발음이 불분명하다. ✓ 학습 지속력이 짧다.
단기 목표		✓ 중1-1 교과서에 나오는 어휘를 익혀 삽화와 연결할 수 있다. ✓ 알고 있는 어휘와 새 어휘를 연합하여 어휘를 확장해 나갈 수 있다. ✓ 학습된 단어 카드를 연속해서 읽을 수 있다.
장기 목표		✓ 대화의 상황과 맥락을 이해하고 의사소통을 할 수 있다. ✓ 중1 국어 교과서에 나오는 어휘를 익혀 생활에 활용할 수 있다.

구분	교육내용	교육자료 및 교육방법	성취평가				
			A	B	C	D	E
3월	–1단원 삽화(꽃, 나비, 산, 구름, 길 등) 단어 붙이기	중1–1 교과서 기본교육과정 국어 예측하기 자료 단어 카드 자료 컬러시트지 일대일 개별교수 협동학습 반복학습(과제물)		✓			
	–1단원 삽화에 나오는 단어 구분하여 쓰기					✓	
	–'길'의 의미를 알고 바르게 연결하기					✓	
	–그림 상황보고 '예측'하여 말하기				✓		
4월	–2단원 삽화(깡통, 자전거, 개, 비, 번개 등) 단어 붙이기			✓			
	–2단원 배려하는 말(괜찮아, 고마워, 미안해 등) 하기			✓			
	–우리나라 지역 관련된 단어 카드 읽고 쓰기					✓	
	–직업과 관련된 단어(외래어, 외국어, 우리말) 연결하기				✓		
5월	–3단원 삽화(설거지, 산책, 봉사 활동, 휠체어) 단어 붙이기			✓			
	–3단원 성장소설『야, 춘기야』이야기 흐름 순서 정하기					✓	
	–말이나 행동에 따른 감정 단어 카드 읽고 쓰기					✓	
	–감사 카드 만들어 짧은 감사의 글쓰기					✓	
6월	–4단원 글의 내용을 듣고 요약한 순서 정하기					✓	
	–4단원 개요 작성하기 단계 알고 사용 단어 읽고 쓰기					✓	
	–음식 관련 단어 카드 읽고 쓰기				✓		
7월	–주말에 있었던 일, 나의 감정 표현하는 글쓰기					✓	
	–문학작품 보고 '시, 소설'로 구분하여 말하기				✓		
	–짧은 글(시) 타자 치기					✓	
1학기 말 평가	중1 국어교과서에 나오는 삽화에 어울리게 말하나 스티커 단어를 맞게 찾아 붙이기를 위해서는 다시 읽어 주어야 함. 반복 학습된 단어(꽃, 오이, 배우는 교과목 등등)를 자신 있게 쓰지는 못하지만 단어 읽기는 가능함. 그러나 음절 읽기(학, 도 …)는 많이 어려워함. 단어 쓰기에도 읽으면서 쓰기보다 보고 쓰기를 하니 '북'을 '복'자로 잘못 쓰는 경우가 많아 가정학습 때 함께 읽어 주면 더 발전하리라 생각함.						
※ 성취평가 작성 기준(5단계): A–스스로 수행하여 80% 이상 성취를 보일 때/B–언어적 지시나 부분적 도움 수행으로 50% 이상 80% 미만의 성취를 보일 때/C–언어적 지시나 부분적 도움 수행으로 20% 이상 50% 미만의 성취를 보일 때/D–언어적 지시나 부분적 도움 수행으로 실시하거나 20% 미만의 간헐적인 성취를 보일 때/E–전반적인 도움 수행으로 실시할 때							

20○○학년도 2학기 개별화교육계획	국어	시작 및 종료
		20○○. 8. 16.~ 20○○. 2. 1.

이름	○○○	통합학급	학년 반	지도교사	○○○

현재 학습 수행 수준	강점	✓ 생활에서 많이 접하는 사물의 이름을 알고 말한다. ✓ 글씨를 반듯하게 보고 쓰기를 한다. ✓ 글의 내용을 읽어 주면 자신의 생각이나 상황을 말로 표현을 한다.
	약점	✓ 학습된 단어의 음운 활용('오이' '수학'은 알지만 '오수'는 읽지 못함)이 어렵다. ✓ 발음이 불분명하다. ✓ 학습 지속력이 짧다.
단기 목표		✓ 중1–2 교과서 단원에 나오는 어휘를 익혀 교과서 삽화와 연결하여 붙일 수 있다. ✓ 알고 있는 어휘와 새 어휘를 연합하여 어휘를 확장해 나갈 수 있다. ✓ 한글 기본 음절표에 나오는 글자를 조합하여 새 단어를 찾을 수 있다.
장기 목표		✓ 대화의 상황과 맥락을 이해하고 의사소통을 할 수 있다. ✓ 중1 국어 교과서에 나오는 어휘를 익혀 생활에 활용할 수 있다.

구분	교육내용	교육 자료 및 교육방법	성취평가				
			A	B	C	D	E
8월	–1단원 삽화(지구, 카메라, 마이크, 책, 지구 등) 단어 알기	중1–2 교과서			✓		
	–1단원 직업 관련 단어 알고 그림에 맞게 붙이기	기본교육과정 국어		✓			
	–사다리 타기 활동을 통해서 '도서관, 면담, 진로, 요청, 독서일지' 어휘를 따라 쓰기	직업 카드			✓		
	–기본 음절(자음+아/야) 조합 단어 읽기, 쓰기	사물 카드			✓		
9월		동사 카드					
	–2단원 삽화(햄버거, 아이스크림, 딸기, 만두 등) 단어 알기	컬러시트지		✓			
	–주장하는 말 듣고 타당성 판단하기				✓		
	–생활에서 활용되는 여러 가지 매체(동영상, 사진, 도표) 알기			✓			
	–기본 음절(자음+어/여) 조합 단어 읽기, 쓰기	일대일 개별교수 협동학습 반복학습(과제물)			✓		
10월	–3단원 삽화(마을, 아파트, 창문, 오토바이, 쌍안경 등) 단어 알기				✓		
	–인물의 행동에 따른 인물의 성격이나 태도 알기					✓	
	–토의하는 태도 알기					✓	
	–기본 음절(자음+오/요) 조합 단어 읽기, 쓰기				✓		

11월	–4단원 삽화(나무, 강, 왕, 기린, 가로등 등) 단어 알기			✓			
	–품사의 종류 사물 이름(명사) 알기				✓		
	–기본 음절(자음+우/유) 조합 단어 읽기, 쓰기				✓		
12월, ○○년 1, 2월	–품사의 종류 대명사(나, 너, 우리, 그, 이것 등) 표현하기					✓	
	–움직임을 나타내는 동사(자다, 쓰다, 가다, 먹다, 읽다 등) 알기				✓		
	–기본 음절(자음+으/이) 조합 단어 읽기, 쓰기					✓	
2학기 말 평가	학습한 단어가 많아져 다시 읽으면 20~30% 정도 스스로 읽을 수 있음. 그림 연결 단어가 아닌 기본 음절 읽기를 어려워함. 받침 쓰기를 위해 '기역, 니은 …'으로 불러 주면 쓰지 못해 반복적인 기본 음절 학습이 필요하지만 친구들이 하는 중1 국어 학습을 하고 싶어 함. 개인과제로 쓰기과제를 내 주면 열심히 해 오지만 읽기는 여전히 미흡함. 함께 읽으면서 쓰면 학습기억이 오래 갈 것으로 생각됨.						
※ 성취평가 작성 기준(5단계): A–스스로 수행하여 80% 이상 성취를 보일 때/B–언어적 지시나 부분적 도움 수행으로 50% 이상 80% 미만의 성취를 보일 때/C–언어적 지시나 부분적 도움 수행으로 20% 이상 50% 미만의 성취를 보일 때/D–언어적 지시나 부분적 도움 수행으로 실시하거나 20% 미만의 간헐적인 성취를 보일 때/E –전반적인 도움 수행으로 실시할 때							

20○○학년도 1학기 개별화교육계획	영어	시작 및 종료
		20○○. 3. 15.~ 20○○. 7. 24.

이름	○○○	통합학급	학년 반	지도교사	○○○

현재 학습 수행 수준	강점	✓ 여러 문자에서 영어를 구분할 수 있다. ✓ bye, milk 등 생활에서 즐겨 듣는 영어를 알고 사용할 수 있다. ✓ 같은 알파벳을 찾고 보고 쓸 수 있다.
	약점	✓ 알파벳 순서 알기가 미흡하다. ✓ 알파벳 대문자–소문자 읽기가 미흡하다. ✓ 알파벳 대문자–소문자를 사선지 선에 맞춰서 쓰기가 미흡하다.
단기 목표		✓ 알파벳 대–소문자를 구분하여 읽기, 따라 쓰기를 할 수 있다. ✓ 중1 영어 교과서 삽화에 해당하는 단어(단원당 3개 이상)를 알고 말한다. ✓ 중1 영어 교과서 단원에 나오는 기본 회화를 익혀 우리말로 표현한다.
장기 목표		✓ 생활에서 많이 접하는 간판에 사용된 영어를 알고 학습에 활용하는 태도를 기른다. ✓ 알파벳 대 · 소문자를 알고 학습단어를 영어사전에서 찾아 알려고 하는 태도를 기른다.

이름	○○○	통합학급	학년 반	지도교사	○○○

구분	교육내용	교육 자료 및 교육방법	성취평가 A	B	C	D	E
3월	–알파벳 대문자/소문자 읽고 쓰기 평가	MIDDLE SCHOOL					✓
	–알파벳 같은 문자 찾아서 읽고, 쓰기	Engilish 1 교과서				✓	
	–1과 'Me and My World' 삽화에 나오는 단어(family, school, school uniform, friend, cap 등) 붙이기	영어간판 읽기 자료				✓	
4월	–알파벳 대문자 읽고, 쓰기						✓
	–1과 감정표현(great, good, fine, so so, bad …) 알기	알파벳 대문자 카드					✓
	–2과 'Welcome to my school' 삽화 단어 반복학습 (friend, school uniform 등) 구분하여 붙이기	알파벳 소문자 카드 알파벳 도장				✓	
5월	–알파벳 소문자 읽고, 쓰기	알파벳 연결 자료					✓
	–2과 회화 '좋아하는 음식' 단어 듣고 구분하기			✓			
	–2과 회화 '좋아하는 운동' 단어 듣고 구분하기	Engilish 키즈딕			✓		
	–교과목(math, English, Korean, science, music) 알기	영어 입문 사전					✓
6월	–알파벳 대/소문자 연결하여 읽고, 쓰기						✓
	–special lesson 1 삽화 단어(basketball)와 직업 알기	일대일 개별교수			✓		
	–3과 'Enjoy fun Activities!' 여가 문화 알기	협동학습				✓	
	–삽화 단어(cook, sports, computer, swim 등) 알기	반복학습(과제물)				✓	
7월	–알파벳 대/소문자 연결하여 읽고 사선지에 바르게 쓰기						✓
	–4과 'Save the Earth!' 지구 보호하기 위한 일 알기				✓		
	–삽화 단어(paper, plastic bag, can, bear, earth) 알기					✓	
	–word practice 1 숨은 그림 찾아 단어와 연결하기						✓
1학기 말 평가	알파벳 대소문자를 비슷한 글자와 구분하는 것은 잘하지만, 한 자씩 구분해서 읽기와 쓰기는 미흡함. 단어와 연결하여 알지는 못하지만 생활에서 친숙한 말 "bye!"는 상황에 맞게 사용함. 'Save the Earth' 단원에서 지구를 보호하기 위한 일(분리배출, 에너지 절약 등)을 삽화와 연결하여 말함.						

※ 성취평가 작성 기준(5단계): A–스스로 수행하여 80% 이상 성취를 보일 때/B–언어적 지시나 부분적 도움 수행으로 50% 이상 80% 미만의 성취를 보일 때/C–언어적 지시나 부분적 도움 수행으로 20% 이상 50% 미만의 성취를 보일 때/D–언어적 지시나 부분적 도움 수행으로 실시하거나 20% 미만의 간헐적인 성취를 보일 때/E–전반적인 도움 수행으로 실시할 때

20○○학년도 2학기 개별화교육계획	영어	시작 및 종료
		20○○. 8. 16.~ 20○○. 2. 1.

이름	○○○	통합학급	학년 반	지도교사	○○○

현재 학습 수행 수준	강점	✓ 여러 문자에서 영어를 구분할 수 있다. ✓ 생활에서 즐겨 듣는 영어를 알고 헤어질 때 “bye.”라고 사용할 수 있다. ✓ 같은 알파벳을 찾고 보고 쓸 수 있다.
	약점	✓ 알파벳 대문자-소문자 읽기가 미흡하다. ✓ 학습한 것을 쉽게 잊어버린다. ✓ 학습지속력이 짧고 쉽게 싫증을 낸다.
단기 목표		✓ 알파벳 대소문자를 구분하여 읽기, 따라 쓰기를 할 수 있다. ✓ 중1 영어 교과서 삽화에 해당하는 단어를 보고 쓰기를 할 수 있다. ✓ 중1 영어 교과서 단원에 나오는 기본 회화를 익혀 우리말로 표현한다.
장기 목표		✓ 생활에서 많이 접하는 간판에 사용된 영어를 알고 학습에 활용하는 태도를 기른다. ✓ 알파벳 대소문자를 알고 학습단어를 영어사전에서 찾아 알려고 하는 태도를 기른다.

구분	교육내용	교육 자료 및 교육방법	성취평가				
			A	B	C	D	E
8월	-4과 'Save the Earth!' 단원 삽화 단어(지구, 곰, 사막) 연결하기	MIDDLE SCHOOL		✓			
	-지구의 온도 상승에 따른 심각성 알고 환경보호 실천하기	Engilish 1 교과서			✓		
	-권유하기 그림 상황에 맞게 말하기/대답하기(Okay)					✓	
	-알파벳(E-e, F-f) 같은 문자 찾아서 읽고 쓰기	영어간판 읽기 자료				✓	
9월	-5과 'Food from around the world' 여러 나라 음식 알기				✓		
	-그림에 맞게(핫도그, 커리, 퐁듀, 와플, 피자, 샌드위치) 한글 단어 붙이기	알파벳 대문자 카드 알파벳 소문자 카드		✓			
	-알파벳(G-g, H-h, I-i, J-j) 같은 문자 찾아서 읽고, 쓰기	알파벳 도장				✓	
	-생활 속 간판(ABC마트, CU) 알파벳 찾아서 연결하고 읽기	알파벳 연결 자료			✓		
10월	-6과 'The wonder of animals' 단원 삽화에 나오는 동물단어(토끼, 거북이, 여우, 두루미, 코끼리, 기린, 곰, 사자, 생쥐 등) 알기	Engilish 키즈딕	✓				
	-알파벳(K-k, L-l, M-m, N-n, O-o) 같은 문자 찾아 읽고, 쓰기	일대일 개별교수 협동학습					✓
	-생활 속 간판(e마트, EBS) 알파벳 찾아서 연결하기고 읽기	반복학습(과제물)			✓		

11월	−7과 'Korean culture' 삽화 단어(연날리기, 고누, 한옥 등) 알기			✓			
	−전통놀이(gonu, tuho, neolttwigi, jegi) 삽화에 알파벳 도장 찍기			✓			
	−알파벳(P−p, Q−q, R−r, S−s, T−t, U−u) 같은 문자 찾아 읽고, 쓰기					✓	
	−생활 속 간판(KBS, MBC) 알파벳 찾아서 연결하고 읽기				✓		
12월, ○○년 1, 2월	−8과 'I am because we are' 삽화 단어(사탕, 바구니 등) 알기						✓
	−생활 속 간판(LOTTE, PIZZA) 알파벳 찾아서 연결하고 읽기					✓	
	−알파벳(V−v, W−w, X−x, Y−y, Z−z) 같은 문자 찾아 읽고 쓰기					✓	
2학기 말평가	생활 속 간판(사진 제공)은 알고는 있는 것 같은데 언어로 표현할 때에는 "아는데 몰라요."라고 함. 다시 말해 주면 "아~알아요."라면서 알지만 아는 것을 말하기에 다소 미흡함을 보임. 알파벳은 다 모르지만 반복 학습하는 것을 싫어함.						
※ 성취평가 작성 기준(5단계): A−스스로 수행하여 80% 이상 성취를 보일 때/B−언어적 지시나 부분적 도움 수행으로 50% 이상 80% 미만의 성취를 보일 때/C−언어적 지시나 부분적 도움 수행으로 20% 이상 50% 미만의 성취를 보일 때/D−언어적 지시나 부분적 도움 수행으로 실시하거나 20% 미만의 간헐적인 성취를 보일 때/E−전반적인 도움 수행으로 실시할 때							

20○○학년도 개별화교육계획	전환교육	시작 및 종료
		20○○. 3. 15.~ 20○○. 2. 1.

이름	○○○	통합학급	학년 반	지도교사	○○○

현재 학습 수행 수준	강점	✓ 활동에 적극적으로 참여한다. ✓ 지시하는 말을 잘 듣고 활동한다.
	약점	✓ 신체 사용 활동에 지속력이 부족하다.
단기 목표		✓ 생활안전을 익혀서 현장체험학습, 작업 활동에 참여할 수 있다. ✓ 작업 지시를 잘 듣고 안전하게 활동한다.
장기 목표		✓ 독립생활을 할 수 있게 자기관리, 지역사회 활용, 여가 선용을 할 수 있다. ✓ 자기주도적 생활 관리, 건강 관리를 할 수 있다.

구분	교육내용	교육 자료 및 교육방법	성취 평가 A	B	C	D	E
자기관리	-자기주도적 학습지 내용 쓰기와 하루 평가하기	자기주도적 학습지		✓			
	-학급에서 주는 안내문 및 자료 챙기고 정리하기	1:1 개별 지도			✓		
	-바르게 옷 입고 벗은 옷 정리정돈하기	모델링	✓				
	-식사 후 양치하기		✓				
작업 활동	-작업 지시 잘 듣고 바르게 따라 하기	작업도구 및 재료		✓			
	-맡은 일은 끝까지 마무리하기	협력학습			✓		
	-함께 사용하는 도구는 아껴 쓰고 사용 후 정리하기	1:1 개별 지도		✓			
지역사회 알기	-현장체험학습 활동지 계획서 읽고 활동에 임하기	체험학습			✓		
	-공공질서를 지켜서 체험학습하기	체험학습지 자료	✓				
성인지 및 성폭력 대응	-우리 몸의 소중함 알고 깨끗하게 하기	관련 교과 내 지도	✓				
	-남녀 차이 및 사춘기의 심리 변화 이해하기	협력학습		✓			
	-성희롱, 성폭력에 대해서 알고 대처하기	학습 자료		✓			
인권교육	-우리 몸의 소중함 알고 깨끗하게 하기	관련 교과 내 지도				✓	
	-남녀 차이 및 사춘기의 심리 변화 이해하기	모델링 및 1:1 지도			✓		
	-성희롱, 성폭력에 대해서 알고 대처하기						
안전교육	-현장체험학습 시 교통안전 지키기	관련 교과 내 지도	✓				
	-작업 활동 시 도구 안전하게 사용하기	모델링		✓			
	-바른 말, 고운 말 사용하기	학습 자료	✓				
	-여름철 위생에 대해 알고 생활에 적용하기	1:1 개별 지도	✓				
	-미세먼지 농도가 심한 날 개인 마스크 착용하기			✓			
신체 활동	-요가를 통한 몸 유연성 기르기	체육도구	✓				
	-구기 활동을 통한 협응력 기르기	1:1 개별 지도			✓		
	-협동놀이 활동을 통한 협력하기	협력학습			✓		
학기 말 평가	자기주도적 학습내용 쓰기는 미흡하지만 교과목 쓰기는 시간표를 보고 쓰는 성의를 보임. 제과제빵 작업 활동 지시를 듣고 열심히 활동에 임하며 마무리 정리도 잘함. 현장체험 때 교통질서를 잘 지켜서 즐겁게 활동에 임함. 협동놀이는 미흡하지만 요가는 열심히 따라서 함. 자기표현, 주장하기는 꾸준한 노력이 필요함.						

※ 성취평가 작성 기준(5단계): A-스스로 수행하여 80% 이상 성취를 보일 때/B-언어적 지시나 부분적 도움 수행으로 50% 이상 80% 미만의 성취를 보일 때/C-언어적 지시나 부분적 도움 수행으로 20% 이상 50% 미만의 성취를 보일 때/D-언어적 지시나 부분적 도움 수행으로 실시하거나 20% 미만의 간헐적인 성취를 보일 때/E-전반적인 도움 수행으로 실시할 때

20○○학년도 도움반 평가서

학생명	○○○
학년반	학년 반 번
도움반 교사	○○○ (인)

영역	단기 목표 및 교육내용	성취 수준
수학	–수 개념 지도하기 –여러 가지 모양 알기	잘함
	–덧셈과 뺄셈 개념 알기 –덧셈, 뺄셈 알아보기 –덧셈식과 뺄셈식의 관계 –덧셈과 뺄셈 연산 연습하기(20 이하의 수)	잘함
	–비교하기(길이, 크기 , 수 비교 등) –50까지의 수	잘함
	–시계 보기(30분 단위, 시간의 순서 등)	보통
국어	–교과서 삽화(교복, 학교, 동영상 등)에 어울리는 단어 붙이기	잘함
	–교과서 삽화 단어(사진기, 휴대전화, 탁자 등) 따라 쓰기	매우 잘함
	–국어 교과서 삽화 단어 읽기	보통
	–국어 교과서 삽화 단어 받아쓰기	노력 요함
	–1학기 2단원 배려하는 말(고마워, 미안해 등) 상황에 맞게 말하기	잘함
	–2학기 3단원 인물의 행동에 따른 인물의 성격이나 태도 알기	보통
영어	–같은 알파벳 대문자, 소문자 찾기	잘함
	–알파벳 대문자, 소문자 따라 쓰기	잘함
	–알파벳 대문자, 소문자 구분하여 읽기와 쓰기	노력 요함
	–6과 동물 삽화에 어울리는 한글 카드(기린, 얼룩말, 토끼등) 붙이기	잘함
	–중1 영어 교과서에 나오는 기본 회화(좋아하는 것 말하기, 소개하기, 가격 묻기 등) 따라 말하기	노력 요함
평가 기준	※성취 수준 작성 기준: 〈노력 요함〉 전반적이고 지속적인 도움과 지도가 있을 때 수행 가능하며 20% 미만의 성취를 보임. 〈보통〉 부분적 수행 가능하나 일정한 도움과 지도가 필요하며 20% 이상 50% 미만의 성취를 보임. 〈잘함〉 간헐적 도움으로 50% 이상 80% 미만의 성취를 보임. 〈매우 잘함〉 혼자서 스스로 수행 가능하면서 80%이상의 성취를 보임	

영역	행동발달 및 종합 의견
현장 체험학습	–시립 곤충관, 아침고요수목원, 시민 안전체험관, 새활용플라자, 강화도 체험학습 센터, 관악산 무장애길, 영화관람 등 현장체험에 적극적으로 참여하였습니다. –체험학습을 통해 대중교통 이용, 식당 이용, 타 기관 시설 이용 등을 배우고 활용할 수 있는 능력을 점차적으로 개발하여 자립적인 활동을 할 수 있습니다.
직업교육 제과제빵	–제과학교 직업교육에 참여하여 제과제빵에 대해 탐색을 하였고 열정과 관심을 가지고 열심히 활동하였습니다. –주어진 레시피를 보고 알맞게 계량을 하는 것은 도움이 필요하지만 상황에 맞는 조리도구를 이용하여 제과제빵 활동을 잘합니다. –활동이 끝난 후 스스로 뒷정리를 할 수 있습니다.
방과 후 활동 (생활요리)	–전 만들기(김치전, 부추전, 꼬치전), 밥 짓기와 활용(볶음밥, 밥버거, 덮밥), 샌드위치(에그샌드위치, 참치샌드위치, 야채샌드위치), 간식 만들기(라볶이, 피자, 맛탕), 건강음료 만들기(딸기우유, 바나나우유, 수박 모히토), 전통음식 만들기(비빔밥, 호박죽, 동지팥죽) 활동에 적극적으로 임합니다. –전자레인지, 휴대용 가스레인지를 상황에 맞게 이용할 수 있습니다. –요리재료를 활동에 맞게 손질할 수 있습니다. –즐겁게 시식하고 뒷정리 활동에도 열심히 합니다.
동아리 기초체육 활동반	–친구들과 규칙을 잘 지키면서 체육 활동에 즐겁게 참여합니다. –인근 공원까지 도보로 이동할 때 교통신호를 잘 보고 안전하게 활동합니다. –친구들과의 활동 및 신체 활동을 좋아하여 자전거 타기 등 경험이 부족했던 활동도 적극적으로 참여합니다.
도움반 및 통합학급 생활태도	–수업 중 적극적으로 참여하고자 하며 학습에 열의가 있고 열심히 합니다. –친구들과 어울려 함께 하고 싶은 마음이 매우 크며, 대체적으로 또래와 잘 어울려 지내나 종종 사소한 말과 행동으로 인해 친구들과 말싸움을 할 때도 있습니다. –잘못한 것을 스스로 인지하지만 처음에는 무조건 "안 했다."라고 합니다. –자신의 물건을 스스로 잘 챙기다가도 간혹 체육복을 갈아입고는 벗어 둔 옷을 기억 못할 때가 있습니다. –말싸움할 때나 활동 시 고집을 부릴 때가 있지만 시간이 지난 후 지도하면 자신의 행동에 대해 다시 생각할 수 있는 바른 마음을 가졌습니다.

부록 2. 경기도 소재 중학교 특수학급 개별화 운영 사례

학생 인적사항

<table>
<tr><td>성명</td><td>○○○</td><td>성별</td><td>○</td><td>보호자명</td><td colspan="2">○○○</td></tr>
<tr><td>생년월일</td><td colspan="3">20○○. ○. ○.</td><td>전화번호</td><td colspan="2"></td></tr>
<tr><td>학교명</td><td colspan="3">○○중학교</td><td>주 양육자(관계)</td><td colspan="2">○○○(모)</td></tr>
<tr><td>학년</td><td>○</td><td>반</td><td>○</td><td>기타 연락번호</td><td colspan="2">–</td></tr>
<tr><td>주소</td><td colspan="6">–</td></tr>
<tr><td rowspan="2">개별화 교육계획</td><td>1학기</td><td>시작일</td><td>20○○. 3. 4.</td><td>종료일</td><td colspan="2">20○○. 8. 15.</td></tr>
<tr><td>2학기</td><td>시작일</td><td>20○○. 8. 16.</td><td>종료일</td><td colspan="2">20○○. 2. 29.</td></tr>
<tr><td rowspan="2">장애 유형 및 정도, 특성</td><td colspan="3">장애 유형 및 정도(등급 포함)</td><td colspan="3">자폐성장애(2급)</td></tr>
<tr><td>특이사항</td><td colspan="5">소음에 민감하고 상동행동 및 소리 지르는 행동을 보임</td></tr>
<tr><td>진단 평가</td><td>영역</td><td>도구명</td><td>검사일자</td><td>검사 결과</td><td colspan="2">평가자</td></tr>
<tr><td>–</td><td>–</td><td>–</td><td>–</td><td>–</td><td colspan="2">–</td></tr>
<tr><td colspan="7">진단 평가 요약내용</td></tr>
<tr><td colspan="7">–</td></tr>
<tr><td>학생흥미 및 강점</td><td colspan="6">• 시각적 기억력이 좋고 규칙적으로 행동함
• 요구사항을 단어 및 2어절 수준으로 표현할 수 있음</td></tr>
<tr><td>약점내용</td><td colspan="6">• 감정기복이 있으며 때때로 울며 짜증냄
• 과제 수행을 빨리하나 지구력이 부족함</td></tr>
<tr><td>보호자의 희망사항</td><td colspan="6">• 문장으로 요구사항 표현하기</td></tr>
</table>

특수교육 관련 서비스

제공 서비스	시작일	종료일	장소	참여요일 및 시간	특기사항
가족 지원	20○○. 3. 4.	20○○. 2. 29.	특수학급	학기 중	특수교육 정보 제공
학습교재 교구 지원	20○○. 3. 4.	20○○. 2. 29.	특수학급	월~금 수업시간	–
보조인력 지원	20○○. 3. 4.	20○○. 2. 29.	특수학급	월~금 수업 및 생활전반	개인욕구 및 교수 · 학습 활동 지원
정보 지원	–	–	–	–	–
통학 지원	–	–	–	–	–

특수교육 방과 후 교실

제공 서비스	시작일	종료일	장소	참여 요일 및 시간	특기사항
–	–	–	–	–	–

통합학급 및 특수학급 교과 교육

통합학급 교사	○○○	배치 형태 (일반, 특수, 순회)	특수학급	통합 유형 (시간제, 전일제)	시간제

교과교육

	통합학급 교과(시수)													특수학급 교과(시수)				
교과	국어	수학	사회	역사	과학	음악	미술	체육	영어	기술	가정	스포	HR	국어	수학	체육	진로 및 직업교육 조립	진로 및 직업교육 제과
시수	0	0	2	1	0	2	1	2	2	0	1	1	1	7	4	2	2	4

1학기 교과대체 및 내용 수정 교과(시간)	통합학급 과목(시간)	수정 · 대체 과목(시간)
	과학	진로 및 직업교육(조립)
	사회, 과학, 영어	진로 및 직업교육(제과)
	역사, 가정	체육

	월	화	수	목	금
1	국어	가정	사회	국어	수학
2	사회	진로 및 직업 조립	역사	체육	진로 및 직업 조립
3	음악		미술		
4	국어	수학	국어	국어	
5	체육	음익	국어	수학	
6	영어	수학	체육	영어	HR
7		국어		스포	

학생의 장애 정도 및 현재 교육 수준을 고려해 볼 때 해당 학년 공통교육과정 성취 기준 달성에 어려움이 있으므로 개별화교육을 실시하는 모든 교과는 기본교육과정 내용 체계 및 성취 기준으로 대안교육과정을 수정 · 운영함

행동 지원계획

대상행동	단어로 요구사항 이야기하기
가설	요구사항이 있을 때 단어로 이야기하면 선생님이 듣고 요구사항을 들어줌
대체행동	요구사항이 있을 때 단어로 말하는 대신 문장으로 표현하기
선행사건 중재	상황에 적합한 요구사항을 먼저 문장으로 모델링해 줌
강화계획	언어적 칭찬 및 요구사항을 들어줌
목표기준	5번 중 3번 이상 자신의 요구를 문장으로 표현하기
중재 방법	토큰경제 및 반응대가
평가 방법	행동관찰 평가

1학기 (국어)과 개별화교육계획

작성자	○○○	작성일	20○○. 3. 28.

현재 학습 수행 수준	• 자신의 이름을 쓰고 읽을 수 있다. • 글자를 보고 따라 쓸 수 있으며 단어 수준으로 암기하여 쓸 수 있다. • 단어를 듣고 해당하는 그림 카드를 찾을 수 있으며 따라 읽을 수 있다.
연간 목표	1. 실물, 사진, 그림을 변별하여 찾을 수 있다. 2. 나의 이름을 알고 자기소개를 할 수 있다. 3. 선호하는 물건을 선택할 수 있다. 4. 정보를 듣고 해당하는 사람과 장소를 선택할 수 있다. 5. 상징의 의미를 이해하고 찾을 수 있다. 6. 신체나 도구를 이용하여 글자를 꾸밀 수 있다. 7. 그림이나 이모티콘을 이용하여 글자 및 상징을 표현할 수 있다.
학기 목표	1. 실물, 사진, 그림을 변별하여 찾을 수 있다. 2. 나의 이름을 알고 자기소개를 할 수 있다. 3. 선호하는 물건을 선택할 수 있다. 4. 정보를 듣고 해당하는 사람과 장소를 선택할 수 있다.

월간 교육내용

월	단원	교육목표	교육내용	비고
3 · 4월	1. 관계 짓기 2. 내 이름	• 실물, 사진, 그림을 변별하여 찾을 수 있다. • 나의 이름을 알고 자기소개할 수 있다.	• 자주 접하는 모양과 상징을 구별하고 그 의미를 익혀서 일상생활 속에서 사용되는 상징이나 기호와 연계하기 • 자신의 이름을 알고 이름이 붙은 자기 물건 찾기	장애인권보호(성, 학교폭력 예방)를 위한 주장하는 글쓰기
5월	3. 살기 좋은 세상	• 선호하는 물건을 선택할 수 있다.	• 일상생활에서 자신이 선호하는 것을 선택하고 표현하기	자기옹호교육
6월	4. 함께하는 세상	• 정보를 듣고 해당하는 사람과 장소를 선택할 수 있다.	• 지역사회의 사람들과 관련 있는 직업, 도움을 주는 사람 선택하기	상황별 안전교육
7월	5. 나의 생활공간	• 원인과 결과가 드러나는 말을 할 수 있다.	• 일상생활의 물건과 상황에 맞는 장소를 선택하기	상황별 안전교육

교육방법	직접교수, 모델링, 언어적 촉진, 멀티미디어 활용, 또래교수
평가 방법	관찰 평가, 서술 평가, 포트폴리오 평가, 체크리스트 평가

체크리스트 평가 준거	점수	기준
	5	스스로 수행하여 80% 이상 성취를 보일 때
	4	언어적 지시나 부분적 도움으로 50% 이상 80% 미만의 성취를 보일 때
	3	언어적 지시나 부분적 도움으로 20% 이상 50% 미만의 성취를 보일 때
	2	언어적 지시나 부분적 도움으로 실시하거나 20% 미만의 간헐적인 성취를 보일 때
	1	전반적인 도움으로 실시할 때

1학기 (수학)과 개별화교육계획			
작성자	○○○	작성일	20○○. 3. 28.
현재 학습 수행 수준	• 1부터 100까지 숫자를 건너뛰며 쓰고 읽을 수 있다. • 불러 주는 숫자를 듣고 쓸 수 있다. • 같은 모양끼리 연결할 수 있다. • 규칙에 따라 물건을 배열할 수 있다.		
연간 목표	1. 같은 것과 다른 것을 변별하고 특징에 알맞은 것을 찾을 수 있다. 2. 숫자와 물건을 일대일로 대응을 이루어 짝지을 수 있다. 3. 화폐와 화폐가 아닌 것을 구분할 수 있다. 4. 특징에 따라 가르기와 모으기를 할 수 있다. 5. 규칙에 따라 순서대로 배열할 수 있다. 6. 화폐의 종류를 알 수 있다.		
학기 목표	1. 같은 것과 다른 것을 변별하고 특징에 알맞은 것을 찾을 수 있다. 2. 숫자와 물건을 일대일로 대응을 이루어 짝지을 수 있다. 3. 화폐와 화폐가 아닌 것을 구분할 수 있다.		

월간 교육내용			
월	단원	교육목표	교육내용
3·4월	수학① 1. 같은 것과 다른 것	• 같은 것과 다른 것을 변별하고 특징에 알맞은 것을 찾을 수 있다.	• 같은 물건과 모양 찾기 • 특징에 알맞은 물건과 모양 찾기 • 같은 것끼리 모으기 • 특징 표현하기
5월	수학① 2. 일대일로 짝짓기	• 숫자와 물건을 일대일로 대응을 이루어 짝지을 수 있다.	• 같은 것끼리 짝짓기 –색, 모양, 크기가 같은 것 찾기 • 다른 것끼리 짝짓기 –색, 모양, 크기가 다른 것 찾기
6월			• 짝이 되게 만들기 –숫자와 물건 일대일 대응하기 • 짝지어 비교하기 –숫자와 물건 일대일 대응하여 비교하기
7월	수학① 5. 생활 속의 측정	• 화폐와 화폐가 아닌 것을 구분할 수 있다.	• 동전과 모양이 비슷한 물건 찾기 • 지폐와 모양이 비슷한 물건 찾기 • 여러 가지 물건 중에서 동전 찾기 • 여러 가지 물건 중에서 지폐 찾기

교육방법		직접교수, 모델링, 언어적 촉진, 멀티미디어 활용, 또래교수
평가 방법		관찰 평가, 서술 평가, 포트폴리오 평가, 체크리스트 평가
체크 리스트 평가 준거	5	스스로 수행하여 80% 이상 성취를 보일 때
	4	언어적 지시나 부분적 도움으로 50% 이상 80% 미만의 성취를 보일 때
	3	언어적 지시나 부분적 도움으로 20% 이상 50% 미만의 성취를 보일 때
	2	언어적 지시나 부분적 도움으로 실시하거나 20% 미만의 간헐적인 성취를 보일 때
	1	전반적인 도움으로 실시할 때

1학기 (체육)과 개별화교육계획

작성자	○○○	작성일	20○○. 3. 28.
현재 학습 수행 수준	• 목표물을 향해 공을 20%의 정확도로 던질 수 있다. • 성·학교폭력의 예방 방법에 대해 자신의 생각을 단어 수준으로 표현할 수 있다.		
연간 목표	1. 공을 이용한 다양한 활동을 통해 기초체력과 사회성을 증진시킬 수 있다. 2. 다양한 스포츠 경기의 규칙을 준수하며 경기에 참여할 수 있다. 3. 장애인권보호(성·학교폭력 예방) 방법을 알고 스스로 실천할 수 있다.		
학기 목표	1. 공을 이용한 다양한 활동을 통해 기초체력을 증진할 수 있다. 2. 다양한 스포츠 경기의 규칙을 준수하며 경기에 참여할 수 있다. 3. 장애인권보호(성·학교폭력 예방) 방법을 알고 실천 방법을 말할 수 있다.		

월간 교육내용			
월	교육목표	교육내용	비고
3·4월	• 공을 이용한 다양한 활동을 통해 기초체력을 증진할 수 있다. • 다양한 스포츠 경기의 규칙을 준수하며 경기에 참여할 수 있다. • 장애인권보호(성·학교폭력 예방) 방법을 알고 실천 방법을 말할 수 있다.	• 공 주고받기 및 굴러오는 공 받기 • 공 목표물에 던져 넣기 • 컬러빈백 솜털공을 활용한 팀 게임하기 • 성폭력 예방 방법 알기	성폭력 예방교육
5월		• 다양한 방법으로 공 붙이기 –손으로 던져, 스쿠볼로 던져, 타격하여 • 후크볼을 활용하여 점수게임 및 빙고게임하기 • 학교폭력 예방 방법 알기	학교폭력 예방교육
6월		• 볼로어볼 기본 자세 및 기술 익히기 –스틱 잡기, 기본 자세 및 수비 자세, 드리블, 패스, 슈팅 • 볼로어볼 경기 규칙을 지키며 미니 게임하기 • 스스로 인권을 보호할 수 있는 방법 알기	인권 보호교육
7월		• 투구 기본자세 및 방법 알기 • 전통놀이 투호+국궁 및 볼로어볼 게임하기 • 자기옹호를 위한 태도 알기	자기 옹호교육

교육방법		직접교수, 모델링, 언어적 촉진, 멀티미디어 활용, 또래교수
평가 방법		관찰 평가, 서술 평가, 포트폴리오 평가, 체크리스트 평가
체크 리스트 평가 준거	5	스스로 수행하여 80% 이상 성취를 보일 때
	4	언어적 지시나 부분적 도움으로 50% 이상 80% 미만의 성취를 보일 때
	3	언어적 지시나 부분적 도움으로 20% 이상 50% 미만의 성취를 보일 때
	2	언어적 지시나 부분적 도움으로 실시하거나 20% 미만의 간헐적인 성취를 보일 때
	1	전반적인 도움으로 실시할 때

1학기 (진로 및 직업교육)과 개별화교육계획

작성자	○○○	작성일	20○○. 3. 28.

구분	영역	내용
현재 학습 수행 수준	제과	• 기본적인 조리도구의 명칭을 알고 사용할 수 있다. • 조리도구를 사용하여 반죽 및 쿠키 모양을 만들 수 있다.
	조립	• 기본적인 조립도구의 명칭을 알고 사용할 수 있다. • 조립도구를 사용하여 부품을 연결할 수 있다.
연간 목표	제과	1. 조리도구의 사용 방법을 알고 제과를 만들 수 있다. 2. 포장에 필요한 도구와 재료를 알고 포장할 수 있다.
	조립	1. 조립도구의 종류와 특징을 알고 안전한 사용 방법에 따라 조립도구를 사용할 수 있다. 2. 조립도구를 사용하여 조립 물품을 만들 수 있다.
학기 목표	제과	조리도구의 종류와 사용 방법 및 주의사항을 알고 제과를 만들 수 있다.
	조립	조립도구의 종류와 특징을 알고 안전한 방법에 따라 조립 물품을 만들 수 있다.

월간 교육내용

영역	월	교육목표	교육내용	비고
제과	3 · 4월	• 조리도구의 종류와 사용 방법을 알고 제과를 만들 수 있다. • 제과 시간의 주의사항을 유의하여 제과를 만들 수 있다.	• 초코쿠키 만들기 • 스펀지 케이크 만들기 • 휘낭시에 만들기	식품위생교육 및 조리 안전 교육
	5월		• 파운드 케이크 만들기 • 크랜베리 스콘 만들기 • 바닐라 머핀 만들기	
	6월		• 크림빵 만들기 • 찹쌀 브라우니 만들기 • 아몬드튀일 만들기	
	7월		• 시나몬롤 만들기 • 소보로빵 만들기 • 마들렌 만들기	
조립	3 · 4월	• 조립도구의 종류와 특징을 알고 조립 물품을 만들 수 있다. • 안전한 방법에 따라 조립도구를 사용하여 조립 물품을 만들 수 있다.	• 조립도구의 종류와 특징 알기 • 생활 속 조립 물품 찾아보기 • 생활 속 조립 물품(선풍기) 해체하기	조립도구 안전교육
	5월		• 동력 발생과정 및 운동의 표현 알기 –풍차 조립하기 –크랭크프레스 조립하기	
	6월		• 동력 발생과정 및 운동의 표현 알기 –복엽기 조립하기 –소방 사다리차 조립하기	
	7월		• 동력 발생과정 및 운동의 표현 알기 –지브크레인 조립하기 –전동지게차 조립하기	

교육방법		직접교수, 모델링, 언어적 촉진, 멀티미디어 활용, 또래교수
평가 방법		관찰 평가, 서술 평가, 포트폴리오 평가, 체크리스트 평가
체크 리스트 평가 준거	5	스스로 수행하여 80% 이상 성취를 보일 때
	4	언어적 지시나 부분적 도움으로 50% 이상 80% 미만의 성취를 보일 때
	3	언어적 지시나 부분적 도움으로 20% 이상 50% 미만의 성취를 보일 때
	2	언어적 지시나 부분적 도움으로 실시하거나 20% 미만의 간헐적인 성취를 보일 때
	1	전반적인 도움으로 실시할 때

부록 3. 서울 소재 고등부 특수학급 개별화교육계획

1. 학생 실태

학년 반 번 이름:		개별화교육지원팀	
생년월일		교감	(인)
성별		진로상담부장	(인)
장애 유형		교무부장	(인)
주소		통합학급담임	(인)
연락처		특수학급담임	(인)
개별화작성교과	국어, 수학, 정보처리, 직업교육	학부모	(인)

1. 건강 상태: 양호함, 각종 학교 행사 및 체육 활동에 참여할 수 있음
2. 행동특성: 밝은 성격으로 친구들에게 스스럼없이 다가가며 학급 활동이나 학교생활에 긍정적이고 적극적임. 또한 자신의 의견을 분명하게 말할 수 있음. 예의바른 말과 행동을 하려고 노력하며, 어려운 친구를 도와주려 노력함
3. 관련 서비스: 특수학급 방과 후 학교(바리스타반)
4. 학부모 요구: 원만한 친구 관계 형성 및 유지, 대학 진학을 위한 정보 제공

특수교육대상자 통합교육계획								
통합 유형	부분통합							
교과 외 활동 ⇒ 통합학급 참여(◇) 특수학급 참여(◆) 통합+특수 참여(◈)	평가 (중간, 기말)	◇	수련회	◈	현장학습 체험학습	◆	학교 행사	◈
	점심시간	◇	휴식시간	◇	조회 · 종례	◈	동아리	◈
통합학급 참여에 필요한 지원	1. 통합학급 학생들을 대상으로 장애이해교육 실시 2. 학생과의 상담을 통한 원만한 학교생활 지원 3. 담임교사와 특수교사의 지속적인 상담을 통해 통합학급 적응 지원 4. 보호자와의 상담을 통한 학교생활 적응 방법 지원 5. 수련회, 체험학습 등 학교 행사 참여 시 지원							

2. 국어 연간 교육계획

■ 교과(영역): 국어	■ 교육의 시작 및 종료 시기
	. . . ~ . . .

현재 수행 수준	• 짧은 이야기 글을 읽고 일이 일어난 순서대로 말할 수 있으며, 등장인물들의 성격을 간단하게 표현함 • 가정, 학교, 지역사회 등 실생활과 연관된 실용글을 읽고 내용을 70% 정도 정확하게 파악하여 말함 • 기본적인 개인정보를 말하고 쓸 수 있으며, 자신에게 필요한 기능에 맞게 휴대전화를 사용함
장기 목표	• 등장인물이나 글쓴이의 생각이나 느낌을 파악하여 글을 읽을 수 있다. • 대화를 할 때 서로 말뿐만 아니라 표정, 행동을 보며 의도와 감정을 파악할 수 있다. • 영상광고와 인쇄광고를 보고 자신에게 필요한 내용을 선택할 수 있으며, 개인정보 입력 방법을 익혀 생활 서식 및 이력서를 작성할 수 있다.

		단기 목표	교육내용 및 방법	진단				1학기 말				학년말			
				1	2	3	4	1	2	3	4	1	2	3	4
단기 목표 및 내용	3월	다양한 상황 속에서 등장인물의 생각이나 느낌을 짐작해 말할 수 있다.	• 그림에 나타난 상황 말하기 • 상황별 등장인물의 생각과 느낌 말하기 • 말하는 이의 마음이 잘 드러난 부분 찾기		○					○					
	4월	사건의 흐름에 따라 등장인물의 생각과 느낌을 말할 수 있다.	• 일어난 일을 순서대로 말하기 • 등장인물의 행동의 이유 말하기 • 등장인물의 마음이 드러난 부분 찾기		○					○					
	5월	이야기의 이어질 내용을 상상하여 말할 수 있다.	• 글의 내용과 관련된 경험 이야기하기 • 이어질 내용 상상해 말하기		○						○				
	6월	표정과 행동, 상대방의 말을 통해 의도와 감정을 파악할 수 있다.	• 상황에 적절한 표정 익히기 • 그림 카드를 활용해 감정 표현하기 • 상황에 어울리는 표정으로 역할극 하기			○					○				
	7·8월	상황에 맞는 부탁하는 말을 하고, 승낙, 거절, 위로와 감사 표현을 할 수 있다.	• 승낙과 다양한 거절 표현 익히기 • 여러 가지 위로와 감사 표현 익히기 • 상황별 역할극으로 승낙과 거절 표현하기			○					○				

	9월	여러 가지 광고를 살펴보고 광고의 내용을 이해하고 자신의 생각이나 느낌을 말할 수 있다.	• 영상광고에서 광고의 의도 파악하기 • 인쇄광고에서 전하고자 하는 뜻 알아보기 • 광고의 내용 이야기하기 • 자신의 생각이나 느낌, 경험 말하기		○										○
	10월	휴대전화 사용 시 올바른 예절과 태도의 필요성을 알고 실천할 수 있다.	• 휴대전화 사용 예절 익히기 • 사용 언어 및 태도 익히기			○									○
	11월	개인정보를 알고 다양한 생활서식을 작성할 수 있다.	• 증명서와 신분증 알아보기 • 개인정보 입력 방법 익히기 • 회원가입 신청 양식 작성 방법 익히기		○									○	
	12월	이력서와 자기소개서를 작성할 수 있다.	• 이력서 작성할 내용 정리하기 • 자기소개서 작성할 내용 정리하기 • 이력서와 자기소개서 작성하기		○										○

※성취평가 작성준거

1. 하기 어려움, 2. 신체적 보조를 필요로 함(전반적 도움), 3. 언어적 지시를 필요로 함(부분적 도움), 4. 수행할 수 있음(잘함)

종합 평가	1학기	• 일어난 일을 순서에 맞게 말할 수 있으며, 상황별 등장인물의 행동에 대한 이유를 설명하고 자신의 경험을 예로 들어 표현함 • 상대방의 말과 표정을 통해 감정을 파악할 수 있으며, 승낙과 거절, 부탁의 말을 상황에 맞게 표현함
	2학기	• 영상광고와 인쇄광고를 보고 내용을 파악할 수 있으며, 공익광고의 경우 전하고자 하는 내용을 이해하고 말로 표현함 • 자신의 장점을 문장으로 표현하여 자기소개서를 작성할 수 있고, 각종 서식의 견본을 참고하여 자신의 개인 정보를 입력함

3. 수학 연간 교육계획

■ 교과(영역): 수학	■ 교육의 시작 및 종료 시기
	. . . ~ . . .

현재 수행 수준	• 몇 시 몇 분을 시침과 분침으로 나타낼 수 있으며 자신의 일과를 24시간으로 나타냄 • 달력을 보고 날짜와 요일을 말할 수 있고, 가족 생일을 표시함
장기 목표	• 일의 순서와 시간을 연결하여 생각할 수 있으며, 몇 시간 전후와 몇 분 전후를 표현할 수 있다. • 생활 속 다양한 예시를 통하여 시간의 흐름을 계산할 수 있다. • 며칠 전후, 몇 주 전후, 몇 달 전후를 계산할 수 있으며, 약속일과 가족행사 등을 달력에 표시하고 활용할 수 있다.

단기 목표 및 내용

	단기 목표	교육내용 및 방법	진단 1	진단 2	진단 3	진단 4	1학기 말 1	1학기 말 2	1학기 말 3	1학기 말 4	학년말 1	학년말 2	학년말 3	학년말 4
3월	몇 시 30분, 10분, 15분을 읽고 표현할 수 있다.	• 분침을 보고 몇 시 30분, 10분, 15분으로 읽기 • 몇 시 30분, 10분, 15분을 분침으로 나타내기 • 분침의 이동에 따른 시침의 이동을 시계에 나타내기			○					○				
4월	일이 진행되는 순서에 맞게 시각을 배열할 수 있다.	• 일의 시작–중간–끝을 표시하기 • 일의 순서에 맞게 시각 배열하기 • 오전과 오후 구별하기		○						○				
5월	몇 시간 전후, 몇 분 전후를 표현할 수 있다.	• 몇 시간 전후, 몇 분 전후로 표현하는 사례 익히기 • 기준 시간과 기준 분 정하기 • 기준 시간을 중심으로 몇 시간 전, 몇 시간 후로 표현하기 • 기준 분을 중심으로 몇 분 전후로 표현하기	○						○					
6월	시간의 흐름을 계산할 수 있다.	• 오전, 오후, 아침, 점심, 저녁, 새벽, 밤과 같이 일상에서 사용하는 시간 개념 용어 익히기 • 30분 단위 시간의 변화 알기 • 15분, 10분, 5분 단위의 시간 변화 계산하기 • 생활 속 다양한 문장제 문제를 이용하여 시간의 흐름 계산하기		○					○					
7·8월	시간의 흐름을 계산할 수 있다.			○						○				

	9월	달력에 가족 생일과 학교 행사를 표시할 수 있다.	• 날짜와 요일 표시 방법 알기 • 가족 생일을 달력에 표시하고 읽기 • 학교 행사 일자를 말하고 달력에 표시하기			○									○
	10월	일주일과 요일, 한 달, 일 년의 의미를 알 수 있다.	• 일 년은 열두 달, 일주일은 7일로 이루어져 있다는 것을 알기 • 요일을 순서대로 말하고 쓰기 • 한 달의 날 수와 주 수 익히기			○									○
	11월	며칠 전과 후, 몇 주일 전과 후, 몇 달 전과 후를 계산하여 표현할 수 있다.	• 날짜와 하루, 이틀, 어제, 내일 등 때를 나타내는 말 익히기 • 며칠 전, 며칠 후 계산하기 • 몇 주 전, 몇 주 후 계산하기 • 몇 달 전, 몇 달 후 계산하기		○										○
	12월	나만의 달력을 만들 수 있다.	• 월, 일, 요일 표시하기 • 행사목록 만들기 • 나만의 달력 만들기			○									○
	※성취평가 작성준거 1. 하기 어려움, 2. 신체적 보조를 필요로 함(전반적 도움), 3. 언어적 지시를 필요로 함(부분적 도움), 4. 수행할 수 있음(잘함)														
종합 평가	1학기	• 시침과 분침을 정확하게 읽을 수 있으며 일의 순서에 맞게 시각을 배열함 • 기준 시를 중심으로 몇 시간 전, 몇 시간 후로 표현할 수 있으며, 기준 분을 중심으로 몇 분 전 후로 표현함 • 걸린 시간을 이용하여 출발 시각과 도착 시각을 계산함													
	2학기	• 학급 시간표와 학사일정표를 보고 며칠 전과 후, 몇 주일 전과 후, 몇 달 전과 후를 계산하여 해당 교과와 학교 행사를 표시하고 말함 • 월, 일, 요일을 표시하고, 가족 생일, 친구 생일, 학교 주요 행사를 표시한 나만의 달력을 만듦													

4. 정보처리 연간 교육계획

■ 교과(영역): 정보처리	■ 교육의 시작 및 종료 시기
	. . . ~ . . .

현재 수행 수준	• 양손으로 타자를 칠 수 있으며, 마우스 왼쪽과 오른쪽 버튼의 기능을 알고 사용함 • 교사의 도움을 받아 편집기능 중 복사하기, 붙이기, 글자 모양 및 문단 모양을 변경함 • 글씨체, 글자 크기 등 글자 속성을 변경하고, 한자와 기호를 변환함
장기 목표	• 한글 프로그램의 다양한 기능을 사용하여 문서를 편집할 수 있다. • 파워포인트 프로그램의 기능을 익혀 다양한 프레젠테이션 문서를 작성할 수 있다.

		단기 목표	교육내용 및 방법	진단				1학기 말				학년말			
				1	2	3	4	1	2	3	4	1	2	3	4
단기 목표 및 내용	3월	그리기 조각과 클립아트, 그림을 삽입할 수 있다.	• 그리기 조각 및 클립아트 삽입하기 • 그림 삽입하기 • 그리기 조각 및 클립아트, 그림 위치와 크기를 조정하기		○						○				
	4월	한자와 기호를 삽입하여 문서를 작성할 수 있다.	• 한자 선택하여 변환하기 • 기호 목록에서 기호를 삽입하는 방법 익히기 • 한자와 기호가 사용된 문서 작성하기		○						○				
	5월	표 스타일과 속성을 설정하여 편집할 수 있다.	• 표 삽입, 표 크기 조절, 내용 입력하기 • 셀 배경 및 테두리선 꾸미기 • 셀 속성 설정하기		○						○				
	6월	첫 글자 장식, 쪽 번호 넣기, 용지 설정 기능을 익힐 수 있다.	• 문단 첫 글자 장식 기능 익히기 • 쪽 번호 매기기 기능 익히기 • 편집 용지 설정 방법 익히기		○						○				
	7·8월	다단과 글머리표를 활용하여 소식지를 만들 수 있다.	• 다단과 글머리표 기능 익히기 • 다단과 글머리표 기능을 이용한 소식지 만들기	○						○					
	9월	파워포인트 프로그램 슬라이드 글꼴 스타일을 설정할 수 있다.	• 슬라이드 개념 익히기 • 글꼴, 색, 크기 설정하기	○											○
	10월	디자인 테마를 적용하여 문서를 작성할 수 있다.	• 디자인 테마 적용하기 • 테마 색상 변경 방법 익히기	○											○

	11월	그림과 클립아트를 삽입한 문서 작성을 할 수 있다.	• 그림 삽입 방법 익히기 • 클립아트 삽입 방법 익히기 • 슬라이드 레이아웃 변경하기		○										○
	12월	숫자 데이터, 표 작성 방법을 익힐 수 있다.	• 표 삽입 방법 익히기 • 테두리 선과 배경 설정 방법 익히기 • 슬라이드 쇼 실행하기	○										○	
	※성취평가 작성준거 1. 하기 어려움, 2. 신체적 보조를 필요로 함(전반적 도움), 3. 언어적 지시를 필요로 함(부분적 도움), 4. 수행할 수 있음(잘함)														
종합 평가	1학기	• 글자 모양과 문단 모양을 설정하고 변경할 수 있으며, 한자와 기호를 넣은 문서를 작성함 • 그림과 클립아트를 삽입하여 문서를 꾸밀 수 있으며, 표 만들기 기능을 익혀 간단한 시간표를 작성함													
	2학기	• 디자인 테마, 글꼴, 글자색 변경을 적용하여 자기소개서와 학급소개 문서를 작성함 • 그림과 클립아트를 적용하여 지역축제 홍보지를 만들고, 표 작성 방법을 익혀 시간표와 12월 달력을 만듦													

5. 직업(전환교육) 연간 교육계획

■ 교과(영역): 직업(전환교육)	■ 교육의 시작 및 종료 시기 . . . . ~ . . .

현재 수행 수준	• 자신의 강점과 약점을 말하고 하고 싶은 일을 말하며, 직업의 종류와 하는 일을 다섯 가지 이상 말함 • 면접 볼 때의 자세, 목소리 크기, 문장으로 말하기 등을 익혀 할 수 있으며, 간단한 문구 포장 작업을 수행함
장기 목표	• 직업의 의미와 종류를 알 수 있으며, 이력서와 자기소개서 작성하는 방법을 익힐 수 있다. • 면접 방법을 익혀 업체 면접을 볼 수 있으며, 서비스업과 포장조립 직무를 익힐 수 있다.

단기 목표 및 내용		단기 목표	교육내용 및 방법	진단				1학기 말				학년말			
				1	2	3	4	1	2	3	4	1	2	3	4
	3월	자신의 진로를 탐색할 수 있다.	• 나의 강점과 약점 알기 • 하고 싶은 일 말하기 • 진로탐색 사이트 검색하기			○					○				
	4월	직업의 의미와 가치, 종류를 알 수 있다.	• 직업의 의미 알기 • 직업의 종류 알기 • 직업 관련 사이트 검색하기		○					○					
	5월	지역사회 시설 이용방법을 익힐 수 있다.	• 지역사회 시설 종류와 하는 일 알기 • 주민센터, 은행, 대형마트 등 이용 방법 익히기		○					○					
	6월	이력서와 자기소개서를 작성할 수 있다.	• 이름, 주소, 연락처, 생년월일 적기 • 학력, 가족 관계 기록하기 • 자신의 장점과 특기, 취미 등을 말과 글로 표현하기		○					○					
	7·8월	면접 보는 방법을 익힐 수 있다.	• 면접 태도 익히기 • 목소리, 말하는 방법 익히기 • 역할극을 통한 모의면접해 보기	○						○					
	9월	개별면접과 그룹면접 방법을 익힐 수 있다.	• 면접 태도 익히기 • 목소리, 말하는 방법 익히기 • 개별 모의면접 보기 • 그룹 모의면접 보기			○									○

	10월	음식서비스업 관련 직무를 익힐 수 있다.	• 음식서비스업 직무매뉴얼 이용 익히기 • 인사하기, 서빙하기, 청소하기 등 기본 직무 익히기	○										○	
	11월	포장조립 관련 직무를 익힐 수 있으며 생활용품 포장작업을 할 수 있다.	• 포장조립업 직무매뉴얼 익히기(안전지도) • 기본 직무 익히기 • 문구와 사무용품 조립 및 포장하기		○										○
	12월	사무보조 관련 직무를 익힐 수 있으며 한글문서를 작성할 수 있다.	• 사무보조 직무매뉴얼 이용 및 기본 직무 익히기 • 한글문서 작성하기	○										○	
	※성취평가 작성준거 1. 하기 어려움, 2. 신체적 보조를 필요로 함(전반적 도움), 3. 언어적 지시를 필요로 함(부분적 도움), 4. 수행할 수 있음(잘함)														
종합 평가	1학기	• 자신의 진로를 말하고 직업을 가져야 하는 이유를 말할 수 있으며, 이력서와 자기소개서를 간단하게 작성함 • 면접 시 복장, 말투, 표정을 연습하고 질문에 대답하는 방법을 익혀 모의 면접에서 자신의 강점을 포함한 자기소개와 하고 싶은 일과 받고 싶은 임금 등을 진지한 태도로 대답함													
	2학기	• 그룹면접 시 목소리, 표정, 말하는 태도를 익혀 4인 1조 모의 면접에 참가하여 면접관의 질문에 밝은 표정으로 간단하게 대답할 수 있으며, 다른 사람의 대답에도 경청하는 태도를 보임 • 인사하기, 고객 응대하기, 청소하기 등의 음식서비스업 직무를 익혀 차와 빵을 주문받아 응대할 수 있으며, 볼펜, 자, 자석 등 문구용품을 조립하고 포장함													

부록 4. 충남 소재 특수학교 개별화교육계획 사례

20○○학년도

개별화교육계획
(개별화전환교육계획)

학년반	고등학교 ○학년 ○반
학생	○○○
담임	○○○

직위 / 학기	위원								위원장
	학부모	담임 교사	협력 교사	진로직업 교사	보건 교사	관련 전문가	배움 성장 부장	교감	교장
1학기									
2학기									

○○○학교

20○○학년도 교육소식	개별화교육계획을 위한 전문가 컨설팅	담당자: ○○○

안녕하세요. 본교는 보다 알찬 개별화교육계획 수립을 위해 각 분야의 전문가를 초빙하여 아래와 같이 학생 맞춤형 컨설팅을 진행하고자 합니다. 개별 컨설팅을 통한 학생 개개인에 맞는 개별화교육계획을 수립하고 가정과 연계하고자 학부모님의 참여 신청을 받고자 하오니 많은 참여 바랍니다.

아 래

1. 개별화컨설팅 전문가 영역 및 일정

컨설팅 영역	소속	성명	해당 날짜	컨설팅 시간
의사소통	○○○대학교 중등특수교육학과	교수 ○○○	3월 10일	10:00~12:00
보조공학	○○○대학교 재활융합기술학과	교수 ○○○	3월 13일	10:00~12:00
물리치료	○○○대학교 물리치료학과	교수 ○○○	3월 14일	10:00~12:00
긍정적 행동 지원 (유치원)	○○○대학교 유아특수교육학과	교수 ○○○	3월 16일	10:00~12:00
긍정적 행동 지원 (초 · 중 · 고)	○○○대학교 특수교육과	교수 ○○○	3월 16일	10:00~12:00
섭식 지도	○○○대학교 간호학과	교수 ○○○	3월 17일	10:00~12:00

2. 참여를 원하는 학부모님께서는 담임교사를 통해 신청서를 제출해 주시기 바랍니다.
3. 학부모 상담을 받으실 시간은 신청서 수합 후 정해지는 대로 통보해 드립니다.

…………………… 절 …………… 취 …………… 선 ……………………

2020학년도 개별화교육 수립을 위한 전문가 컨설팅 학부모 참여 신청

유, 초, 중, 고 (　　　)반

학생명		컨설팅 영역	
컨설팅 방법 체크(✓)	□ 학부모 상담 (방문 가능 시간:　　　)	□ 동영상	□ 기타 (　　　)

※ 컨설팅 영역은 중복 신청이 가능합니다.

※ 10시부터 12시까지 컨설팅 모든 시간 내 참석이 가능하신 경우 방문 가능 시간을 적지 않으셔도 됩니다.

2020년 3월 일

보호자:　　　　(인)

○○○학교장

20○○ 1학기 개별화교육지원팀 협의록

협의일	시 간	학년반	담 임	학생명	학부모	참석자	협의 결과
3월 18일	14: 40	고2-1	○○○	○○○	○○○	교장, 교감, 연구부장, 담임교사, 협력교사, 진로직업교사, 관련 전문가, 보건교사	-한글 낱자를 공부하기 위한 여러 방법을 나눔 -학생이 진도가 나가지 않는 것은 배움에 대한 동기의 문제가 클 수 있음 -학생에게 동기가 우선될 수 있는 방법을 모색하여야 함 -일차원적인 강화가 아닌 동기를 유발하고 학생이 필요하고 한글을 배웠을 때 더 유리하다고 느낄 수 있을 만한 강화를 제공하여야 함 -주제 중심의 수업에 파닉스교수법을 합쳐 교수가 필요함 -한글 낱자보다는 음절체 단위로 학습하는 것이 더 쉬움

20○○학년도 1학기 개별화교육지원팀 협의회 계획

1. 일자: 20○○년 ○월 ○일~ 20○○년 ○월 ○일

2. 장소: ○○○학교 협의회실

3. 대상: 전교생

4. 참석자: 20○○개별화교육지원팀(교장, 교감, 연구부장, 담임교사, 협력교사, 진로와 직업교사, 관련 전문가, 교의, 보건교사, 학부모)

5. 세부 일정

학년반	담 임	학생명	학부모	협의 방법
○○반	○○○	○○○	○○○	서면협의
		○○○	○○○	협의회 참석(13:00)
		○○○	○○○	협의회 참석(14:00)
○○반	○○○	○○○	○○○	서면협의
		○○○	○○○	협의회 참석(15:00)
		○○○	○○○	서면협의
		○○○	○○○	협의회 참석(16:00)

20○○학년도 교육소식	개별화교육지원팀협의회 참석 안내	담당자: ○○○

안녕하세요. 본교는 학생 개개인에게 적합한 개별화교육계획을 구안하기 위하여 아래와 같이 협의회를 개최하고자 합니다. 학부모님들께서는 참석하셔서 자녀의 교육목표와 계획을 함께 의논하여 알찬 교육이 이루어질 수 있도록 협조 바랍니다.

아 래

1. 개별화교육지원팀: 교장, 교감, 연구부장, 담임교사, 협력교사(과정별 부장교사, 교과전담교사), 진로직업교사, 관련 전문가(보조공학, 의사소통, 긍정적 행동 지원, 섭식 지도, 물리치료), 보건교사, 학부모
2. 일자: 20○○. ○. ○.~ 20○○. ○. ○.

관련 전문가 참석 영역	소속	성명	해당 날짜	컨설팅 시간
긍정적 행동 지원 (유치원)	○○○대학교 유아특수교육학과	교수 ○○○	3월 11일	13:40~16:30
의사소통	○○○대학교 중등특수교육학과	교수 ○○○	3월 12일	13:40~16:30
섭식 지도	○○○대학교 간호학과	교수 ○○○	3월 13일	13:40~16:30
물리치료	○○○대학교 물리치료학과	교수 ○○○	3월 14일	13:00~15:00
보조공학	○○○대학교 재활융합기술학과	교수 ○○○	3월 14일	15:00~17:00
긍정적 행동 지원 (초 · 중 · 고)	○○○대학교 특수교육과	교수 ○○○	3월 18일	13:40~16:30

3. 장소: 본교 협의회실
4. 세부 일정: 개별화교육지원팀 협의회(참석자 소개, 개별화교육계획 관련 협의)
5. 개별화교육지원팀 협의회 참석 여부 및 참석일 체크, 참석 가능 시간을 작성하여 담임 선생님께 제출해 주시기 바랍니다.
6. 개별 시간은 신청서 수합 후 정해지는 대로 통보해 드립니다. 수요에 따라 일정 변경이 있을 수 있으니 양해 바랍니다.

………………절………………취………………선………………

20○○학년도 개별화교육지원팀 협의회 참석 동의서

유, 초, 중, 고 (　　　)반

협의회 참석		회의 참석이 어려워 서면으로 의견 제출을 희망함	
학생명		학생명	
보호자	(서명/인)	보호자	(서명/인)

참석 영역 체크	긍정적 행동 지원(유치원)	의사소통	섭식 지도	물리치료	보조공학	긍정적 행동 지원(초 · 중 · 고)
참석 가능 시간						

※ 특정 시간에만 참석이 가능하실 경우에는 참석 가능 시간도 적어 주시기 바랍니다.

20○○년 ○○월 ○○일

보호자: 　　　　(인)

○○○학교장

20○○학년도 개별화교육지원팀 구성(고1-1반)

순	대상 학생	개별화교육지원팀 구성		
		직책		성명
1	○○○	위원장	교장	○○○
		위원	교감	○○○
		위원	연구부장	○○○
		위원	담임교사	○○○
		위원	협력교사	○○○
		위원	진로와 직업교사	○○○
		위원	보건교사	○○○
		위원	관련 전문가	※하단 참조
		위원	학부모	○○○

개별화교육지원팀 각 영역별 관련 전문가 구성				
순	영역	소속	직책	성명
1	관련 전문가(보조공학)	○○○대학교	교수	○○○
2	관련 전문가(의사소통)	○○○대학교	교수	○○○
3	관련 전문가(섭식 지도)	○○○대학교	교수	○○○
4	관련 전문가(물리치료)	○○○대학교	교수	○○○
5	관련 전문가(긍정적 행동 지원)	○○○대학교	교수	○○○
6	관련 전문가(긍정적 행동 지원)	○○○대학교	교수	○○○
7	관련 전문가(의사)	○○○소아과	원장	○○○
8	관련 전문가(의사)	○○○병원	교수	○○○

<table>
<tr><th>학생명</th><td colspan="2"></td><th>학급</th><td></td></tr>
<tr><th>생년월일</th><td colspan="2"></td><th>담임교사</th><td></td></tr>
<tr><th>장애 유형(진단명)</th><td colspan="2"></td><th>컨설팅 면담 날짜</th><td></td></tr>
<tr><th colspan="5">컨설팅 면담 정보</th></tr>
<tr><th>영역</th><th colspan="2">학생 현행 수준</th><th colspan="2">20○○년 컨설팅 면담 결과</th></tr>
<tr><td>언어 · 인지
(표현언어 및
수용언어 등)
〈의사소통 영역〉</td><td colspan="2">• 원하는 것이 있을 때 손가락으로 가리키며 주로 한 단어로 원하는 것을 표현함
• 대부분의 지시어와 일상 언어를 이해함
• 말로 표현할 때 발음이 부정확하여 다른 사람이 알아듣기 어려운 경우가 많음
• 주로 한 단어로 말을 하지만 한 호흡에 한 글자를 표현하여 말하는 속도가 느림</td><td colspan="2">• 질문: 학생이 한 호흡에 한 글자를 부정확한 발음으로 표현합니다. 학생이 조금 더 명확하게 자신의 의사 표현을 할 수 있는 방법은 무엇이 있을까요? 성장하게 되면서 자신의 의사가 정확하게 전달되지 않을 경우 1시간 넘게 동일한 말을 반복하여 전달하려고 하는 모습을 보여 가정에서 어려움이 많다고 합니다. 학생이 자신이 하고자 하는 말이 생각나지 않을 경우 다른 음절로 대체하여 말합니다. 이럴 경우 어떻게 대처하여야 할까요?
예) 과일 주세요 ⋯› 으거를 주세요
• 답변: 자신의 의사를 표현할 수 있는 만큼 인지 수준이 뛰어난 학생이므로 충분히 기다려 주며 들어주는 것이 중요하다고 생각됨. 언어치료 영역에서 발음 교정이 이루어지면 좋을 것으로 보임. 추가로 한글 교육을 할 때 학생의 흥미를 고려하여 통 단어 암기법을 활용하여 교육을 하는 것이 좋을 것 같음.</td></tr>
<tr><td>대 · 소근육 운동
(이동 및 보행훈련,
자세 등)
〈물리치료 영역〉</td><td colspan="2">• 바닥에서 이동할 때에는 무릎을 꿇고 손으로 밀어 이동하거나, 무릎으로 뛰어 이동함
• 바닥에서 앉기, 눕기, 이동하기가 가능하고 의자에도 앉아 있을 수 있음
• 지지대를 잡고 스스로 설 수 있음
• 하지 보조기를 착용하고, 워커를 밀거나 성인의 손을 잡고 짧은 거리를 이동할 수 있음
• 팔을 뻗어 원하는 물건을 잡고 가져올 수 있음</td><td colspan="2">• 질문: 학생이 스스로 걸을 수 있는 것이 최우선 목표입니다. 학생이 어떻게 하면 빨리 걸을 수 있을까요? 학생이 스스로 걸을 수 있도록 가정에서 할 수 있는 이동 및 보행훈련 방법에는 어떤 것이 있는지 배우고 싶습니다.
• 답변
–학생의 체격이 커졌으니까 근육이 더 붙어야 걷기도 수월해짐. 걷기 준비운동, 걷기 전 단계 운동을 더 많이 해 주어야 함. 지금부터 독립적 걷기에 초점을 맞추는 것이 아니라 걷기 전 단계의 운동을 먼저 하면 좋음
–정상발달 단계에 따라서 걷기를 하는 것이 아님. 걷기 운동하면서 걷기 전 단계 운동을 계속적으로 해 주면 좋음. 스스로 독립적 보행의 가능성이 많음. 학생 스스로 움직이면서 활동을 하다 보면 근육이 붙을 것이기에 최대한 스스로 움직이도록 하면 좋음.
–무릎 서기(닐링 자세)나 무릎 서기 자세에서 한 발 다리 올리는 것도 학생이 아주 잘하고 있으니 계속해서 해 주면 걷기를 위한 근육이 잘 발달할 것으로 기대됨.</td></tr>
</table>

특수교육 관련 서비스

제공 서비스	시작일	종료일	장소	참여 요일 및 시간	특기사항
통학편의 지원	20○○. 3. 2.	20○○. 2. 28.	본교	월, 금/하교	통학버스 이용 -통학하기 위한 교통안전교육 실시: 차 안에서 지켜야 할 규칙 지도
통학편의 지원	20○○. 3. 2.	20○○. 2. 28.	본교	화~목/하교	활동보조 서비스 -통학하기 위한 교통안전교육 실시: 안전벨트 착용법 교육
보조공학 지원	20○○. 3. 2.	20○○. 2. 28.	본교	월~금/일과시간~하교	맞춤형 이너휠체어를 사용하여 바른 자세 유지 및 신체변형을 예방함
보조공학 지원	20○○. 3. 2.	20○○. 2. 28.	본교	월~금/일과시간~하교	맞춤형 책상 커버를 사용하여 뇌전증으로 인한 충격을 예방함

기타 정보 조회

제공 서비스	시작일	종료일	책임자 및 담당교사	장소	일정 (시간 배정)	특기사항
방과 후 교실	20○○. 3. 2.	20○○. 2. 28.	○○○	○○○	월~금 (일과시간 후)	
건강 지원	20○○. 3. 2.	20○○. 2. 28.	○○○	본교	매일/일과 시간~하교	뇌전증: 뇌전증 증상은 손발 수축과 함께 갑자기 쓰러짐. 증상이 나타날 때 편안하게 눕도록 하고, 주변 위험 요소를 제거함. 구토가 있을 시 옆으로 눕게 하여 흡인을 예방함. 뇌전증이 5분 이상 지속되면서 호흡곤란이 있을 경우 119를 호출함. 뇌전증 증상 후 편안한 자세로 쉬면서 수면을 취할 수 있도록 함. 갑자기 쓰러질 때 머리를 보호하기 위하여 맞춤형 책상 커버를 설치함
전문가 컨설팅 (섭식 지도)	20○○. 3. 14.	20○○. 3. 14.	○○○	협의회실	16시	섭식 지도 컨설팅: 음식물을 먹을 때 혀를 밀어내어, 섭식에 어려움이 있음. 죽은 끈적끈적한 것이 학생이 먹기 쉽고 안전하므로, 끈적끈적한 죽을 우선적으로 제공하는 것이 필요함
전문가 컨설팅 (긍정적 행동 지원)	20○○. 3. 18.	20○○. 3. 18.	○○○	협의회실	15시	긍정적 행동 지원 컨설팅: 점심 시간에 얼굴을 돌려 거부 반응을 보이는 횟수가 증가함에 따라 섭식 지도와 더불어 학생에게 식사 시간이 즐겁다는 것을 인식시켜 주어야 함. 우선 학생이 좋아하는 컴퓨터, 태블릿PC를 강화물로 활용하여, 학생이 식사 시간에 참여할 수 있도록 하고, 점차 식사 자체가 자연적 강화가 될 수 있도록 지원해야 함

학기계획

과목	현행 수준	학기 목표
재활	〈언어 · 인지〉 –구어적으로 자신의 의사를 표현하는 데 어려움을 가짐 –"으~"라는 발성을 할 수 있음 –일상생활의 그림을 구별함 –음성 산출 보완대체의사소통 앱의 그림을 일정시간 응시하면 음성이 산출됨을 인지함 –컴퓨터로 영상을 보고, 노래를 듣는 것을 좋아함 〈운동〉 –보고 싶은 사람, 사물, 화면 등을 일정 시간 응시함 –척추 측만증이 있어 휠체어에 50분 이상 앉아 있기 힘들어하여, 일정 시간 침대에서 휴식을 취하는 지원이 필요함 〈자조〉 –화장실에 가고 싶을 때, 부모, 교사 등의 대상자만 인지할 수 있는 표정으로 자신의 의사를 표현함 –우유를 마시는 것을 좋아함 〈사회 · 정서〉 –관심, 대화를 요구하기 위해 주변에 있는 사람을 일정 시간 응시함 –자신의 의사표현을 다른 사람이 이해하지 못할 때 싫은 표정으로 감정을 드러냄 –호감을 표현하기 위해 웃거나 소리를 높여 시선을 끌기도 함	1. 눈동자 움직임 추적 기기와 음성 산출 보완대체의사소통 앱을 활용하여 일상생활의 요구를 표현할 수 있다. 1–1. "으~" 발성으로 타인에게 의사표현의 시작을 표현할 수 있다. 1–2. 요구("화장실 가고 싶어요." "우유 먹고 싶어요.")에 적합한 음성 산출 보완대체의사소통 앱의 그림(화장실, 우유)을 응시하여 요구를 표현할 수 있다. 1–3. 요구("화장실 가고 싶어요." "우유 먹고 싶어요." "컴퓨터 하고 싶어요.")에 적합한 음성 산출 보완대체의사소통 앱의 그림(화장실, 우유, 컴퓨터)을 응시하여 요구를 표현할 수 있다. 1–4. 요구(화장실 가고 싶어요." "우유 먹고 싶어요." "컴퓨터 하고 싶어요." "침대에 눕고 싶어요.")에 적합한 음성 산출 보완대체의사소통 앱의 그림(화장실, 우유, 컴퓨터, 침대)을 응시하여 요구를 표현할 수 있다.

○월 계획

학기	개설 과목	월	교육목표	교육내용	교육방법	평가
1학기	재활	5	1-2. 요구("화장실 가고 싶어요." "우유 먹고 싶어요.")에 적합한 음성 산출 보완대체의사소통 앱의 그림(화장실, 우유)을 응시하여 요구를 표현할 수 있다.	-음성 산출 보완대체의사소통 앱의 화장실, 우유, 컴퓨터, 침대 그림 구별하기 -음성 산출 보완대체의사소통 앱의 화장실 그림 일정 시간 응시 후 산출되는 음성 듣기 -음성 산출 보완대체의사소통 앱의 우유 그림 일정 시간 응시 후 산출되는 음성 듣기 -화장실에 가고 싶을 때, 음성 산출 보완대체의사소통 앱의 화장실 그림을 응시하여 요구를 표현하기 -우유를 먹고 싶을 때, 음성 산출 보완대체의사소통 앱의 우유 그림을 응시하여 요구를 표현하기 -성인 지원: 음성 산출 보완대체의사소통 앱의 화장실, 우유 그림 일정 시간 응시 시범 보이기, 학생의 눈높이에 맞게 태블릿PC 위치 조정하기, 그림의 간격과 크기 조정하기 -긍정적 행동 지원: 수행에 대한 긍정적인 반응 보이기(박수, 칭찬의 말, 행동에 대한 설명) 및 자연적 강화 제공하기 -가족구성원: 학교와 동일한 교육목표 및 교육방법을 가정에서도 실시하여 학교와 가정이 연계될 수 있도록 하기 -지원인력: 일과 중 자연스러운 상황에서 성인 지원 내용과 동일하게 지원하기	〈교수 · 학습 방법〉 -사회적 강화(칭찬, 박수 등) -모델링 -시간지연법 -환경 중심 언어 중재 〈교수 · 학습 자료〉 -태블릿PC -음성 산출 보완대체의사소통 앱 -태블릿PC 거치대 -눈동자 움직임 추적 기기	음성 산출 보완대체의사소통 앱의 화장실, 우유, 컴퓨터, 침대 그림을 구별함. 화장실, 우유 그림을 일정 시간 응시 후 음성 산출 보완대체의사소통 앱에서 산출되는 음성에 관심을 보임. 화장실에 가고 싶을 때 화장실 그림을 정확히 응시함. 우유를 먹고 싶을 때, 우유 그림을 응시하는 횟수가 적음

참고문헌

교육부, 서울시교육청(2008). 개정 특수학교 교육과정 보완자료(개별화교육계획) 개발연구.

교육부(2015a). 특수교육지원을 위한 NEIS 개별화교육계획 운영 사용자 설명서. 교육자료 TM 2015-3, 한국교육학술정보원.

교육부(2015b). 특수교육 교육과정. 교육부고시 제2015-81호. 교육부.

국립특수교육원(2008). 개별화교육 계획수립 · 운영자료. 국립특수교육원.

권기홍, 김영걸, 김영숙(2015). NEISE 개별화교육계획 활용에 대한 특수학교 교사의 인식. **특수교육저널: 이론과 실천, 16**(1), 111-133.

권기홍, 이숙희(2012). 초등학교 특수학급 개별화교육지원팀의 운영 실태 및 인식 연구. **지적장애연구, 14**(3), 261-280.

김동희, 박희찬(2009). 정신지체 특수학교 개별화교육운영위원회의 구성 및 운영실태. **특수아동교육연구, 11**(2), 257-276.

김명숙, 강태중, 양미경, 백순근(1994). 초 · 중등학교 교육성취 조사연구(II). 한국교육개발원, 연구보고 RR 94-4.

김병하(1998). 국민공통 기본 교육과정의 운영방안. 1998년도 특수교육학회 추계학술심포지움. 특수학교 교육과정의 효율적인 운영. **특수교육학회**, 35-46.

김성애(2010). 충남교육청 초등특수교육 수업연구대회 연구보고서 및 교수-학습과정안. 대천동대초등학교.

김양화, 김남순(2014). 미국과 한국의 IEP 변화과정 고찰 및 지적장애학생 IEP 운영의 발전방안 연구. **특수교육학연구, 48**(4), 55-79.

김영란, 박지연(2014). 학교차원의 긍정적 행동지원이 특수학교 장애학생의 수업참여 행동과 문제행동, 개별화교육 목표 성취에 미치는 영향. **특수교육학연구, 49**(3), 1-28.

김우심(2001). 유아특수교사의 개별화교육 프로그램 활용에 대한 실태 분석. 우석대학교 대학원 석사학위논문.

김정권(1996). 개별화 교육의 배경. 한국정신지체아교육연구회편. **개별화 교육 프로그램의 이론과 실제**. 대구대학교 출판부.

김정규, 주지현(2014).교육과정과 개별화교육계획에 대한 정서장애학교 교사의 인식 및 관계 연구. 특수교육학연구, 49(1), 129-148.

김형일(2001). 취업한 장애인의 사례분석을 통한 특수학교 전환교육과정 운영방안. 특수교육 교육과정 연구, 2, 189-204.

김형일(2005). 장애학생의 전환교육을 위한 정책적 지원과 현장의 과제; 장애학생 전환을 위한 특수교육 및 지역사회 연계 방안. 2005 삼육재활센터 심포지엄 자료.

김형일(2005). 특수교육진흥법의 개선과제에 대한 토론: 초 · 중등교육을 중심으로. 특수교육진흥법의 개선과제: 장애인교육지원법제정을 위한 대토론회 자료집.

김형일(2011). 정신지체아동. 정동영 외 공저. 특수교육학개론. 교육과학사.

김형일(2015). 특수교육대상 학생의 개별화교육계획 실행 양상 및 과제. 특수교육교과교육연구, 8(2), 47-67.

김효선(1995). 지체부자유 교수-학습모델. 연구 95-R-9.

문성옥, 권현수(2011). 일반유치원 통합학급 담당교사의 개별화교육프로그램과 가족참여에 대한 인식. 특수교육저널: 이론과 실천, 12(3), 61-90.

박순희(2005). 특수학급과 통합학급의 개별화교육계획 개발 및 시행의 방향과 과제, 특수교육대상학생의 적절한 교육보장을 위한 특수교육의 혁신방안. 제12회 국내세미나.

박승희(1996). 통합교육 실행을 위한 특수교육교사 역할의 확립. 제3회 이화특수교육학술대회.

박승희(1999). 일반학급에 통합된 장애학생의 수업의 질 향상을 위한 교수적 수정의 개념과 실행방안. 특수교육학연구, 34(2), 35-66.

박은송(2015). 국내특수교육분야에서의 개별화교육 연구 동향과 과제. 특수교육교과교육연구, 8(1), 69-92.

방명애, 강남숙(2005). 개별화교육프로그램의 운영실태와 개선방안에 대한 중학교 특수학급 담당교사의 인식. 특수교육학연구, 39(4), 149-173.

백유순(2009). 유아특수교사의 개별화교육계획 수립 및 실행과정에의 부모참여 실태. 유아특수교육연구, 10(2), 181-204.

백은희(2005). 정신지체이해와 교육. 교육과학사.

신연희(2002). IEP 구안을 위한 정신지체학교의 현재 성취수준 사정 실태와 개선방안. 대구대학교 교육대학원 석사학위논문.

신현기, 김형일, 유장순(2004). 장애학생과 비장애학생을 위한 함께 지내는 기술지도. 박학사.

신현기, 김형일, 유장순(2005). 중도 · 장애아동을 위한 기능적 교육과정. 박학사.

오길승(2007). 전환교육과 지원고용. 장애학생의 성공적인 장래생활을 위한 전환교육 방안, 2007년 국립특수교육원 원격연수 교재.

유수옥(1998). 성공적인 장애유아 통합교육 실천을 위한 탐색연구. 유아교육연구, 18(2), 303-318.

윤광보(2008). 개별화교육계획에 의한 교육과정 개별화 방안 연구. 특수교육저널: 이론과 실제, 9(3), 387-408.

이돈희(1996). 수요자 중심 교육과정의 정당성. 교육과정연구, 14(1), 1-12.

이소현, 박은혜(2001). 특수아동 교육. 교육과학사.

이소현(2011). 개별화교육과정. 학지사

이승희(2006). 특수교육평가. 학지사.

이유훈(1998). 개별화교육 프로그램의 발전과정에 대한 역사적 고찰. 특수교육학연구, 33(1).

이유훈(2005). 특수교육 교육과정 운영론. 특수교육.

이유훈(2008). 특수교육과 교과내용의 선정. 강경숙 외 공저. 특수교육 교과교육론. 교육과학사.

이유훈, 김형일(2002). 모든 장애아동의 교육성과 제고를 위한 개별화 교육계획의 구안과 실행. 교육과학사.

이유훈, 김형일, 강병호(2003). 학령기 장애인의 직업적성개발을 위한 직업교육훈련 기회 확충 방안. 한국직업능력개발원.

이유훈, 김형일, 정동영, 정희섭(2018). 특수교육 교육과정. 교육과학사.

이은주(2008). 통합교육에서 장애아동의 일반교육과정 접근을 위한 개별화교육계획 활용 문제. 특수아동교육연구, 10(2), 147-167.

이은주, 송영주, 최동욱, 한현희, 함정해(2007). 초등학교 특수아도의 일반교육과정 접근: 다면적 모델을 적용한 IEP 개발 및 적용. 파라다이스복지재단지원 연구결과보고서.

임안수(2002). 우리나라와 미국 IEP의 법적 비교연구. 특수교육저널: 이론과 실천, 3(4), 27-44.

장경남(1998). 정신지체학교 개별화교육 프로그램에 대한 교사들의 인식 및 욕구조사. 공주대학교 교육대학원 석사학위논문.

장혜성, 김수진, 김지영(2010). 기능적 기술 습득을 위한 개별화 교육 프로그램의 실제. 교육과학사.

정동영(2000). 장애학생의 전환서비스 강화를 위한 기관간 협력 방안. 대구대학교 대학원 박사학위논문.

정동영(2017). 장애아동 통합교육론. 교육과학사.

정동영, 김주영, 김형일, 김경진, 김은주, 박경숙, 이유훈(2002). 장애성인의 학교에서 사회로의 전환과정 요인분석을 통한 전환 지원체제 구축방안. 특수교육학연구, 37(2), 309-346.

정동영, 김형일, 정동일(2001). 특수교육 요구아동 출현율 조사연구. 국립특수교육원.

조광순, 홍은숙, 김영희(2005). 발달지체유아를 위한 교육과정중심 진단 · 평가 도구의 고찰 및 시사점. 정서 · 행동장애연구, 21(1), 339-370.

조윤경, 장지윤, 유연주(2013). 유아교육과정 내의 장애영유아를 위한 개별화교육프로그램. 공동체.

조인수(2002). 전환교육과 서비스. 대구대학교 출판부.

조인수(2002). 전환교육의 발달과정과 실천적 과제. 특수교육학연구, 37(2), 175-202. 한국특수교육학회.

차미주(2007). 특수학교 개별화교육계획의 운영 실태에 관한 조사. 창원대학교 대학원 석사학위논문.

최민숙(1999). 가족중심 유아특수교육의 태동과 가족참여의 효율성을 저해시키는 변인. **특수교육연구, 6**, 3-14.

최평임(2009). 국가수준 특수학교 교육과정의 개선 방향 연구. 대진대학교 박사학위논문.

추은숙(2008). 지체부자유학교 개별화교육계획의 운영실태에 관한 조사. 전남대학교 교육대학원 박사학위논문.

태원섭(2007). 초등학교 특수학급의 개별화교육계획과 운영에 간한 질적 사례 연구. 대구대학교 특수교육대학교 대학원 석사학위논문.

한국장애인총연맹(2003). **직업재활센터의 사업과 운영**. 한국장애인총연맹.

허혜경(1996). 개별화 수업에 있어서 교사의 역할. **교육과정연구, 14**(3), 123-141.

황도수(1996). 헌법재판의 심사기준으로서의 평등. 서울대학교 대학원 박사학위논문.

Abeson, A., & Weintraub, F. (1977). Underatanding the IEP. In S. Torres (Ed.), *A primer on IEPs for handicapped children* (pp. 3-8). Foundation for Exceptional Children.

American Speech-Language Hearing Association. (1994). Individuals with disabilities education act(PL101-476). *American Speech and Hearing Assocciation Journal, 49*, 122-124.

Ashman, A., & Elkins, J. (1994). Providing learning opportunities for all children. In A. Ashman & J. Elkins (Eds.), *Educating children with special needs* (2nd ed.)(pp. 1-34). Prentice Hall.

Bailey, D. B., Helsel-de Wert, M., Theile, J. E., & Ware, W. B. (1983). Measuring individual participation in the interdisciplinary team. *American Journal of Mental Deficiency, 88*, 247-254.

Bailey, D. B., & Wolery, M. (2003). **장애 영유아를 위한 교육**. (이소현 역). 이화여자대학교 출판부.

Bandura, A. (1977). *Social learning theory*. Prentice-Hall.

Bateman, B. D., & Herr, C. M. (2003). *Writing measurable IEP goal and objectives*. IEP Resources.

Bateman, B. D., & Linden, M. A. (1998). Better IEPs: How to develop legally correct and educationally useful programs (3nd. ed). Sopris West.

Beirne-Smith, M., Ittenbach, R., & Patton, J. (1998). *Mental retardation* (5th ed.). Prentice-Hall/Merrill Education.

Bennett, M. L., Shaddock, A. J., & Bennett, A. J. (1991). Teachers' perceptions of individualized eduaction plans. *Australian Journal of Remedial Education, 23*, 25-28.

Billingsley, F. F. (1984). Where are the generalized outcomes?(An examination of instructional objectives). *Journal of the Association for Persons with Severe Handicaps, 9*, 186-192.

Brown, L., Branston, M. B., Hamer-Nietupski, S., Pumpain, I., Certo, N., & Gruenewald, L. (1979). A strategy for developing chronological age appropriate and functional curricula content for severely handicapped adolescents and young adults. *Journal of Special Education, 13*(1), 81-90.

Brown, L., Shiraga, B., York, J., Kessler, K., Strohm, B., Rogan, P., Sweet, M., Zanella, K., VanDeventer, P., & Loomis, R. (1984). Intergrated work opportunities for adult with severe handicaps: The expended training options. *The Journal of the Association for Persons with Severe Handicaps*, 9, 262-269.

Butt, N., & Scott, E. M. (1994). Individual education programmes in secondary schools. *Support for Learning, 9*, 9-15.

Campbell, P. H. (1987). The integrated programming team: An approach for coordinating professionals of various disciplines in programs for students with severe and multiple handicaps. *Journal of the Association for Persons with Severe Handicaps, 12*, 107-116.

Clark, G. M. (1998). *Assessment for transitions planning*. series. Pro-Ed An International Publisher.

Clark, G. M. (2000). 한국학생 전환교육의 실제와 과제. 국제세미나 자료. 국립특수교육원.

Clark, G. M., & Kolstoe, O. P. (1995). Career development and transition education for adolescents with disabilities (2nd ed.). Allyn & Bacon.

Cohen, L. G., & Spenciner, L, J. (2003). *Assessment of children and youth with special needs* (2nd ed.). Allyn and Bacon.

Cooper, B. S. (1988). School Reform in the 1980s: The New Right Legacy. *Educational Administration Quarterly, 24*(3), 282-298.

Crisler, J. (1979). Utilization of a team approach in implementing Publish Law 94-142. *Journal of Research and Development in Education, 12*, 101-108.

Cronin, T. G., & Patton, J. R. (1993). *Life skills across the curriculum for youths with special needs*. Pro-Ed.

DePaepe, P., Reichle, J., Doss, S., Light-Shriner, C., & Cameron. J. (1994). A preliminary evaluation of written individualized habilitation objective and their correspondence with direct implementation. *Journal of the Association for the Severly Handicapped, 19*, 97.

Downing, J. (1988). Active versus passive programming: A critique of IEP objectives for students with the most severe disabilities. *Journal of the Association for Persons with Severe Handicaps, 13*, 197-201.

Dudley-Marling, C. (1985). Perceptions of the usefulness of the IEP by teachers of learning disabled and emotionally disturbed children. *Psychology in the Schools, 22*, 65-67.

Dunne, T., & O'Regan, C. (1991). Evaluating individual program plans. *Journal of Practical Approaches to Developmental Handicap, 14*, 15-19.

Enell, N. C., (1983). *How to streamline your IEP: A special education handbook on computer-assisted individualized education programs.* Carmichael, CA: San Juan Unified School District. (ERIC Document Reproduction Service No. ED236859).

Enell, N. C., & Barrick, S. W. (1983). *An examination of the relative efficiency and usefulness of computer assisted individualized education programs.* Carmichael, CA: San Juan Unified School District.(ERIC Document Reproduction Service No. ED 236861).

Everson, J. M., Rachal, P., & Michael, M. G. (1992). *Interagency collaboration for young adults with deaf-blindness: Toward a common transition goal.* Technical Assistance Center, Helen Keller National Center (ED 345-456).

Fiedler, J. F., & Knight, R. R. (1986). Congruence between assessed needs and IEP goals of identified behaviourally disabled students. *Behavioural Disorders, 12,* 22-27.

Fiscus, E. D., & Mandell, C. J. (1983). *Developing individualized education programs.* West Publishing Company.

Flexer, R. W., Baer, R. M., Luft, P., & Simmons, T. J. (2008). *Transition planning for secondary students with disabilities.* Pearson Merrill Prentice Hall.

Gambrill, E. D., & Richey, C. A. (1986). Criteria used to define and evaluate socially competent behavior among women. *Psychology of Women Quarterly, 10,* 183-196.

Gaylord-Ross, R., & Browder, D. (1991). Functional assessment: Dynamic and domain properties. In L. H. Meyer, C. A. Peck, & L. Brown (Eds.), *Critical issues in the lives of people with severe disabilities* (pp. 45-66). Brookes.

Gerardi, R. J., Grohe, B., Benedict, G. C., & Coolidge, P. G. (1984). IEP-More paperwork and wasted time. *Contemporary Education, 56,* 39-42.

Gilliam, J. E., & Coleman, M. C. (1981). Who influences IEP committee decisions? *Exceptional Children, 47,* 642-644.

Glutting, J. J. (1987). The McDermott multidimensional assessment of children: Contribution to the development of individualized educational programs. *The Journal of Special Education, 20,* 431-445.

Goldstein, S., Strickland, B., Turnbull, A. O., & Curry, L. (1980). An observational analysis of the IEP conference. *Exceptional Children, 46,* 278-286.

Green, T. F. (1982). *Predicting the behavior of the educational system.* Syracuse University Press.

Gresham, F. M. (1981). Social skills traing with handicapped children: A review. *Review of Educational Research, 51,* 139-176.

Gresham, F. M. (1984). *Social skills and self-efficacy for exceptional children.*

Gresham, F. M. (1986). Conceptual issues in the assessment of social competence in children.

In P. Strain, M. Guralnick, & H. Walker (Eds.), *Children's social behavior: Development, assessment, and modification* (pp. 143-186). Academic Press.

Gresham, F. M., & Horner, R. H. (2001). Interpreting outcomes of social skills traning for students with high-incidence disabilities. *The Council for Exceptional Children, 67*(3), 331-344.

Gronlund, N. E., & Linn, R. L. (1990). *Measurement and evaluation in teaching* (6th ed.). Macmilan.

Guralnick, M. J. (1992). A hierachical model for understanding children's peer-related social competence. In S. L. Odom., S. R. McConnell., M. A. McEvoy (Eds.). *Social competence of children with disabilities* (p. 41). Paul H. Brookes Publishing Co.

Halpern, A. S. (1985). Transition: A look at the foundations. *Exception Children, 51*, 479-486.

Hanrahan, J., Goodman, W., & Rapagna, S. (1990). Preparing mentally retarded students for mainstreaming: Priorities of regular class and special school teachers. *Americal Journal on Mental Retardation, 94*(5), 470-474.

Haring, N. G., & McCormick, L. (1986). *Exceptional children and youth*. A Bell & Howell Company Columbus.

Hasazi, S. B., Gordon, L. R., & Roe, C. A. (1985). Factors associated with the employment status of handicapped youth exiting high school from 1979 to 1983. *Exceptional Children, 51*(6), 455-469.

Hayes, J., & Higgins, S. T. (1978). Issues regarding the IEP: Teachers on the front line. *Exceptional Children, 44*, 267-273.

Hazel, J. S., Sherman, J. A., Schumaker, J. B., & Sheldon, J. (1985). Group social skills training with adolescents: A critical review. In D. Upper & S. Ross (Eds.), *Handbook of behavioral group therapy* (pp. 203-246). Plenum Publishing.

Herr C. M., & Bateman, B. D. (2006) *Better IEP meetings everyone wins*. Attainment Company.

Homer, R. H., Sprague, J., & Wilcox, B. (1982). Constructing general case programs for community activities. In B. Wilcox & G. T. Bellamy (Eds.), *Design of high school programs for severely handicapped students* (pp. 61-98). Paul H. Brookes.

Honer, R., Thompson, L., & Storey, K. (1990). Effects of case manager feedback on the quality of individual habilitation plan objectives. *Mental Retardation, 28*, 227-231.

Hunt, P., Goetz, L., & Anderson, J. (1986). The quality of IEP objectives associated with placement on integrated versus segregated school sites. *Journal of the Association for Persons with Severe Handicaps, 11*, 125-130.

Hunt, P., Soto, G., Maier, J., & Doering, K. (2003). Collaborative teaming to support students at risk and students with severe disabilities in general education classrooms. *Exceptional Children, 69*(3), 315-332.

Isaacson, L., & Brown, D. (1993). *Career information, career counseling, and career development.* Allyn & Bacon.

Johnson, D. R., Bruininks, R. H., & Thurlow, M. L. (1987). Meeting the challenge of transition service planning through improved interagency cooperation. *Exceptional Children, 53*(6), 522-530.

Johnson, D. R., & Rusch, F. R. (1993). Secindary special education transition services. *Career Development for Exceptional Individuals, 16*(1), 1-18.

Kaye, N. L., & Aserlind, R. (1979). The IEP: The ultimate process. *The Journal of Special Education, 13,* 137-143.

Kehle, T. J., & Guidubaldi, J. (1980). Do too many cooks spoil the broth? Evaluation of team placement and individual education plans on enchancing the social competence of handicapped students. *Journal of Learning Disabilities, 13,* 552-556.

Kirk, S. A., & Gallagher, J. J. (1996). **특수아동의 이해와 교육**. (김정권, 한현민 공역). 도서출판 특수교육.

Kohler, P. D., DeStefano, L., Wermuth, T. R., Grayson, T. E., & McGinty, S. (1994). An analysis of exemplary transition programs: How and why are they selected?. *Career Development for Exceptional Individuals, 17*, 187-201.

Kram, K., & Isabella, L. (1985). Mentoring alternatives: The role of peer relation-ships in career development. *Academy of Management Journal, 28,* 110-132.

Kubiszyn, T., & Borich, G. (2003). *Educational testing and measurement: Classroom application and practice* (7th ed.) (p.169). John Wiley & Sons.

Levinson, E. M. (1998). *Transition: Facilitating the postschool adjustment of students with disabilities* (pp. 1-2). A Division of Haorper Collins Publishers. Westview Press.

Levinson, E. M. (2004). *Transition from school to post-school life for individuals with disabilities: Assessment from and education and school psychological perspective.* Chales C Thomas Publisher.

Levinson, E. M., & McKee, L. M. (1991). The exceptional child grow up: Transi-tions. In M. Fine (Ed.), *Collaborative involvement of parents*. Clinical Psychology Publishing.

Lucas, E. V. (1980). *Semantic and pragmatic language disorders assessment and remediation.* Aspen Systems Corporation.

Lynch, E. C., & Beare, P. L. (1990). The quality of IEP objectives and their relevance to instruction for students with mental retardation and behavioural disorders. *Remedial and Special Education, 11*, 48-55.

McAfee, J. K. (1987). Integrating therapy services in the school: A model for training educators, administrators, and therapists. *Topics in Earl Childhood Special Education, 7*, 116-126.

McDonnell, J., & Hardman, M. L. (2009). *Successful transition programs: Pathways for students with intellectual and developmental disabilities.* SAGE.

McDonnell, J., Hardman, M. L., & Hightower, J. (1990). Employment preparation for high school students with severe handicaps. *Mental Retardation, 27*, 396-405.

McDonnell, J., Wilcox, B., Boles, S. M., & Bellamy, G. T. (1985). Transition issues facing youth with severe handicaps: parents' perspectives. *Journal of the Association for Persons with Severe Handicaps, 10*, 61-65.

Mcloughlin, C. S., Garner, J. B., & Callahan, M.(1987). *Getting employed work model of competitive employment for persons with sever handicaps.* Paul H. Brookes Publishing co.

Michaels, C. A. (1998) *Transition to employment.* transition series. Pro-Ed An International Publisher.

Miller, R. J., Lombard, R. C., & Corbey, S. A. (2007). *Transition assessment: Planning transition and IEP development for youth with mild to moderate disabilities* (pp. 5-7). Allyn & Bacon.

Minick, B. A., & School, B. A. (1982). The IEP process: Can computers help? *Academic Therapy, 18*, 141-148.

Moon, S., Inge, K., Wehman, P., Brooke,V., & Barcus, M. (1990). *Helping persons with severe mental retardation get and keep employment.* Brooke.

Morgan, D. P. (1981). Guidelines for development and implementation of quality IEPs. *Education Unlimited, 3*, 12-17.

Morgan, D. P., & Rhode, G. (1983). Teachers' attitudes IEPs: A two year follow up. *Exceptional Children, 50*, 64-67.

Morningstar, M. E., Turnbull, A. P., & Turnbull, H. R. (1996). What do students with disabilities tell us about the importance of family involvement in the transition from school to adult life? *Exceptional Children, 62*, 249-260.

Morrisey, P. A., & Safer, N. (1977). The individualized education plan: Implications for special education. *Viewpoints, 53*, 31-38.

Nadler, B., & Shore, K. (1980). Individualized education programs: A look at realities. *Education Unlimited, 2*, 30-34.

NcNair, J. (1991). *Co-worker involvement in employment programs for persons with mental retardation.* California State University.

Nell, R. S., & Billingsley, F. F. (2005). **중도 · 중복장애아동을 위한 기능적 교육과정.** (신현기, 김형일, 유장순 공역). 박학사.

Nietupski, J. A., & Hamre-Nietupski, S. M. (1987). An ecological approach to curriculum development. In L. Goetz, D. Guess & K. Stremel-Campbell (Eds.), *Innovative program design for individuals with dual sensory impairments*. Paul H. Brookes.

Nietupski, J. A., Schuetz, G., & Ockwood, L. (1980). The delivery of communication therapy services to severely handicapped people: A plan for a change. *Journal of The Association for the Severely Handicapped, 5*, 13-23.

Notari-Syverson, A. R., & Shuster, S. L. (1995). Putting real-life skills into IEP/IEPs for infants and young children. *Teaching exceptional Children, 27*(2), 29-32.

Odel, S. J., & Galtelli, B. (1980). The individual education program(IEP): Foundation for approprite and effective instruction. In J. W. Schifani, R. M. Anderson, & S. J. Odel (Eds.), *Implementing learning in the least restrictive enviroment: Handicapped children in the mainstream* (pp. 245-257). University Park Press.

Okolo, C., & Sitlington, P. (1986). The role of special education in LD adolescents' transition from school to work. *Learning Disability Quarterly, 11*, 292-306.

Orelove, F. P., & Sobsey, D. (1991). *Educating children with multiple disabilities-A transdiciplinary approach* (2nd ed.). Paul H. Brookes Publishing Co.

Patton, J. R., & Dunn, C. (1998). *Transition from school to young adulthood: Basic concepts and recommended practices*. PRO · ED.

Peterson, M., Madden, B., & Ley-Siemer, L. (1981, 5). *Issues and recommendations concerning vocational assessment of special needs students*. Paper present at the American Vocational Association Convention, Atlanta.

Pfeiffer, S. I. (1982). The superiority of team decision making. *Exceptional Children, 49*, 65-69.

Pierangelo, R., & Giuliani, G. (2004). *Transition services in special education: A practical approach*. Pearson A and B.

Polloway, E. A., & Patton, J. R.(1993). *Strategies for teaching learners with special needs* (5th ed.). Merrill.

Powell, T. H., Pancsofar, D. E., Steere, D. E., Butterworth, J., Itzkowitz, J. S., & Rainforth, B. (1991). *Supported employment: Providing integrated employment opprtunities for persons with disabilities*. Longman

Price, M., & Goodman, L. (1980). Individualized education programs: A cost study. *Exceptional Children, 46*, 446-454.

Pugach, M. C. (1982). Regular classroom teachers' involvement in the development of IEPs. *Exceptional Children, 48*, 371-374.

Queensland Department of Education. (1993). *Ascertainment guidelines for students with disabilities and learning difficulties*. Author.

Queensland Department of Education. (1998). *Ascertainment guidelines for students with disabilities and learning difficulties*. Author.

Rainforth, B., York, J., & MacDonald, C. (1992). *Collaborative teams for students with severe disabilities*. Paul H. Brookes publishing Co.

Rees, W. (1986). *Developing individualized education programs*: Division of special education. Queensland Department of Education.

Rodger, S. (1995). Individual education plans revisited: A review of the literature. International *Journal of Disability, Development and Education, 42*, 221-239.

Rusch, F. R., & Chadsey, J. G. (1998). *Beyond high school: Transition from school to work*. Wadsworth Publishing Company.

Sailor, W., & Guess, D. (1983). *Severely handicapped students: An instructional design*. Houghton Mifflin.

Scanlon, C., Arick, J., & Phelps, N. (1981). Participation in the development of the IEP: Parents' perspectives. *Exceptional Children, 48*, 373-374.

Schenck, S. J. (1980). The diagnostic/instruction link in individualized education programs. *The Journal of Special Education, 14*, 373-374.

Schlock, R. L., & Lilley, M. A. (1986). Placement from community-based mental retardation programs: How well do clients do after 8 to 10 years? *American Journal of Mental Deficiency, 90*(6), 669-676.

Schults, R. P. (1986). Establishing a parent-prefessional partnership to facilitate competitive employment. In F. R. Rusch (Ed.), *Competitive employment issues and strategies* (pp. 289-302). Paul H. Brookes.

Shaddock, A. J., & Bramston, P. (1991). Individual service plans: The policy-practice gap. *Australia and New Zealand Journal of Developmental Disabilities, 17*, 73-80.

Sigafoos, J., Elkins, J., Couzens, D., Gunn, S., Roberts, D., & Kerr, M. (1993). Analysis of IEP goals and classroom activities for children with multiple disabilities. *European Journal of Special Needs Education, 8*, 99-105.

Sigafoos, J., Kigner, J., Holt, K. S., & Mustonen, T. (1991). Improving the quality of written developmental policies for adults with intellectual disabilities. *British Journal of Mental Subnormality, 37*, 35-46.

Sitlington, P. L., Neubert, D. A., Begun, W., Lombard, R. D., & Leconte, P. J. (1997). *Assess for success: Handbook on transition assessment*. Council for Exceptional Children.

Skinner, M. E. (1991). Facilitating parental participation during individualized education program conferences. *Journal of Educational and Psychological Consultation, 2*, 285-289.

Smith, S. W. (1990). Individualized education programs(IEPs) in special education-from intent to acquiescence. *Exceptional Children, 57,* 6-14.

Smith, S. W., & Simpson, R. L. (1989). An analysis of individualized education programs(IEPs) for students with behavioural disorders. *Behavioural Disorders, 14,* 107-116.

Snell, M. E. (1983). *Systematic instruction of the moderately and severely handicapped* (pp. 76-145). Merrill.

Sowers, J. (1989). Critical parent roles in supported employment. In G. H. Singer & L. K. Irvi (Eds.) *Support for caregiving families: Enabling positive adaptation to disability* (pp. 269-282). Paul H. Brookes.

Strickland, B. B., & Turnbull, A. P. (1993). *Developing and implementing individualized education programs* (3nd ed.). Merrill.

Taylor, R. L. (2003). *Assessment of exceptional students: Educational and psychological procedures* (6th ed.)(p. 156). Allyn and Bacon.

Taylor, R. L., Richards, S. B., & Brady, M. P. (2005). *Mental retardation: Historical perspectives, current practices, and future directions.* Pearson Education.

Test, D. W., Appel, N. P., & Everson, J. M. (2006). *Transition methods for youth with disabilities.* Pearson Merrill Prentice Hall.

Thurlow, M., & Elloott, J. (1998). Student assessment and evaluation. In F. R. Rusch, J. G. Chadsey (Eds.). *Beyond transition from high school to work school.*

Torres, S. (1977). *A Primer on IEPs for handicapped children.* Foundation for Exceptional Children.

Turnbull, A. P. (1983). Parent professional interactions. In M. E. Snell (Ed.), *Systematic instruction of the moderately and severely handicapped* (2nd ed.). Merrill.

Turnbull, A. P., & Turnbull, H. R. (1986). Parent participation in developing the IEP. In A. P. Turnbull & H. R. Turnbull (Eds.), *Families, Professionals and Exceptionality.* Merrill.ext

Turnbull, A. P., Strickland, B. B., & Brantley, J. C. (1982). *Developing and implementing individualized education programs* (2nd ed.). Merrill.

Turnbull, K. K., & Huges, D. L. (1987). A pragmatic analysis of speech and language IEP conference. *Language, Speech and Hearing Services in Schools, 18,* 275-286.

Twachtman-Cullen, D., & Twachtman-Bassett, J. (2019). *The IEP from a to z: How to create meaningful and measurable goals and objectives.* John Wiley & Sons, Inc.

Tymitz, B. L. (1980). Instructional aspects of the IEP: An analysis of teachers' skills and needs. *Educational Technology, 20,* 13-20.

Tymitz-Wolf, B. (1982). Guidelines for assessing IEP goals and objectives. *Teaching Exceptional Children, 14,* 198-201.

Vaughn, S. R., & Ridley, C. A. (1983). Evaluating the eficacy of an interpersonal skills training program with children who are mentally retarded. *Education and Training of the Mentally Retarded*, October, 191-195.

Venn, J. J. (2004). *Assessing students with special needs* (3rd ed.) Prentice-Hall.

Voeltz, L. M., & Evans, L. M. (1983). Educational validity: Procedures to evaluate outcome programs for severely handicapped learners. *Journal of the Association for persons withe severe Handicapes. 8*(1), pp. 3-15.

Wehman, P. (1996). *Life beyond the classroom: Transition strategies for young people with disabilities* (2nd ed.). Paul H. Brookes Publishing Co.

Wehman, P. (1997). Life beyond the classroom: *Transitional strategies for young people with disabilities* (2nd ed.). Paul H Brookes.

Wehman, P. (2008). Life beyond the classroom: *Transitional strategies for young people with disabilities* (4th ed.). Paul H Brookes.

Wehman, P., & Targett, P. S. (1999). Vocational curriculum for individuals with special needs: Transition from school to adulthood. PRO · ED

Wehman, P., Hill, M, Hill, J., Brooke, V., Pendletion, p., & Britt, C. (1985). *Competitive employment for persos with mental retardation: A follow-up after six year. Mental Retardation, 23*, 274-281.

Wehman, P., Smith, M. D., & Schall, C. (2009). *Autism and the transition to adulthood: Success beyond the classroom*. Paul H. Brookes Publishing Co.

Weisenfeld, R. B. (1987). Functionality in the IEPs of children with down syndrome. *Mental Retardation, 25*, 280-286.

White, R., & Calhoun, M. L. (1987). From referral to placement: Teachers' perceptions of their responsibilities. *Exceptional Children, 53*, 460-468.

Wing, L. (1981). Language, social, and cognitive impairments in autism and severe mental retardation. *Journal of Autism and Developmental Disorders, 11*(1), 31-44.

Wolery, M., Bailey, D., & Sugai, G. (1985). *Effective teaching: Principles and procedures of applied behavior analysis with exceptional children*. Allyn & Bacon.

Wolery, M., & Haring, T. G. (1994). Moderate, serve, and profound disabilities. In N. G. Haring, L. McCormick & T. G. Haring (Eds.), *Exceptional children and youth* (pp. 261-298). Merrill.

Yoshida, R. K., Fenton, J. P., Maxwell, J. P., & Kauffman, M. J. (1978). Group decision making in the planning process: Myth or reality? *Journal of School Psychology, 16*, 237-244.

Ysseldyke, J., Algozzine, B., & Allen, D. (1982). Participation of regular education teachers in special education team decision making. *Exception Children, 48*, 365-366.

찾아보기

인명

Ashman, A. 28

Bateman, B. D. 57, 258
Beare, P. L. 35, 37
Billingsley, F. F. 32
Brown, L. 195

Cronin, T. G. 204

Elkins, J. 28
Enell, N. C. 33
Everson, J. M. 252

Goodman, W. 248
Gresham, F. M. 173

Halpern, A. S. 138
Hamre-Nietupski, S. M. 197
Hanrahan, J. 248
Hardman, M. L. 202
Haring, T. G. 190
Hazel, J. S. 173
Herr C. M. 57, 258
Horner, R. H. 173
Hunt, P. 32, 35

Isabella, L. 250
Itard, J. 16

Kram, K. 250

Levinson, E. M. 138, 144, 247, 252
Lynch, E. C. 35, 37

McDonnell, J. 202
McKee, J. M. 252
Mcloughlin, C. S. 250
Michael, C. A. 252
Minick, B. A. 33
Moon, S. 250
Morningstar 252

Nadler, B. 58
Nietupski, J. A. 197, 217

Ockwood, L. 217
Okolo, C. 247

Patton, J. R. 44, 204
Polloway, E. A. 44

Rachal, P. 252
Rapagna, S. 248

Sandall, S. 154
School, B. A. 33
Schuetz, G. 217
Schwartz, I. 154
Shore, K. 58
Sigafoos, J. 35, 38
Sitlington, P. L. 247
Skinner, M. E. 26
Smith, S. W. 34
Strickland, B. B. 70

Taylor, R. L. 198
Turnbull, A. P. 26, 70, 252

Vaughn, S. R. 173

Wehman, P. 138
Weisenfeld, R. B. 32
Wolery, M. 192

Yoshida, R. K. 30

권기홍 257, 262
권현수 268
김남순 259
김동희 257
김병하 14
김수진 157
김양화 259
김영걸 262
김영숙 262
김정권 13
김지영 157
김형일 97, 102, 189, 198, 215, 255, 262

문성옥 268

박승희 194
박은혜 102
박희찬 257

신현기 215

유장순 215
유현주 133
윤광보 259
이돈희 12
이소현 102, 154
이숙희 257
이유훈 96, 97, 102, 189, 262
이은주 261
임안수 268

장지윤 133
장혜성 154, 157
정동영 97, 189
정희섭 97, 189
조윤경 133

황도수 13

내용

IEP 문서의 질 34
IEP 회의 29
IEP의 목적과 기능 43
IEP의 필수적인 작성 21

NEIS 60, 261

P. L. 94-142 16, 19, 21, 42

강화 212
개별화교육 48
개별화교육계획의 기능 45
개별화교육계획의 정의 41
개별화교육지원팀 55
경쟁고용 147
계열적(사다리형) 목표 86
공평한 평가 21
과제 역분석 87
과제 전향분석 87
관련 서비스 105, 251
관리적 기능 44
교수적 기능 44
교육과정 중심 평가 76
국립특수교육원 62
규준지향검사 72
기능적 교과학습 200
기능적 생활 중심 교육과정 190
기능적 의사소통 지도 233
기초선 측정 208
기타 교육 활동 106

단기 목표 설정 83

모델링 학습 174, 176

보호고용 147
부모참여 21, 25
비계열적(파이형) 목표 87

사회적 능력 및 기술 171
삽입 중심 교수 153
생태학적 목록 195
수용언어 216
수행 평가 122
시간지연 전략 210

완전취학 21
우선지도 영역 정하기 240
의사소통 표현 양식 225
의사소통기능 222
일반 사례분석 205
일반교사 248
일화기록 118, 163

자기결정능력 145
장·단기 목표의 진술 방법 84
장·단기 목표의 평가 방법 110
장기 목표 설정 80
장애아동교육법 14, 15, 21, 22, 140
장애인 등에 대한 특수교육법 43, 48, 49, 251
재생과정 175
전환 서비스 47
전환교육 모형 137
전환평가 139
점진적 촉진감소 체계 210
주거생활 준비 146
주의집중 174
준거지향검사 73
지원고용 147
직장 상사 249

촉진 209
최소제한환경 21
최소촉진 체계 210

특수교사 249
특수교육대상자 56

파지과정 175
평가 내용 112
포트폴리오 평가 123
표현언어 216

하위환경분석: 하향식 과제분석 100
하향식 71
학교장 246
학생 성취도 평가 127
합당한 절차 21
현재 수행 수준 69
현재 수행 수준 진술 방법 71
혼합목표 89
환경조사서 237

저자 소개

김형일(Kim Hyeung-il)
대구대학교 특수교육 정신지체 전공 학사
단국대학교 대학원 특수교육 정신지체 전공 교육학 석사 및 박사
서울정진학교, 서울정문학교 교사
교육부 국립특수교육원 교육연구사
새꿈학교 교장
현 나사렛대학교 중등특수교육과 교수

〈주요 저 · 역서〉

전환교육의 이해와 실행(3판, 교육과학사, 2020)
장애인의 이해(공저, 양서원, 2018)
특수교육 교과교육론(2판, 공저, 교육과학사, 2016)
지적장애 학생의 이해와 교육(학지사, 2014)
정신지체: 지역사회 통합을 위한 접근(공역, 박학사, 2009)
중도 · 중복장애학생의 통합교육론(공역, 박학사, 2005)
중도 · 중복장애아동을 위한 기능적 교육과정(공역, 박학사, 2005)
모든 장애아동의 교육성과 제고를 위한 개별화교육계획의 구안과 실행(공저, 교육과학사, 2002)

특수교육 현장 교사를 위한

개별화교육의 계획과 실행(2판)

Developing and Implementing of Individualized Education Programs (2nd ed.)

2020년 8월 20일 1판 1쇄 발행
2022년 9월 20일 1판 2쇄 발행
2025년 8월 10일 2판 1쇄 발행

지은이 • 김형일
펴낸이 • 김진환
펴낸곳 • ㈜학지사
04031 서울특별시 마포구 양화로 15길 20 마인드월드빌딩
대표전화 • 02-330-5114 팩스 • 02-324-2345
등록번호 • 제313-2006-000265호

홈페이지 • http://www.hakjisa.co.kr
인스타그램 • https://www.instagram.com/hakjisabook

ISBN 978-89-997-3475-5 93370

정가 24,000원

저자와의 협약으로 인지는 생략합니다.
파본은 구입처에서 교환해 드립니다.